KB145198

ADVANCES

in

FINANCIAL MACHINE LEARNING

ADVANCES *in* FINANCIAL MACHINE LEARNING

실전 금융 머신러닝 완벽 분석

마르코스 로페즈 데 프라도 지음 이병욱·이기홍·하석근 옮김

i!i
에이콘

에이콘출판의 기틀을 마련하신 故 정완재 선생님 (1935-2004)

공저자와 친구들에게 바친다.

조나단 보르웨인^{Jonathan Borwein} 교수, FRSC, FAAAS, FBAS, FAustMS,
FAA, FAMS, FRSNSW(1951~2016)

수학적 추론으로 요약되지 않는 분야는 거의 없다. 요약할 수 없다는 것은 그에 대한 이해가 부족하다는 신호다. 수학적 추론이 존재하는 데도 다른 도구를 사용하는 것은 마치 양초를 곁에 두고 어둠 속을 더듬는 것과 같다.

— 『기회의 법칙(The Laws of Chance)』(1692),

존 아버스닛(John Arbuthnot, 1667~1735)

| 추천의 글 |

로페즈 박사는 현대 머신러닝을 금융 모델링에 응용하는 방법을 종합적으로 설명해주는 책을 저술했다. 이 책은 머신러닝 기술의 발전과 학계나 산업계에서의 금융 경험으로부터 배운 중요한 삶의 교훈을 조화시킨 것이다. 머신러닝을 공부하는 전도유망한 학생들과 이들을 가르치고자 하는 전문가, 감독자들에게 추천한다.

– 피터 카(Peter Carr) 교수,
뉴욕대학교 금융 리스크 공학부 학장

금융 문제에는 매우 확실한 머신러닝 해법이 필요하다. 이 책은 표준 머신러닝 툴이 금융에 적용됐을 때 어떤 점에서 실패하는지와 자산 관리사들이 접하게 되는 고유한 문제를 해결할 수 있는 실질적인 해법을 알려 준다. 금융의 미래를 이해하고자 하는 사람이라면 이 책을 읽어야 한다.

– 프랭크 파보지(Frank Fabozzi) 교수,
EDHEC 경영대학원, '포트폴리오 관리' 편집인

이 책은 금융에서 머신러닝을 적용하고자 하는 전문가들에게 귀중한 교훈과 기술을 한곳에 집대성했다. 호기심 많은 전문가가 어두운 복도로 잘못 접어들거나 자기 발등을 찍게 되는 사태를 예방하는 데 도움을 준다.

– 로스 가론(Ross Garon),
입체파 시스템 전략, 이사, 포인트 72 자산 관리

정량 금융의 첫 번째 물결은 마코위츠 최적화가 이끌었고, 머신러닝이라는 두 번째 물결은 금융의 모든 측면에 영향을 미칠 것이다. 이 책은 이런 물결에 휩쓸려 버리지 않고, 이 물결을 이끌어 가고자 하는 사람들이 반드시 읽어야 한다.

– 캠벨 하비(Campbell Harvey) 교수,
듀크대학, 전 미국 금융 학회 회장

저자의 학문적, 전문적 식견이 책의 각 장마다 빛나고 있다. 새롭고 낯선 과제에 대해 이토록 잘 설명한 사람은 찾아보기 힘들다. 급속히 주목받는 분야에서 고전적인 필독서로 자리매김할 책이다.

– 리카도 레보나토(Riccardo Rebonato) 교수,
EDHEC 경영대학원, 전 PIMCO 이자율, 환율 분석 글로벌 헤드

마르코스 로페즈 데 프라도^{Marcos López de Prado}

머신러닝과 슈퍼컴퓨팅을 이용해 수십억 달러의 기금을 운용하고 있다. 구겐하임 파트너의 정량 금융 투자 전략^{QIS, Quantitative Investment Strategies} 사업을 설립해 뛰어난 리스크-조정 수익률을 지속적으로 달성한 고용량 전략을 개발했다. 130억 달러의 자산을 운용한 후 QIS를 인수하고 2018년 구겐하임에서 스핀아웃^{spin out}했다.

2010년부터 로렌스 버클리 국립 연구소^{Lawrence Berkeley National Laboratory}(미국 에너지부, 과학국)의 연구원으로 일하고 있다. 금융에서 가장 많이 읽힌 10대 도서의 저자(SSRN 순위 기준)로, 머신러닝과 슈퍼컴퓨팅에 관련된 수십 편의 논문을 썼고, 알고리즘 거래에 대한 다수의 국제 특허를 갖고 있다.

1999년에 스페인 국립 학문상을 수상했고, 2003년에는 금융 경제학으로 박사학위를 받았으며, 2011년에는 마드리드 대학교에서 수학 금융으로 두 번째 박사학위를 받았다. 박사 후 과정을 하버드와 코넬 대학교에서 마쳤으며, 공학부에서 금융 머신러닝 과정을 가르쳤다. 미국 수학 학회에 따른 에르도스 #2Erdos #2와 아인슈타인 #4Einstein #4를 갖고 있다.

좀 더 자세한 내용은 www.quantresearch.org에서 확인할 수 있다.

| 옮긴이 소개 |

이병욱(byunguk@gmail.com)

(주)크라스랩 대표 이사이자 서울과학종합대학원 디지털금융 MBA 주임교수를 맡고 있다. 한국과학기술원^{KAIST} 전산학과 계산이론 연구실에서 학사 및 석사학위를 취득했다. 공학을 전공한 금융 전문가로 세계 최초의 핸드헬드-PC^{Handheld-PC} 개발에 참여해 한글 윈도우 CE 1.0과 2.0을 마이크로소프트 사에서 공동 개발했다. 1999년에는 전 보험사 보험료 실시간 비교 서비스를 제공하는 핀테크 전문회사인 (주)보험넷을 창업해 업계에 큰 반향을 불러일으켰다. 이후 삼성생명을 비롯한 생명 및 손해 보험사에서 CMO(마케팅 총괄 상무), CSMO(영업 및 마케팅 총괄 전무) 등을 역임하면서 혁신적인 상품과 서비스를 개발 및 총괄했다. 세계 최초로 파생 상품 ELS를 기초 자산으로 한 변액 보험을 개발해 단일 보험 상품으로 5,000억 원 이상 판매되는 돌풍을 일으켰고, 매일 분산 투자하는 일 분산 투자^{daily averaging} 변액 보험을 세계 최초로 개발해 상품 판매 독점권을 획득했다. 최근에는 머신러닝 기반의 금융 분석과 블록체인에 관심을 갖고 다양한 활동을 하고 있다. 저서로는 『블록체인 해설서』(에이콘, 2019)와 『비트코인과 블록체인, 가상자산의 실체 2/e』(에이콘, 2020)이 있다.

이기홍(keerhee@gmail.com)

카네기멜론대학교에서 석사 학위를 받았고, 피츠버그대학교 Finance Ph.D, CFA, FRM이며 금융, 투자, 경제분석 전문가다. 삼성생명, HSBC, 새마을금고 중앙회, 한국투자공사 등과 같은 국내 유수의 금융 기관, 금융 공기업에서 자산운용 포트폴리오 매니저로 근무했으며, 현재 딥러닝과 강화학습을 금융에 접목시켜 이를 전파하고 저변을 확대하는 것을 보람으로 삼고있다. 저서(공저)로는 『엑셀 VBA로 쉽게 배우는 금융공학 프로그래밍』(한빛미디어, 2009)이 있으며, 번역서로는 『포트폴리오 성공 운용』(미래에셋투자교육연구소, 2010), 『딥러닝 부트캠프 with 케라스』(길벗, 2017), 『프로그래머를 위한 기초 해석학』(길벗, 2018), 『핸즈온 머신러닝·딥러닝 알고리즘 트레이딩』(에이콘, 2019), 『실용 최적화 알고리즘』(에이콘, 2020), 『초과 수익을 찾아서 2/e』(에이콘, 2020) 등이 있다. 누구나 자유롭게 머신러닝과 딥러닝을 자신의 연구나 업무에 적용해 활용하는 그날이 오기를 바라며 매진하고 있다.

하석근(withha@hotmail.com)

학성고와 한국외국어대학교 경영학 학사, 미국 컬럼비아대학교Columbia University 산업공학 석사, 프랑스 에드헥경영대학원EDHEC Business School에서 프랭크 파보지Frank J. Fabozzi 교수 지도하에 「Essays on Human Capital and on Momentum」 논문으로 경영학 박사학위PhD in Finance를 받았다. 주요 학술지에 논문을 발표하며 학계와 업계의 가교 역할을 하고 있다. 하나 UBS 자산운용에서 펀드매니저로 근무 중이다. 디멘셔널 펀드 어드바이저DFA, Dimensional Fund Advisors 미국 본사 및 싱가포르 법인에서 글로벌 주식 포트폴리오 매니저 및 부사장으로 팩터 투자를 실시했으며, 한국투자공사KIC에서 국부를 운용했고, 모건스탠리Morgan Stanley와 현대증권에서 근무했다. 번역서로 『초과 수익을 찾아서 2/eFinding Alphas, 2nd Edition』(에이콘, 2020)이 있다. CFA 및 FRM이다.

이 책은 금융에 있어서의 머신러닝을 심도 있게 설명해 준다. 특히 통계적 요행에 빠지기 쉬운 금융에서 '과거 데이터에 의존했을 때의 위험'을 알려 준다. 저자는 20년간 금융에 종사하면서 자신이 작업해 왔던 머신러닝 기법 중 과학적으로 증명된 것을 자세히 설명하고 있다. 금융과 관련된 머신러닝 책이 시중에 많이 나와 있지만, 실전을 바탕으로 저술한 책은 극히 드물다. 20여 년간 본인이 직접 체득한 실제 지식을 바탕으로 집필됐다는 점에서 다른 책보다 실용적이며, 사실에 가까운 지식을 전달해 준다.

이 책을 통해 머신러닝을 금융에 적용할 때 어떤 어려움과 함정이 존재하는지, 백테스트로 인한 과적합이 얼마나 위험한지 등을 이해하게 될 것이다.

이병욱

끊임없는 혁신이 지속되고 있다. 인류 역사 자체가 혁신의 연속이다. 진보와 혁신의 바람이 자산운용업계에도 불어오고 있다. 바로 머신러닝이란 강력한 도구의 등장이다.

다른 여타 산업과 마찬가지로 자산운용업도 경쟁이 심한 산업이다. 특히 자산운용업은 매일성과를 숫자로 바로 확인하는 특징이 있기 때문에 경쟁이 더욱 치열하다. 현실에 안주하고 이전의 사고와 지적 재산을 활용하면 투자 세계에서 금방 사라질 수 있다. 하지만 동시에 좋은 성과를 가진 운용전략은 큰 기회의 문이 열려 있다. 자산운용업의 본질적 특성이다.

이런 엄정한 현실 속에서 국내 자산운용업은 여러 도전 과제가 있다. 그중 하나가 바로 고객의 신뢰를 회복하는 작업이다. 신뢰 회복은 여러 경로를 통해 재건될 수 있는데 가장 강력한 방법 하나가 고객에게 약속한 수익률을 제공하는 것이다. 그럼 이것을 어떻게 해야 하는가? 새로운 무기를 장착하고 금융시장에 참여하는 것이다. 다른 어떤 도구보다 머신러닝이 경쟁에서 살아남고 생존할 수 있는 강력한 무기다. 머신러닝을 활용해 고객에게 약속한 수익률을 제공하고 신뢰를 회복할 수 있다.

머신러닝을 자산운용업 및 자산가격 결정모형에 적용하는 노력이 학계 및 업계에서 진행되고 있다. 특히 지난 수년간 다양한 형태와 방법을 활용해 머신러닝을 접목하고 있는데, 그 선두를 이끌고 있는 오피니언 리더가 저자인 프라도 박사다. 머신러닝 관련 연구를 학계에 논문으로 소개하고 있으며, 그 결과를 운용 중인 펀드에 직접 구현하고 있다. 이런 점에서 프라도 박사만큼 학계와 업계 종사자에게 혜안을 제공해 줄 수 있는 분은 없다. 이 책에서 그 혜안을 직접 체험할 수 있다.

이 책은 데이터 구조의 이해, 특성 추출 및 공학, 레이블링, 모델 선택, 백테스트, 특성 중요도 포트폴리오 구축 및 고성능 컴퓨팅에 이르는 다양한 분야에 있어서 일반 해가 아닌 금융에 적합화된 다양한 해를 제공한다. 이러한 내용을 완전하게 이해하려면 머신러닝과 수학 그리고 특히 통계학과 금융에 대한 지식과 경험을 어느 정도 바탕으로 해야 한다. 또한 어느 정도의 자산운용 또는 금융 실무경험이 있어야 그 실용성을 더욱 실감을 할 것이다. 그럼에도 불구하고 이 책의 의도와 추구하는 방향을 큰 그림에서 이해하면 금융의 새로운 지평선에 향해 귀중한 첫발을 내딛는 것이라 본다.

이 책의 내용을 우선 이론적으로 이해를 하고, 이 책의 코드를 통해 실습을 병행하면 가장 큰 효과를 보리라 믿는다. 다만, 이 책의 코드가 파이썬 2 버전이라 혼동이 있을 수 있으리라 보이지만, 독자들이 직접 코드를 파이썬 3 버전으로 수정하면 가장 큰 학습 효과를 가질 것이다. 다행히 완벽하지는 않지만 깃허브를 검색하면 도움이 되는 사이트들을 많이 찾을 수 있을 것이다. 아울러 참조 논문 목록을 상세히 제공하고 있어, 추가적인 학습을 원하는 학계 및 업계 종사자에게 큰 도움이 되리라 믿는다.

이 책의 발간을 발판으로 국내 자산운용업의 발전 및 고객 신뢰 회복을 위해 머신러닝을 적극 활용한 투자 전략이 많이 등장하길 고대한다. 아울러 기존 방식으로 운용 중인 펀드도 투자 운용 프로세스에 머신러닝 방법을 도입해 성과를 개선하고, 강건한 투자 프로세스를 구축하길 희망한다.

이 책이 국내 학계 및 업계 종사자들에게 큰 지적 자극이 될 것이라 믿어 의심치 않는다.

이기홍, 하석근

| 차례 |

1부   데이터 분석

2장   금융 데이터 구조   61

3장   레이블링   91

4장   표본 가중값   115

5장   분수 미분의 특징   137

2부   모델링

6장   앙상블 기법   161

5부   고성능 컴퓨팅 비법

01

독립된 주제로서의
금융 머신러닝

1.1 동기

머신러닝이 일상생활의 거의 모든 부분에 영향을 주고 있다. 오늘날 머신
러닝 알고리즘은 지금까지 숙련된 사람들만 수행할 수 있던 과제까지 해결
하고 있다. 금융과 관련해서는 여러 세대 동안 사람들이 투자하던 방식에
변화를 줄 만큼 파괴적 기술인 머신러닝이 적용되고 있는 가장 흥미로운
시기다. 이 책은 지난 20여 년 동안 저자가 효과적으로 적용했던 과학적으
로 증명된 머신러닝 투자 기법을 설명하고 있다. 이 기법들은 가장 까다로
운 기관 투자가들을 포함해 대규모 펀드를 운용하는 데 큰 도움을 주었다.

투자에 대한 책들은 대개 두 가지 범주에 속한다. 하나는 자신이 가르치는
이론을 활용해 실전 투자를 한 번도 해본 적이 없는 사람들이 저술한 책이
다. 이러한 책들은 실존하지 않는 세상을 설명하고자 극도로 고상한 수학
적 기법을 동원한다. 이론적 정리나 기법이 잘 정립됐다고 해서 실전에서
도 잘 적용되리라는 보장은 없다. 다른 하나는 학문적 이론이 뒷받침되지
않은 설명으로 가득 차 있는 책을 보기도 한다. 이런 책들은 실제의 금융
현상을 설명하는 데 있어 수학적 도구를 오용하는 실수를 범한다. 투자 모
델은 대개 과적합 문제로 인해 실제 구현에 실패한다. 학문 연구는 금융 시

장의 실용적 응용과 단절돼 있다. 따라서 트레이딩과 투자 세계에 사용하고 있는 많은 응용 기법이 적절한 과학적 근거를 기반으로 하고 있지 않다.

이 책을 집필한 첫 번째 동기는 학문과 산업을 분리해 온 누구나 알고 있는 오랜 관습을 넘어서야 한다는 신념에서 비롯됐다. 분열된 두 분야를 모두 경험한 사람으로서 이 부분을 전부 아우르는 것이 얼마나 힘들며, 어느 한쪽으로만 치우치는 것이 또 얼마나 쉬운지 잘 이해하고 있다. 힘은 균형으로부터 나온다. 이 책은 단순히 수학적 아름다움을 찬양하는 이론을 신봉하지 않을 것이며, 단지 잘 작동하는 것처럼 보인다고 해서 해법이라고 주장하는 일도 없을 것이다. 이 책의 목표는 실제 경험을 바탕으로, 탄탄한 이론에 근거를 갖춘 지식을 전달하는 것이다.

두 번째 동기는 금융이 사회에 도움이 돼야 한다는 바람에서 비롯됐다. 수년간 학술지나 신문에 게재된 저자의 글 중 일부는 금융이 사회에 미치는 현재 역할에 불만을 표출하고 있다. 투자가들은 사기꾼들이 파놓은 함정(묻지마 투자)에 걸려 전 재산을 노름에 투기하는 유혹에 이끌리거나 대중 매체에 현혹되곤 한다. 머지 않은 장래에 머신러닝이 금융에 광범위하게 적용되면 어림짐작식 투자 기법은 크게 위축될 것이고, 도박 같은 투자는 사라질 것이다. 독자들 역시 이러한 변혁의 흐름에 동참해 줄 것으로 바란다.

세 번째 동기는 많은 투자가가 투자에 있어 머신러닝 응용이 얼마나 복잡한지 잘 이해하지 못하고 있다는 생각에서 비롯됐다. 이는 이른바 '퀀터멘털quantamental' 투자 영역으로 옮겨가고 있는 투자 회사들의 경우에 특히 그러하다. 이들의 높은 기대가 달성될 수 없을 것으로 보이는데, 그 이유는 머신러닝 그 자체의 실패가 아니라 이들이 머신러닝을 제대로 사용하지 못하기 때문이다. 향후 몇 년 동안 많은 회사는 학계나 실리콘 밸리에서 미리 만든 머신러닝 알고리즘을 그저 가져다 투자할 것이고, 저자의 예측으로는 이들이 (더 나은 머신러닝 해법들에 의해) 손실을 보게 될 것이다. '군중의 지혜'를 이기는 것은 얼굴 인식이나 자율 주행에 비해 훨씬 어렵다. 이 책을 통해 독자들이 머신러닝을 금융에 적용할 때 백테스트 과적합backtest overfitting

과 같은 난관을 어떻게 해결할 것인지 학습하길 바란다. 금융 머신러닝은 표준 머신러닝과 연계돼 있기는 하지만, 그 자체로 엄연히 분리된 하나의 영역이다. 이 책은 이런 점을 잘 설명해 줄 것이다.

1.2 금융 머신러닝 프로젝트가 실패하는 주요 원인

계량 금융 투자가 실패할 확률은 매우 높고, 금융 머신러닝은 더더욱 그렇다. 지극히 소수의 사람만이 이 기법을 사용해 많은 자산을 축적하거나 투자가들에게 지속적인 고수익을 안겨 줬다. 그러나 (이 책에서 따로 설명하겠지만) 이러한 경우는 매우 드물다. 저자는 여러 사람을 만났고, 많은 회사가 투자 운용업을 시작하고 문을 닫는 것을 지켜봤다. 저자의 경험으로 살펴보면 실패에는 공통적인 치명적 실수가 있었다.

1.2.1 시지프스 패러다임

전통적 액티브 포트폴리오 매니저[1]들은 투자를 할 때 특정 이론이나 지침을 따르지 않는다(만약 그런 사람들이 존재한다면 그들을 시스테믹^{systematic} 포트폴리오 매니저로 불러야 할 것이다). 이들은 신문 기사나 분석을 읽지만, 대부분 자신들의 판단이나 감에 따라 투자한다. 그들 스스로는 이러한 육감에 의한 투자를 특정 스토리를 통해 합리화하지만, 핑계 없는 무덤은 없는 법이다. 이러한 투자 행위를 완전히 이해할 수 있는 사람은 아무도 없기 때문에 투자 회사는 이들이 서로 격리돼 일하기를 요구한다. 이런 유형의 포트폴리오 매니저 회의에 한 번이라도 참석해 본 사람은, 이들이 얼마나 목적의식이 없는지 알게 될 것이다. 각자 저마다 입증되지 않은 정보에 사로잡혀 있는 듯하고, 사실이나 실증적 증거에 기반을 두지 않은 주제를 놓고 언

---

1 Discretionary Portfolio Manager를 '전통적 액티브 포트폴리오 매니저'로 번역했다. 해당 용어가 보다 포괄적인 의미에서 사용될 뿐만 아니라 계량 투자 포트폴리오 매니저의 반대 개념으로 시의적절할 것으로 판단해서다. – 옮긴이

쟁을 벌인다. 그렇다고 해서 이들 포트폴리오 매니저들이 성공하지 못한다는 의미는 아니다. 이와 반대로 몇몇은 대단한 성공을 거두고 있다. 중요한 점은 그들은 태생적으로 팀의 일원으로 일하지 못한다는 점이다. 50명의 전통적 액티브 포트폴리오 매니저를 한데 모아두면 서로 간에 영향을 미치기 때문에 궁극적으로는 1명이 할 수 있는 일을 50명분의 급여를 지급하는 결과를 초래한다. 결국 각자가 서로 간에 영향을 미치지 않도록 따로 떨어져 일하는 것이 더 현명한 셈이다.

계량 금융 혹은 머신러닝 프로젝트를 적용할 때마다 곧잘 엉망이 되는 것을 목격했다. 이사회의 사고 방식은 전통적 액티브 포트폴리오 매니저들이 운용했던 방식을 퀸트^{quant}에게도 적용해 보자는 것이다. 박사 50명을 채용한 후 각자 6개월 이내에 투자 전략을 수립하라고 하는 상황을 생각해 보자. 이러한 방식은 늘 역효과를 나타낸다. 그 이유는 박사들이 미친 듯이 투자 기회를 검색하지만, 그 결과 (1) 과적합 백테스트에서 근사해 보이는 거짓 양성으로 결론을 내리거나 (2) 적어도 학문적인 근거를 제시할 수 있지만 낮은 샤프 비율$^{SR, Sharpe Ratio}$를 갖고 있는 표준적인 팩터 투자 전략을 도출하기 때문이다. 두 가지 결과 모두 투자 이사회를 실망시키기는 마찬가지일 것이고, 프로젝트는 해체될 것이다. 박사들 중 5명이 진정한 초과 수익 전략을 발견하더라도 50명 박사의 급여를 충당할 정도의 이익이 발생하는 것은 쉬운 일이 아니므로 5명조차도 적절한 보상을 찾아서 다른 부서로 옮겨 갈 것이다.

1.2.2 메타 전략 패러다임

여러분이 독자적인 머신러닝 전략을 수립한다면 성공 확률이 높지 않다. 제대로 된 하나의 투자 전략을 작성하는 노력은 거의 100여 개의 전략을 생성하는 노력과 맞먹고, 그 복잡도는 상상을 초월한다. 데이터 큐레이션$^{data curation}$과 처리, HPC 인프라 구조, 소프트웨어 개발, 특성 분석, 실행 시뮬레이션, 백테스트 등의 작업이 필요하다. 이러한 분야의 공유 서비스를 회사에서 제공해 준다 하더라도 이는 마치 BMW 공장의 직원 한 명이 모든 작업장을 사용해 완성차 한 대를 조립하는 것과 비슷한 상황이다. 이번 주는 용접, 그다음 주는 전자 공학, 또 다른 주는 기계 공학, 그다음 주는 도색의 달인이 돼야 한다. 결국 열심히 노력하고도 실패를 거듭해, 다시 용접을 해야 하는 상황으로 돌아올 것이다. 이러한 일들이 어떻게 타당하겠는가?

저자가 아는 계량 분석으로 성공한 모든 회사들은 메타 전략 패러다임meta-strategy paradigm(López de Prado, 2014)을 적용했다. 따라서 이 책은 개인을 대상으로 한 것이 아니라 팀을 대상으로 연구 매뉴얼을 제공할 목적으로 집필됐다. 각 장을 읽다 보면 연구소는 물론 다양한 조립 라인을 어떻게 설정할 것인지 알게 될 것이다. 각 퀀트 분석은 특정 과제를 특화해 최선의 전략을 수립하는 동시에 전체 프로세스에 대한 전체적인 시각을 갖는다. 이 책은 팀워크를 활용해 운에 기대지 않고 예측 가능한 비율로 특정 발견을 할 수 있는 계획을 설명한다. 이 방식은 버클리 연구소나 다른 미국 국립 연구소들이 주기율표에 새로운 16가지 원소를 추가한다거나, MRI나 PET 영상[2]의 기틀을 마련하는 등과 같은 과학적 발견에 견인차 역할을 했다. 이런 연구 성과는 모든 구성원의 공헌으로 성취할 수 있는 팀 업적이며, 특정 개인이 이룬 업적이 아니다. 물론 금융 연구소를 설립하는 데에는 많은 시간이 소요되고, 숙련된 연구원들이 필요하다. 그러나 잘 짜인 협업의 패러다임 방법과 매번 정량 분석에 시지프스Sisyphus가 바위를 굴려 올리듯이 엄청난 작업을 동반해야 하는 방법 중 어느 것이 더 성공 확률이 높다고 생각하는가?

1.3 책의 구조

이 책은 서로 얽혀 있는 주제들을 각각 분리해 정돈된 형태로 설명해 준다. 각 장은 그 이전 장을 읽었다고 가정하고 설명한다. 1부에서는 금융 데이터

---

2 버클리 연구소(http://www.lbl.gov/about)

를 머신러닝 알고리즘에서 잘 적용할 수 있도록 데이터를 구조화하는 방법을 알아보고, 2부에서는 해당 데이터에 기반해 머신러닝 알고리즘을 활용해 리서치하는 방법을 알아본다. 여기서 중요한 것은 실질적인 발견은 연구나 과학적 프로세스를 통해 이뤄지며, 이는 우연히 어떤 (잘못될 가능성이 많은) 결과가 나타날 때까지 의미 없이 반복하는 연구 기법과는 구분된다. 3부에서는 연구에 대한 백테스트 방법을 설명하고, 결과가 잘못될 확률을 평가해 본다.

1~3부를 통해 데이터 분석으로부터 모델을 연구하고, 결과를 평가하는 전체 프로세스를 개괄할 수 있다. 이러한 지식을 바탕으로 4부에서는 데이터로 되돌아가 의미 있는 특성을 추출하는 혁신적인 방법을 설명한다. 이러한 작업들은 대부분 상당한 양의 자원을 소모하는데 5부에서는 유용한 HPC 비법을 알아본다.

1.3.1 생산 체인 형태로 구조 짜기

16~17세기 금광이나 은광은 상대적으로 노력이 적게 드는 단순한 산업이었다. 100년도 채 되지 않아, 스페인의 탐험대에 의해 유럽에서는 값비싼 귀금속의 유통이 4배나 증가했다. 그러나 이런 시절은 이미 오래전에 지나버렸고, 오늘날은 현미경을 이용해 수 톤의 흙 속에서 금 입자를 찾아내는 복잡한 산업 기법을 동원해야 한다. 그렇다고 해서 금 생산량이 역사적으로 저점이라는 의미는 아니다. 이와 반대로 최근에 광부들이 매년 2,500톤의 금을 채굴하고 있으며, 이는 스페인 정복자들이 16세기 전체에 걸쳐 채굴한 연간 1.54톤에 비하면 실로 엄청난 양이다.[3] 지구 전체의 매장량에 비하면 눈에 보이는 금은 극소량에 불과하다. 피사로[Pizarro][4]가 칼이 아니라 현미경을 갖고 있더라면 눈에 보이지 않는 황금 노다지를 발견했을 것이다. 엘도라도[El Dorado]는 항상 그곳에 있었던 셈이다.

---

3 http://www.numbersleuth.org/worlds-gold/
4 잉카 제국을 정복한 스페인 군인 - 옮긴이

투자 전략을 발견하는 것도 이와 비슷한 과정을 거쳤다. 10년 전에는 각 개인이 큰 규모의 알파를 발견하는 것이 일상적인 일이었지만(즉 계량 경제와 같은 간단한 수학적 도구를 활용해), 요즘은 이런 일이 일어날 가능성은 전혀 없다.[5] 큰 규모의 알파를 개별적으로 탐색하는 것은 경험 및 지식과 무관하게 거의 불가능한 일이다. 남아 있는 진정한 알파는 미시적인 것뿐이며, 이를 찾으려면 자본 집약적 산업 기법을 사용해야 한다. 하지만 금과 마찬가지로 조그마한 규모의 알파가 전체적으로 수익이 적다는 것을 의미하지는 않는다. 오늘날 소규모의 알파는 큰 규모의 알파보다 훨씬 풍부하다. 여전히 돈을 벌 수 있는 기회는 많지만, 매우 정교한 머신러닝 도구를 동원해야만 한다.

현대 자산 운용회사의 생산 체인에 포함돼 있는 팀들을 살펴보자.

1.3.1.1 데이터 큐레이터

데이터 큐레이터data curator는 데이터를 수집하고, 정제하고, 인덱싱하고, 저장 및 수정하며, 생산 체인에 모든 데이터를 전달하는 역할을 한다. 표로 만들거나 계층으로 구성할 수 있으며, 정렬 또는 비정렬, 과거 또는 실시간 등으로 구분할 수 있다. 팀 구성원은 시장 미시 구조나 FIXFinancial Information eXchange와 같은 데이터 프로토콜 전문가다. 데이터가 발생한 상황의 문맥을 이해하는 데 필요한 데이터 처리 방법을 개발한다. 예를 들어, '호가가 철회되고 다른 값으로 대체된 것인가, 단순히 철회된 것인가?'를 구분해야 한다. 각 자산 클래스에는 고유한 뉘앙스가 있다. 이를테면 채권은 반복적으로 거래되거나 회수된다. 주식은 액면 분할 또는 액면 병합의 가능성이 있으며, 의결권을 가질 수 있다. 선물과 옵션은 반드시 다음 월 물로 갱신해야 한다. 외환은 중앙화된 주문북에서 거래되지 않는다. 좀 더 상세한 내용은 이 책의 범위를 벗어나므로 1장에서는 데이터 큐레이션의 몇 가지 측면만 좀 더 다룬다.

---

5 통상 알파는 벤치마크 대비 초과 수익률, 베타는 벤치마크에 대한 초과 수익률의 민감도를 일컫는다. – 옮긴이

1.3.1.2 특성 분석가들

이 팀은 원시 데이터를 의미 있는 신호로 변환한다. 의미 있는 신호는 금융 변수에 대한 예측 기능을 일부 수행할 수 있다. 팀원은 정보 이론, 신호 추출과 처리, 시각화, 레이블 붙이기, 가중값 계산, 분류기, 특성 중요도 기술의 전문가다. 예를 들어, 특성 분석가는 (1) 매도 호가 주문이 취소되고 시장가 매도 주문으로 대체된 경우와 (2) 매수 호가 주문이 지정가 매수 주문으로 대체된 경우에 가격이 크게 하락할 가능성이 높다는 사실을 발견할 수 있다. 이러한 발견은 그 자체로 투자 전략이 아니지만, 다른 방식으로 활용할 수 있다. 예컨대 거래 실행, 유동성 위험 모니터링, 시장 조성, 이익 실현 등이 있다. 흔히들 특성 분석가들이 전략을 개발한다고 생각하지만, 특성 분석가들의 역할은 이런 발견을 수집하고 범주화해 여러 부분에서 유용하도록 가공하는 것이다. 이에 대해서는 2~9장 그리고 17~19장에서 설명한다.

1.3.1.3 전략가들

이 팀은 의미 있는 특성들을 실질적인 투자 알고리즘으로 변환한다. 전략가들은 특성 라이브러리를 분석해 투자 전략 아이디어를 찾는다. 이러한 특성들은 다양한 도구와 자산 클래스를 연구하는 다른 분석가들이 찾아낸 것들이다. 전략가들의 목표는 이러한 관측들에 의미를 부여하고, 이들을 설명할 수 있는 일반적 이론을 만드는 것이다. 그러므로 전략은 이론이 타당한가를 검증하는 실험실이다. 팀원은 금융 시장과 경제에 대한 지식을 가진 데이터 과학자다. 이론이 방대한 양의 주요 특성을 설명할 수 있어야 한다. 특히 우리가 돈을 버는 경제적 기저가 무엇인지 확인할 수 있어야 한다. 행동적 편향인가? 정보 비대칭인가? 법률 규제 때문인가? 이러한 특성은 블랙박스(불투명하게)에 의해 발견될 수도 있지만, 전략은 화이트박스(투명하게)로 개발돼야 한다. 범주화된 여러 특성을 한데 묶는다고 해서 이론이 생성되는 것은 아니다. 전략이 확정되면 전략가들은 전체 알고리즘을 활용할 수 있는 코드를 준비하고, 시제품을 백테스트 팀에 제출한다. 10장과 16장은 이 절차를 다룬다. 이 책에서 특정 투자 전략을 설명하는 것은 부적절하다고 생각한다.

1.3.1.4 백테스터

이 팀은 다양한 시나리오 상황에서 투자 전략 수익률을 측정한다. 시나리오 중 하나는 역사가 반복된다는 가정하에서의 성과 측정이다. 그러나 과거 수익률은 여러 가능한 확률적 경로 중 하나일 뿐이며, 반드시 일어난다는 것은 아니다. 여러 대안 시나리오가 평가돼야 하고, 이들 시나리오는 제안된 전략의 약점과 강점에 부합해야 한다. 팀원은 실증적 또는 실험 기법에 조예가 깊은 데이터 과학자여야 한다. 훌륭한 백테스터는 전략이 어떻게 발현됐는지 분석한 자료인 분석 메타 정보meta-information를 포함한다. 특히 정제된 전략을 만들기 위해 몇 번의 시행 착오를 거쳐야 했는지를 감안한 백테스트 과적합 가능성을 평가해야만 한다. 평가 결과는 다른 팀에서 재사용하지는 않는데, 그 이유는 11장을 읽어 보면 분명히 알 수 있게 될 것이다. 그 대신 백테스트 결과는 매니저에게만 전달되고, 다른 사람에게는 공유하지 않는다. 11~16장까지는 이 팀이 수행하는 분석을 알아본다.

1.3.1.5 배치 팀

배치deployment 팀은 투자 전략의 프로그래밍 코드를 상품 라인에 통합하는 과제를 수행한다. 어떤 요소는 여러 전략에 재사용하기도 하는데, 특히 공통 특성을 공유할 때 그렇다. 팀원은 알고리즘 전문가와 하드코어 수학 프로그래머로 구성된다. 배치 팀의 주된 책임 중 하나는 배치 실행된 솔루션이 전달받은 시험 솔루션과 논리적으로 일치하도록 만드는 것이다. 실행 과정을 최적화해 전략으로 구현되는 지연 시간을 최소화하는 것도 배치팀의 역할이다. 종종 분초를 다투는 과정이기 때문에 이 팀은 프로세스 스케줄러나 자동화 서버(Jenkins), 벡터화, 다중-스레드, 다중 연산, 그래픽 처리 유닛(GPU-NVIDIA), 분산 컴퓨팅(Hadoop), 고성능 컴퓨팅(Slurm), 일반적 분산 컴퓨팅 기술 등에 많이 의존한다. 20~22장까지는 이 과정의 여러 흥미로운 측면을 알아보고, 머신러닝과 어떻게 연계돼 있는지 알아본다.

1.3.1.6 포트폴리오 감독

전략이 배치되고 나면 잘 짜인 일련의 과정을 따라가는데, 다음과 같은 단계, 즉 라이프사이클을 가진다.

1. **엠바고**embargo: 우선, 백테스트한 마지막 날 이후에 관측된 데이터를 갖고 전략을 실행한다. 이러한 엠바고 기간은 백테스트를 실행하는 담당자가 미리 설정하기도 하고, 실제 전략 구현이 지연된 결과일 수도 있다. 엠바고 상태의 성능이 백테스트 결과와 일치하면 투자 전략은 다음 단계로 넘어간다.[6]

2. **가상 거래**paper trading: 이 시점에서 전략이 실행되고 실시간 피드백이 일어난다. 데이터 분석 지연, 계산 지연, 실행 지연, 데이터 관찰과 포지션 결정 사이의 시간 지연 등이 실제 성과에 반영된다. 가상 거래는 투자 전략이 예상대로 잘 수행되고 있는지 충분한 근거가 확보될 때까지 계속된다.

3. **졸업**graduation: 이 단계에서는 투자 전략이 실제 돈을 운용하게 되는데 독립된 상태든 앙상블ensemble 형태든 상관없다. 성과가 리스크, 수익, 비용을 모두 포함해 정교하게 측정된다.

4. **재배분**re-allocation: 실적에 따라 실행 중인 전략을 포트폴리오 다각화 관점에서 주기적으로 재평가한다. 일반적으로 전략으로의 자금 배분은 오목 함수를 따른다. 최초의 배분(졸업 시점)은 작다. 시간이 흐르고 전략이 기대만큼 성과를 달성할수록 자금 배분이 증가한다. 시간이 흐르면서 성과가 부진하면 자금 배분은 점점 줄어든다.

5. **중단**decommission: 궁극적으로 모든 전략은 중단된다. 충분한 시간이 흘렀음에도 불구하고 성과가 기대 이하이기 때문이다. 실증적 결과가 전략을 이끌던 이론을 뒷받침하지 못한다고 판단되는 경우에 발생한다.

---

6 엠바고에 대한 구체적인 설명은 7장(7.4.2절)에서 볼 수 있다. - 옮긴이

일반적으로 새로운 버전의 전략을 만들어 이전 버전의 전략과 동시에 실행하는 것이 선호된다. 각 버전은 앞서 설명한 라이프사이클을 따르고, 이전 전략은 분산 관점에서 더 적은 자금을 배분받지만, 더 긴 과거 성과에서 발생하는 신뢰 정도도 함께 고려한다.

1.3.2 전략 구성 요소에 따른 구조

대부분의 투자 운용 매니저는 극도로 복잡한 머신러닝 알고리즘을 활용하면 부자가 될 것처럼 믿고 있다. 이것은 스스로 실망의 덫을 놓고 있는 것과 같다. 부자가 되는 일이 최첨단 코딩만 하면 되는 정도로 쉬운 일이었다면 실리콘 밸리에 있는 사람들은 대부분 억만장자가 돼 있을 것이다. 하지만 성공적인 투자 전략은 다양한 요소가 결합된 결과다. 표 1-1은 성공적인 투자 전략을 짜는 데 각각 해결해야 할 요소들을 요약한 것이다.

표 1-1 각 장에서 해결한 여러 문제

부분	장	금융 데이터	소프트웨어	하드웨어	수학	메타 전략	과적합
1	2	X	X				
1	3	X	X				
1	4	X	X				
1	5	X	X		X		
2	6		X				
2	7		X			X	X
2	8		X			X	
2	9		X			X	
3	10		X			X	
3	11		X		X		X
3	12		X		X		X
3	13		X		X		X
3	14		X		X		X
3	15		X		X		X
3	16		X		X	X	X
4	17	X	X		X		
4	18	X	X		X		
4	19	X	X				
5	20		X	X	X		
5	21		X	X	X		
5	22		X	X	X		

책 전반에 걸쳐 다년간 학술지에 기고한 저자의 논문을 참고 자료 목록에서 볼 수 있다. 발표된 논문은 여기에 반복적으로 설명하지 않고 참고 자료에 안내만 할 것이므로 해당 항목을 통해 자세한 내용을 찾아보기 바란다. 이 책에 인용된 저자의 모든 논문은 무료로 다운로드할 수 있고, 저자의 홈페이지(www.quantresearch.org)에서 바로 프린트할 수 있는 형태로 제공하고 있다.

1.3.2.1 데이터

- 문제: 쓰레기가 입력되면 쓰레기가 출력된다.[7]
- 해법: 유니크하지만 다루기 힘든 자료로 작업하라. 당신만이 데이터의 유일한 사용자라면 그 가치가 얼마만큼 커도 당신만의 것이 된다.
- 방법:
  - 2장: 데이터를 정확히 구성하라.
  - 3장: 정보성 레이블Informative Lables을 생성하라.
  - 4, 5장: 비IID 계열 데이터를 적절히 모델링하라.
  - 17~19장: 예측력이 있는 특성을 찾아라.

1.3.2.2 소프트웨어

- 문제: 특화된 과제에는 맞춤형 도구가 필요하다.
- 해법: 자신만의 클래스를 만들라. 일반적인 라이브러리를 사용하면 여러 경쟁자가 몰려들게 된다.
- 방법:
  - 2~22장: 이 책의 각 장별로 우리만의 자체 함수를 개발한다. 여러분의 문제에 대해서도 책의 예제를 따라 이와 동일한 작업을 하라.

---

7 흔히 GIGO(Garbage In Garbage Out)라 부른다. - 옮긴이

1.3.2.3 하드웨어

- 문제: 머신러닝은 가장 많은 계산 양을 요하는 작업을 포함한다.
- 해법: HPC 전문가가 되라. 가능하면 슈퍼컴퓨터를 구축하고자 국립 연구소와 협력하라.
- 방법:
  - 20, 22장: 다중 처리 아키텍처의 관점에서 사고하는 방법을 배워라. 라이브러리를 코딩할 때에는 함수가 병렬로 호출되도록 구성하라. 이 책에서 풍부한 예제를 찾을 수 있다.
  - 21장: 양자 컴퓨터용 알고리즘을 개발하라.

1.3.2.4 수학

- 문제: 수학 증명은 수년, 수십 년 또는 수백 년이 걸릴 수도 있다. 그러나 이 기간 동안 기다려 줄 투자가는 없다.
- 해법: 실험 수학experimental math을 사용하라. 어렵고 다루기 힘든 문제를 증명으로 풀지 말고 실험으로 해결하라. 예를 들어, 베일리Bailey, 보르웨인Borwein, 프루에프Plouffe(1997)는 증명 없이 π(파이)를 계산할 수 있는 수도꼭지spigot 알고리즘[8]을 개발했는데, 이런 수학적 발견이 불가능할 것이란 이전의 선입견을 깨고 달성했다.
- 방법:
  - 5장: 기억 유지 데이터 변환memory-preserving data transformations에 익숙해져라.
  - 11~15장: 과거 시뮬레이션보다 훨씬 더 신뢰성 있는 방법으로 전략의 가치를 측정할 수 있는 경험적 기법이 있다.
  - 16장: 샘플 내IS, In-Sample에서 최적인 알고리즘은 샘플 외OOS, Out-Of-Sample에서 제대로 작동하지 않을 수 있다. 투자 성공을

---

8 π나 e 등의 수학 상수를 계산할 때 쓰이는 알고리즘으로, 상수의 특정 자리 값을 구하기 위해 이전 자리를 구하지 않아도 되는 특성을 가진다. 조금씩 새는 수도꼭지와 같다고 해서 이런 이름을 갖게 됐다. – 옮긴이

수학적으로 증명할 수 없다. 연구를 이끌어 나가기 위해 경험적(실험적) 기법에 의존하라.

- 17, 18장: 구조 변화^{structural break}를 탐지할 수 있는 기법을 적용하고, 금융 계열에 수반된 정보를 계량화하라.
- 20장: 분산 연산을 위한 대기 기법^{queuing method}을 배운 후 복잡한 과제를 분리해 계산 속도를 증가시켜라.
- 21장: 다루기 힘든 문제를 해결하고자 양자 컴퓨터에서 사용하고 있는 이산 기법^{discrete method}에 익숙해져라.

1.3.2.5 메타 전략들

- 문제: 아마추어들은 부자들에게는 어떤 마법의 공식이 있을 것이라 믿으면서 개별 전략을 개발한다. 이와 반대로 전문가들은 대량 생산 전략을 개발한다. 돈은 자동차 제조로 버는 게 아니라 자동차를 제조하는 공장을 만드는 데서 시작된다.
- 해법: 비즈니스처럼 생각하라. 당신의 목표는 영감에 의지해 참발견을 하는 것이 아니라 고된 노력을 통해 참 발견을 이뤄 내는 공장 연구소와 같은 리서치 연구소를 운영하는 것이다. 미국 국립 연구소의 설립자이자 물리학자인 어니스트 로렌스^{Earnest Lawrence} 박사의 철학이기도 한다.
- 방법:
  - 7~9장: 금융의 다중 공선성^{multi-collinearity}을 해결하며, 여러 자산군에 걸쳐 연관성 있는 특성을 식별하는 연구 프로세스를 구축하라.
  - 10장: 여러 예측을 하나의 단일 베팅으로 묶어라.
  - 16장: 샘플외^{OOS}에서 잘 작동하는 강건한 기법을 사용하는 전략에 자금을 배분하라.

1.3.2.6 과적합

- 문제: 표준 교차-검증^{CV, Cross Validation} 기법은 금융 분야에서는 작
동하지 않는다. 금융에서의 발견들은 대부분 다중 테스트와 선택
편향 때문에 거짓으로 판명된다.

- 해법:
  - 무엇을 하든 스스로 과적합화했을 가능성에 대해 물어 보라.
  자신의 작업에 회의적인 시각을 갖고 끊임없이 새로운 가치를
  부가했는지 물어 보라.
  - 과적합은 비윤리적이다. 과적합은 좋아 보이지만 쓸 수는 없
  는 결과를 초래한다. 고의로 그랬다면 과적합은 완벽한 과학
  적 사기다. 많은 학자가 그런다고 해서 고의적 과적합이 정당
  화되지는 않는다. 자신을 포함한 그 누구의 재산도 과적합된
  투자 방법에 투자하지 않을 것이다.
  - 시간, 자원, 기회의 낭비다. 더욱이 업계는 오직 샘플외 수익
  률에 대해서만 대가를 지불한다. 당신이 투자가들에게 부를
  창출해 줬을 때만 성공할 수 있다.

표 1-2 금융 머신러닝에 있어서의 흔한 함정들

#	범주	함정	해법	장
1	인식론적	시지프스 패러다임	메타 전략 패러다임	1
2	인식론적	백테스트를 통한 연구	특성 중요도 분석	8
3	데이터 처리	시간에 따른 표본 추출	거래량 시계	2
4	데이터 처리	정수 미분	분수 미분	5
5	분류	고정된 시간 수평 레이블	삼중 배리어 기법	3
6	분류	방향성과 크기를 동시에 학습	메타 레이블링	3
7	분류	비IID 표본 가중값	고유도 가중값: 순차적 부트 스트래핑	4
8	평가	교차 검정 누수	퍼지(purge, 제거)와 엠바고 (embargo, 금지)	7, 9
9	평가	워크 포워드(WF, Walk Forward, 과거 데이터) 백테스트	조합적 제거 CV	11, 12
10	평가	백테스트 과적합	합성 데이터에 대한 백테스트: 축소 샤프 비율(deflated sharpe ratio)	10~16

- 방법:
  - 11~15장: 세 가지 백테스트 패러다임이 있는데, 그중 하나가 역사적 시뮬레이션이다. 각 백테스트는 어느 정도 과적합하기에 그 정도를 정량화하는 것이 매우 중요하다.
  - 16장: 샘플 외 우수한 성과를 포기하면서 샘플 내 성과를 과적합하지 않는 안정적 자산 배분 기법을 학습하라.

1.3.3 흔한 함정에 따른 구성

많은 장점에도 불구하고 머신러닝이 만병통치약은 아니다. 머신러닝 기술의 유연성과 대단한 능력에도 어두운 면이 있다. 잘못 사용되면 머신러닝 알고리즘은 통계적 요행을 패턴으로 혼동하게 된다. 이 사실이 금융의 특성인 낮은 신호 대 잡음 비율$^{low\ signal-to-noise\ ratio}$과 결합하면 부주의한 사용자들이 곧바로 거짓 발견$^{false\ discovery}$을 하게 된다. 이 책에서 머신러닝 전문가들이 금융 데이터셋에 적용할 때 보편적으로 저지르게 되는 몇 가지 오류를 설명한다. 이러한 함정 중 일부는 표 1-2에 나열돼 있고, 해법이 설명돼 있다.

1.4 대상 독자들

이 책은 금융 관련 데이터에 연계된 문제들을 해결하고자 설계된 고급 머신러닝 기법을 다루고 있다. '고급'이라는 의미는 이해하기가 극도로 힘들다거나 딥러닝이나 순환신경망$^{RNN,\ Recurrent\ Neural\ Network}$ 또는 합성곱망$^{CNN,\ Convolutional\ Neural\ Network}$ 등 최근에 되살아나고 있는 기법들을 설명한다는 의미는 아니다. 그보다 이 책은 금융 문제에 머신러닝 알고리즘을 적용한 경험이 있는 상급 연구원들이 중요하게 생각하는 여러 의문에 해답을 주고자 쓰여졌다. 만약 머신러닝이 처음이고, 복잡한 알고리즘에 대한 경험이 없다면 이 책은 (아직은) 맞지 않을 것이다. 이 책에서 다루고 있는 문제에 대해 현업에서의 경험이 없다면 이 책을 이용해 문제를 해결하기가 쉽지 않을 것이다. 이 책을 읽기 전에 머신러닝에 관한 여러 훌륭한 책을 읽길 권한다. 참고문헌 섹션에 몇 권을 나열했다.

이 책의 핵심 독자들은 머신러닝 경험이 풍부한 전문 투자가들이다. 저자의 목표는 여러분이 이 책에서 배운 것을 통해 수익을 증대하기를 바라는 것이고, 금융을 현대화하는 데 일조하고 투자가들에게 실질적인 가치를 전달해 주기를 바라는 것이다.

이 책은 금융 이외의 여러 분야에 머신러닝 알고리즘을 성공적으로 구현한 경험이 있는 데이터 과학자들에게도 적합하다. 만약 여러분이 구글에서 일하면서 얼굴 인식 분야를 성공적으로 구현한 적이 있지만, 금융 쪽에 제대로 적용해 본 적이 없다면 이 책이 많은 도움이 될 것이다. 가끔 특정 구조(예를 들어, 메타 레이블링, 삼중 배리어 기법, 프랙디프^{fracdiff})의 금융 논리에 대해 잘 이해되지 않을 때도 있을 수 있지만, 끈기를 갖길 바란다. 투자 포트폴리오를 일정 수준 이상 운용하다 보면 게임의 법칙이 점점 뚜렷하게 보이고, 1장에 설명된 내용들이 이해가 될 것이다.

1.5 필요 지식

투자 운용은 종합적인 학문 분야 중 하나이며, 이 책은 이러한 사실을 잘 보여 준다. 다양한 내용을 이해하려면 실질적인 머신러닝에 대한 지식, 시장 미시 구조, 포트폴리오 관리, 금융 수학, 통계, 계량 경제학, 선형 대수, 볼록^{convex} 최적화, 이산 수학, 신호 처리, 정보 이론, 객체지향 프로그래밍, 분산 처리, 슈퍼컴퓨팅 지식이 요구된다.

파이썬은 어느새 머신러닝의 표준 언어가 됐고, 저자는 독자들이 숙련된 개발자라고 가정한다. 독자들은 사이킷런$^{sklearn, scikit-learn}$, 판다스^{pandas}, 넘파이^{numpy}, 사이파이^{scipy}, 다중 처리, matplotlib 그 외 여러 라이브러리를 잘 알고 있어야 한다. 이러한 라이브러리를 사용하는 코드 예제에서는 pandas를 pd, numpy를 np, matplotlib를 mpl이라는 이름으로 호출하는 등 늘 사용하는 관행적인 방식을 그대로 따른다. 각각 라이브러리를 다룬 별도의 책이 많이 나와 있고, 이 부분에 대해 별도로 읽어야 한다. 책에서 이러한 라이브러리의 몇 가지 문제점을 지적하고, 해결되지 않은 버그들도 알아본다.

1.6 자주 받는 질문들

머신러닝 알고리즘이 금융에는 어떻게 유용한가?

많은 금융 연산은 옵션 가격 결정이나 알고리즘 실행, 리스크 관리처럼 기존에 정의된 규칙에 따라 결정을 내린다. 지금까지 대규모 자동화가 진행돼 온 영역으로 정보를 교환하는 초고속, 초연결 네트워크로 금융 시장을 변화시켜 왔다. 이러 작업에서 컴퓨터의 역할은 주어진 규칙을 최대한 빨리 수행하는 것이었다. 고빈도 거래high-frequency trading가 가장 극단적인 사례 중 하나다. 보다 자세한 내용은 참고 문헌 이슬리, 로페즈 데 프라도, 오하라(Easley, López de Prado, and O'Hara, 2013)를 참고하자.

금융을 알고리즘화하는 흐름은 멈출 수 없다. 1968년 6월 12일과 1968년 12월 31일 사이에 뉴욕 증시는 매주 수요일마다 문을 닫았다. 밀린 서류를 수작업으로 처리해야 했기 때문이다. 상상이 되는가? 오늘날의 우리는 완전히 다른 세상에 살고 있으며, 앞으로 10년 후는 이보다 더할 것이다. 다음 단계의 자동화는 단순히 규칙을 따르는 것뿐만 아니라 스스로 판단하는 것까지 포함할 것이다. 인간은 감정의 동물이라 두려움, 희망, 여러 현안 등에서 자유롭지 못하기 때문에 사실에 기반fact-based한 의사결정을 내리기에 적합하지 않는데, 특히 이해가 상충되는 결정의 경우 더욱 적합하지 않다. 이러한 상황에서는 방대한 자료로 학습시켜 사실에 입각한 판단을 기계(컴퓨터)가 하는 것이 더 현명할 수 있다. 이는 투자 전략의 개발에만 국한되는 것이 아니라 금융 조언이 필요한 모든 분야, 예컨대 대출 승인, 채권 가격 산정, 회사 등급 분류, 인재 선발, 기업 이익 예측, 인플레이션 예상 등에 적용할 수 있다. 더욱이 기계(컴퓨터)가 법을 지키도록 프로그램해 두면 언제든 지킬 것이다. 행여 미심쩍은 결정이 내려진다면 투자가들은 로그 기록(접속 기록)을 살펴본 후 무슨 일이 있었는지 이해할 수 있다. 사람에게 전적으로 의존하는 것보다 알고리즘 투자 프로세스를 발전시켜 나가는 것이 훨씬 더 용이하다.

머신러닝 알고리즘이 어떻게 투자에서 사람을 이길 수 있는가?

컴퓨터가 체스, 제퍼디Jeopardy 또는 포커나 바둑에서 사람을 절대 이기지 못할 것이라 확신하던 것을 기억하는가? 수백만 년간의 진화(유전자 알고리즘)를 통해 유인원의 뇌가 정교히 다듬어져 정적인 자연 법칙이 지배하는 적대적 3차원 공간에서 살아남게 됐다. 그러나 이제 매일 게임의 규칙이 바뀌는 고차원 세계에서 미묘한 패턴을 감지하는 일에 관해서는 3차원에서 그토록 정교하게 다듬어져 온 능력들이 불리한 것으로 드러날 것이다. 머신러닝 알고리즘은 우리가 3차원 세계에서 쉽게 일을 하는 것처럼 간단하게 100차원에서의 패턴을 탐지해 낸다. 알고리즘이 엉뚱한 실수라도 하면 우리 모두는 비웃지만, 사실 알고리즘은 우리가 수백만 년에 걸쳐 살아온 시간에 비하면 아직 극도로 작은 시간에만 존재했다는 것을 명심하라. 알고리즘은 매일 더 진화하지만, 인간은 그러지 못한다. 인간은 느리게 학습하고, 이는 금융처럼 빠르게 변화하는 세상에는 단점이 된다.

그렇다면 투자에서 사람이 할 역할은 더 이상 없다는 이야기인가?

그렇지는 않다. 컴퓨터보다 더 체스를 잘 두는 사람은 없을 것이다. 그리고 컴퓨터를 활용해 체스를 두는 사람보다 더 체스를 잘 두는 컴퓨터도 없을 것이다. 자의적 판단에 의존하는 포트폴리오 매니저는 머신러닝 알고리즘에 비해 뒤떨어질 것이지만, 이런 유형의 포트폴리오 매니저와 머신러닝 알고리즘을 합치면 최선의 결과를 얻을 것이다. 이것이 이른바 '퀀터멘털 quantamental'이라 알려져 있는 기법이다. 즉 사람의 추측(기본 변수fundamental variable[9]에 의해 영감을 받은)과 수학적 예측을 합치는 것이다. 특히 3장에서 는 머신러닝 알고리즘을 자의적 판단에 의존하는 포트폴리오 매니저에 접 목하는 메타-레이블이라는 기법을 소개한다.

금융 머신러닝과 계량 경제학의 차이는 무엇인가?

계량 경제학은 전통적 통계 기법을 경제와 금융에 적용한 것이다. 계량 경 제학의 근본적 도구는 '다변량' 선형 회귀이며, 이는 1794년 이전 가우스 Gauss에 의해 정복된 18세기의 기술이다(Stigler, 1981). 전통적인 계량 경제 학 모델은 스스로 학습하지 않는다. 21세기 금융과 같이 복잡한 것을 공분 산 행렬의 행렬식을 구하는 등의 단순한 기법으로 이해하려고 한다면 쉽게 믿기 힘들 것이다.

모든 경험적 과학empirical science은 관측에 기반해 이론을 구축해야 한다. 이 러한 관측 모델링을 위해 선형 회귀와 같은 통계적 도구를 사용한다면 연 구원들은 복잡한 데이터를 이해하는 데 실패할 것이고, 이론은 지나치게 단순하며, 쓸모 없이 조악할 것이다. 저자는 계량 경제학 때문에 경제학과 금융학이 지난 70년 동안 어떠한 의미 있는 진전도 없었다고 자신 있게 말 한다(Calkin and López de Prado, 2014a, 2014b).

중세 천문학은 수세기 동안 관측을 통해 천체 역학에 관한 이론을 개발했 다. 이러한 이론은 원형 궤적이 아닌 것은 신성하지 못하고, 신의 뜻에 맞 지 않는 것으로 간주해 고려조차 하지 않았다. 예측 오차가 너무 커지자 오 히려 더 복잡한 이론을 통해 이러한 오차를 설명하고자 했다. 케플러Kepler 가 무모하게도 원형이 아닌 (타원형의) 궤도를 고려하고 나서야 비로소 순 식간에 훨씬 간단한 일반적 모델이 천체의 위치를 놀랍게도 정교하게 예측

---

9 기업 가치 결정에 중요한 미래 이익의 예측과 관련하여 재무제표상의 여러 재무제표 항목들을 이용하는 기
   본 변수 – 옮긴이

할 수 있었다. 천체학자들이 비원형 궤도를 끝내 고려하지 않았다면 어떻게 됐을까? 경제학자들이 드디어 비원형 함수를 고려하기 시작했다면? 금융의 케플러는 대체 어디에 있는 것일까? 금융 분야에서는 뉴턴^{Newton}의 『프린키피아^{Principia}』와 같은 저작물이 존재하지 않는다. 케플러도 뉴턴도 없기 때문이다.

금융 머신러닝 기법은 이론을 대체하는 것이 아니라 단지 안내자 역할만 한다. 머신러닝 알고리즘은 고차원 공간에서 특별한 지도 없이(비지도학습 방법으로) 패턴을 학습한다. 현상 중 어떠한 특성이 예측 가능한지 이해하고 나면 이론적 설명을 수립할 수 있고, 독립된 데이터셋을 상대로 검증해 볼 수 있다. 경제학이나 금융학을 전공하는 학생들은 계량 경제학보다 머신러닝 과정을 수강하는 것이 더 나을 것이다. 계량 경제학을 연구하면 (아직까지는) 학문적인 관점에서 성공할 수 있을지 몰라도 비즈니스 관점에서의 성공을 위해서는 머신러닝이 필요하다.

머신러닝 알고리즘은 그저 블랙박스라고 주장하면서 무시하는 사람들은 어떻게 생각하는가?

이 책을 읽어 보면 머신러닝 알고리즘은 화이트박스라는 것을 알게 될 것이다. 머신러닝 알고리즘은 투명하고, 잘 정의돼 있으며, 매우 정확하며, 패턴 인식 함수다. 대부분의 사람은 당신만큼의 지식을 갖고 있지 못하고, 그들에게 머신러닝은 그저 마술사의 상자와 같을 것이다. "토끼가 어디서 나온 거야? 도대체 무슨 장난을 친 거야?" 사람들은 자신이 이해하지 못한 것을 신뢰하지 않는다. 그들의 편견은 무지에서 비롯된 것인데, 이에 대한 소크라테스의 치료법은 간단하다. 바로 교육이다. 게다가 우리들 중 일부 사람들이 뇌를 사용하는 것을 즐기는데, 뇌과학자들이 아직도 그 작동기제를 발견하지 못했음(그 자체로 블랙박스다)에도 불구하고 뇌를 사용하는 것을 즐긴다면 이는 모순이 아닌가?

종종 우리는 신기술에 반대하는 사람들을 만나게 되는데, 그들은 어쩔 도리가 없다. 네드 러드Ned Ludd는 영국 레스터Leicester의 방직공이었는데, 1779년 두 방직 공장을 때려 부쉈다. 산업혁명이 다가오자 군중들은 기계화에 격분해 눈에 보이는 모든 기계를 부숴 버렸다. 직물 노동자들이 너무 많은 산업 시설을 파괴했으므로 의회는 '기계 파괴'에 중형을 선고하도록 법을 제정했다. 1811년과 1816년 사이에 영국은 폭동의 기류에 휩싸였으며, 이베리아 반도에서 나폴레옹 군과 맞서는 군대보다 신기술 반대Luddite에 빠진 군중들을 막기 위한 군대가 더 많을 지경이었다. 신기술 반대 혁명은 군대에 의한 참혹한 진압으로 끝났다. 블랙박스 운동도 같은 운명을 맞지 않길 바라자.

왜 특정 머신러닝 알고리즘을 얘기하지 않는 것인가?

이 책의 내용은 특정 머신러닝 알고리즘을 다루지 않는다. 독자들이 합성곱 신경망, 에이다 부스트AdaBoost, 랜덤 포레스트RF, Random Forest, 소프트 벡터 머신SVM, Soft Vector Machine 등과 같은 어떤 기법을 사용하더라도 데이터 구조, 레이블, 가중값 계산, 정상성을 복구하기 위한 변환, CVCross-Validation, 특성 추출, 특성 중요도, 과적합, 백테스트 등과 같은 공통된 일반적인 문제에 직면한다. 금융 모델링에 있어서는 이러한 문제에 해답을 제시하는 것이 쉽지 않고, 프레임워크 특화된 접근법framework-specific approach을 개발해야 한다. 이 책의 핵심도 바로 이러한 곳에 있다.

이 주제와 관련해 추천하고 싶은 다른 책은 어떤 것이 있는가?

저자가 아는 한 이 책은 금융에 특화한 머신러닝 기법을 완전하고 체계적으로 다룬 최초의 책이다. 금융 데이터 구조에 특화된 장으로 시작해 다른 장들은 금융 시계열 데이터의 레이블링에 연계되고, 또 다른 장은 샘플 가중치 부여, 시계열 미분 등에 연계돼 있다. 이후 적절한 금융 전략 백테스트에 완전히 할애한 부분에 이르게 된다. 확실히 해두자면 표준 머신러닝을 금융 계열에 적용한 이전 출판물(대부분 학술지의 논문이지만)이 나와 있지만, 이 책의 내용은 다르다. 저자의 목적은 금융 모델링의 미묘한 변화를 일으키는 세세한 부분을 다루는 것이다. 다른 과제들과 마찬가지로 금융 머신러닝은 빠르게 변화하고, 이 책은 이 변화에 맞춰 기술됐다. 향후 다뤘으면 하는 특정 과제에 대해서는 mldp@quantresearch.org로 의견을 개진할 수 있다. 의견이 향후 책에 반영될 경우 제안자의 성명을 함께 수록할 것이다.

일부 장과 절은 이해가 안 된다. 어떻게 해야 하는가?

각 장의 참고 문헌을 읽어 보길 권한다. 이 책을 쓸 때 독자들이 기존 문헌에 익숙하다고 가정했기 때문에 그렇지 않다면 이해하기 쉽지 않을 것이다. 참고 문헌을 읽고 난 다음에도 여전히 내용이 이해되지 않는다면 투자 전문 분야와 관련된 내용일 가능성이 높다(문헌에는 별도의 표시가 없다). 예를 들어, 2장은 교과서에서는 잘 다루지 않지만, 실전에서 많이 다루는 롤오버 rollover 시 선물 가격의 효율적 조정 기법에 관해서 논의한다. 독자들이 정기 세미나에 참석해 종종 질문해 주길 바란다.

이 책은 왜 그토록 백테스트 과적합 문제에 집착하는가?

두 가지 이유가 있다. 우선 백테스트 과적합은 모든 수학적 금융 문제에 있어 해결하지 못한 가장 중요한 과제 중 하나다. 이는 마치 전산학에 있어 'P와 NP' 복잡도 문제와 같다. 백테스트 과적합을 방지할 방법이 있는 경우에만 백테스트를 신뢰할 것이다. 백테스트는 영업 문구 sales pitch라기보다 거의 현금과도 같다. 헤지 펀드 hedge fund는 자신감에 찬 포트폴리오 매니저에게 맡기고자 할 것이다. 투자가들은 위험 요소가 감소한다면 기꺼이 더 많은 수수료를 지불할 것이다. 감독 당국은 사기꾼들이 아니라 역량이나 지식으로 신뢰할 만한 기본을 갖춘 헤지 펀드 매니저에게 허가를 내주려고 할 것이다. 저자의 의견으로는 백테스트 과적합 문제를 다루지 않은 투자 지침서는 읽을 가치가 없다. CAPM, APT, 자산 배분 기법, 위험 관리 등 이런 이론을 뒷받침하는 실증적 결과에 거짓-발견 false-discovery 가능성을 다루지 않는다면 왜 굳이 이런 투자 지침서를 읽어야만 하는가?

두 번째 이유는 머신러닝은 연구에 있어 대단한 도구이자 위험한 도구임이 분명하기 때문이다. 백테스트 과적합이 계량 경제학 분석에 있어서의 문제라고 한다면 머신러닝의 유연성은 연구에 늘 위험한 요소가 된다. 금융에서는 특히 그렇다. 데이터셋은 더 짧고, 신호 대 잡음비는 더 낮으며, 모든 환경 변수를 통제하면서 실험할 수 있는 실험실이 없기 때문이다(López de Prado, 2015). 이러한 문제점을 다루지 않는 머신러닝 책을 읽는다면 득보다 실이 더 많을 것이다.

이 책에 사용할 수학 표기법은 어떤 것인가?

이 책을 쓸 때 각 수학 변수에 하나의 심벌을 할당하는 것을 생각해 봤다. 이 책이 통계적 최적화와 같이 하나의 주제를 다룬다면 나름 괜찮을 수 있는 방법이다. 그러나 이 책은 다양한 수학 과제를 다루고 있고, 각각은 나름의 표기법을 갖고 있다. 참고 문헌이 표준적 표기법을 따르지 않는다면 독자들도 해당 문헌을 찾기가 쉽지 않을 것이므로 경우에 따라 심벌을 재사용하게 될 때가 있다. 혼란을 최소화하고자 모든 장은 사용된 표기법을 설명한다. 대부분의 수학은 해당 코드와 함께 있으므로 확인을 원할 때는 항상 코드를 우선 살펴보기 바란다.

22장은 누가 쓴 것인가?

대부분은 머신러닝 기술이 IBM, 구글, 페이스북, 아마존, 넷플릭스, 테슬라 등에서 발명하거나 완성한 것이라는 인식을 갖고 있다. 테크 기업들이 최근에 머신러닝의 주된 이용자인 것은 맞다. 이러한 기업들이 최근의 머신러닝 업적(제퍼디나 바둑 등)을 스폰서한 것 때문에 더욱 그런 인식이 형성된 듯하다.

그러나 미국 국립 연구소U.S. National Laboratories가 머신러닝의 사용에 있어서 가장 오랜 역사와 경험을 가진 연구소라는 것을 알게 된다면 적잖이 놀랄 것이다. 이런 연구소들은 머신러닝이 각광받기 훨씬 이전부터 활용해 왔고, 수십 년간 응용을 통해 놀라운 과학적 발견을 성취해 왔다. 넷플릭스Netflix가 다음에 볼 만한 영화를 추천하는 것만큼 우주의 팽창률을 이해하거나 지구 온난화에 따른 해안선 변화의 예측이나 전국 전력선에서 발생할 수 있는 정전을 방지하는 것도 중요하다. 이러한 것들은 버클리Berkeley 연구소와 같은 곳에서 머신러닝을 이용해 조용하지만 끊임없이 연구하고 있는 훌륭한 문제이기도 하다.

22장에서는 빅데이터와 고성능 연산, 머신러닝과 관련된 대규모 과학 연구를 행하는 프로젝트 리더인 홀스트 사이먼Horst Simon 박사와 케셍우KeshengWu 박사의 시각을 들어 본다. 통상적인 대학교의 연구 환경과 달리 미국 국립 연구소는 연구와 책임을 강하게 분리한 잘 고안된 절차를 따르는 범학문적 팀을 투입함으로써 과학 업적을 성취할 수 있었다. 생산 체인을 활용한 이러한 연구 모델은 이미 90년 전에 버클리 연구소에서 만들어졌고, 1.2.2절과 1.3.1절에서 설명한 메타 전략 패러다임에 영감을 불어넣었다.

1.7 감사의 글

로렌스 버클리 국립 연구소의 홀스트 사이먼 박사가 케셍우 박사와 함께 22장을 공동 집필해 주기로 했는데, 이들은 버클리 연구소의 여러 프로젝트와 미국 국립 에너지 연구 과학 컴퓨팅 센터NERSC, National Energy Research Scientific Computing Center의 여러 연구를 이끌었다. 머신러닝은 엄청난 계산 자원이 필요하므로 이들의 너그러운 지원과 가이드가 없었다면 연구는 불가능했을 것이다. 22장에서는 두 분이 슈퍼 연산을 필요로 하는 연구원들의 요구를 버클리 연구소가 어떻게 만족시켰는지, 머신러닝과 빅데이터가 현대 과학의 변혁에 어떠한 역할을 했는지 설명한다.

리카도 리보나토Riccardo Rebonato 교수는 이 원고를 열람한 최초의 사람이었고, 출간을 독려해 줬다. 프랭크 파보지Frank Fabozzi 교수와의 대담은 이 책을 지금의 형태로 만들게 해줬다. 프랭크와 리카도 정도의 학문적 경험을 가진 사람은 극소수이며, 이들의 학문적 족보를 잇는 사람들도 드물다.

저자는 과거 20년 동안 이 책의 주제와 관련된 논문, 책, 장, 강의, 소스 코드 등 100건의 문헌을 발표했다. 최근의 연구 몇 개는 이 분야의 30여 전문가들과 공동 저작으로 진행했으며, 이에 포함되는 것으로 데이비드 베일리 David H. Bailey(15개 논문) 교수, 모린 오하라 Maureen O'Hara(8개 논문) 교수, 조나단 보웨인 Jonathan M. Borwein(6개 논문) 등을 들 수 있다. 이 책은 어느 정도 그들과의 소통 및 토의 없이는 불가능했으므로 그들의 저서이기도 하다. 감사의 말을 다 전하기는 끝이 없으므로 다음 링크를 통해 그들과의 협업에 대해 알린다.

http://www.quantresearch.org/Co-authors.htm

끝으로 책의 교정 등을 도와주고 몇몇 이미지 생성에 도움을 준 저자의 연구실 구성원, 디에고 아파리치오 Diego Aparicio, 리 콘 박사 Dr. Lee Cohn, 마이클 루이스 박사 Dr. Michael Lewis, 마이클 락 박사 Dr. Michael Lock, 야시옹 정 박사 Dr. Yaxiong Zeng, 지바이 장 박사 Dr. Zhibai Zhang에게 감사한다.

연습 문제

1.1 자의적 판단에 의거(전통적인 액티브)한 투자에서 머신러닝-기반의 투자로 변화를 시도하거나 '퀀터멘털' 펀드로 불리는 방식으로 변환하려고 시도하는 회사에 대해 알고 있는가?

(a) 그들의 시도는 성공적이었는가?

(b) 이러한 변화에 저항하는 문화적 어려움에는 어떤 것들이 있는가?

1.2 금융 수학에서 현재의 가장 중요한 난제는 무엇인가? 만약 문제가 해결된다면,

(a) 감독 당국은 투자 운용사에 신규 허가를 주고자 어떻게 활용할 것으로 생각하는가?

(b) 투자가들이 자금을 펀드에 배분할 때 어떻게 활용할 것인가?

(c) 회사는 연구원들을 어떻게 보상할 것인가?

1.3 투자 전문잡지 『Institutional Investor』에 따르면 17%의 헤지 펀드 자산이 계량 금융 회사(퀀트)에 의해 운용된다고 한다. 이는 2017년 6월 기준으로 5,000억 달러에 달하고, 이는 전년도 3,860억 달러보다 늘어난 수치다. 이러한 변화의 원동력이 무엇이라고 생각하는가?

1.4 투자 전문잡지 『Institutional Investor』의 부자 목록에 따르면 이익을 가장 많이 창출하는 최상위 10위 자산 운용사 중 계량 투자를 수행하고 있는 회사가 얼마나 되는가? 계량 펀드로 운용되는 자산 비율과 비교하면 어떤가?

1.5 계량 경제학과 머신러닝의 가장 큰 차이는 무엇인가? 통계적 툴을 개선함으로써 경제학이나 금융이 어떠한 혜택을 볼 수 있는가?

1.6 과학은 인간의 뇌(또는 어떠한 뇌라도)를 거의 이해하지 못하고 있다. 이 관점에서 뇌는 절대적인 블랙박스라고 볼 수 있다. 금융 머신러닝을 블랙박스라고 무시하고 비판하면서 주관적 판단에 의거한 (전통적 액티브 운용) 투자를 신봉하는 원인을 어떻게 생각하는가?

1.7 투자 전략을 설명하는 저널의 기사를 읽었다고 가정해 보자. 백테스트에서 95%의 신뢰 수준으로 연간 샤프 비율$^{SR, Sharpe Ratio}$ 2를 성취했다고 가정해 보자. 여러분이 동일한 데이터셋을 활용해 독립적 백테스트를 수행할 수 있다고 가정해 보자. 이 발견이 거짓일 가능성이 높은 이유는 무엇인가?

1.8 투자 자문가들은 투자가들을 대신해 의사결정을 하는 데 있어 이해상충에 영향을 받을 수 있다.

(a) 머신러닝 알고리즘은 이해상충과 상관없는 전략 운용이 가능하다. 그 이유는 무엇인가?

(b) 머신러닝 알고리즘을 활용해 결론적으로 손실을 봤다고 가정해 보자. 알고리즘은 프로그램된 대로 실행됐고, 투자가들은 컴퓨터 로그의 포렌식^{forensic} 잠정 결과 프로그램의 의견에 동의했다. 자의적 판단에 의거한 투자에서 잘못된 판단 때문에 발생한 투자 손실과 비교했을 때 이 경우가 더 나은 점이 무엇인가? 각 경우에 있어 투자가의 손실배상 청구는 어떠할까?

(c) 금융 자문가가 그들의 의사결정을 중립적 에이전트의 의사결정과 비교해 벤치마킹하는 것이 타당한가?

참고 자료

Bailey, D., P. Borwein, and S. Plouffe(1997): "On the rapid computation of various polylogarithmic constants." *Mathematics of Computation*, Vol. 66, No. 218, pp. 903~913.

Calkin, N. and M. López de Prado(2014a): "Stochastic flow diagrams." *Algorithmic Finance*, Vol. 3, No. 1, pp. 21~42.

Calkin, N. and M. López de Prado(2014b): "The topology of macro financial flows: An application of stochastic flow diagrams." *Algorithmic Finance*, Vol. 3, No. 1, pp. 43~85.

Easley, D., M. López de Prado, andM. O'Hara(2013): *High-Frequency Trading*, 1st ed. Risk Books.

López de Prado, M.(2014): "Quantitative meta-strategies." *Practical Applications, Institutional Investor Journals*, Vol. 2, No. 3, pp. 1~3.

López de Prado, M.(2015): "The Future of Empirical Finance." *Journal of Portfolio Management*, Vol. 41, No. 4, pp. 140~144.

Stigler, Stephen M.(1981): "Gauss and the invention of least squares." *Annals of Statistics*, Vol. 9, No. 3, pp. 465~474.

참고 문헌

Abu-Mostafa, Y., M. Magdon-Ismail, and H. Lin(2012): *Learning from Data*, 1st ed. AMLBook.

Akansu, A., S. Kulkarni, and D. Malioutov(2016): *Financial Signal Processing and Machine Learning*, 1st ed. John Wiley & Sons-IEEE Press.

Aronson, D. and T. Masters(2013): *Statistically Sound Machine Learning for Algorithmic Trading of Financial Instruments: Developing Predictive- Model-Based Trading Systems Using TSSB*, 1st ed. CreateSpace Indepen- dent Publishing Platform.

Boyarshinov, V.(2012): *Machine Learning in Computational Finance: Practical Algorithms for Building Artificial Intelligence Applications*, 1st ed. LAP LAMBERT Academic Publishing.

Cerniglia, J., F. Fabozzi, and P. Kolm(2016): "Best practices in research for quantitative equity strategies." *Journal of Portfolio Management*, Vol. 42, No. 5, pp. 135~143.

Chan, E.(2017): *Machine Trading: Deploying Computer Algorithms to Conquer the Markets*, 1st ed. John Wiley & Sons.

Gareth, J., D. Witten, T. Hastie, and R. Tibshirani(2013): *An Introduction to Statistical Learning: with Applications in R*, 1st ed. Springer.

Geron, A.(2017): *Hands-OnMachine Learning with Scikit-Learn and Tensor-Flow: Concepts, Tools, and Techniques to Build Intelligent Systems*, 1st ed. O'Reilly Media.

Gyorfi, L., G. Ottucsak, and H. Walk(2012): *Machine Learning for Financial Engineering*, 1st ed. Imperial College Press.

Hackeling, G.(2014): *Mastering Machine Learning with Scikit-Learn*, 1st ed. Packt Publishing.

Hastie, T., R. Tibshirani, and J. Friedman(2016): *The Elements of Statistical Learning*, 2nd ed. Springer-Verlag.

Hauck, T.(2014): *Scikit-Learn Cookbook*, 1st ed. Packt Publishing.

McNelis, P.(2005): *Neural Networks in Finance*, 1st ed. Academic Press.

Raschka, S.(2015): *Python Machine Learning*, 1st ed. Packt Publishing.

1부
데이터 분석

02

금융 데이터 구조

2.1 동기

2장은 비정형 금융 데이터를 다루는 방법을 알아보고, 이를 바탕으로 머신 러닝 알고리즘에서 활용할 수 있는 구조화된 데이터셋을 도출하는 방법을 알아본다. 대개 타인이 처리해 둔 데이터셋을 이용하면 타인의 발견을 재탕하거나 타인이 곧 발견할 내용이기 때문에 그다지 사용하고 싶지 않은 법이다. 가장 이상적인 방법은 먼저 비정형 원시 데이터를 수집한 후 의미 있는 특성을 알아낼 수 있는 방법으로 처리하는 것이다.

2.2 금융 데이터의 근본적 형태

금융 데이터는 여러 형식으로 존재한다. 표 2-1은 네 가지 근본적인 금융 데이터 형태에 대해 보여 주는데, 왼쪽에서 오른쪽으로 다양성이 증가하도록 분류돼 있다. 각각의 속성과 응용을 알아보자.

표 2-1 금융 데이터의 네 가지 근본적 형태

기본 데이터	시장 데이터	분석	대체 데이터
• 자산 • 부채 • 영업 • 비용/수익 • 거시 변수	• 가격/이자율/내재 변동성 • 거래량 • 배당/쿠폰 • 시중 금리 • 호가/취소 • 공격적 포지션 방향(aggressor side) • …	• 분석가 추천 • 신용 평가 • 이익 예측 • 뉴스 감성 • …	• 위성/CCTV 영상 • 구글 검색 • 트위터/ 채팅 • 메타 데이터 • …

2.2.1 기본 데이터

기본 데이터fundamental data에는 감독 기관 제출 자료에서 찾을 수 있는 정보와 비즈니스 분석이 포함된다. 대개 분기별 회계 데이터다. 이러한 자료의 특이 사항은 자료 보고에 시간 지연이 있다는 점이다. 각 데이터가 언제 산출됐는지 정확히 확인하고 공식적인 자료가 공개된 이후에만 분석에 활용해야 한다. 초보자들의 흔한 오류는 이러한 자료가 회기 말에 공개됐다고 가정하는 것이다. 그런 경우는 절대로 없다.

예를 들어, 블룸버그Bloomberg가 공개하는 기본 데이터는 보고서상의 최종 날짜에 따라 정렬되는데, 공개된 날 이전(대개 1.5달 정도) 데이터다. 다시 말해 블룸버그는 확정되기 이전의 날짜에 그 당시 알지 못하는 값들을 할당한다. 자료를 제공한 셈이다. 해마다 많은 자료, 특히 팩터 투자factor-investing에 있어 얼마나 많은 논문들이 회기(보고 기간)가 맞지 않는 기초 데이터를 이용해 발표하는지 알게 되면 아마 믿을 수 없을 정도로 놀라게 될 것이다. 데이터의 이용 시점을 실제 발표 시점에 맞추면 이들 논문의 많은 발견들이 잘못 됐음을 보게 될 것이다.

기본 데이터의 두 번째 측면은 데이터가 소급backfilled되거나 수정reinstated된다는 것이다. 여기서 '소급'이란 당시에는 그 값을 알 수 없었음에도 불구하고 어떤 값을 할당하는 것을 말하고, '수정값'이란 최초 발표에 잘못 기입한

값을 나중에 수정해 제대로 기입하는 것을 뜻한다. 대부분의 회사는 최초 발표 이후 한참 후에 지난 분기 자료를 여러 번 수정하며, 데이터 업체들은 초깃값을 수정값으로 바꿔 놓는다. 문제는 수정된 값은 최초 발표 때는 알 수 없다는 점이다. 어떤 데이터 업체는 이런 문제점을 회피하고자 각 변수 별로 여러 개의 날짜와 값의 쌍으로 저장한다. 예를 들어, 매분기별 GDP 는 대개 세 가지 다른 값을 갖는데, 최초 공개값과 2개의 월별 수정치다. 여전히 많은 연구 자료에서 최종값을 사용하면서도 최초 공개 날짜로 잘못 부여하거나, 심지어 보고 기간의 마지막 날짜를 부여하기도 한다. 이러한 문제와 그 영향은 11장에서 다시 알아본다.

기본 데이터는 대단히 잘 정규화돼 있고 빈도도 적다. 시중에 많이 알려진 자료일수록 유용성은 떨어지는 법이다. 그러나 여전히 다른 자료와 함께 종합적으로 볼 때는 가치가 있을 수 있다.

2.2.2 시장 데이터

시장 데이터란 거래소(시카고 상품 거래소 등)나 트레이딩 장소trading venue (MarketAxess 등)에서 발생하는 모든 자료를 말한다. 이상적으로, 데이터 공급자는 트레이딩 북을 완전히 재구성할 수 있도록 하는 FIX 메시지 또는 BWIC[1] 반응에 대한 전체 자료와 같은 모든 종류의 비정형 정보를 담은 원 시데이터를 제공한다. 모든 시장 참여자는 자신만의 기록을 남기는 법이므 로 주의 깊게 살펴보면 경쟁자들의 그 다음 전략을 예측할 수 있다. 예를 들어, 시간 가중 평균 가격TWAP, Time-Weighted Average Price 알고리즘은 매우 특 별한 흔적을 남기는데, 약탈적 알고리즘predatory algorithm이 이를 적극적으로 활용해 장 종료 전에 TWAP 트레이딩(대개 헤징)을 선행 매매front run한다 (Easley, López de Prado and O'Hara, 2011). 사람들이 수동으로 매매할 때는 주로 규정된 최소 거래 단위round lots에 따라 거래하게 된다. 이 사실을 이용

---

1 'Bid Wanted In Competition'의 약자로, 기관 투자가들이 채권의 경매 입찰 리스트를 증권 딜러에 제출하면, 딜러 들은 그 리스트를 기초로 입찰을 통해 채권을 구매해 주는 절차를 의미한다. – 옮긴이

하면 특정 시간에 몇 퍼센트의 거래가 이뤄졌는지 추정해 볼 수 있으며, 특별한 시장 행태와 연계할 수 있다.

FIX 데이터의 매력적인 특성 중 하나는 기본 데이터와 달리 가공하기가 쉽지 않다는 것이다. 또한 데이터의 양도 풍부해 하루에 10TB 정도씩 생성된다. 이렇기 때문에 전략 연구에 있어서 보다 흥미로운 데이터셋이다.

2.2.3 분석

분석은 기본 데이터, 시장 데이터, 대체 데이터 또는 다른 분석을 종합한 원시 데이터로부터 파생된 데이터로 생각할 수 있다. 분석 데이터의 특성은 정보의 내용 자체에 있는 것이 아니라 원래 소스에서는 바로 알아볼 수 없는 정보이므로 특별한 방법으로 가공해야만 알 수 있다. 투자 은행과 연구소는 여러 회사의 비즈니스 모델, 활동, 경쟁, 전망 등을 심층 분석한 결과로 얻은 귀중한 자료를 판매한다. 몇몇 특화된 회사는 뉴스 보도나 SNS상으로부터 감지된 감성 등의 대체 데이터로부터 도출된 통계를 판매하기도 한다.

분석의 양성적 측면은 원시 데이터로부터 신호를 추출한다는 점이고, 음성적 측면은 비용이 과도하고 분석을 위한 방법론들이 편향되거나 불투명하고, 경쟁자들도 동일한 방법을 사용할 것이라는 점이다.

2.2.4 대체 데이터

코라노빅[Kolanovic]과 크리스나마차리[Krishnamachari](2017)는 대체 데이터를 생성 소스에 따라 개인적(사회 관계망, 뉴스, 웹 탐색 등), 비즈니스 프로세스(거래 내역, 회사 데이터, 정부 기관 등), 센서(위성, 지리 정보, 기상, CCTV 등)로 구분했다. 일부 유명한 위성 이미지나 비디오는 대형 선박을 모니터링하거나 터널의 교통량, 주차장 여유 공간 등에 대한 정보도 포함한다.

대체 데이터의 주된 차별점은 그것이 최초 정보라는 점이다. 즉 다른 소스에 아직 사용되지 않은 정보를 의미한다. 액손 모빌의 높은 이익이 발표되기 전, 시장 가격이 오르기 전, 분석가들이 최근 경영 정보에 대해 논평을 쓰기 전, 이 모든 것 이전에 선박의 흐름이 있고, 시추공과 파이프라인의 움직임이 있는 법이다. 이러한 행위들은 다른 데이터 형식에 반영되기 몇 달 전에 미리 반영한다. 대체 데이터의 두 가지 문제점은 비용과 사적 비밀 보장에 관한 것이다. 모든 스파이 장비는 비싼 법이고 방관자는 물론, 감시당한 회사들이 반대할 수 있다.

대체 데이터는 고유하며 처리가 쉽지 않은 데이터셋으로 작업할 수 있는 기회를 제공한다. 저장이나 처리, 조작이 힘든 데이터는 항상 가장 좋은 데이터에 속한다는 점을 기억하자. 사내의 데이터 인프라 구조 팀이 역정을 낼 만한 데이터라면 대개 아주 유용한 자료일 가능성이 높다. 아마도 경쟁자들은 여러 이유로 사용을 포기하거나 음성확하게 데이터를 처리했을 것이다.

2.3 바

비정형 데이터에 머신러닝 알고리즘을 적용하려면 먼저 분석해야 하고, 유용한 정보를 추출해야 하며, 이렇게 추출된 자료는 정규화된 형태로 저장해야 한다. 대부분의 머신러닝 알고리즘은 추출된 데이터가 표 형식으로 표현돼 있다고 가정한다.

금융 실무자들은 대개 이러한 표의 행을 '바^{bar}'라고 부른다. 여기서 두 가지 서로 다른 바 기법을 구분할 수 있다. (1) 표준 바 기법은 여러 문헌에 흔히 사용하고, (2) 보다 진보된 정보-기반 기법은(학술지 논문에서는 아직 볼 수 없지만) 정교한 실무 전문가들이 사용한다. 2.3절에서는 이러한 바를 어떻게 구성하는지 알아본다.

2.3.1 표준 바

어떤 바 구성 기법은 대다수의 데이터 업체가 여러 **API**를 제공할 정도로 금융 분야에 있어 매우 보편적이다. 이러한 기법의 목적은 비규칙적인 주기(대개 '비균질 계열'이라 말한다)로 얻어진 계열 관측 자료를 규칙적 표본 추출로부터 도출된 균질 계열을 변환하는 것이다.

2.3.1.1 시간 바

시간 바는 고정된 시간 간격으로 정보를 표본 추출해 생성한다. 예를 들어, 매 분 자료를 얻는 식이 된다. 이때 얻게 되는 자료는 대개 다음과 같다.

- 타임스탬프
- 거래량 가중 평균가^{VWAP, Volume-Weighted Average Price}
- 시초가(최초 가격)
- 종가(마지막 가격)
- 고가
- 저가
- 거래량 등

시간 바는 아마도 전문가나 학자 사이에서 가장 보편적인 것이겠지만, 두 가지 이유 때문에 사용을 자제하는 것이 좋다. 첫째, 시장은 정보를 일정한 시간 간격으로 처리하지 않는다. 금융 시장이 열린 직후 한 시간은 정오 때의 한 시간보다 훨씬 거래가 활발하다(선물의 경우에는 자정 근처의 한 시간). 사람은 생물학적 존재이기 때문에 낮 시간 주기에 맞춰 생활하는 것이 더 자연스럽다. 그러나 오늘날의 금융 시장은 사람의 감시를 그리 필요로 하지 않는 알고리즘에 의해 운영되므로 시간적 구간보다는 **CPU** 처리 주기가 훨씬 더 중요하다(Easley, López de Prado, and O'Hara, 2011). 이는 시간 바가 거래가 적을 때 과다 정보를 추출하는 반면, 거래가 활발할 때는 과소 정보를 추출함을 의미한다. 둘째, 시간에 따라 추출된 시계열 자료는 종종 좋지 않은 통계적 성질을 보이는데, 그 예로는 계열 상관^{serial correlation}, 이분산성

heteroscedasticity, 수익률의 비정규 분포성non-normality 등이 있다(Easley, López de Prado, and O'Hara, 2012). GARCH 모델은 음성확한 표본 추출에 따른 이 분산성을 어느 정도 해결하고자 개발된 것이다. 뒤에서 설명하지만, 바를 거래 활동량에 종속되게 형성하면 이러한 문제를 우선 해결할 수 있다.

2.3.1.2 틱 바

틱 바tick bar의 기본적인 아이디어는 간단하다. 앞서 열거한 변수(타임스탬프, VWAP, 시가 등)들을 사전에 정해 둔 거래 건수(예를 들어, 1,000틱)가 발생할 때마다 추출하는 것이다. 이렇게 하면 정보의 도착과(틱이 시작된 속도) 표본 추출을 동기화할 수 있다.

만델브로와 테일러(Mandelbrot and Taylor, 1967)는 표본 추출을 거래 건수의 함수로 수행하면 표본이 바람직한 통계적 성질을 가진다는 것을 처음으로 발견한 사람 중 하나다. "고정된 거래 건수에 따른 가격 변동은 가우시안 분포를 따를 수 있다. 고정된 기간에 따른 가격 변동은 분산이 무한대까지 갈 수 있는 안정적 파레시안 분포Paretian distribution를 따른다. 특정 기간 동안의 거래 횟수는 랜덤이므로 이 두 명제는 반드시 서로 상충되지는 않는다."

만델브로와 테일러의 논문 이후, 다수의 연구에서 거래 활동에 관한 함수로 표본 추출하면 IIDindependent identically distributed 정규 분포에 근접한 수익률을 얻을 수 있다는 것이 확인됐다(Ané and Geman(2000) 참고). 이는 매우 중요한데 많은 통계적 기법은 관측값을 IID 가우스 프로세스에서 추출한 것으로 가정하기 때문이다. 직관적으로는 분포가 변하지 않는 랜덤 변수로부터만 추론이 가능하므로 틱 바는 시간 바에 비해 더 좋은 통계적 추론이 가능하다.

틱 바를 구성할 때는 이상값outlier에 주의해야 한다. 많은 거래소에서 장 시작이나 장 종료에 대량 장외가(동시 호가) 거래를 수행한다. 이는 그 시간 동안 거래 요청만 쌓이고 실제 거래는 일어나지 않는다는 의미가 된다. 동시 호가 후 가격이 결정되면 청산가에 대규모 거래가 이뤄진다. 이러한 대량 거래는 하나의 틱으로 기록되지만, 수천 개의 틱과 맞먹을 수 있다.

2.3.1.3 거래량 바

틱 바의 문제점 중 하나는 주문의 파편성으로 틱 수가 임의적이란 점이다. 예를 들어, 대기 중인 주문의 크기가 10이라 가정해 보자. 만약 10로트^{lot}를 사면 그 거래는 하나의 틱으로 기록될 것이다. 이와 반대로 크기가 1인 주문 10개가 쌓여 있다면 거래는 10개의 개별 거래로 기록될 것이다. 게다가 가격 매치 엔진 프로토콜은 운영의 편의성을 위해 하나의 주문 체결을 다수의 인위적 부분 주문$^{partial\ order}$ 체결로 분리할 수 있다.

거래량 바는 이러한 문제를 미리 정의된 단위의 증권 거래(주, 선물 계약 등)가 일어날 때마다 표본 추출해 해결했다. 예를 들어, 틱 개수가 몇 개든 상관하지 않고 단지 선물 계약이 1,000단위로 거래될 때마다 가격 표본 추출할 수 있다.

오늘날은 상상하기 힘들겠지만, 1960년대만 해도 고객들은 대부분 틱 가격에만 관심이 있었기 때문에 거래량 데이터는 거의 제공하지 않았다. 거래량 정보가 제공되고 나서야 비로소 클라크(Clark, 1973)는 거래량에 기반을 둔 수익률 표본 추출이 틱 바에 의한 표본 추출에 비해 훨씬 더 나은 통계적 성질(IID 가우시안 분포에 더 가깝다)을 가진다는 것을 알게 됐다. 거래량 바를 시간 바나 틱보다 더 선호하는 또 다른 이유는 몇몇 시장 미시 구조 이론이 가격과 거래량 사이의 상호작용을 연구하기 때문이다. 이들 변수 중 하나의 함수로 표본 추출하는 것은 19장에서 살펴볼 것처럼 미시구조 분석을 위한 편리한 방법이다.

2.3.1.4 달러 바

달러 바는 사전에 정해 둔 시장 가치$^{market\ value}$가 거래될 때마다 관측값을 표본 추출하는 것이다. 물론 달러라고 얘기한 것은 각 나라별로 증시가 거래되는 현지 화폐로 바꿔 생각하면 되지만, 유로 바, 파운드 바 또는 엔 바를 얘기하는 사람은 없다(골드 바라고 농담하는 사람은 있을지 모르겠다).

달러 바를 활용하는 이론적 근거를 몇 가지 사례와 함께 알아보자. 첫째, 특정 기간 동안 100% 가격이 상승한 주식을 분석하고자 한다. 해당 기간 말에 그 주식을 1,000달러 매도하려 한다면 해당 기간 초에 1,000달러 가치였던 주식을 절반만 매도하면 된다. 다시 말해 거래된 주식 수는 실제 거래된 가치의 함수다. 그러므로 틱이나 거래량보다는 거래된 달러 가치로 표본 추출하는 것이 더 합리적이며 특히 큰 가격 변동을 분석하는 경우 더욱 그렇다. 이 점은 경험적으로도 증명할 수 있다. 주어진 바의 크기로 E-mini S&P 500 선물의 틱 바와 거래량 바를 계산해 보면 일별 바의 개수는 해마다 상당히 변동이 심하다. 하지만 고정된 크기의 일별 달러 바로 계산하면 연간 변동의 범위와 속도는 감소할 것이다. 그림 2-1은 고정된 바크기로 틱, 거래량, 달러 표본 추출법을 적용할 때 지수 가중 평균된 일평균 바 개수를 그려 본 것이다.

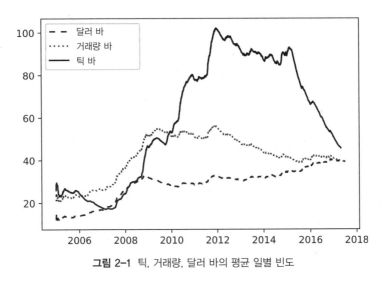

그림 2-1 틱, 거래량, 달러 바의 평균 일별 빈도

달러 바가 시간이나 틱, 거래량 바에 비해 훨씬 더 흥미로운 두 번째 논거는 총발행 주식 수가 종종 기업 행위의 결과로 주식이 거래되는 동안 여러번 변경된다는 점이다. 액면 분할이나 병합으로 주식 수를 조정하는 경우

에도 새로운 주식 발행이나 자사주 매입(2008년 경제 위기 이후 상당히 흔하게 이뤄진 방법이다)과 같이 틱이나 거래량에 영향을 미치는 다양한 기업 행위가 있을 수 있다. 달러 바는 이러한 기업 행위들에 대해 강건한 경향이 있다. 여전히 달러 바의 크기를 고정시키지 않고 시간에 따라 변화하도록 달러 바를 추출하기를 원할 수 있다. 이 경우에는 바의 크기를 (주식의 경우) 시장에서 실제 거래되는 주식의 유동 시가 총액이나 (채권의 경우) 발행된 부채 총량의 함수로 동적으로 조정할 수 있다.

2.3.2 정보 주도 바

정보 주도 바$^{information-driven\ bar}$의 목적은 시장에 새로운 정보가 도달할 경우 더 빈번히 표본을 추출하기 위한 것이다. 여기서 '정보'라는 것은 시장 미시 구조 측면에서 사용된다. 19장에서 살펴보겠지만, 미시 구조 이론은 불균형한 부호의 거래량이 지속되는 데 주안점을 두고 있는데, 이 현상은 정보-기반 거래자의 존재 여부와 연계돼 있기 때문이다. 표본 추출을 정보-기반 거래자의 도착과 연동시키면 가격이 새로운 균형 상태에 이르기 전에 투자 의사결정을 내릴 수 있게 된다. 2.3.2절에서는 각종 정보 도달 지표를 사용해 어떻게 바를 샘플링하는지 알아본다.

2.3.2.1 틱 불균형 바

틱의 시퀀스 $\{(p_t, v_t)\}_{t=1, \dots, T}$가 있다고 가정해 보자. 여기서 p_t는 틱 t에 연계된 가격이고, v_t는 틱 t에서의 거래량이다. 이른바 틱 규칙은 다음을 만족하는 시퀀스 $\{b_t\}_{t=1, \dots, T}$를 정의한다.

$$b_t = \begin{cases} b_{t-1} & \text{만약 } \Delta p_t = 0 \\ \dfrac{|\Delta p_t|}{\Delta p_t} & \text{만약 } \Delta p_t \neq 0 \end{cases}$$

여기서 $b_t \in \{-1, 1\}$이고 경계 조건 b_0은 바로 직전 바에서의 끝단값 b_T와 일치하도록 설정한다. 틱 불균형 바$^{\text{TIB, Tick Imbalance Bar}}$의 기본 아이디어는 틱 불균형이 예상을 초과할 때마다 표본 추출한다는 것이다. 여기서는 부호가 있는(틱 규칙에 따라 부호가 붙은) 틱의 누적값이 주어진 임계값을 넘는 틱 인덱스 T 값을 찾고자 한다. 이제 T를 결정하는 절차에 대해 알아보자.

첫째, 시간 T에서의 틱 불균형에 대해 다음과 같이 정의한다.

$$\theta_T = \sum_{t=1}^{T} b_t$$

둘째, 바의 시작점에서의 기대값 θ_T를 다음처럼 계산한다. $\mathrm{E}_0[\theta_T] = \mathrm{E}_0[T]$ $(\mathrm{P}[b_t = 1] - \mathrm{P}[b_t = -1])$, 여기서 $\mathrm{E}_0[T]$는 틱 바의 기대 크기이고, $\mathrm{P}[b_t = 1]$은 틱이 매수로 분류될 비조건부 확률$^{\text{unconditional probability}}$이다. 그리고 $\mathrm{P}[b_t = -1]$은 틱이 매도로 분류될 비조건부 확률이다. $\mathrm{P}[b_t = 1] + \mathrm{P}[b_t = -1] = 1$이므로 $\mathrm{E}_0[\theta_T] = \mathrm{E}_0[T](2\mathrm{P}[b_t = 1] - 1)$이다. 실제로 $\mathrm{E}_0[T]$는 이전 바들로부터의 T 값의 지수 가중 이동 평균으로 계산할 수 있고, $(2\mathrm{P}[b_t = 1] - 1)$은 이전 바들로부터의 b_t 값의 지수 가중 이동 평균으로 계산할 수 있다.

셋째, 틱 불균형 바^{TIB}를 다음 조건을 만족하는 틱의 T^*-연접^{contigous} 부분 집합으로 정의한다.

$$T^* = \arg\min_{T} \left\{ |\theta_T| \geq \mathrm{E}_0[T] \Big| 2\mathrm{P}[b_t = 1] - 1 \Big| \right\}$$

여기서 기대 불균형의 크기는 $|2\mathrm{P}[b_t = 1] - 1|$로 추정된다. θ_T가 예상보다 더 불균형일 경우 작은 T가 이러한 조건을 만족할 것이다. 이에 따라 TIB들은 정보-기반 거래자가 있을 경우(정보 비대칭으로 인해 한쪽에 치우친 거래를 유발) 더 빈번히 발생한다. 사실 TIB를 동일한 정보를 가진 거래의 버킷으로 이해할 수 있다(거래된 거래량, 가격, 틱과 상관없이).

2.3.2.2 거래량 불균형 바/달러 불균형 바

거래량 불균형 바$^{\text{VIB, Volume Imbalance Bar}}$와 달러 불균형 바$^{\text{DIB, Dollar Imbalance Bar}}$
의 기본 아이디어는 TIB의 개념을 확장하는 것이다. 즉 거래량이나 달러의
불균형이 기대값을 벗어날 경우에 표본 추출을 하는 것이다. TIB에서 논의
한 틱 규칙과 경계 조건 b_0와 동일한 개념하에 다음 샘플의 인덱스 T를 결
정하는 절차를 정의해 보자.

첫째, 시점 T에서의 불균형을 다음과 같이 정의한다.

$$\theta_T = \sum_{t=1}^{T} b_t v_t$$

여기서 v_t는 거래된 증권수^{VIB}나 혹은 거래된 달러량^{DIB}을 나타낸다. v_t를 무
엇으로 결정하느냐에 따라 전자 혹은 후자에 의해 표본 추출을 수행하게
된다.

둘째, 바의 시작에서 θ_T의 기대값을 계산한다.

$$\begin{aligned}
\mathrm{E}_0[\theta_T] &= \mathrm{E}_0\left[\sum_{t|b_t=1}^{T} v_t\right] - \mathrm{E}_0\left[\sum_{t|b_t=-1}^{T} v_t\right] = \mathrm{E}_0[T](\mathrm{P}[b_t=1]\mathrm{E}_0[v_t|b_t=1] \\
&\quad -\mathrm{P}[b_t=-1]\mathrm{E}_0[v_t|b_t=-1])
\end{aligned}$$

$v^+ = \mathrm{P}[b_t=1]\mathrm{E}_0[v_t|b_t=1]$, $v^- = \mathrm{P}[b_t=-1]\mathrm{E}_0[v_t|b_t=-1]$로 표기하면,
$\mathrm{E}_0[T]^{-1}\ \mathrm{E}_0[\Sigma_t\ v_t] = \mathrm{E}_0[v_t] = v^+ + v^-$가 된다. v^+와 v^-는 초기 기대값 v_t를
각각 매수와 매도 성분으로 분해한 것으로 생각할 수 있다. 그렇다면 다음
이 성립한다.

$$\mathrm{E}_0[\theta_T] = \mathrm{E}_0[T](v^+ - v^-) = \mathrm{E}_0[T](2v^+ - \mathrm{E}_0[v_t])$$

실제로 $\mathrm{E}_0[T]$는 이전 바들로부터의 T 값의 지수 가중 이동 평균으로 계산
할 수 있 고, $(2v^+ - \mathrm{E}_0[v_t])$는 이전 바에서 $b_t v_t$ 값의 지수 가중 이동 평균으
로 계산할 수 있다.

셋째, VIB나 DIB를 다음 조건을 만족하는 틱의 T^*-연접 부분 집합으로 정의할 수 있다.

$$T^* = \arg\min_{T}\{|\theta_T| \geq E_0[T]|2v^+ - E_0[v_t]|\}$$

여기서 기대 불균형 크기는 $|2v^+ - E_0[v_t]|$로 추정된다. θ_T가 예상보다 더 불균형이면 작은 T가 이 조건을 만족할 것이다. 이는 정보-기반의 거래량 또는 달러 바로 생각할 수 있다. 이전 것들처럼 이 역시 틱 파편화와 이상값으로 인한 동일한 문제점을 해결하려는 것이다. 게다가 기업 행위와 관련된 이슈 또한 해결한다. 앞의 절차는 바 크기가 일정하다는 가정하지 않고, 대신 바 크기를 동적으로 조정한다.

2.3.2.3 틱 런 바

TIB, VIB, DIB는 주문 흐름의 불균형을 틱, 거래량, 거래된 금액 가치 기준으로 모니터링한다. 대규모 거래자들은 주문북을 전부 휩쓸어 가거나 아이스버그 주문$^{Iceberg\ orders2}$, 혹은 부모 주문을 다수의 자식 주문으로 쪼개는 방법 등으로 거래를 실행할 것인데 이 모든 것은 시퀀스 $\{b_t\}_{t=1,\ldots,T}$ 안에 거래 흔적을 남긴다. 이러한 이유로 전체 거래량 안에서의 매수 시퀀스를 조사해 보는 것이 유용하며, 이 매수 시퀀스가 기대에서 벗어날 경우에 표본 추출을 한다.

첫째, 현재 런의 길이는 다음과 같이 정의할 수 있다.

$$\theta_T = \max\left\{\sum_{t|b_t=1}^{T} b_t, -\sum_{t|b_t=-1}^{T} b_t\right\}$$

둘째, 바의 시작 시점에서의 기대값 θ_T를 계산한다.

---

2 대규모 주식을 거래하되 매 거래 시 미리 정한 소량으로 집행해 전체 거래량을 숨기려는 거래 기법이다. 빙산의 일각에 빗대 아이스버그 주문이라고 한다. – 옮긴이

$$E_0[\theta_T] = E_0[T]\max\{P[b_t = 1], 1 - P[b_t = 1]\}$$

실제로 $E_0[T]$를 이전 바들의 T 값 지수 가중 이동 평균으로 계산할 수 있고, $P[b_t = 1]$은 이전 바들의 매수 틱 비율의 지수 가중 이동 평균으로 계산할 수 있다.

셋째, 틱 런 바^{TRB}를 다음 조건을 만족하는 틱의 T^*-연접 부분 집합으로 정의한다.

$$T^* = \arg\min_{T}\{\theta_T \geq E_0[T]\max\{P[b_t = 1], 1 - P[b_t = 1]\}\}$$

여기서 런의 기대 틱 횟수는 $\max\{P[b_t = 1], 1 - P[b_t = -1]\}$로 추정된다. θ_T가 기대보다 더 많은 런을 보여준다면, 작은 T가 조건을 만족할 것이다. 런을 이렇게 정의하면 시퀀스 단절$^{sequence\ breaks}$을 허용한다는 점에 주목하자. 즉 가장 긴 시퀀스의 길이를 측정하는 대신, 다른 방향의 틱을 상계하지 않고(상계하면 불균형이 없어짐), 각 방향의 틱 개수를 측정한다. 바를 형성하는 관점에서 이는 시퀀스 길이를 측정하는 것보다 더 유용한 정의다.

2.3.2.4 거래량 런 바/달러 런 바

거래량 런 바$^{VRB,\ Volume\ Run\ Bar}$나 달러 런 바$^{DRB,\ Dollar\ Run\ Bar}$는 앞에서 언급한 각각 거래량 바와 달러 거래 가치 바를 런 바로 확장한 것이다. 이 직관은 거래량이나 달러 거래의 특정 방향의 거래가 기대값을 초과한 경우에 표본 추출하는 것이다. 틱 규칙에 대한 관행적 명칭에 따라 바의 최종 관측값 인덱스 T를 결정할 필요가 있다.

첫째, 런에 연관된 거래량이나 달러는 다음과 같이 정의한다.

$$\theta_T = \max\left\{\sum_{t|b_t=1}^{T} b_t v_t, -\sum_{t|b_t=-1}^{T} b_t v_t\right\}$$

여기서 v_t는 거래된 주식수^{VRB} 또는 거래된 달러량^{DRB}일 수 있다. v_t를 어떻게 정하냐에 따라 전자나 후자 중 표본을 추출한다.

둘째, 바의 시작 시점에서 기대값 θ_T를 계산한다.

$$E_0[\theta_T] = E_0[T]\max\{P[b_t = 1]E_0[v_t|b_t = 1], (1 - P[b_t = 1])E_0[v_t|b_t = -1]\}$$

사실 $E_0[T]$는 이전 바들로부터 T 값의 지수 가중 이동 평균으로 계산할 수 있고, $P[b_t = 1]$은 이전 바들의 매수 틱 비율의 지수 가중 이동 평균으로 계산할 수 있다. 또한, $E_0[v_t|b_t = 1]$은 이전 바들의 매수 거래량 지수 가중 이동 평균으로, $E_0[v_t|b_t = -1]$ 이전 바들의 매도 거래량 지수 가중 이동 평균으로 추정할 수 있다.

셋째, 거래량 런 바^{VRB}를 다음 조건을 만족하는 틱의 T^*-연접 부분 집합으로 정의한다.

$$T^* = \arg \min_{T}\{\theta_T \geq E_0[T]\max\{P[b_t = 1]E_0[v_t|b_t = 1],$$
$$(1 - P[b_t = 1])E_0[v_t|b_t = -1]\}\}$$

여기서 런의 기대 거래량은 $\max\{P[b_t = 1]E_0[v_t|b_t = 1], (1 - P[b_t = 1])E_0[v_t|b_t = -1]\}$로 추정된다. θ_T이 기대값보다 많은 런을 보이거나 런으로부터의 거래량이 기대값보다 크다면 작은 T가 이 조건을 만족할 것이다.

2.4 복수 상품 계열 다루기

종종 가중치를 시간에 따라 동적으로 조정해야 하는 금융 상품의 시계열을 모델링하고자 할 때가 있다. 또는 때때로 비정기적 쿠폰이나 비정기적 배당 지급 또는 기업 행위$^{corporate\ action}$와 관련된 상품을 다뤄야만 한다. 연구 중인 시계열의 속성을 변경하는 이벤트들을 적절히 다뤄야 한다. 그렇지 않으면 연구 노력이 물거품이 될 수 있는 구조 변화$^{structural\ break}$가 예기치 않게 발생할 수 있다(이 부분은 17장에서 보다 자세히 알아본다). 이 문제는 여러 가지 형태로 발생한다. 그 예로 비중을 변경하면서 스프레드를 모델링할 경우, 주식 바스켓의 배당/쿠폰이 재투자돼야 할 경우, 바스켓을 재조정해야 할 경우, 인덱스 구성이 변경될 경우, 만기 도래한 계약/증권을 다른 것으로 대체해야 할 경우 등을 들 수 있다.

이 중 파생 상품인 선물이 적절한 사례라고 할 수 있다. 저자의 경험상, 사람들은 선물을 취급할 때 필요 이상으로 힘들어 한다. 이는 대개 만기 때 적절히 갱신할 수 있는 방법을 잘 모르기 때문이다. 선물의 스프레드나 주식의 바스켓 또는 채권의 전략도 이와 마찬가지라고 할 수 있다. 다음 절에서는 증권의 바스켓을 단일 현금 상품처럼 모델링할 수 있는 방법을 알아본다. 저자는 이를 'ETF^Exchange Traded Fund 트릭'이라 부르는데 이 방법의 목표는 복잡한 멀티 상품 데이터셋을 토털 리턴^total-return ETF를 따르는 단일 데이터셋으로 변환하는 것이다. 이 방법이 왜 유용한 것일까? 그 이유는 기초 자산의 복잡도나 구성에 상관없이 대개 프로그램 코드를 활용해 항상 현금성 상품(만기가 없는 현금성 금융 상품)만 거래하는 것으로 가정할 수 있기 때문이다.

2.4.1 ETF 트릭

선물 스프레드를 거래하는 전략을 수립한다고 가정해 보자. 완전한 상품 그 자체가 아니라 스프레드를 다뤄야 한다는 것에서 약간의 미묘한 차이가 발생한다. 첫째, 스프레드는 시간에 따라 변동하는 비중 벡터로 특징지을 수 있다. 그 결과 가격은 수렴하지 않아도 스프레드 자체는 수렴할 수 있다. 이런 일이 발생하면 모델은 손익(이익과 손실의 시장가격반영 순 가치) 발생이 비중이 야기한 수렴에 기인한 것으로 오해할 수 있다. 둘째, 스프레드는 가격을 반영하지 않으므로 음의 값을 가질 수 있다. 이는 대부분의 모델이 양의 가격을 가정하므로 문제가 될 수 있다. 셋째, 모든 구성 요소의 거래 시점이 정확히 일치하지 않으므로 스프레드는 가장 최근 가격 레벨에서 항상 거래되는 것이 아니며, 즉시 거래되는 것도 아니다. 또한 매수 매도 크로싱^{crossing} 등과 같은 거래 실행 비용도 항상 고려해야 한다.

이러한 문제를 해결하는 방법 중 하나는 스프레드에 1달러 가치를 투자한다고 가정한 시계열 데이터를 생성하는 것이다. 시계열의 변화는 손익의 변화를 반영할 것이고, 시계열은 항상 양수이고(최악의 경우 아주 작아지겠지만), 거래 집행 비용$^{implementation\ shortfall}$도 고려될 것이다. 이는 마치 ETF인 것처럼 모델링하고, 신호를 생성하고, 거래하고자 사용되는 시계열이다.

2.3절에서 설명한 여러 기법에서 도출한 바들로 구성된 히스토리^{history}가 주어졌다고 가정해보자. 이들 바는 다음 열을 포함하고 있다.

- $o_{i,t}$는 금융 상품 i의 원 시가$^{open\ price}$다. 여기서 바가 $t = 1, \ldots, T$일 때 $i = 1, \ldots, I$다.
- $p_{i,t}$는 금융 상품 i의 원 종가$^{close\ price}$다. 여기서 바가 $t = 1, \ldots, T$일 때 $i = 1, \ldots, I$다.
- $\varphi_{i,t}$는 금융 상품 i의 포인트당 달러 가치다. 여기서 바가 $t = 1, \ldots, T$일 때 $i = 1, \ldots, I$다. 이는 환율을 포함한다.
- $v_{i,t}$는 금융 상품 i의 거래량이다. 여기서 바가 $t = 1, \ldots, T$일 때 $i = 1, \ldots, I$다.
- $d_{i,t}$는 바 t에서의 금융 상품 i의 캐리, 배당 또는 쿠폰에 의한 가치다. 이 변수는 한계 비용$^{margin\ costs}$이나 조달 비용$^{costs\ of\ funding}$을 부과할 때도 이용할 수 있다.

여기서 모든 금융 상품 $i = 1, \ldots, I$는 바 $t = 1, \ldots, T$에서 거래가 가능하다. 다시 말해 어떤 금융 상품이 시간 $[t - 1, t]$ 전체에 걸쳐 항상 거래되는 일은 불가능하더라도 적어도 시점 $t - 1$과 t(이들 순간에 시장은 열려 있고, 주문 체결이 가능하다)에서는 거래 가능하다. 바 $B \subseteq \{1, \ldots, T\}$에 재조정(또는 롤오버)된 배분 벡터 v_t로 특징지어진 선물 바스켓의 1달러 투자 가치 $\{K_t\}$는 다음과 같이 유도할 수 있다.

$$h_{i,t} = \begin{cases} \dfrac{\omega_{i,t} K_t}{o_{i,t+1} \varphi_{i,t} \sum_{i=1}^{I} |\omega_{i,t}|} & \text{만약 } t \in B \\ h_{i,t-1} & \text{그렇지 않다면,} \end{cases}$$

$$\delta_{i,t} = \begin{cases} p_{i,t} - o_{i,t} & \text{만약 } (t-1) \in B \\ \Delta p_{i,t} & \text{그렇지 않다면,} \end{cases}$$

$$K_t = K_{t-1} + \sum_{i=1}^{I} h_{i,t-1} \varphi_{i,t} \left(\delta_{i,t} + d_{i,t} \right)$$

그리고 최초 운용 자산^{AUM, Asset Under Management}에서 $K_0 = 1$이다. 변수 $h_{i,t}$는 시간 t에서의 금융 상품 i의 보유 자산(주식 수 또는 계약 수)을 나타낸다. 변수 $\delta_{i,t}$는 금융 상품 i의 시점 $t-1$과 t 사이의 시장 가격 변동을 의미한다. $t \in B$일 때마다 수익이나 손실은 재투자돼 음수 가격을 방지한다는 점에 주목하자. 배당금 $d_{i,t}$는 이미 K_t에 내포돼 있으므로 전략에 있어 별도로 고려할 필요 없다.

$h_{i,t}$에서 $\omega_{i,t} \left(\sum_{i=1}^{I} |\omega_{i,t}| \right)^{-1}$의 목적은 배분에 있어 레버리지를 낮추기 위함이다. 선물 데이터에서 롤^{roll}(만기 연장) 시점 t에서 새로운 계약 $p_{i,t}$에 대해 모를 수 있으므로 시간상 가장 근접한 $o_{i,t+1}$을 사용한다.

τ_i가 금융 상품 i의 1달러당 거래 비용이라고 가정해 보자. 예를 들어, $\tau_i = 1E-4$(1베이시스 포인트^{basis point})다. 모든 관측 바 t에 대해 전략이 알아야 할 세 가지 추가 변수가 있다.

1. **재조정 비용**^{rebalance cost}: 배분 재조정에 연계된 변동 비용 $\{c_t\}$는 $c_t = \sum_{i=1}^{I} (|h_{i,t-1}|p_{i,t} + |h_{i,t}|o_{i,t+1}) \varphi_{i,t} \tau_i, \forall t \in B$. K_t에서 c_t를 차감해야 한다. 그렇지 않으면 배분을 재조정할 때 스프레드 매도가 허구의 이익을 발생시킨다. 코드에서는 $\{c_t\}$를 (음의) 배당으로 취급할 수 있다.

2. **매수 매도 호가 차이**^{bid-ask spread}: 가상의 ETF 한 단위를 매수하거나 매도하는 비용 $\{\tilde{c}_t\}$는 $\tilde{c}_t = \sum_{i=1}^{I} |h_{i,t-1}| p_{i,t} \varphi_{i,t} \tau_i$이다. 한 단위를 매수하거나 매도할 때 전략에서는 비용 $\tilde{c}_t$를 부과해야 하고, 이는 가상 ETF

의 매수 매도 호가를 가로지르며^{crossing} 거래하는 것과 같다.

3. 거래량^{volume}: 거래량 $\{v_t\}$는 바스켓상의 가장 거래가 안 된 상품에 의해 결정된다. $v_{i,t}$가 바 t동안 거래된 금융 상품 i의 거래량이라고 가정해 보자. 거래 가능한 바스켓 단위의 개수는 $v_t = \min_i \left\{ \frac{v_{i,t}}{|h_{i,t-1}|} \right\}$이다.

거래 비용 함수는 반드시 선형일 필요가 없고, 비선형 비용 함수를 위 정보에 기초해 시뮬레이션할 수 있다. ETF 트릭을 사용하면 선물의 바스켓(또는 단일 선물)을 만기가 없는 단일 현금성 상품처럼 모델링할 수 있다.

2.4.2 PCA 가중값

관심 있는 독자들은 'López de Prado and Leinweber, 2012'와 'Bailey and López de Prado, 2012'에서 헤지 비중을 산출하는 여러 실질적인 계산 방법을 찾아볼 수 있다. 앞의 토론을 완결하는 차원에서 2.3절에서 사용된 벡터 $\{\omega_t\}$를 도출하는 방법 중 하나를 살펴보자. 크기가 $Nx1$이고 평균이 μ인 벡터에 의해 특징지어지는 IID 다변량 가우시안 프로세스를 고려해 보자. 공분산 행렬 V는 크기가 NxN이다. 이 확률 프로세스는 주식의 수익률, 채권의 수익률 변화, 옵션의 변동성 변화 등과 같이 N개 자산으로 구성된 포트폴리오의 확률 변수를 기술하는데, 여기서 이들은 시간에 따라 변하지 않는다. 여기서는 V 주성분 요인에 걸쳐 있는 특정 리스트의 분산에 상응하는 배분 벡터 ω를 계산하고자 한다.

첫째, 스펙트럼 분해 $VW = W\Lambda$를 수행한다. 여기서 W의 열을 Λ의 대각 원소가 내림차순으로 정렬되도록 재정렬한다. 둘째, 벡터 정렬 ω가 주어지면 포트폴리오의 리스크는 $\sigma^2 = \omega'V\omega = \omega'W\Lambda W'\omega = \beta'\Lambda\beta = (\Lambda^{\frac{1}{2}}\beta)'(\Lambda^{\frac{1}{2}}\beta)$로 계산할 수 있다. 여기서 β는 ω가 직교 기저에의 투영^{projection}을 나타낸다. 셋째, Λ는 대각 행렬이므로 $\sigma^2 = \sum_{n=1}^{N} \beta_n^2 \Lambda_{n,n}$이고, n번째 성분에 해당되는 리스크는 $R_n = \beta_n^2\Lambda_{n,n}\sigma^{-2} = [W'\omega]_n^2\Lambda_{n,n}\sigma^{-2}$이며, $R'1_N = 1$이고 1_N은 N개의 1을 가진 벡터다. $\{R_n\}_{n=1,\ldots,N}$은 직교 성분에 따른 리스크 분포로 해석할 수 있다.

넷째, 사용자 정의 리스크 분포 R을 산출하는 벡터 ω를 계산하고자 한다. 이전 단계에서 $\beta = \left\{ \sigma \sqrt{\dfrac{R_n}{\Lambda_{n,n}}} \right\}_{n=1,\ldots,N}$ 이고, 이는 새로운 (직교) 기저에서의 배분을 나타낸다. 다섯째, 이전 기저에서의 배분은 $\omega = W\beta$에 의해 나타난다. ν를 크기 조정하는 것은 단순히 σ를 조정하는 것이므로 리스크 분포는 일정하게 유지된다. 그림 2-2는 역분산 배분에 따른 주성분별 리스크 기여를 나타낸다.

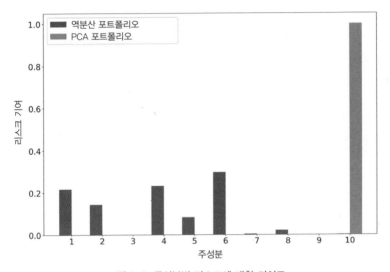

그림 2-2 주성분별 리스크에 대한 기여도

최대 분산(성분 1과2)를 포함한 대부분의 모든 주성분이 리스크에 영향을 미친다. 이와 반대로 PCA 포트폴리오는 최소 분산만 리스크에 영향을 미친다.

코드 2.1은 이러한 기법을 구현하는데 사용자 지정 리스크 분포 R이 인수 riskDist(선택적으로 None으로 설정할 수 있다)를 통해 전달된다. riskDist 값이 None이면 코드는 모든 리스크가 최소 고유값을 갖는 주성분에 배분되는 것으로 가정하고, 비중은 σ(riskTarget)와 일치하도록 재조정된 마지막 고유 벡터가 된다.

```
def pcaWeights(cov,riskDist=None,riskTarget=1.):
    # riskAlloc 분포를 따라 riskTarget을 매치
    eVal,eVec=np.linalg.eigh(cov) # 에르미트(Hermitian) 행렬이어야 함.
    indices=eVal.argsort()[::-1] # eVal을 정렬할 인수
    eVal,eVec=eVal[indices],eVec[:,indices]
    if riskDist is None:
        riskDist=np.zeros(cov.shape[0])
        riskDist[-1]=1.
    loads=riskTarget*(riskDist/eVal)**.5
    wghts=np.dot(eVec,np.reshape(loads,(-1,1)))
    #ctr=(loads/riskTarget)**2*eVal # riskDist 검증
    Return wghts
```

2.4.3 단일 선물 롤 오버

ETF 트릭을 사용하면 단일 선물 계약의 롤^{roll}(만기연장)은 1-렉^{leg} 스프레드의 특별한 경우로 간주해 다룰 수 있다. 그러나 단일 선물 계약을 취급할 때 동일하지만 보다 직접적인 방법은 누적 롤 갭$^{roll\ gap}$시계열을 형성한 후 그 갭 시계열만큼을 가격 시계열에서 차감하는 것이다. 코드 2.2는 이러한 로직을 구현하는 예를 보여 주는데, 블룸버그에서 다운로드하고 HDF5 형식의 표에 저장된 틱 바의 계열을 사용한다. 블룸버그 필드는 각각 다음과 같은 의미다.

- FUT_CUR_GEN_TICKER: 그 가격에 연계된 계약을 식별한다. 이 값은 각 롤 오버마다 변한다.
- PX_OPEN: 바와 연계된 시가다.
- PX_LAST: 바와 연계된 종가다.
- VWAP: 바와 연계된 거래량-가중값 평균 가격이다.

rollGaps 함수의 인수 matchEnd는 선물 계열이 전방(matchEnd=False)으로 롤될 것인지 후방(matchEnd=True)으로 될 것인지 결정한다. 전방의 경우 롤된

계열의 시작가는 원시 계열의 시작가와 매치된다. 후방의 경우 롤된 계열의 마지막 가격이 원시 계열의 마지막 가격과 매치된다.

코드 2.2 롤 갭 시계열 형성 후 가격으로부터 차감

```
def getRolledSeries(pathIn,key):
    series=pd.read_hdf(pathIn,key='bars/ES_10k')
    series['Time']=pd.to_datetime(series['Time'],format='%Y%m%d%H%M%S%f')
    series=series.set_index('Time')
    gaps=rollGaps(series)
    for fld in ['Close','VWAP']:series[fld]-=gaps
    return series
#────────────────────────────────────
def rollGaps(series,dictio={'Instrument':'FUT_CUR_GEN_TICKER','Open':'PX_
    OPEN', 'Close':'PX_LAST'},matchEnd=True):
    # 이전 종가와 다음 시가 사이에서 각 롤의 갭을 계산
    rollDates=series[dictio['Instrument']].drop_duplicates(keep='first').
        index
    gaps=series[dictio['Close']]*0 iloc=list(series.index)
    iloc=[iloc.index(i)-1 for i in rollDates] # 롤 이전의 일의 인덱스
    gaps.loc[rollDates[1:]]=series[dictio['Open']].loc[rollDates[1:]]- \
        series[dictio['Close']].iloc[iloc[1:]].values
    gaps=gaps.cumsum()
    if matchEnd:gaps-=gaps.iloc[-1] # 후방 롤
    return gaps
```

롤 가격은 포트폴리오 시가 평가mark-to-market와 손익 시뮬레이션에 이용된다. 그러나 원 가격이 포지션 크기 설정에 사용되고, 소요 자본을 결정한다. 롤 가격은 특히 콘탱고contango[3]에서 매도한 선물 계약의 경우, 실제로 음수가 될 수도 있다. 이를 알아보기 위해 코드 2.2를 목화 #2 선물이나 천연가스 선물 계열을 대상으로 실행해 보자.

일반적으로 우리는 음이 아닌 롤 시계열과 작업하고 싶어하며, 그 경우 다

---

3 선물 거래가 현물 가격보다 더 높은 선물의 고평가 현상을 말한다. - 옮긴이

음처럼 투자 1달러당 가격 계열을 도출할 수 있다. (1) 롤 선물 가격의 시계열을 계산한다. (2) 수익률 (r)은 이전 원 가격으로 나눈 롤 가격 변화로 계산한다. (3) 이 수익률을 사용해 가격 시계열을 구성한다(즉 (1+r). cumprod()). 코드 2.3은 이러한 논리를 보여 준다.

코드 2.3 음이 아닌 롤 가격 계열

```
raw=pd.read_csv(filePath,index_col=0,parse_dates=True)
gaps=rollGaps(raw,dictio={'Instrument':'Symbol','Open':'Open','Close':'C
lose'}) rolled=raw.copy(deep=True)
for fld in ['Open','Close']:rolled[fld]-=gaps
rolled['Returns']=rolled['Close'].diff()/raw['Close'].shift(1)
rolled['rPrices']=(1+rolled['Returns']).cumprod()
```

2.5 특성 샘플 추출

지금까지 비정형 금융 데이터 집합으로부터 연속이고 동질이며 구조화된 데이터셋을 생성하는 방법을 배웠다. 머신러닝 알고리즘을 이러한 데이터셋에 적용해 보려 시도할 수 있지만, 대체로 이는 몇 가지 이유로 인해 좋은 아이디어가 되지 못한다. 첫째, 몇몇 머신러닝 알고리즘은 표본크기가 커지면 효율적으로 작동하지 않는다(예: SVM). 둘째, 머신러닝 알고리즘은 연관된 예제로부터 학습할 때 가장 높은 정확성을 보인다. 5% 절대값 수익률이 양수(5% 랠리)일지, 음수(5% 급락)일지 예측하고자 한다고 가정해 보자. 임의의 시점에서는 이러한 예측이 정확할 가능성은 낮을 것이다. 그러나 어떤 촉매가 되는 사건이 발생된 이후에 분류classifier 방법론을 사용해 다음 5% 절대 수익률의 부호를 예측한다면 보다 정교한 예측을 할 수 있는 정보 특성을 찾을 가능성이 높다. 2.5절에서는 바를 표본 추출해 연관된 학습 예제가 있는 특성 행렬을 생성하는 방법을 알아보자.

2.5.1 축소를 위한 표본 추출

앞서 언급한 것처럼 구조화된 데이터셋으로부터 특성을 표본 추출하는 이유 중 하나는 머신러닝 알고리즘 적합화에 사용될 데이터 양을 줄이기 위한 것이다. 이러한 연산을 다운 샘플링^{downsampling}이라 부른다. 종종 일정한 단계별 크기로 순차적으로 표본 추출하거나(linspace 샘플링) 균등 분포를 사용해 무작위로 표본 추출(uniform 샘플링)한다.

linspace 샘플링의 장점은 단순하다는 것이고, 단점은 단계별 크기가 임의이며, 시드^{seed} 바에 따라 들쭉날쭉하다는 것이다. uniform 샘플링은 이러한 문제를 전체 바의 집합에서 균일하게 표본 추출해 해결한다. 두 방법은 표본이 정보 내용이나 예측력 관점에서 가장 연관된 관측값을 포함한다는 보장이 없기 때문에 많은 비판을 받는다.

2.5.2 이벤트 기반의 표본 추출

포트폴리오 매니저는 구조적 변화(17장)나 추출된 신호(18장) 또는 미시 구조적 현상(19장) 등 어떤 사건이 발생한 후에 베팅한다. 이러한 이벤트들은 변동성 확대, 균형 레벨로부터 스프레드의 과도한 이탈, 거시 경제 통계량 발표 등과 연계돼 있을 수 있다. 이벤트를 중대한 것으로 특징지을 수 있고, 머신러닝을 활용해 이러한 상황하에서 정교하게 예측할 수 있는 함수가 존재하는지 학습할 수 있다. 아마도 대답은 '아니요'일 수 있지만, 이런 경우 이벤트 구성을 재정의하거나 다른 특성으로 재시도해 볼 수 있다. 예시를 위해 이벤트 기반의 표본 추출 기법 중 유용한 것 하나를 살펴보자.

2.5.2.1 CUSUM 필터

CUSUM^{Cumulative Sum} 필터는 품질 통제 기법으로서 측정값이 목표값의 평균으로부터 얼마나 벗어났는지 찾을 수 있도록 설계된다. 국지적 정상성 프로세스^{locally stationary process}에서 발생한 IID 관측값 $\{y_t\}_{t=1,...,T}$를 생각해 보자. 누적 합계는 다음과 같이 정의한다.

$$S_t = \max \left\{ 0, S_{t-1} + y_t - E_{t-1} \left[y_t \right] \right\}$$

여기서 경계 조건은 $S_0 = 0$이다. 이 절차는 특정 임계값 h(필터 크기)에 대해 $S_t \geq h$를 만족하는 첫 번째 t에서의 행동action을 추천할 것이다. $y_t \leq E_{t-1}$ $[y_t] - S_{t-1}$일 때마다 $S_t = 0$이라는 것에 주목하자. 0 하한floor은 S_t가 음수가 되지 못하도록 하방 편차를 무시할 것을 의미한다. 그 이유는 필터가 모든 재설정 레벨 0으로부터 위로 발산하는 시퀀스를 식별하도록 설정됐기 때문이다. 특히 임계값은 다음의 경우에 활성화된다.

$$S_t \geq h \Leftrightarrow \exists \tau \in [1, t] \left| \sum_{i=\tau}^{t} \left(y_i - E_{i-1} \left[y_t \right] \right) \geq h \right.$$

이런 상방 누적run-ups의 개념은 하방 누적run-downs 개념을 포함해 확장할 수 있는데 이는 대칭 CUSUM 필터를 형성한다.

$$S_t^+ = \max \left\{ 0, S_{t-1}^+ + y_t - E_{t-1} \left[y_t \right] \right\}, \; S_0^+ = 0$$

$$S_t^- = \min \left\{ 0, S_{t-1}^- + y_t - E_{t-1} \left[y_t \right] \right\}, \; S_0^- = 0$$

$$S_t = \max \left\{ S_t^+, -S_t^- \right\}$$

람과 얌(Lam and Yam, 1997)은 절대 수익률 h가 이전 고점이나 저점에서 발견될 때 매수-매도 신호 생성하는 투자 전략을 제안했다. 그들은 해당 전략이 이른바 파마Fama와 블룸Blume(1966)이 연구한 필터 거래 전략filter trading strategy과 같다는 것을 증명했다. 여기서 CUSUM 필터 사용 방법은 조금 다르다. S_t가 리셋되는 $S_t \geq h$일 때만 바 t를 표본 추출한다. 코드 2.4는 대칭 CUSUM 필터를 보여 주며, $E_{t-1}[y_t] = y_{t-1}$이다.

코드 2.4 대칭 CUSUM 필터

```
def getTEvents(gRaw,h):
    tEvents,sPos,sNeg=[],0,0
    diff=gRaw.diff()
    for i in diff.index[1:]:
        sPos,sNeg=max(0,sPos+diff.loc[i]),min(0,sNeg+diff.loc[i])
        if sNeg<-h:
            sNeg=0;tEvents.append(i)
        elif sPos>h:
            sPos=0;tEvents.append(i)
    return pd.DatetimeIndex(tEvents)
```

getTEvents 함수는 2개의 인수를 받는데, 각각 필터링하려는 원 시계열 (gRaw)과 임계값 h다. CUSUM 필터를 매력적으로 만드는 실용적인 측면 중 하나는 임계값 레벨 근처에서 변동하는 gRaw에 의해 다수의 이벤트가 발생하지 않는다는 것으로, 이 문제는 볼린저 밴드^{Bollinger bands}와 같은 유명한 시장 신호들이 갖고 있는 취약한 부분이다. 이 방법에서 gRaw는 길이가 h인 런이 있을 때만 이벤트가 발생한다. 그림 2-3은 가격 계열에 대해 CUSUM 필터로 표본 추출한 것을 보여 준다.

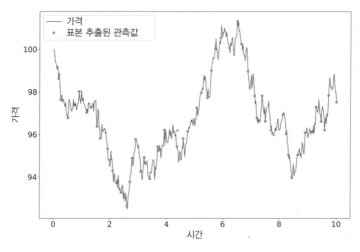

그림 2-3 가격 계열의 CUSUM 표본 추출

변수 S_t는 구조적 변화 통계량, 엔트로피 또는 시장 미시 척도 등 17~19장에서 논의할 모든 특성에 기반을 둔다. 예를 들어, SADF가 이전의 재설정 레벨로부터 충분히 벗어날 때마다 이벤트가 발생할 수 있다(17장에서 정의한다). 이벤트 주도 바의 부분 집합을 얻으면 이러한 이벤트의 발생이 실행 가능성 정보를 구성하는지를 머신러닝 알고리즘이 결정하도록 한다.

연습 문제

2.1 E-mini S&P 500 선물 데이터 계열에 대해

  (a) 틱, 거래량, 달러 바를 구성하라. ETF 트릭을 사용해 롤을 다뤄 보라.

  (b) 틱, 거래량, 달러 바의 주 단위 발생 건수를 알아보라. 이를 시계열로 도식화하라. 어떤 바 형태가 주별 횟수에 있어 가장 안정적인가? 그 이유는 무엇인가?

  (c) 세 가지 바 형태의 수익률의 상관관계를 계산하라. 어떠한 바 기법이 가장 낮은 계열 상관관계를 갖는가?

  (d) 바 시리즈를 월별 부분 집합으로 나눠라. 모든 바 형식의 모든 부분 집합에 대한 수익률 분산을 계산하라. 이 분산의 분산을 계산하라. 어떤 방법이 가장 적은 분산들의 분산을 갖는가?

  (e) 쟈크-베라$^{Jarque-Bera}$ 정규성 검사를 세 가지 바 형식의 수익률에 대해 적용해 보라. 가장 낮은 테스트 통계값을 갖는 방법은 무엇인가?

2.2 E-mini S&P 500 선물 틱 데이터의 계열의 달러 바와 달러 불균형 바를 계산하라. 어떤 바 형식이 더 큰 계열 상관관계를 보이는가? 그 이유는 무엇인가?

2.3 E-mini S&P 500 선물과 Eurostoxx 50 선물 달러 바 계열에 대해

(a) 2.4.2절을 적용해 ETF 트릭에 사용되는 $\{\hat{\omega}_t\}$ 벡터를 계산하라(힌트: 롤 날짜의 유로/달러 환율값이 필요할 것이다).

(b) S&P 500/Eurostoxx 50 스프레드의 시계열을 도출하라.

(c) 계열이 정상적이라는 것을 ADF 테스트를 통해 보여라.

2.4 E-mini S&P 500 선물 달러 바를 구성하라.

(a) 롤링 이동 평균의 5% 폭 볼린저 밴드를 계산하라. 밴드를 벗어나는 시간이 몇 개나 있는지 세어 보라(밴드 안에서 밴드 밖으로).

(b) 이제 이 바들을 CUSUM 필터로 샘플링하라. $\{y_t\}$는 수익률이고, $h = 0.05$다. 얼마나 많은 샘플을 얻었는가?

(c) 두 표본 계열의 롤링 표준 편차를 계산하라. 어떤 것이 이분산성을 덜 갖는가? 이러한 결과가 나타난 이유는 무엇인가?

2.5 연습 문제 4의 바를 이용하라.

(a) CUSUM 필터를 사용해 바를 샘플링하라. 여기서 $\{y_t\}$는 절대 수익률이고, $h = 0.05$다.

(b) 표본 추출된 바의 롤링 표준 편차를 계산하라.

(c) 이 결과를 연습 문제 4의 결과와 비교하라. 어떤 것이 이분산성이 낮은 샘플을 생성하는가? 그 이유는 무엇인가?

참고 자료

Ané, T. and H.Geman(2000): "Order flow, transaction clock and normality of asset returns." *Journal of Finance*, Vol. 55, pp. 2259~2284.

Bailey, David H., and M. López de Prado(2012): "Balanced baskets: A new approach to trading and hedging risks." *Journal of Investment Strategies* (Risk Journals), Vol. 1, No. 4(Fall), pp. 21~62.

Clark, P. K.(1973): "A subordinated stochastic process model with finite variance for speculative prices." *Econometrica*, Vol. 41, pp. 135~155.

Easley, D., M. López de Prado, and M. O'Hara(2011): "The volume clock: Insights into the high frequency paradigm." *Journal of Portfolio Management*, Vol. 37, No. 2, pp. 118~128.

Easley, D., M. López de Prado, and M. O'Hara(2012): "Flow toxicity and liquidity in a high frequency world." *Review of Financial Studies*, Vol. 25, No. 5, pp. 1457~1493.

Fama, E. and M. Blume(1966): "Filter rules and stock market trading." *Journal of Business*, Vol. 40, pp. 226~241.

Kolanovic, M. and R. Krishnamachari(2017): "Big data and AI strategies: Machine learning and alternative data approach to investing." White paper, JP Morgan, Quantitative and Derivatives Strategy. May 18.

Lam, K. and H. Yam(1997): "CUSUM techniques for technical trading in financialmarkets." *Financial Engineering and the Japanese Markets*, Vol. 4, pp. 257~274.

López de Prado, M. and D. Leinweber(2012): "Advances in cointegration and subset correlation hedging methods." *Journal of Investment Strategies* (Risk Journals), Vol. 1, No. 2 (Spring), pp. 67~115.

Mandelbrot, B. and M. Taylor(1967): "On the distribution of stock price differences." *Operations Research*, Vol. 15, No. 5, pp. 1057~1062.

03
레이블링

3.1 동기

2장에서는 비정형화된 데이터셋으로부터 금융 특성 행렬 X를 구성하는 방법을 알아봤다. 비지도학습 알고리즘은 특성 행렬 X로부터 패턴을 학습할 수 있는데, 예를 들면 계층 군집들의 정보를 포함하고 있는지 알아볼 수 있다. 반면 지도학습 알고리즘은 특성 행렬 X의 행이 레이블 배열 또는 값 y와 연계하도록 구성해서 표본의 특성으로부터 이러한 레이블 혹은 값을 예측할 수 있도록 한다. 3장에서는 금융 데이터를 레이블하는 방법을 알아본다.

3.2 고정 기간 기법

금융에 있어서 거의 모든 머신러닝 논문은 고정 기간^{horizon} 기법으로 관측값을 레이블한다. 이 기법은 다음과 같이 설명할 수 있다. 인덱스가 $t = 1,$ ..., T인 어떤 바로부터 추출된 I(여기서 $I \leq T$)개 행을 가진 특성 행렬 X, $\{X_i\}$ $i=1, ..., I$를 생각해 보자. 2.5절에서는 특성 집합 $\{X_i\}_{i=1, ..., I}$를 생성하는 표본 추출 기법을 알아봤다. 관측값 X_i에는 레이블 $y_i \in \{-1, 0, 1\}$이 할당된다.

$$y_i = \begin{cases} -1 \text{일 경우} & r_{t_{i,0}, t_{i,0}+h} < -\tau \\ 0 \text{일 경우} & |r_{t_{i,0}, t_{i,0}+h}| \leq \tau \\ 1 \text{일 경우} & r_{t_{i,0}, t_{i,0}+h} > \tau \end{cases}$$

여기서 τ는 사전에 정의된 상수 임계값이고, $t_{i,0}$은 X_i가 발생한 직후의 바 인덱스를 의미하며, $t_{i,0}+h$는 $t_{i,0}$ 이후 h번째의 바 인덱스, $r_{t_{i,0}, t_{i,0}+h}$는 바 기간 bar horizon h에 대한 가격 수익률이다.

$$r_{t_{i,0}, t_{i,0}+h} = \frac{p_{t_{i,0}+h}}{p_{t_{i,0}}} - 1$$

논문들은 대개 항상 타임 바를 이용하므로 h는 고정된 기간을 의미한다. 참고 문헌에서 다수의 머신러닝 연구를 소개하고 있는데 그중 딕슨 등 (Dixon et al., 2016)은 이 레이블 기법을 이용한 최근 예제다. 그 인지도에도 불구하고 많은 경우 이 방법을 피해야 할 이유는 다음과 같다. 첫째, 2장에서 살펴본 것처럼 타임 바는 좋은 통계적 성질을 갖지 못한다. 둘째, 관측된 변동성과 상관없이 동일한 임계값 τ가 적용된다. $\tau = 1E-2$라 가정하면, 어떤 때는 $\sigma_{t_{i,0}} = 1E-4$(예: 밤 세션 동안), 또 어떤 때는 $\sigma_{t_{i,0}} = 1E-2$(예: 장 시작 즈음)의 실현 변동성에 가지는데 동일하게 $y_i = 1$로 레이블할 것이다. 이 경우 수익률 $r_{t_{i,0}, t_{i,0}+h}$가 예측 가능하고 통계적으로 유의한 경우라 하더라도 대다수의 레이블이 0 값을 갖게 된다.

다시 말해 타임 바의 고정된 임계값에 따라 관측값을 레이블하는 것은 매우 흔한 오류다. 좀 더 좋은 대안은 다음과 같다. 첫째, 수익률의 롤링 지수 가중 표준 편차로 측정해 그 값이 변하는 임계값 $\sigma_{t_{i,0}}$에 대해 레이블하는 것이다. 둘째, 거래량 바나 달러 바의 변동성이 훨씬 더 상수에 가까우므로 (동분산성) 이들을 이용하는 것이다. 그러나 이 두 가지 개선 사항도 고정 기간 기법의 핵심 결함을 해결하지 못하는데 경로가 가격을 따르기 때문이다. 모든 투자 전략에서 포트폴리오 매니저가 스스로 정하거나 리스크 부서에 의해 강제되든 또는 마진 콜 때문이든 손절 제한$^{stop-loss\ limits}$이 있다. 거래에서 손절됐을 포지션으로부터 수익을 낼 수 있는 전략을 구축한다는 것은 현실성이 없다. 관측값을 레이블할 때 이를 고려한 문헌이 하나도 없다는 사실은 투자와 관련된 학술지 논문의 현 수준을 보여 준다.

3.3 동적 임계값 계산

3.2절에서 논의한 것처럼 실제로 베팅에 내제된 위험 함수로 이익 실현과 손절 한도를 설정하고자 한다. 그렇지 않다면 현재의 변동성을 고려했을 때 종종 너무 높은 수익을 원하거나($\tau \gg \sigma_{t_{i,0}}$), 때로는 너무 낮은 수익 ($\tau \ll \sigma_{t_{i,0}}$)을 설정할 것이다.

코드 3.1은 지수 가중 이동 표준 편차를 span0일 기간만큼 적용해, 일 중 추정 지점에서의 일별 변동성을 계산한다. pandas.Series.ewm 함수를 좀 더 자세히 알고 싶다면 판다스 문서를 참조하라.

코드 3.1 일별 변동성 계산

```
def getDailyVol(close,span0=100):
    # 일별 거래량, 종가에 따라 재인덱싱
    df0=close.index.searchsorted(close.index-pd.Timedelta(days=1))
    df0=df0[df0>0]
    df0=pd.Series(close.index[df0-1], index=close.index[close.shape[0]- df0.
    shape[0]:])
    df0=close.loc[df0.index]/close.loc[df0.values].values-1 # 일별 수익률
    df0=df0.ewm(span=span0).std()
    return df0
```

이 함수의 출력을 이용해 3장의 나머지 부분에서 디폴트 이익 실현 및 손실 제한값을 설정할 수 있다.

3.4 삼중 배리어 기법

여기서는 학계 논문에서 보지 못한 대체 레이블링 기법을 소개하겠다. 독자들이 투자 전문가라면 이 방법이 더 합리적이라는 것에 공감하리라 생각한다. 저자는 이를 삼중 배리어$^{triple-barrier}$ 기법이라 부르는데, 세 가지 배리어 중 최초로 도달한 배리어에 따라 관측값을 레이블하기 때문이다. 첫째, 2개의 수평 배리어$^{horizontal\ barrier}$와 1개의 수직 배리어$^{vertical\ barrier}$를 설정한다. 두 수평 배리어는 이익 실현과 손절 한도에 의해 정의되는데, 추정 변동성(실현 또는 내재이던)에 대한 동적 함수다. 세 번째 배리어는 포지션을 취한 후 지나간 바의 개수에 의해 정의된다(만기 한도). 상단 배리어에 먼저 도달하면 관측값을 1로 레이블하고, 하단 배리어에 먼저 도달하면 −1로 레이블한다. 수직 배리어에 먼저 도달하면 두 가지 선택을 할 수 있다. 바로 손익 부호로 하거나 0으로 정하는 것이다. 한도 내에서의 이익이나 손실을 실현하는 문제이므로 개인적으로 전자를 선호하지만, 독자들은 각자의 문제에 대해 0이 더 잘 작동하는지 알아봐야 한다.

여러분은 삼중 배리어가 경로-의존$^{path-dependent}$이라는 것을 아마도 깨달았을 것이다. 관측값에 레이블을 붙이려면 $[t_{i,0},\ t_{i,0}+h]$를 스팬하는 전체 경로를 고려해야 한다. 여기서 h는 수직 배리어(만기 한도)를 정의한다. $t_{i,1}$은 처음으로 도달한 배리어의 시간을 의미하고, 관측된 특성과 연계된 수익률은 $r_{t_{i,0},t_{i,1}}$으로 나타낸다. 명확히 말해서 $t_{i,1}\leq t_{i,0}+h$이고 수평 배리어는 대칭일 필요는 없다.

코드 3.2는 삼중 배리어 기법을 구현한 것이다. 함수는 네 가지 인수를 받아들인다.

- close: 가격 pandas series
- events: pandas dataframe으로서 다음의 열을 가진다.
  - t1: 수직 배리어의 타임스탬프 값이다. 이 값이 np.nan일 경우에는 수직 배리어가 없다.

- ○ trgt: 수평 배리어의 단위 너비
- ptSl: 음이 아닌 두 실수값의 리스트
  - ○ ptSl[0]: trgt에 곱해 상단 배리어 너비를 설정하는 인수. 값이 0이면 상단 배리어가 없다.
  - ○ ptSl[1]: trgt에 곱해 하단 배리어 너비를 설정하는 인수. 값이 0이면 하단 배리어가 없다.
- molecule: 단일 스레드single-thread에 의해 처리되는 이벤트 인덱스의 부분 집합을 가진 리스트. 3장의 후반을 보면 용도가 명확해질 것이다.

코드 3.2 삼중 배리어 레이블 기법

```
def applyPtSlOnT1(close,events,ptSl,molecule):
    # t1(이벤트 끝) 이전에 발생하면 손절/이익 실현을 적용한다.
    events_=events.loc[molecule]
    out=events_[['t1']].copy(deep=True)
    if ptSl[0]>0:pt=ptSl[0]*events_['trgt']
    else:pt=pd.Series(index=events.index) # NaNs
    if ptSl[1]>0:sl=-ptSl[1]*events_['trgt']
    else:sl=pd.Series(index=events.index) # NaNs
    for loc,t1 in events_['t1'].fillna(close.index[-1]).iteritems():
        df0=close[loc:t1] # 가격 경로
        df0=(df0/close[loc]-1)*events_.at[loc,'side'] # 수익률 경로
        out.loc[loc,'sl']=df0[df0<sl[loc]].index.min() # 가장 빠른 손절 시점
        out.loc[loc,'pt']=df0[df0>pt[loc]].index.min() # 가장 빠른 이익 실현 시점
    return out
```

이 함수의 출력은 각 배리어가 도달한 시각인 타임스탬프를 포함하고 있는 pandas dataframe이다. 이전 설명에서 알 수 있듯이 이 기법은 각 세 가지 배리어가 비활성될(사용하지 않을) 가능성을 고려한다. 배리어 설정을 [pt, sl, t1]의 세 가지 값으로 나타내자. 여기서 0은 배리어가 비활성, 1은 활성이라는 것이다. 여덟 가지 설정은 다음과 같다.

- 세 가지 유용한 설정
  - [1,1,1]: 표준 설정으로서 세 가지 배리어의 탈출 조건을 정의한다. 이익을 실현하고 싶지만 최대 손실 감수 정도와 보유 기간 제약이 있다.
  - [0,1,1]: 손절하지 않는다면 몇 개의 바 이후에 배리어를 탈출하고자 한다.
  - [1,1,0]: 손절하지 않는 한 이익을 실현하고자 한다. 이는 얼마나 오래 걸리든 포지션을 보유하는 것이므로 비현실적이다.
- 세 가지보다 비현실적인 설정
  - [0,0,1]: 고정 기간 기법과 동일하다. 거래량, 달러, 정보 주도 바에 적용되거나 고정기간 내에 복수의 예측을 갱신할 때 여전히 유용할 수 있다.
  - [1,0,1]: 이익이 나거나 최대 보유 기간이 만료될 때까지 보유 포지션을 유지한다. 중도의 비실현 손실은 고려하지 않는다.
  - [1,0,0]: 이익이 날 때까지 포지션을 유지한다. 이는 몇 년간 손실 포지션으로 고정될 수도 있다는 의미다.
- 두 비논리적 설정
  - [0,1,0]: 목표가 없는 설정으로서 손절 처리되기까지는 그냥 보유한다.
  - [0,0,0]: 배리어가 없다. 포지션은 영원히 고정되고 레이블은 발생하지 않는다.

그림 3-1은 삼중 배리어의 두 가지 대체 설정을 보여 준다. 위(a)는 설정이 [1,1,0]으로서 첫 번째 도달한 배리어가 하단 수평 배리어이다. 아래(b)는 설정이 [1,1,1]로서 첫 번째 도달한 배리어가 수직 배리어다.

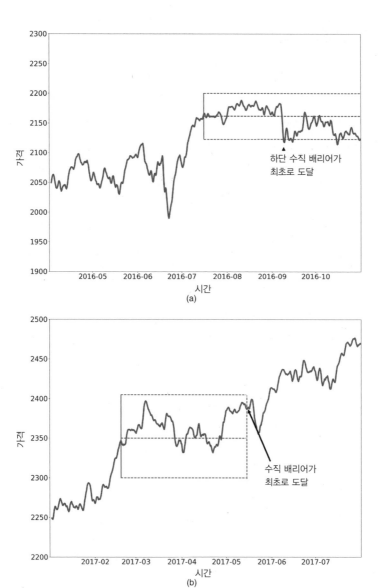

하단 수직 배리어가
최초로 도달

(a)

수직 배리어가
최초로 도달

(b)

그림 3-1 삼중 배리어 기법의 두 가지 대체 설정

3.5 방향과 크기 파악

3.5절에서는 머신러닝 알고리즘이 베팅의 방향^{side}(매수 혹은 매도)과 크기 ^{size}(베팅 정도)를 학습할 수 있도록 예제에 레이블하는 방법을 논의한다. 대개 포지션의 부호(매수 또는 매도)를 설정하는 기저 모델이 없을 때는 베팅의 방향을 알아내는 것에 관심을 갖기 마련이다. 이런 상황에서는 이익 실현 배리어와 손절 배리어를 구분할 방법이 없는데 방향에 대한 지식이 없기 때문이다. 방향을 알아낸다는 것은 수평 배리어가 없거나 수평 배리어가 대칭이라는 것을 암시한다.

코드 3.3은 getEvents 함수를 구현하는데 첫 번째 배리어가 도달한 시간을 측정한다. 함수는 다음 인수를 받아들인다.

- close: 가격 pandas series
- tEvents: 각 삼중 배리어 시드가 될 타임스탬프 값을 가진 pandas timeindex. 이들은 2.5절에서 설명한 표본 추출 절차에 의해 선택된 타임스탬프다.
- ptSl: 음이 아닌 실수로 두 배리어의 너비를 설정한다. 0은 각 수평 배리어(이익 실현 또는 손절)가 비활성화됐다는 의미다.
- t1: 수직 배리어의 타임스탬프를 가진 pandas series. 수직 배리어 값을 무시하려면 False를 전달해야 한다.
- trgt: 수익률의 절대값으로 표현한 목표 pandas series
- minRet: 삼중 배리어 검색을 진행할 때 필요한 최소 목표 수익률
- numThreads: 함수에서 현재 동시에 사용하고 있는 스레드의 수

코드 3.3 최초 도달 시간 측정

```
def getEvents(close,tEvents,ptSl,trgt,minRet,numThreads,t1=False):
    #1) 목표 구하기
    trgt=trgt.loc[tEvents]
```

```
trgt=trgt[trgt>minRet] # minRet
#2) t1 구하기(최대 보유 기간)
if t1 is False:t1=pd.Series(pd.NaT,index=tEvents)
#3) t1에 손절을 적용해 이벤트 객체를 형성
side_=pd.Series(1.,index=trgt.index)
events=pd.concat({'t1':t1,'trgt':trgt,'side':side_}, \
    axis=1).dropna(subset=['trgt'])
df0=mpPandasObj(func=applyPtSlOnT1,pdObj=('molecule',events.index), \
    numThreads=numThreads,close=close,events=events,ptSl=[ptSl,ptSl])
events['t1']=df0.dropna(how='all').min(axis=1) # pd.min은 nan을 무시
events=events.drop('side',axis=1)
return events
```

$l = 1E6$이고 $h = 1E3$라고 가정하면 계산해야 할 조건의 개수는 단일 금융 상품에 대해서만 10억 개에 육박한다. 만약 다중 스레드에 익숙하지 않다면 많은 머신러닝 과제들은 계산량을 감당하기 힘들며, 이 문제도 그중 하나다. 여기서는 병렬 계산이 무엇보다 필요하다. 책에서 계속 사용할 몇 가지 다중 프로세스 함수를 20장에서 알아본다.

mpPandasObj 함수는 다중 처리 함수를 호출하는데, 20장에서 자세히 설명한다. 당분간은 이 함수가 applyPtSlOnT1을 병렬로 실행한다는 것 정도만 알고 있으면 된다. 함수 applyPtSlOnT1은 각 배리어가 도달한 시점(있다면)의 타임스탬프를 반환한다. 그러면 가장 먼저 배리어에 도달한 시간은 applyPtSlOnT1이 반환한 시점 중 가장 먼저 발생한 것이 된다. 베팅의 방향을 알아야 하므로 ptSl=[ptSl,ptSl]을 인수로 전달했고, 방향은 항상 매수 long로 설정했다(수평 배리어는 대칭이므로 위치는 최초 도달 시간을 결정하는 것과 무관하다). 이 함수의 출력은 다음과 같은 열로 구성된 pandas dataframe이다.

- t1: 최초로 배리어에 도달했을 때의 타임스탬프
- trgt: 수평 배리어를 생성하고자 사용된 타깃

코드 3.4는 수직 배리어를 설정하는 방법 중 하나를 보여 준다. tEvents의 각 인덱스에 대해 그다음 가격 바 또는 numDays 며칠 이후의 타임스탬프를 바

로 찾는다. 수직 배리어는 getEvents의 선택적 인수 t1으로 전달할 수 있다.

코드 3.4 수직 배리어 추가

```
t1=close.index.searchsorted(tEvents+pd.Timedelta(days=numDays))
t1=t1[t1<close.shape[0]]
t1=pd.Series(close.index[t1],index=tEvents[:t1.shape[0]]) # 마지막에 NaNs
```

끝으로 코드 3.5에 정의된 getBins 함수를 사용하면 관측값에 레이블을 부여할 수 있다. 인수는 조금 전에 살펴본 events dataframe이고, 가격 pandas series로 저장한 close다. 출력은 다음의 열을 갖는 dataframe이다.

- ret: 최초로 배리어에 도달했을 때 실현된 수익률
- bin: 결과 부호에 설정된 함수 레이블 {−1, 0, 1}. 함수는 이벤트가 최초로 수직 배리어에 도달했을 때 0으로 레이블하도록 쉽게 수정할 수 있다. 연습 문제를 보라.

코드 3.5 방향과 크기를 레이블링

```
def getBins(events,close):
    #1) 가격과 이벤트를 일치
    events_=events.dropna(subset=['t1'])
    px=events_.index.union(events_['t1'].values).drop_duplicates()
    px=close.reindex(px,method='bfill')
    #2) OUT 객체 생성
    out=pd.DataFrame(index=events_.index)
    out['ret']=px.loc[events_['t1'].values].values/px.loc[events_.index]-1
    out['bin']=np.sign(out['ret'])
    return out
```

3.6 메타 레이블링

베팅(매도 또는 매수)의 방향을 설정하는 모델을 이미 갖고 있는 상황을 가정해 보자. 이 경우에는 베팅의 크기만 알면 되는데 베팅이 없을 가능성도 있다(제로 크기). 이는 현업에서 항상 겪는 상황이기도 하다. 우리는 대개 매수할 것인지 매도할 것인지를 알고 있으므로 남은 문제는 얼마를 집행할 것인지를 결정하는 것이다. 단지 머신러닝 알고리즘이 매수 매도 등 베팅의 방향을 학습한 후 적절한 베팅 크기가 무엇인지 쉽게 알려 주기를 원하지 않는다. 아마도 이 문제에 관한 어떠한 책이나 논문이 나오지 않았다는 것에 이미 익숙해져 버렸을 수 있다. 다행히 이 문제는 여기서 해결해 보자. 저자는 이 문제를 메타 레이블링[meta-labeling]이라 부르는데 그 이유는 1차 외생 모델[primary exogenous model]을 어떻게 사용할지 학습하는 부수적인 머신러닝 모델을 구축하고자 하기 때문이다.

완전히 새로운 getEvents 함수를 작성하는 대신 이전 코드를 조금 수정해 메타 레이블링을 다뤄 보자. 첫째, 새로운 side 옵션 인수(디폴트는 None)를 받는데 1차 모델에서 결정된 베팅의 방향이 들어 있다. side 값이 None이 아니라면 함수는 메타 레이블링이 작동하고 있다는 것을 알 수 있다. 둘째, 이제 방향을 알고 있으므로 이익 실현과 손절을 효과적으로 구분할 수 있다. 수평 배리어는 3.5절에서처럼 대칭일 필요는 없다. ptSl 인수는 두 음이 아닌 실수 리스트며, ptSl[0]은 trgt을 곱해 상단 배리어 너비를 결정하고, ptSl[1]은 trgt을 곱해 하단 배리어 너비를 결정한다. 둘 중 하나가 0이면 해당 배리어는 사용하지 않는다. 코드 3.6은 이렇게 보강된 알고리즘을 구현한다.

코드 3.6 getEvents가 메타 레이블링을 포함하도록 확장

```
def getEvents(close,tEvents,ptSl,trgt,minRet,numThreads,t1=False,side=None):
    #1) 타깃 구하기
```

```
trgt=trgt.loc[tEvents]
trgt=trgt[trgt>minRet] # minRet
#2) t1 구하기(최대 보유 기간)
if t1 is False:t1=pd.Series(pd.NaT,index=tEvents)
#3) 이벤트 객체 구성, t1에 손절 적용
if side is None:side_,ptSl_=pd.Series(1.,index=trgt.
index),[ptSl[0],ptSl[0]]
else:side_,ptSl_=side.loc[trgt.index],ptSl[:2]
events=pd.concat({'t1':t1,'trgt':trgt,'side':side_}, \
    axis=1).dropna(subset=['trgt'])
df0=mpPandasObj(func=applyPtSlOnT1,pdObj=('molecule',events.index), \
    numThreads=numThreads,close=inst['Close'],events=events,ptSl=ptSl_)
events['t1']=df0.dropna(how='all').min(axis=1) # pd.min은 nan을 무시
if side is None:events=events.drop('side',axis=1)
return events
```

이와 비슷하게 **getBins** 함수도 확장해 메타 레이블링을 다룰 수 있게 해야
한다. 코드 3.7에 필요한 변경이 구현돼 있다.

코드 3.7 getBins가 메타 레이블링을 다루도록 확장

```
def getBins(events,close):
    '''
    이벤트의 출력 계산(있다면 방향 정보도 포함)
    이벤트는 DataFrame이다.
    -events.index는 event의 시작 시간
    -events['t1']는 event의 마지막 시간
    -events['trgt']는 event의 타깃
    -events['side'] (옵션)은 알고리즘의 방향을 의미한다.
    Case 1: ('side'가 이벤트에 없음): bin in (-1,1) <-가격 변화에 의한 레이블
    Case 2: ('side'가 이벤트에 있음): bin in (0,1) <-손익(pnl)에 의한 레이블(메타-
    레이블링)
    '''
    #1) 가격과 이벤트를 일치
    events_=events.dropna(subset=['t1'])
    px=events_.index.union(events_['t1'].values).drop_duplicates()
    px=close.reindex(px,method='bfill')
```

```
#2) out 객체 생성
out=pd.DataFrame(index=events_.index)
out['ret']=px.loc[events_['t1'].values].values/px.loc[events_.index]-1
if 'side' in events_:out['ret']*=events_['side'] # 메타 레이블링
out['bin']=np.sign(out['ret'])
if 'side' in events_:out.loc[out['ret']<=0,'bin']=0 # 메타 레이블링
return out
```

이제 out['bin']이 가능한 값은 이전 값인 {−1,0,1}과 반대로 {0,1}이다. 머
신러닝 알고리즘은 오직 베팅을 하느냐, 하지 않느냐만 결정하고자 학습된
다. 예측 레이블이 1이라면 2차 모델의 확률을 사용해 베팅의 크기를 알아
내는데 포지션의 방향(부호)은 이미 1차 모델에 의해 결정돼 있다.

3.7 메타 레이블링을 이용하는 방법

이진 분류 문제는 1종 오류(거짓 양성)와 2종 오류(거짓 음성) 간의 트레이
드-오프다. 대개 이진 분류기의 참 양성률을 올리다 보면 거짓 양성률이
증가한다. 이진 분류기의 ROC^Receiver Operating Curve 곡선은 참 양성률이 증가
해 발생하는 비용을 측정하는데 높은 거짓 양성률을 수용하는 관점에서 측
정한다.

그림 3-2는 이른바 '혼동 행렬confusion matrix'을 시각화한 것이다. 관측값 집
합 중에서 조건에 부합하는 아이템(양성, 왼쪽 사각형)과 조건에 부합하지
않는(음성, 오른쪽 사각형) 아이템이 있다. 이진 분류기는 특정 아이템이 조
건(음성 또는 양성)을 보이는지를 예측하는 것으로(타원), TP^True Positive 영역
은 참 양성을 포함하고, TN^True Negative 영역은 참 음성을 포함한다. 이는 두
종류의 오류인 거짓 양성FP, False Positive과 거짓 음성FN, False Negative을 야기한
다. '정밀도Precision'는 TP 영역과 타원 영역 간의 비율이고, '재현율recall'은
TP 영역과 왼쪽 사각형 영역 간의 비율이다. 분류 문제에 있어 이런 개념
의 재현율(참 양성률로도 알려져 있다)은 가설 검증에 있어서의 '검증력power'

과 유사하다. '정확도ᵃᶜᶜᵘʳᵃᶜʸ'는 TP와 TN 영역의 합을 전체 아이템(사각형)으로 나눈 것이다. 대개 FP 영역을 감소시키면 FN 영역이 증가하는데, 그 이유는 일반적으로 높은 정밀도는 더 적은 수의 예측을 의미하고 이는 재현율을 낮추기 때문이다. 한편 분류기 전체의 효율성을 극대화시키는 정밀도와 재현율의 조합도 존재한다. F1-점수는 분류기의 효율성을 측정하는 데 정밀도와 재현율 사이의 조화 평균을 사용해 측정한다(14장에서 좀 더 자세히 알아본다).

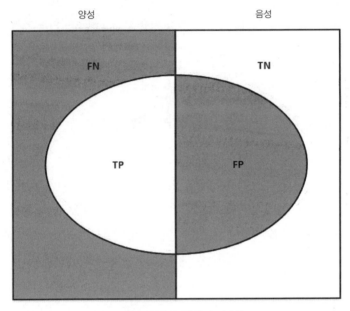

그림 3-2 '혼동 행렬'의 시각화

메타 레이블링은 더 높은 F1-점수를 원할 경우에 특히 더 유용하다. 첫째, 정밀도는 그다지 높지 않더라도 높은 재현율을 갖는 모델을 구축한다. 둘째, 1차 모델에서 예측된 양성에 대해 메타 레이블링을 적용해 낮은 정밀도를 교정한다.

메타 레이블링을 사용하면 거짓 양성을 걸러 F1-점수를 향상시킬 것이고, 대부분의 양성은 이미 1차 모델에 의해 식별된 상태다. 달리 표현하면 2차 머신러닝 알고리즘의 역할은 1차 (외생) 모델에 의해 결정된 양성이 참인지 거짓인지를 판단하는 것이다. 즉 베팅 기회를 측정하는 것이 목적이 아니라 제안된 베팅을 실행할 것인지 실행하지 않을 것인지를 결정하는 것이 목적이다.

메타 레이블링이 강력한 도구인 것은 다음과 같은 이유 때문이다. 첫째, 머신러닝 알고리즘은 종종 블랙박스(1장 참조)라는 점에서 공격을 받는다. 메타 레이블링은 머신러닝 시스템을 화이트 박스 위에 (경제 이론을 기반으로 하는 기본적fundamental 모델들처럼) 구축할 수 있다. 기본적 모델을 머신러닝 모델로 변환할 수 있는 능력을 가진 메타 레이블링 모델은 특히 퀀터멘털 quantamental 회사에 유용하다. 둘째, 메타 레이블링을 적용하면 과적합 효과가 억제된다. 머신러닝이 베팅의 방향을 결정하는 것이 아니라 크기만을 결정하기 때문이다. 셋째, 메타 레이블링은 베팅 크기 예측과 베팅 방향 예측을 분리함으로써 정교한 전략 구조가 가능해진다. 예를 들어, 랠리를 주도하는 특성과 급락을 주도하는 특성은 다르다는 점을 고려해야 한다. 이 경우 1차 모델의 매수 추천에 기초해 매수 포지션만 고려하는 머신러닝 전략을 개발하거나 완전히 다른 1차 모델의 매도 추천에 따라 매도 포지션에 대해서만 전략을 수립하는 머신러닝을 개발할 수 있다. 넷째, 작은 베팅에 높은 정확도나 높은 베팅에 낮은 정확도를 갖는 것은 일을 망치는 길이다. 호기를 탐지하는 것만큼 중요한 것은 적절한 베팅 크기를 설정하는 일이다. 따라서 중대한 결정(크기)을 정확하게 수행하는 머신러닝 알고리즘을 집중적으로 개발하는 것은 상당히 합리적인 일이 된다. 이 네 번째 사항은 10장에서 다시 알아본다. 저자의 경험상 메타 레이블링 머신러닝 모델은 표준 레이블링 모델보다 더욱 강건하고 신뢰성 있는 결과를 갖다준다.

3.8 퀀터멘털 방법

언론에서 많은 헤지 펀드들이 퀀터멘털 기법을 사용한다는 보도를 접한 적이 있을 것이다. 구글 검색을 해보면 가장 전통적인 방식을 포함한 여러 헤지 펀드 관련 리포트를 찾을 수 있고, 사람의 경험을 계량적 기법으로 결합한 이 기술에 수천 만 달러를 투자하고 있는 것을 알 수 있을 것이다. 메타 레이블링은 이런 사람들이 기다려 왔던 해법이다. 왜 그런지 살펴보자.

가격 예측과 연계됐다고 생각되지만 어떻게 사용해야 할지 잘 모르는 특성의 계열이 있다고 가정해 보자. 각 베팅의 방향을 결정할 모델이 없기 때문에 방향과 크기를 모두 알아야 한다. 3.5절에서 배운 것을 적용하면 대칭수평 배리어를 가진 삼중 배리어 모델에 기반을 둔 레이블이 생성된다. 이제 훈련 데이터셋에 알고리즘 최적화 준비가 됐으므로 검증 데이터셋을 활용해 예측의 정확도를 측정해 보자. 즉 다음과 같이 할 수 있다.

1. 1차 모델의 예측을 사용해 메타 레이블링을 생성한다. 이 경우 수평 배리어가 반드시 대칭일 필요는 없다는 점을 기억하자.
2. 동일한 훈련 데이터셋에서 모델을 적합화하지만, 이번에는 방금 생성한 메타 레이블링을 사용해 적합화한다.
3. 첫 번째(1차) 머신러닝 모델에서 생성된 '방향'과 두 번째(2차) 모델에서 생성된 '크기'를 병합한다.

1차 모델이 머신러닝 알고리즘이든, 계량 경제 모형이든, 기술적 트레이딩 규칙이든, 기초 분석이든 메타 레이블 계층을 1차 모델에 추가할 수 있다. 여기에는 순전히 직관에 따라 사람에 의해 생성된 예측도 포함된다. 이 경우 메타 레이블링은 전통적 액티브 매니저의 결정을 따를 것인지 묵살할 것인지를 알아내는 데 도움이 된다. 이런 메타 머신러닝 알고리즘에 사용되는 특성들은 시장 정보에서부터 생체 측정 통계와 심리적 평가에 이르기까지 다양하다. 예를 들어, 메타 레이블링 머신러닝 알고리즘은 전통적 액티브 매니저가 구조적 변화(17장)가 있을 때 시장 변화를 더 빨리 간파할 수 있으므로 특히 좋은 결정을 내리는 경향을 알아낼 수 있을 것이다. 이와 반대로 수면 부족, 피로, 체중 변화 등을 통해 명백히 알 수 있듯이 포트폴리오 매니저는 여러 스트레스로 인해 정교하지 못한 결정을 내린다는 사실도 알아낼 수 있다.[1] 많은 직업이 정기적인 정신과 검사를 필요로 하고, 머신러닝 메타 레이블링 알고리즘은 현재 포트폴리오 매니저의 의사결정 신뢰도와 정신 감정 점수 사이에 상관관계가 있다는 것을 밝혀 낼지도 모른다. 한편으로는 이런 요인들이 전통적 액티브 매니저에게 아무런 영향을 미치지 않고, 이들은 단지 냉정한 계산기처럼 감정에 동요되지 않고 뇌가 독립적으로 작동할지도 모른다. 저자의 추측으로는 그럴 가능성이 없어 보이므로 메타 레이블링이 모든 전통적 액티브 헤지 펀드의 필수 머신러닝 기술이 돼야 한다. 조만간 이런 유형의 모든 헤지 펀드는 퀀터멘털 회사가 되고, 메타 레이블링이 이 변화에 있어 뚜렷한 방향을 설정해 줄 것이다.

3.9 불필요한 레이블 제거

머신러닝 분류기들은 클래스class가 너무 불균형하게 구성됐을 경우 좋은 성능을 내지 못한다. 이런 상황에서는 극도로 희귀한 레이블을 삭제하고, 보다 보편적 결과에 집중하는 것이 더 좋다. 코드 3.8은 재귀적 방법을 이용해 극단적으로 희귀한 레이블과 관련된 관측값을 삭제하는 절차를 보여 준다. dropLabels 함수가 재귀적으로 minPct보다 작은 개수를 가진 클래스와 연계된 관측값을 제거해 단, 단 두 클래스만 남을 때까지 반복한다.

코드 3.8 개수가 적은 레이블 삭제

```
def dropLabels(events, minPtc=.05):
    # 예제가 부족할 경우 가중치를 적용해 레이블을 제거한다.
    while True:
        df0=events['bin'].value_counts(normalize=True)
        if df0.min()>minPct or df0.shape[0]<3:break
```

---

1 아마도 많은 사람이 여러 대형 헤지 펀드들이 분석 연구원들의 일별 감정 상태에 대해 모니터하고 있다는 사실을 알고 있을 것이다.

```
    print 'dropped label',df0.argmin(),df0.min()
    events=events[events['bin']!=df0.argmin()]
return events
```

불필요한 레이블을 제거해야 하는 또 다른 이유는 sklearn의 알려진 버그 (https://github.com/scikit-learn/scikit-learn/issues/8566) 때문이다. 이런 유형의 버그는 sklearn 구현상 기초 가정의 결과물로서 문제를 해결하기가 쉽지 않다. 이 특수한 경우에는 오류가 sklearn이 구조화 배열이나 pandas 객체를 사용하지 않고 표준 numpy 배열만을 하기로 한 결정 때문에 발생한다. 독자들이 이 책을 읽을 시점에 또는 조만간에 오류가 수정될 가능성은 없어 보인다. 후속 장에서는 이런 유형의 구현상 오류를 자체적으로 클래스를 만들고, sklearn의 기능을 확장해 우회하는 방법을 알아본다.

연습 문제

3.1 E-mini S&P 500 선물에 대한 달러 바를 구축하라.
   (a) 임계값이 일별 수익률의 표준 편차(코드 3.1)인 대칭 CUSUM 필터(2장, 2.5.2.1절)를 적용하라.
   (b) 코드 3.4를 pandas series t1에 사용하라. numDays=1이다.
   (c) 표본 추출된 특성에 삼중 배리어 기법을 적용하라. ptSl=[1,1]이고 t1은 1.b에서 생성한 series다.
   (d) getBins를 적용해 레이블을 생성하라.

3.2 연습 문제 1에서 코드 3.8을 사용해 개수가 아주 작은 레이블을 제거하라.

3.3 getBins 함수(코드 3.5)를 수정해 최초로 도달한 것이 수직 배리어이면 0을 반환하도록 만들어 보라.

3.4 잘 알려진 기술적 분석 통계량(예: 교차 이동 평균)에 기초해 추세 추종trend-following 전략을 개발하라. 모델은 각 관측값에 대해 방향을 제

안하지만, 크기는 제안하지 않는다.

   (a) ptSl=[1,2]와 t1에 대해 메타 레이블링을 만들어라. 여기서 numDays=1 이다. 코드 3.1에서 계산된 일별 표준 편차를 trgt로 사용하라.

   (b) 랜덤 포레스트[RF]를 학습해 거래할 것인지 말 것인지를 결정하라. 이때 유의할 점은 기저 모델(교차 이동 평균)이 방향 {−1, 1}을 결정했으므로 정해야 할 사항은 거래할 것인지 말 것인지를 판단하는 것이다.

3.5 볼린저 밴드에 기초해 평균 회귀 전략을 개발하라. 각 관측값에 대해 모델은 방향을 제안하지만, 크기는 제안하지 않는다.

   (a) ptSl=[0,2]와 t1에 대해 메타 레이블링을 만들어라. 여기서 numDays=1 이다. 코드 3.1에서 계산된 일별 표준 편차를 trgt로 사용하라.

   (b) RF를 학습해 거래할 것인지 말 것인지를 결정하라. 변동성, 계열 상관관계, 연습 문제 2의 교차 이동 평균을 특성으로 사용하라.

   (c) 1차 모델의 정확도는 어떤가?(2차 모델이 베팅을 필터링하지 않는다면) 정밀도, 재현율, F1-점수는 어떠한가?

   (d) 2차 모델 예측의 정확도는 어떠한가? 정밀도, 재현율, F1-점수는 어떠한가?

참고 문헌

Ahmed, N., A. Atiya, N. Gayar and H. El-Shishiny(2010): "An empirical comparison of machine learning models for time series forecasting." *Econometric Reviews*, Vol. 29, No. 5~6, pp. 594~621.

Ballings, M., D. van den Poel, N. Hespeels and R. Gryp(2015): "Evaluating multiple classifiers for stock price direction prediction." *Expert Systems with Applications*, Vol. 42, No. 20, pp. 7046~7056.

Bontempi, G., S. Taieb and Y. Le Borgne(2012): "Machine learning strategies for time series forecasting." *Lecture Notes in Business Information Processing*, Vol. 138, No. 1, pp. 62~77.

Booth, A., E. Gerding and F. McGroarty(2014): "Automated trading with performance weighted random forests and seasonality." *Expert Systems with Applications*, Vol. 41, No. 8, pp. 3651~3661.

Cao, L. and F. Tay(2001): "Financial forecasting using support vector machines." *Neural Computing & Applications*, Vol. 10, No. 2, pp. 184~192.

Cao, L., F. Tay and F. Hock(2003): "Support vector machine with adaptive parameters in financial time series forecasting." *IEEE Transactions on Neural Networks*, Vol. 14, No. 6, pp. 1506~1518.

Cervelló-Royo, R., F. Guijarro and K. Michniuk(2015): "Stockmarket trading rule based on pattern recognition and technical analysis: Forecasting the DJIA index with intraday data." *Expert Systems with Applications*, Vol. 42, No. 14, pp. 5963~5975.

Chang, P., C. Fan and J. Lin(2011): "Trend discovery in financial time series data using a casebased fuzzy decision tree." *Expert Systems with Applications*, Vol. 38, No. 5, pp. 6070~6080.

Kuan, C. and L. Tung(1995): "Forecasting exchange rates using feedforward and recurrent neural networks." *Journal of Applied Econometrics*, Vol. 10, No. 4, pp. 347~364.

Creamer, G. and Y. Freund(2007): "Aboosting approach for automated trading." *Journal of Trading*, Vol. 2, No. 3, pp. 84~96.

Creamer, G. and Y. Freund(2010): "Automated trading with boosting and expert weighting." *Quantitative Finance*, Vol. 10, No. 4, pp. 401~420.

Creamer, G., Y. Ren, Y. Sakamoto and J. Nickerson(2016): "A textual analysis algorithm for the equity market: The European case." *Journal of Investing*, Vol. 25, No. 3, pp. 105~116.

Dixon, M., D. Klabjan and J. Bang(2016): "Classification-based financial markets prediction using deep neural networks." *Algorithmic Finance*, forthcoming(2017). Available at SSRN: https://ssrn.com/abstract=2756331.

Dunis, C. and M. Williams(2002): "Modelling and trading the euro/US dollar exchange rate: Do neural network models perform better?" *Journal of Derivatives & Hedge Funds*, Vol. 8, No. 3, pp. 211~239.

Feuerriegel, S. and H. Prendinger(2016): "News-based trading strategies." *Decision Support Systems*, Vol. 90, pp. 65~74.

Hsu, S., J. Hsieh, T. Chih and K. Hsu(2009): "A two-stage architecture for stock price forecasting by integrating self-organizing map and support vector regression." *Expert Systems with Applications*, Vol. 36, No. 4, pp. 7947~7951.

Huang, W., Y. Nakamori and S. Wang(2005): "Forecasting stock market movement direction with support vector machine." *Computers & Operations Research*, Vol. 32, No. 10, pp. 2513~2522.

Kara, Y., M. Boyacioglu andO. Baykan(2011): "Predicting direction of stock price indexmovement using artificial neural networks and support vector machines: The sample of the Istanbul Stock Exchange." *Expert Systems with Applications*, Vol. 38, No. 5, pp. 5311~5319.

Kim, K.(2003): "Financial time series forecasting using support vector machines." *Neurocomputing*, Vol. 55, No. 1, pp. 307~319.

Krauss, C., X. Do and N. Huck(2017): "Deep neural networks, gradient-boosted trees, random forests: Statistical arbitrage on the S&P 500." *European Journal of Operational Research*, Vol. 259, No. 2, pp. 689~702.

Laborda, R. and J. Laborda(2017): "Can tree-structured classifiers add value to the investor?" *Finance Research Letters*, Vol. 22(August), pp. 211~226.

Nakamura, E.(2005): "Inflation forecasting using a neural network." *Economics Letters*, Vol. 86, No. 3, pp. 373~378.

Olson, D. and C. Mossman(2003): "Neural network forecasts of Canadian stock returns using accounting ratios." *International Journal of Forecasting*, Vol. 19, No. 3, pp. 453~465.

Patel, J., S. Sha, P. Thakkar and K. Kotecha(2015): "Predicting stock and stock price index movement using trend deterministic data preparation and machine learning techniques." *Expert Systems with Applications*, Vol. 42, No. 1, pp. 259~268.

Patel, J., S. Sha, P. Thakkar and K. Kotecha(2015): "Predicting stock market index using fusion of machine learning techniques." *Expert Systems with Applications*, Vol. 42, No. 4, pp. 2162~2172.

Qin, Q., Q. Wang, J. Li and S. Shuzhi(2013): "Linear and nonlinear trading models with gradient boosted random forests and application to Singapore Stock Market." *Journal of Intelligent Learning Systems and Applications*, Vol. 5, No. 1, pp. 1~10.

Sorensen, E., K. Miller and C. Ooi(2000): "The decision tree approach to stock selection." *Journal of Portfolio Management*, Vol. 27, No. 1, pp. 42~52.

Theofilatos, K., S. Likothanassis and A. Karathanasopoulos(2012): "Modeling and trading the EUR/USD exchange rate using machine learning techniques." *Engineering, Technology & Applied Science Research*, Vol. 2, No. 5, pp. 269~272.

Trafalis, T. and H. Ince(2000): "Support vector machine for regression and applications to financial forecasting." *Neural Networks*, Vol. 6, No. 1, pp. 348~353.

Trippi, R. and D. DeSieno(1992): "Trading equity index futures with a neural network." *Journal of Portfolio Management*, Vol. 19, No. 1, pp. 27~33.

Tsai, C. and S. Wang(2009): "Stock price forecasting by hybrid machine learning techniques." *Proceedings of the International Multi-Conference of Engineers and Computer Scientists*, Vol. 1, No. 1, pp. 755~760.

Tsai, C., Y. Lin, D. Yen and Y. Chen(2011): "Predicting stock returns by classifier ensembles." *Applied Soft Computing*, Vol. 11, No. 2, pp. 2452~2459.

Wang, J. and S. Chan(2006): "Stock market trading rule discovery using two- layer bias decision tree." *Expert Systems with Applications*, Vol. 30, No. 4, pp. 605~611.

Wang, Q., J. Li, Q. Qin and S. Ge(2011): "Linear, adaptive and nonlinear trading models for Singapore Stock Market with random forests." Proceedings of the 9th IEEE International Conference on Control and Automation, pp. 726~731.

Wei, P. and N. Wang(2016): "Wikipedia and stock return: Wikipedia usage pattern helps to predict the individual stock movement." Proceedings of the 25th International Conference Companion on World Wide Web, Vol. 1, pp. 591~594.

Żbikowski, K.(2015): "Using volume weighted support vector machines with walk forward testing and feature selection for the purpose of creating stock trading strategy." *Expert Systems with Applications*, Vol. 42, No. 4, pp. 1797~1805.

Zhang, G., B. Patuwo and M. Hu(1998): "Forecasting with artificial neural networks: The state of the art." *International Journal of Forecasting*, Vol. 14, No. 1, pp. 35~62.

Zhu, M., D. Philpotts and M. Stevenson(2012): "The benefits of tree-based models for stock selection." *Journal of Asset Management*, Vol. 13, No. 6, pp. 437~448.

Zhu, M., D. Philpotts, R. Sparks and J. Stevenson, Maxwell(2011): "A hybrid approach to combining CART and logistic regression for stock ranking." *Journal of Portfolio Management*, Vol. 38, No. 1, pp. 100~109.

04
표본 가중값

4.1 동기

3장은 금융 관측값을 레이블링하는 몇 가지 기법을 설명했다. 삼중 배리어 기법과 메타 레이블링이라는 새로운 개념을 소개했고, 이들이 퀀터멘털 투자 전략을 포함한 여러 금융 응용에 얼마나 유용한지 설명했다. 4장에서는 금융 응용에 늘 존재하는 또 다른 문제(관측값이 IID에서 생성되지 않는 문제)를 해결하는 방법을 배운다. 대부분 머신러닝 문헌은 IID 가정에 근거하는데, 많은 머신러닝 응용이 금융에서 실패하는 이유 중 하나는 이런 가정이 금융 시계열에 있어서 비현실적이기 때문이다.

4.2 중첩된 결과

3장에서는 관측 특성 X_i에 레이블 y_i를 배분했다. 여기서 y_i는 기간 $[t_{i,0}, t_{i,1}]$ 내에 서 발생한 가격 바의 함수였다. $t_{i,1} > t_{j,0}$이고 $i < j$이면 y_i와 y_j는 둘 다 공통 수익률 $r_{t_{j,0}, \min\{t_{i,1}, t_{j,1}\}}$에 의존한다. 즉 구간 $[t_{j,0}, \min\{t_{i,1}, t_{j,1}\}]$의 수익률이다. 이는 레이블의 계열 $\{y_i\}_{i=1, \ldots, I}$는 두 연속 결과에 중첩이 있을 때마다($\exists i | t_{i,1} > t_{i+1,0}$) IID가 아니라는 것을 암시한다.

이 문제를 해결하고자 베팅 기간을 $t_{i,1} \leq t_{i+1,0}$으로 제한하는 방법을 생각해 보자. 이 경우 모든 특성 출력은 다음 관측값 측정 이전이나 시작점에서 결정되므로 중첩은 없다. 이 방법은 특성의 표본 추출 빈도가 결과를 결정하고자 사용된 호라이즌에 의해 제한되므로 조잡한 모델이 만들어질 것이다. 한편으로 한 달 동안 지속된 결과를 살펴보고자 할 경우 특성들을 월 주기로 표본 추출해야 한다. 다른 한편으로 표본 추출 빈도를 일 단위로 증가시키면 출력의 기간을 1일로 축소해야 한다. 게다가 삼중 배리어 기법과 같은 경로-의존 레이블링 기술을 사용하려면 표본 추출 주기는 처음 배리어의 도달 시간에 종속될 것이다. 어떤 경우든 중첩을 없애려고 결과의 호라이즌을 제한하는 것은 형편없는 해법이다. $t_{i,1} > t_{i+1,0}$의 경우를 허용해야만 하고, 이 경우 앞에서 설명한 중첩 문제가 또 다시 발생한다.

이런 상황이 금융을 응용할 때 나타나는 특성이다. 대부분 비금융 분야의 머신러닝 연구자들은 관측값이 IID에서 추출한 것을 가정할 수 있다. 예를 들어, 혈액 샘플을 많은 환자에서 채집한 후 콜레스테롤을 측정할수 있다. 물론 콜레스테롤 분포의 평균과 표준 편차는 다양한 기저 공통 요인에 의해 변화하겠지만, 표본은 여전히 독립적이다. 하나의 대상자에 하나의 표본만 있다. 연구소의 누군가 이 혈액 표본을 엎어 각 튜브의 혈액이 오른쪽에 있는 9개의 튜브에 쏟아졌다고 가정해 보자. 즉 튜브 10번은 10번 환자의 혈액은 물론 1번부터 9번 환자의 혈액까지 섞여 있고, 11번 튜브에는 11번 환자와 함께 2번부터 10번 환자의 혈액이 섞여 있다. 이제 각 환자의 콜레스테롤 수치를 모르는 상태에서 고콜레스테롤을 알아낼 수 있는 특성(다이어트, 운동, 연령, 등)을 찾아내야 한다. 이는 금융 머신러닝이 처한 상황과 같다. 거기다 쏟아진 패턴도 제각각이며, 잘 알려져 있지도 않다. 금융은 머신러닝 응용에 관련해서는 플러그-앤-플레이[1] 작업이 적용되지 않는다. 이와 다르게 말하는 사람의 의견을 경청하고 있다면 돈과 시간을 낭비하는 것이다.

---

1 플러그만 꽂으면 곧 사용할 수 있는 – 옮긴이

IID가 아닌 레이블을 다루는 데에는 여러 가지 방법이 있고, 4장에서는 중첩된 결과의 지나친 영향을 교정하고자 표본 추출과 가중값 설계 방법으로 이 문제를 해결해 본다.

4.3 공존 레이블의 개수

두 레이블 y_i와 y_j가 적어도 하나의 공통 수익률 $r_{t-1,t} = \frac{p_t}{p_{t-1}} - 1$을 가지면 시각 t에서 '공존한다^{concurrent}'라고 한다. 이 중첩은 시간 구간의 관점에서 해당 구간 너비가 서로 완벽하게 일치할 필요는 없다. 이 절에서는 주어진 수익률 $r_{t-1,t}$의 함수인 레이블의 개수를 계산해 본다. 첫째, 각 시간 $t = 1, ..., T$에서 이진 행렬 $\{1_{t,i}\}_{i=1, ..., I}$를 구성하는데 여기서 $1_{t,i} \in \{0, 1\}$이다. 변수 $1_{t,i}$는 오직 $[t_{i,0}, t_{i,1}]$과 $[t - 1, t]$가 중첩될 경우에만 그 값이 1이고, 그렇지 않다면 0이다. 레이블의 폭 $\{[t_{i,0}, t_{i,1}]\}_{i=1, ..., I}$는 3장에서 소개한 t1 객체에 의해 정의된다는 것을 기억하자. 둘째, 시간 t, $c_t = \sum_{i=1}^{I} 1_{t,i}$에서 공존하는 레이블 개수를 계산해 보자. $c_t = \sum_{i=1}^{I} 1_{t,i}$. 코드 4.1은 이 로직을 구현한다.

코드 4.1 레이블의 고유도 계산

```
def mpNumCoEvents(closeIdx,t1,molecule):
    '''
    바별로 공존하는 이벤트 개수를 계산
    +molecule[0]은 가중값이 계산될 첫 이벤트 날짜다.
    +molecule[-1]은 가중값이 계산될 마지막 이벤트 날짜다.
    t1[molecule].max()이전에 발생하는 모든 이벤트는 개수에 영향을 미친다.
    '''
    #1) 구간 [molecule[0],molecule[-1]]에서의 이벤트 탐색
    t1=t1.fillna(closeIdx[-1]) # 드러난 이벤트는 다른 가중값에 영향을 미쳐야 한다.
    t1=t1[t1>=molecule[0]] # molecule[0]의 마지막이나 이후에 발생하는 이벤트
    t1=t1.loc[:t1[molecule].max()] # t1[molecule].max() 이전이나 시작 시에 발생하는
                                                            이벤트
```

```
#2) 바에서 발생하는 이벤트 개수를 알아본다.
iloc=closeIdx.searchsorted(np.array([t1.index[0],t1.max()]))
count=pd.Series(0,index=closeIdx[iloc[0]:iloc[1]+1])
for tIn,tOut in t1.iteritems():count.loc[tIn:tOut]+=1.
return count.loc[molecule[0]:t1[molecule].max()]
```

4.4 레이블의 평균 고유도

4.4절에서는 레이블의 고유도(비중첩)를 전체 생애 주기 동안의 평균 고유도로서 계산해 본다. 첫째, 시각 t에서 레이블 i의 고유도는 $u_{t,i} = 1_{t,i} c_t^{-1}$이다. 둘째, 레이블 i의 평균 고유도는 레이블의 생애 주기 동안의 평균 $u_{t,i}$다. $\bar{u}_i = \left(\sum_{t=1}^{T} u_{t,i} \right) \left(\sum_{t=1}^{T} 1_{t,i} \right)^{-1}$이 평균 고유도는 이벤트의 생애 주기 동안 c_t의 조화 평균의 역수로 해석할 수도 있다. 그림 4-1은 객체 t1에서 도출된 고유도 값을 히스토그램으로 나타낸 것이고, 코드 4.2는 이 계산을 구현한 것이다.

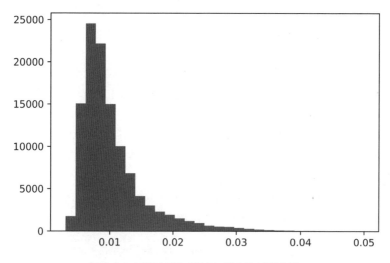

그림 4-1 고유도 값을 히스토그램으로 나타낸 것

코드 4.2 레이블의 평균 고유도 계산

```
def mpSampleTW(t1,numCoEvents,molecule):
    # 이벤트의 생애 주기 동안의 평균 고유도 도출
    wght=pd.Series(index=molecule)
    for tIn,tOut in t1.loc[wght.index].iteritems():
        wght.loc[tIn]=(1./numCoEvents.loc[tIn:tOut]).mean()
    return wght
#————————————————————————————
numCoEvents=mpPandasObj(mpNumCoEvents,('molecule',events.index),numThreads, \
        closeIdx=close.index,t1=events['t1'])
numCoEvents=numCoEvents.loc[~numCoEvents.index.duplicated(keep='last')]
numCoEvents=numCoEvents.reindex(close.index).fillna(0)
out['tW']=mpPandasObj(mpSampleTW,('molecule',events.index),numThreads, \
        t1=events['t1'],numCoEvents=numCoEvents)
```

다시 한번 함수 mpPandasObj를 이용하고 있다는 점에 주목하자. 이는 다중 처리(20장 참고)를 통해 계산 속도를 빠르게 해준다. 레이블 i에 연계된 평균 고유도 $\bar{u}_i$를 계산하려면 미래의 시간 events['t1']이 도달해야 이용할 수 있는 정보가 요구된다. 그러나 이는 문제가 되지 않는다. $\{\bar{u}_i\}_{i=1,...,I}$는 훈련 데이터셋에서 레이블 정보와 함께 사용됐고, 테스트 데이터셋에서 사용되는 것이 아니기 때문이다. $\{\bar{u}_i\}_{i=1,...,I}$는 레이블 예측에 사용되는 것이 아니므로 정보 누수는 없다. 이 절차는 비중첩 결과의 관점에서 각 관측값의 특성을 0과 1 사이의 고유한 점수로 부여할 수 있다.

4.5 배깅 분류기와 고유도

I개 아이템을 가진 집합에서 I번 복원 추출 후 특정 아이템 i가 선택되지 않을 확률은 $(1 - I^{-1})^I$이다. 표본 크기가 커질수록 확률은 점근적으로 점근값 $\lim_{I \to \infty}(1 - I^{-1})^I = e^{-1}$로 수렴한다. 이는 추출된 고유한 관측치 개수의 기댓값이 $(1 - e^{-1}) \approx \frac{2}{3}$라는 뜻이 된다.

비중첩 결과의 최대 개수가 $K \leq I$라고 가정해 보자. 동일한 논리에 따라 I 아이템을 가진 집합에서 I번 복원 추출 후 특정 아이템 i가 선택되지 않을 확률은 $(1 - K^{-1})^I$이다. 표본 크기가 커질수록 확률은 $(1 - K^{-1})^{K\frac{I}{K}}$ $\approx e^{-\frac{I}{K}}$에 근사한다. 특정 아이템의 표본 추출되는 횟수는 대략 평균이 $\frac{I}{K}$ ≥ 1인 포아송^{Poisson} 분포를 따른다. 이는 IID로 잘못 가정하고 표본 추출하면 과대 표본 추출을 야기한다는 것을 의미한다.

$I^{-1}\sum_{i=1}^{I} \bar{u}_i \ll 1$인 관측값에서 복원 표본 추출(부트스트랩)을 수행하면 IB$^{In-Bag2}$ 관측값은 (1) 서로 중복되며, (2) OOB$^{Out-Of-Bag3}$ 관측치와 유사하다. 추출의 중복성은 부트스트랩을 비효율적으로 만든다(6장 참고). 예를 들어, 랜덤 포레스트의 경우 포레스트의 모든 트리는 근본적으로 서로 유사하고, 과적합된 단일 결정 트리들의 복사품들에 불과하게 될 것이다. 그리고 랜덤 표본 추출은 OOB 예제를 IB와 비슷하게 만들어 OOB 정확도를 과도하게 부풀린다. 두 번째 문제는 7장에서 IID가 아닌 관측치를 갖고 교차 검증을 실시하는 방법을 논할 때 다룰 것이다. 당분간은 첫 번째 문제에 집중하자. 즉 $I^{-1}\sum_{i=1}^{I} \bar{u}_i \ll 1$ 상태의 관측치 배깅^{bagging}을 알아본다.

첫 번째 해법은 부트스트랩을 실행하기 전에 중첩된 결과를 삭제하는 것이다. 중첩이 완전한 것이 아니므로 부분적 중첩이 있다고 해서 무조건 관측치를 삭제하면 많은 정보 손실이 발생한다. 독자들이 이 방법을 사용하는 것을 권하지 않는다.

두 번째 해법이자 더 나은 방법은 평균 고유도 $I^{-1}\sum_{i=1}^{I} \bar{u}_i$를 활용해 불필요한 정보를 가진 결과가 과도한 영향을 미치는 것을 감소시키는 것이다. 이에 따라 관측값의 일부인 out['tW'].mean()을 표본 추출하거나 작은 몇 배수 정도 표본 추출한다. sklearn의 sklearn.ensemble.BaggingClassifier 클래스는 인수 max_samples를 받아들이는데 이 값은 max_samples=out['tW'].mean()으로 설정한다. 이러한 방법으로 IB 관측값이 고유도보다 훨씬 더

2　부트스트랩 표본 추출된 – 옮긴이
3　부트스트랩 표본 추출에서 제외된 – 옮긴이

빈번하게 표본 추출되는 일이 없도록 한다. 랜덤 포레스트는 max_samples 기능을 제공하지 않지만, 해결 방법은 많은 수의 결정 트리를 배깅하는 것이다. 이 방법은 6장에서 좀 더 자세히 알아보자.

4.5.1 순차적 부트스트랩

세 번째이자 더 나은 해법은 순차적 부트스트랩을 실행하는 것인데 중복을 통제하는 확률 변화에 따라 추출이 이뤄진다. 라오 등(Rao et al. 1997)은 K개의 구분되는 원시 관측값이 나타날 때까지 복원을 동반한 순차적 리샘플링을 제안했다. 이는 흥미롭기는 하지만, 그들의 제안은 우리가 가진 금융 문제에는 적용하지 못한다. 4.6절에서는 중첩된 결과 문제를 직접 해결하는 대체 방법을 소개한다.

첫째, 관측값 X_i는 균등 분포 $i \sim U[1, I]$에서 추출된다. 즉 특정값 i를 추출할 확률은 원래 $\delta_j^{(1)} = I^{-1}$이다. 두 번째 추출에 대해서 우리는 높은 중첩 결과를 가진 X_j가 추출될 확률을 낮추고자 한다. 부트스트랩은 중복 추출이 허용되므로 X_i가 추출될 수 있다는 것을 기억하자. 그러나 X_i와 그 자신 사이에는 중첩이 있으므로 (사실 완전한 중첩이다) 그 확률을 낮추고자 한다. 반복이 허용된 현재까지의 추출 시퀀스를 φ라고 하자. 현재까지는 $\varphi^{(1)} = \{i\}$라는 것을 알고 있다. 시각 t에서의 j의 고유도는 $u_{t,j}^{(2)} = 1_{t,j}\left(1 + \sum_{k \in \varphi^{(1)}} 1_{t,k}\right)^{-1}$이다. 이는 기존 추출 시퀀스 $\varphi^{(1)}$에 다른 J들을 추가해 얻는 고유도의 결과다. j의 고유도 평균은 j의 생애 주기 동안의 평균 $u_{t,j}^{(2)}$이다. $\bar{u}_j^{(2)} = \left(\sum_{t=1}^{T} u_{t,j}\right)\left(\sum_{t=1}^{T} 1_{t,j}\right)^{-1}$. 이제 이제 갱신된 확률 $\left\{\delta_j^{(2)}\right\}_{j=1,\ldots,I}$에 기반을 둔 두 번째 추출을 할 수 있다.

$$\delta_j^{(2)} = \bar{u}_j^{(2)} \left(\sum_{k=1}^{I} \bar{u}_k^{(2)}\right)^{-1}$$

여기서 $\left\{\delta_j^{(2)}\right\}_{j=1,\ldots,I}$는 합이 1, $\sum_{j=1}^{I} \delta_j^{(2)} = 1$이 되도록 크기를 조정한다. 이제 두 번째 추출을 할 수 있다. $\varphi^{(2)}$를 갱신하고 $\left\{\delta_j^{(3)}\right\}_{j=1,\ldots,I}$를 재계산

한다. 이 절차는 *I*번의 추출이 일어날 때까지 반복된다. 이 순차적 부트스트랩 계획에는 여전히 중첩(반복도 가능)이 가능하지만, 그 가능성이 감소한 다는 장점이 있다. 순차적 부트스트랩의 표본은 표준 부트스트랩에서 추출된 표본보다 IID에 훨씬 더 가깝다. 이 점은 표준 부트스트랩 기법에 상대적인 $I^{-1}\sum_{i=1}^{I} \bar{u}_i$의 증가를 측정하면 검증할 수 있다.

4.5.2 순차적 부트스트랩의 구현

코드 4.3은 두 인수로부터 지표 행렬^{indicator matrix}을 도출하는데, 두 인수는 각각 바의 인덱스(barIx)와 pandas Series t1이며 3장에서 여러 번 사용했다. 다시 정리하면 t1은 특성이 관측된 시각을 포함하고 있는 인덱스와 레이블이 결정된 시각을 담고 있는 배열에 의해 정의된다. 함수의 출력은 어떤 (가격) 바가 각 관측값의 레이블에 영향을 미치는지를 알려 주는 이진 행렬이다.

코드 4.3 지표 행렬 구축

```
import pandas as pd,numpy as np
#————————————————————————————
def getIndMatrix(barIx,t1):
    # 지표 행렬 구하기
    indM=pd.DataFrame(0,index=barIx,columns=range(t1.shape[0]))
    for i,(t0,t1) in enumerate(t1.iteritems()):indM.loc[t0:t1,i]=1.
    return indM
```

코드 4.4는 각 특성 관측값의 고유도 평균을 반환한다. 입력은 getIndMatrix에 의해 구성된 지표 행렬이다.

코드 4.4 평균 고유도 계산

```python
def getAvgUniqueness(indM):
    # 지표 행렬로부터의 평균 고유도
    c=indM.sum(axis=1) # 공존
    u=indM.div(c,axis=0) # 고유도
    avgU=u[u>0].mean() # 평균 고유도
    return avgU
```

코드 4.5는 순차적 부트스트랩에 의해 표본 추출된 특성의 인덱스를 준다. 입력은 지표 행렬(indM)이자 최적의 표본 추출 길이(sLength)이며, 기본값은 indM에 있는 행의 개수만큼 추출한 값이다.

코드 4.5 순차적 부트스트랩으로부터 수익률 표본 추출

```python
def seqBootstrap(indM,sLength=None):
    # 순차적 부트스트랩을 통한 표본 생성
    if sLength is None:sLength=indM.shape[1]
    phi=[]
    while len(phi)<sLength:
        avgU=pd.Series()
        for i in indM:
            indM_=indM[phi+[i]] # indM 축소
            avgU.loc[i]=getAvgUniqueness(indM_).iloc[-1]
        prob=avgU/avgU.sum() # 추출 확률
        phi+=[np.random.choice(indM.columns,p=prob)]
    return phi
```

4.5.3 수치적 예제

레이블의 집합 $\{y_i\}_{i=1,2,3}$을 고려해 보자. 여기서 레이블 y_1은 수익률 $r_{0,3}$의 함수, y_2는 수익률 $r_{2,4}$의 함수, y_3은 수익률 $r_{4,6}$의 함수다. 결과의 중첩은 지표 행렬 $\{1_{t,i}\}$에 의해 특성지어진다.

$$\{1_{t,i}\} = \begin{bmatrix} 1 & 0 & 0 \\ 1 & 0 & 0 \\ 1 & 1 & 0 \\ 0 & 1 & 0 \\ 0 & 0 & 1 \\ 0 & 0 & 1 \end{bmatrix}$$

절차는 $\varphi^{(0)} = \emptyset$과 $\delta_i = \frac{1}{3}$, $\forall i = 1, 2, 3$인 균등 분포에서 시작한다. $\{1, 2, 3\}$에서 랜덤으로 숫자 하나를 선택했고, 그 값이 2라고 가정해 보자. $\{1, 2, 3\}$에서 두 번째 선택을 하기 전에(부트스트랩 표본은 복원 추출을 한다는 점을 기억하자) 확률을 조정한다. 지금까지 추출된 관측값의 집합은 $\varphi^{(1)} = \{2\}$이다. 첫 특성의 평균 고유도는 $\bar{u}_1^{(2)} = \left(1 + 1 + \frac{1}{2}\right)\frac{1}{3} = \frac{5}{6} < 1$이고, 두 번째 특성은 $\bar{u}_2^{(2)} = \left(\frac{1}{2} + \frac{1}{2}\right)\frac{1}{2} = \frac{1}{2} < 1$이다. 두 번째 추출 확률은 $\delta^{(2)} = \left\{\frac{5}{14}, \frac{3}{14}, \frac{6}{14}\right\}$이다. 다음 두 가지에 주목할 필요가 있다. (1) 첫 번째 추출에서 나왔던 특성에 가장 낮은 확률을 할당한다. 가장 높은 중첩을 보일 것이기 때문이다. (2) $\varphi^{(1)}$ 이외의 두 가지 가능한 추출 중에서 더 높은 확률은 $\delta_3^{(2)}$에 배분한다. 그 이유는 $\varphi^{(1)}$와 중첩이 없는 레이블이기 때문이다. 두 번째 추출에서 3이 나왔다고 가정해 보자. 세 번째, 즉 마지막 추출을 위한 확률 $\delta^{(3)}$의 갱신은 연습 문제로 남겨 둔다. 코드 4.6은 이 예제에 있는 지표 행렬 $\{1_{t,i}\}$에 대해 순차적 부트스트랩을 수행한다.

코드 4.6 순차적 부트스트랩 예제

```
def main():
    t1=pd.Series([2,3,5],index=[0,2,4]) # 각 특성 관측값에 대한 t0,t1
    barIx=range(t1.max()+1) # 바의 인덱스
    indM=getIndMatrix(barIx,t1)
    phi=np.random.choice(indM.columns,size=indM.shape[1])
    print phi
    print 'Standard uniqueness:',getAvgUniqueness(indM[phi]).mean()
    phi=seqBootstrap(indM)
```

```
print phi
print 'Sequential uniqueness:',getAvgUniqueness(indM[phi]).mean()
return
```

4.5.4 몬테카를로 실험

실험 방법을 사용하면 순차적 부트스트랩 알고리즘의 효율을 평가할 수 있
다. 코드 4.7은 다수의 관측값 numObs (*I*)로부터 랜덤 t1 series를 생성하는
것이다. 각 관측값은 균등 분포에서 추출된 무작위 숫자로부터 얻었고,
경계값은 0과 numBars며, numBars는 바의 개수다(*T*). 관측값에 의해 걸쳐진
바의 개수는 경계 0과 maxH를 가진 균등 분포에서 무작위 수를 추출해 결정
한다.

코드 4.7 랜덤 T1 Series 생성

```
def getRndT1(numObs,numBars,maxH):
    # 랜덤 t1 Series
    t1=pd.Series()
    for i in xrange(numObs):
        ix=np.random.randint(0,numBars)
        val=ix+np.random.randint(1,maxH)
        t1.loc[ix]=val
    return t1.sort_index()
```

코드 4.8은 랜덤 t1 series로부터 내재된 지표 행렬 indM을 도출한다. 이 행
렬은 다음 두 가지 절차를 거쳐야 한다. 첫째, 표준 부트스트랩(복원 랜덤
샘플링)으로부터 평균 고유도를 도출한다. 둘째, 순차적 부트스트랩 알고리
즘을 적용해 평균 고유도를 도출한다. 결과는 딕셔너리 형식으로 나타낸다.

코드 4.8 표준과 순차적 부트스트랩에서의 고유도

```
def auxMC(numObs,numBars,maxH):
    # 병렬화된 보조 함수
    t1=getRndT1(numObs,numBars,maxH)
    barIx=range(t1.max()+1)
    indM=getIndMatrix(barIx,t1)
    phi=np.random.choice(indM.columns,size=indM.shape[1])
    stdU=getAvgUniqueness(indM[phi]).mean()
    phi=seqBootstrap(indM)
    sequ=getAvgUniqueness(indM[phi]).mean()
    return {'stdU':stdU,'sequ':sequ}
```

이 연산은 상당한 횟수 동안 반복돼야 한다. 코드 4.9는 20장에서 설명한
병렬 처리를 이용해 몬테카를로를 구현한다. 예를 들어, `numObs=10`,
`numBars=100`, `maxH=5`인 1E6번 반복하는 몬테카를로를 24코어 서버로 수행
하려면 6시간이 소요된다. 병렬 처리를 하지 않으면 비슷한 몬테카를로 실
험은 6일이 걸렸을 것이다.

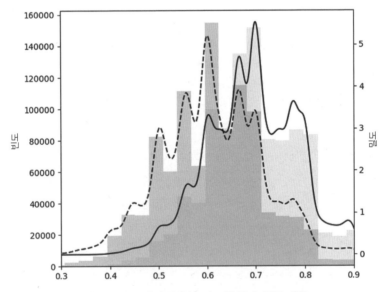

그림 4-2 표준 대 순차적 부트스트랩 몬테카를로 실험

코드 4.9 다중 스레드 몬테카를로

```
import pandas as pd,numpy as np
from mpEngine import processJobs,processJobs_
#——————————————————————
def mainMC(numObs=10,numBars=100,maxH=5,numIters=1E6,numThreads=24):
    # 몬테카를로 실험
    jobs=[]
    for i in xrange(int(numIters)):
        job={'func':auxMC,'numObs':numObs,'numBars':numBars,'maxH':maxH}
        jobs.append(job)
    if numThreads==1:out=processJobs_(jobs)
    else:out=processJobs(jobs,numThreads=numThreads)
    print pd.DataFrame(out).describe()
    return
```

그림 4-2는 표준 부트스트랩 표본(왼쪽)과 순차적 부트스트랩 표본(오른쪽)의 고유도 히스토그램을 나타낸 것이다. 표준 방법의 평균 고유도 중위값은 0.6이고, 순차적 방법의 평균 고유도 중위값은 0.7이다. ANOVA[Analysis of Variance] 검정(분산 분석 테스트)을 평균의 차이에 관해 수행해 보면 거의 0에 가까운 p값이 나온다. 이를 통계적으로 이야기하면 순차적 부트스트랩 방법으로부터의 표본이 표준 부트스트랩 방법보다 더 큰 기대 고유도를 적절한 신뢰 구간에서도 갖는다는 것을 의미한다.

4.6 수익률 기여도

4.5절에서는 IID에 근접한 부트스트랩 표본을 찾는 기법을 배웠다. 이 절에서는 머신러닝 알고리즘을 학습시키고자 이 표본에 가중값을 두는 기법을 소개한다. 고도로 중첩되는 결과는 비중첩 결과에 비해 불균형한 가중값을 갖게 된다. 이와 동시에 큰 절대 수익률에 연계된 레이블들은 무시할 정도로 작은 절대 수익률을 가진 레이블보다 더 중요하다. 간단히 말해 고

유도와 절대 수익률을 함께 고려하는 함수를 사용해 관측값에 가중값을 부여해야 한다.

레이블이 수익률 부호(표준 레이블에서는 {−1,1}, 메타 레이블링에서는 {0,1})의 함수일 때 표본 가중값은 이벤트의 생애 주기 $[t_{i,0}, t_{i,1}]$ 동안의 기여 수익률의 합에 의해 정의할 수 있다.

$$\tilde{w}_i = \left| \sum_{t=t_{i,0}}^{t_{i,1}} \frac{r_{t-1,t}}{c_t} \right|$$

$$w_i = \tilde{w}_i I \left(\sum_{j=1}^{I} \tilde{w}_j \right)^{-1}$$

그러므로 $\sum_{i=1}^{I} w_i = I$가 된다. 라이브러리(sklearn도 포함해)는 일반적으로 알고리즘적 매개변수의 디폴트 가중값이 1이라고 가정하므로 이 가중값의 크기를 조정해 그 합이 I가 되도록 했다.

이 방법의 논리는 관측값의 가중치를 관측값에 고유하게 영향을 미칠 수 있는 절대 로그 수익률의 함수로 나타내고 싶다는 것이다. 그러나 이 방법에 '중립적'(임계값 이하의 수익률)인 경우가 존재하면 작동하지 않는다. 이 경우에는 더 낮은 수익률에 낮은 가중값이 아니라 더 높은 가중값이 부여돼야 한다. 결국 '중립적'인 경우는 불필요한데 낮은 신뢰도로 '−1'이나 '1'로 예측하는 것을 의미하기 때문이다. 저자가 '중립적' 경우를 제거하라고 조언하는 여러 가지 이유 중 하나다. 코드 4.10은 이 방법을 구현하고 있다.

코드 4.10 절대 수익률 기여도에 의한 표본 가중값 결정

```
def mpSampleW(t1,numCoEvents,close,molecule):
    # 수익률 기여에 따른 샘플 가중값 도출
    ret=np.log(close).diff() # 로그 수익률이므로 가법적이다.
    wght=pd.Series(index=molecule)
```

```
    for tIn,tOut in t1.loc[wght.index].iteritems():
        wght.loc[tIn]=(ret.loc[tIn:tOut]/numCoEvents.loc[tIn:tOut]).sum()
    return wght.abs()
#———————————————————————————
out['w']=mpPandasObj(mpSampleW,('molecule',events.index),numThreads, \
        t1=events['t1'],numCoEvents=numCoEvents,close=close)
out['w']*=out.shape[0]/out['w'].sum()
```

4.7 시간 감쇠

시장은 적응적 시스템이다(Lo, 2017). 시장이 발달할수록 과거의 예제는 새로운 것보다 더 연관성이 떨어진다. 결론적으로 대개는 새로운 관측값을 얻게 되면 표본 가중값을 감쇠시키려 한다. $d[x] \geq 0$, $\forall x \in \left[0, \sum_{i=1}^{I} \bar{u}_i\right]$를 4.6절에서 유도된 표본 가중값에 곱하게 될 시간 감쇠 요인이라 하자. 마지막 가중값에는 감쇠가 없다. $d\left[\sum_{i=1}^{I} \bar{u}_i\right] = 1$이고, 모든 다른 가중값은 이에 상대적으로 수정될 것이다. $c \in (-1, 1]$이 다음과 같이 감쇠 함수를 결정하는 사용자-정의 파라미터라고 가정해 보자. $c \in [0, 1]$이면, $d[1] = c$이고 선형감쇠다. $c \in (-1,0)$이면, $d\left[\sum_{i=1}^{I} \bar{u}_i\right] = 0$이고 $\left[-c\sum_{i=1}^{I} \bar{u}_i, \sum_{i=1}^{I} \bar{u}_i\right]$ 사이에서 선형 감쇠이며, $d[x] = 0$ $\forall x \leq -c\sum_{i=1}^{I} \bar{u}_i$이다. 선형 구간 함수 $d = \max \{0, a+bx\}$에서 다음 경계 조건에 의해 이런 요구 조건들이 성립한다.

1. $d = a + b\sum_{i=1}^{I} \bar{u}_i = 1 \Rightarrow a = 1 - b\sum_{i=1}^{I} \bar{u}_i$.
2. c에 따라

   (a) $d = a + b0 = c \Rightarrow b = (1-c)\left(\sum_{i=1}^{I} \bar{u}_i\right)^{-1}$, $\forall c \in [0,1]$
   (b) $d = a - bc\sum_{i=1}^{I} \bar{u}_i = 0 \Rightarrow b = \left[(c+1)\sum_{i=1}^{I} \bar{u}_i\right]^{-1}$, $\forall c \in (-0,1)$

코드 4.11은 이런 형태의 시간 감쇠 요인을 구현하고 있다. 시간이 발생 순서를 의미하지 않는다는 점에 주목하자. 이 구현에 있어서 감쇠는 누적 고유도 $x = \left[0, \sum_{i=1}^{I} \bar{u}_i\right]$에 의해 발생한다. 발생 순서상의 감쇠는 중복된 관측 값이 있을 경우에는 너무 빨리 가중치를 줄인다.

코드 4.11 시간 감쇠 요인의 구현

```
def getTimeDecay(tW,clfLastW=1.):
    # 관측된 고유도(tW)에 구간-선형 감쇠를 적용
    # 최신 관측값은 weight=1이고, 가장 오래된 관측값은 weight=clfLastW다.
    clfW=tW.sort_index().cumsum()
    if clfLastW>=0:slope=(1.-clfLastW)/clfW.iloc[-1]
    else:slope=1./((clfLastW+1)*clfW.iloc[-1])
    const=1.-slope*clfW.iloc[-1]
    clfW=const+slope*clfW
    clfW[clfW<0]=0
    print const,slope
    return clfW
```

몇 가지 흥미로운 점을 짚고 넘어간다.

- $c = 1$이란, 시간 감쇠가 없다는 뜻이다.
- $0 < c < 1$이란, 시간에 따라 가중값 감쇠가 선형이라는 의미다. 그러나 모든 가중값은 오래된 정도에 상관없이 여전히 양수의 가중값을 부여받는다.

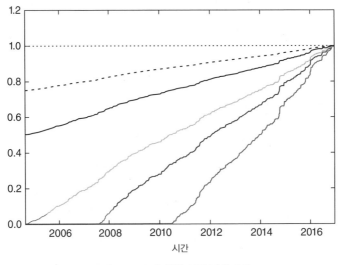

그림 4-3 구간-선형 시간 감쇠 요인

- $c=0$이란, 시간이 갈수록 가중값이 선형으로 0에 수렴한다는 의미다.

- $c<0$이란, 관측값 중 가장 오래된 부분인 cT는 0의 가중값을 받는다는 것이다(즉 기억에서 사라진다).

그림 4-3은 $c \in \{1,\ .75,\ .5,\ 0,\ -.25,\ -.5\}$에 감쇠 요인을 적용한 후의 감쇠된 가중값 out['w']*df를 보여 준다. 실용적인 경우가 아닐 수는 있지만, $c>1$로 설정하면, 이 절차로 시간이 지남에 따라 증가하는 가중값을 생성할 수도 있다.

4.8 클래스 가중값

표본 가중값과 함께 클래스 가중값을 적용하는 것이 유용할 때가 있다. 클래스 가중값은 과소 출현한 레이블의 가중값을 교정하는 것이다. 이는 가장 중요한 클래스의 빈도수가 낮을 경우에 특히 중요하다(King and Zeng,

2001). 예를 들어, 2010년 5월 6일의 플래시 크래시 사태[4]와 같은 유동성 위기를 예측한다고 가정해 보자. 이런 이벤트는 그 사이에 발생한 수백만 건의 다른 관측값과 비교하면 극히 드문 것이다. 이런 드문 레이블에 가중 값을 더 높게 주지 않으면 머신러닝 알고리즘은 가장 흔한 레이블에 대해 서만 정확도를 극대화할 것이고, 플래시 크래시를 드문 이벤트라기보다 극 단치^{outlier}처럼 취급해 버릴 것이다.

머신러닝 라이브러리에는 대개 클래스 가중값을 다룰 수 있는 기능이 구현 돼 있다. 예를 들어, sklearn은 표본 class[j], $j = 1, ..., J$에서의 1이 아니 라 가중값 class_weight[j]를 부여해 오차를 교정한다. 이와 마찬가지로 더 높은 클래스 가중값을 레이블 j에 주면 알고리즘이 j에 대해 더 높은 정확 도를 갖게 될 것이다. 클래스 가중값의 전체 합이 J가 되지 않을 때, 그 효 과는 분류기의 규제화 변수를 변경하는 것과 같다.

금융에 적용함에 있어 분류기 알고리즘의 표준 레이블은 {−1, 1}이며, 0(또 는 중립)인 경우에는 중립 임계값인 0.5보다 약간 높거나 낮은 확률로 예측 됐다는 뜻이 내포돼 있다. 다른 클래스에 비해 하나의 클래스에 대한 더 높 은 정확도를 선호해야 할 이유가 없으므로 이런 경우 좋은 기본값 설정 방 법은 class_weight= 'balanced'로 두는 것이다. 이 선택은 관측값에 가중값 을 재부여해 모든 클래스가 동일한 빈도로 나타나도록 한다. 배깅 분류기 의 문맥에서는 class_weight='balanced_subsample'로 할 수 있는데, 이는 class_weight='balanced'가 전체 데이터셋이 아니라 IB 부트스트랩 표본에 적용된다는 의미다. 좀 더 상세한 내용은 sklearn의 class_weight 소스 코드 를 읽어 보자. 또한 보고된 오류인 https://github.com/ scikit−learn/ scikit−learn/issues/4324도 알고 있어야 한다.

---

4 2010년 5월 6일, 미국 증시의 거의 모든 지수가 일제히 10% 가까이 순식간에 폭락했다가 다시 빠르게 회 복한 사태를 말한다. 이 사건은 프로그램 매매에 의한 지수의 순간 폭락 사태였는데, 사건 발생 5년 후 개인 투자자 나빈 더 싱 사라오(Navinder Singh Sarao)가 프로그램 매매에 의한 시세 조종을 한 혐의로 체포되 기도 했다. 이와 비슷한 사태는 2014년 10월과 2016년 10월에도 발생했다. − 옮긴이

연습 문제

4.1 3장에서 t1을 최초로 배리어가 도달한 타임스탬프의 pandas series 라고 했다. 이는 getEvents 함수의 출력이었다.

(a) E-mini S&P 500 선물 틱 데이터에서 도출된 달러 바에 대한 t1 series를 계산하라.

(b) 함수 mpNumCoEvents를 적용해 각 시간 포인트에 대해 중첩된 결과의 개수를 계산하라.

(c) 주 축에서 공존하는 레이블의 개수의 시계열을 도식화하고, 보조축에서 수익률의 지수 가중 이동 표준 편차의 시계열을 도식화하라.

(d) 공존 레이블(x-axis)의 개수와 수익률의 지수 가중 이동 표준 편차의 산포도를 그려 보라. 그 관계를 이해할 수 있겠는가?

4.2 함수 mpSampleTW를 사용해 각 레이블의 평균 고유도를 계산하라. 이 시계열의 1차 자기 상관관계 AR(1)은 무엇인가? 이는 통계적으로 유의한가? 그 이유는 무엇인가?

4.3 RF를 $I^{-1} \sum_{i=1}^{I} \bar{u}_i \ll 1$과 같은 금융 데이터셋에 적합화하라.

(a) OOB 정확도 평균은 얼마인가?

(b) 동일한 데이터셋에 대한 K-폴드 교차 검증(섞지 않고)의 평균 정확도는 얼마인가?

(c) OOB 정확도가 교차 검증 정확도보다 훨씬 더 높은 이유는 무엇인가? 어떤 것이 더 정확하고 어떤 것이 덜 편향됐는가? 이 편향의 원인은 무엇인가?

4.4 4.7절의 코드를 수정해 지수 시간-감쇠 요인을 적용하라.

4.5 메타-레이블을 추세 추종 모델에 의해 결정된 이벤트에 적용했다고 가정해 보자. 레이블의 2/3가 0이고, 1/3이 1이라고 가정해 보자.

(a) 클래스 가중값을 균형화하지 않고, 분류기를 적합화하면 어떤 일이 발생하는가?

(b) 레이블 1은 참 양성이고, 레이블 0은 거짓 양성이다. 균형 클래스 가중값을 적용해 분류기가 참 양성에 더 집중하도록 강제화하고, 거짓 양성에 덜 집중하도록 강제화한다. 이 작업이 왜 의미가 있는가?

(c) 균형 클래스 가중값을 적용하기 전과 후의 예측 레이블의 분포는 무엇인가?

4.6 4.5.3절의 마지막 추출의 확률을 업데이트하라.

4.7 4.5.3절의 두 번째 추출에서 2가 선택됐다고 가정해 보자. 세 번째 추출에서 2가 선택될 업데이트 확률은 얼마인가?

참고 자료

Rao, C., P. Pathak and V. Koltchinskii(1997): "Bootstrap by sequential resampling." *Journal of Statistical Planning and Inference*, Vol. 64, No. 2, pp. 257~281.

King, G. and L. Zeng(2001): "Logistic Regression in Rare Events Data." Working paper, Harvard University. Available at https://gking. harvard. edu/files/0s.pdf.

Lo, A.(2017): *Adaptive Markets*, 1st ed. Princeton University Press.

참고 문헌

표본 가중값은 머신러닝 학습 문헌에서 흔한 주제다. 그러나 4장에서 다룬 실질적 문제들은 투자 적용 시 특성에 대한 것으로서 이에 대한 학술 문헌은 극히 드물다. 다음 리스트는 이러한 주제를 약간이라도 언급한 문헌들을 나열한 것이다.

Efron, B.(1979): "Bootstrap methods: Another look at the jackknife." *Annals of Statistics*, Vol. 7, pp. 1~26.

Efron, B.(1983): "Estimating the error rote of a prediction rule: Improvement on cross-validation." *Journal of the American Statistical Association*, Vol. 78, pp. 316~331.

Bickel, P. and D. Freedman(1981): "Some asymptotic theory for the bootstrap." *Annals of Statistics*, Vol. 9, pp. 1196~1217.

Gine, E. and J. Zinn(1990): "Bootstrapping general empirical measures." *Annals of Probability*, Vol. 18, pp. 851~869.

Hall, P. and E. Mammen(1994): "On general resampling algorithms and their performance in distribution estimation." *Annals of Statistics*, Vol. 24, pp. 2011~2030.

Mitra, S. and P. Pathak(1984): "The nature of simple random sampling." *Annals of Statistics*, Vol. 12, pp. 1536~1542.

Pathak, P.(1964): "Sufficiency in sampling theory." *Annals of Mathematical Statistics*, Vol. 35, pp. 795~808.

Pathak, P.(1964): "On inverse sampling with unequal probabilities." *Biometrika*, Vol. 51, pp. 185~193.

Praestgaard, J. and J. Wellner(1993): "Exchangeably weighted bootstraps of the general empirical process." *Annals of Probability*, Vol. 21, pp. 2053~2086.

Rao, C., P. Pathak and V. Koltchinskii(1997): "Bootstrap by sequential resampling." *Journal of Statistical Planning and Inference*, Vol. 64, No. 2, pp. 257~281.

5.1 동기

금융 계열^{series}은 차익 거래의 결과로 인해 낮은 신호 대 잡음 비율을 보인다고 알려져 있다(López de Prado, 2015). 더 심각한 것은 정수 미분과 같은 표준 정상성^{stationarity} 변환이 기억^{memory}을 지움으로써 신호를 더 감소시킨다. 가격 계열 데이터는 모든 값이 이전 가격 히스토리에 종속돼 있으므로 기억을 갖고 있다. 반면 수익률과 같은 정수 미분 계열 데이터에서는 기억이 단절된다. 유한 샘플 기간 이후의 히스토리는 완전히 무시된다. 정상성 변환 때문에 데이터로부터 모든 기억을 지우고 난 이후에 통계학자들은 잔차 신호를 추출하고자 복잡한 수학 기법에 의존한다. 이렇게 복잡한 기법을 기억이 지워진 계열 데이터에 적용하면 잘못된 결과를 얻게 될 것이라는 점은 그리 놀랍지 않다. 5장에서는 최대한 기억을 보존하면서 데이터의 정상성을 보장하는 데이터 변환 기법을 소개한다.

5.2 정상성 대 기억 딜레마

금융에서는 비정상성 시계열을 흔히 보곤 한다. 이런 시계열을 비정상성이 되게 만드는 것은 기억의 존재, 즉 시계열의 평균을 시간의 흐름에 따라 변하게 하는 긴 히스토리의 과거 수준이다. 연구자들이 추론 분석을 수행할 경우 가격 수익률(또는 로그 가격의 변화), 채권 수익률 변화, 변동성 변화 등과 같이 시간의 흐름에 따라 변하지 않는 프로세스로 작업해야 한다. 이런 식의 데이터 변환은 계열을 정상성으로 만들지만, 원시 계열에 있는 모든 기억을 없애 버린다(Alexander, 2001, 11장). 비록 정상성은 추론의 목적에서는 필요하지만, 신호 처리 관점에서는 모든 기억이 사라지는 것을 바라지는 않는다. 그 이유는 기억이 모델 예측력의 기반이기 때문이다. 예를 들어, 균형 상태(정상성) 모델을 활용해 예측 작업을 수행하고자 가격 프로세스가 장기 기대 가격보다 얼마나 벗어났는지 확인하고자 어느 정도의 기억이 필요하다. 딜레마는 '수익률은 기억이 없고 정상성이지만, 가격은 기억이 있고 비정상성'이라는 점이다. 여기서 질문은 '기억을 최대한 보존하면서 가격 계열을 정상성으로 만들 수 있는 최저 미분은 어느 정도인가?'이고, 수익률 개념을 일반화해 기억 전체가 지워지지 않는 정상성 시계열로 간주한다. 이런 틀에서 보면 수익률이란 가격을 변환하는 여러 가능한 방법 중 하나(그리고 많은 경우 차선인)일 뿐이다.

공적분cointegration 기법이 중요한 이유 중 하나는 기억을 가진 채 계열을 모델링할 수 있게 하는 능력 때문이다. 그러나 제로 미분과 같은 특수한 경우가 최고의 결과를 내는 것은 무엇 때문일까? 제로 미분은 1단계 미분만큼 임의적이다. 두 극단(한편으로는 완전 미분 계열이고, 다른 한편으로는 제로 미분 계열) 사이에는 넓은 간극이 존재하기 때문에 고도의 예측 능력을 가진 머신러닝 모델을 개발하기 위해서는 분수 미분을 통해 이 부분을 탐구해야 한다.

지도학습 알고리즘은 대개 정상성 특성이 필요하다. 그 이유는 낯선(레이블되지 않은) 관측값을 레이블된 예제의 집합으로 매핑할 필요가 있기 때문이며, 이로부터 새로운 관측값의 레이블을 추론하려 하기 때문이다. 특성이 정상성이 아니라면 새로운 관측값을 대규모의 알려진 예제에 매핑할 수 없다. 그러나 정상성이 예측력을 담보해 주는 것은 아니다. 정상성은 고성능 머신러닝 알고리즘을 위한 필요 조건이지만 충분 조건은 아니다. 문제는 정상성과 기억 사이에 상충 관계trade-off가 있다는 점이다. 미분을 통해 계열이 항상 정상성을 갖도록 할 수 있지만, 그럴수록 특정 기억이 지워지고 머신러닝 알고리즘이 예측하고자 하는 목적성을 해치게 된다. 5장에서는 이런 딜레마를 해결하는 방법을 연구해 본다.

5.3 문헌 리뷰

거의 모든 금융 시계열 문헌은 비정상성 상태 계열을 정수 변환을 통해 정상성으로 바꾼다는 전제에 기반을 두고 있다(Hamilton, 1994). 이는 다음과 같은 두 가지 의문을 일으킨다. (1) 왜 정수 1 미분(로그 가격에 수익률을 계산하는 데 사용되는 것처럼)이 최적인가? (2) 논문들이 효율적인 시장 가설에 편향되도록 만든 이유 중 하나가 과도한 미분 때문인가?

예측 시계열 데이터 분석에 분수 미분의 개념이 최초로 적용된 것은 호스킹(Hosking, 1981)까지 거슬러 올라간다. 이 논문에서는 미분 차수가 분수 값도 가능하도록 허용해 ARIMA^Autoregressive Integrated Moving Average 프로세스 패밀리를 일반화했다. 이 방법은 분수로 미분된 프로세스가 장기적 지속성과 반지속성antipersistence를 보이기 때문에 표준 ARIMA 기법에 비해 예측력을 향상시킨다. 호스킹은 이 논문에서 다음과 같이 이야기한다. "그레인저(Granger, 1978)의 논문에서 잠시 언급된 것 이외에 그 이전의 논문 어디에도 분수 미분이 시계열 분석과 관련해서 언급된 적이 없다."

호스킹의 논문 이후 이 주제를 다룬 논문은 호스킹, 요한센[Johansen], 닐슨[Nielsen], 맥키논[MacKinnon], 젠센[Jensen], 존스[Jones], 포피엘[Popiel], 카발리에르[Cavaliere], 테일러[Taylor] 등 9명의 저자가 쓴 8편의 학술지 정도밖에 없다. 좀 더 자세한 내용은 참고 문헌을 보자. 이 논문들은 대부분 연속 확률 프로세스에서 분수 미분 계산을 빨리하는 알고리즘 등과 같은 기술적 과제와 연계돼 있다(예: Jensen and Nielsen, 2014).

확률적 프로세스를 미분할 때에는 상당한 계산량이 필요하다. 5장에서는 정상성을 회복하는 실용적이고 대안적 방법이자 새로운 기법을 취할 것이다. 즉 차분 연산자[differnce opeator]를 비정수[non-integer] 단계에 적용할 것이다.

5.4 방법

실수값 특성 $\{X_t\}$행렬에 적용한 백시프트[backshift] 연산자 B를 가정해 보자. 여기서 $k \geq 0$인 모든 정수에 대해 $B^k X_t = X_{t-k}$다. 예를 들어, $(1-B)^2 = 1 - 2B + B^2$이고 $B^2 X_t = X_{t-2}$이므로 $(1-B)^2 X_t = X_t - 2X_{t-1} + X_{t-2}$다. 양의 정수 n에 $(x+y)^n = \sum_{k=0}^{n} \binom{n}{k} x^k y^{n-k} = \sum_{k=0}^{n} \binom{n}{k} x^{n-k} y^k$라는 것에 주목하자. 실수 d에 대해서 $(1+x)^d = \sum_{k=0}^{\infty} \binom{d}{k} x^k$ 즉, 이항 계열이다.

분수 모델에서 지수 d는 실수값이 가능하고, 다음 형식의 이항 계열 확장을 따른다.

$$
\begin{aligned}
(1-B)^d = \sum_{k=0}^{\infty} \binom{d}{k}(-B)^k &= \sum_{k=0}^{\infty} \frac{\prod_{i=0}^{k-1}(d-i)}{k!}(-B)^k \\
&= \sum_{k=0}^{\infty} (-B)^k \prod_{i=0}^{k-1} \frac{d-i}{k-i} \\
&= 1 - dB + \frac{d(d-1)}{2!}B^2 - \frac{d(d-1)(d-2)}{3!}B^3 + \cdots
\end{aligned}
$$

5.4.1 장기 기억

양의 실수(비정수) d가 기억을 어떻게 유지하는지 알아보자. 이 산술 계열은 내적$^{\text{dot product}}$으로 이뤄져 있다.

$$\tilde{X}_t = \sum_{k=0}^{\infty} \omega_k X_{t-k}$$

여기서 가중값 ω는

$$\omega = \left\{ 1, -d, \frac{d(d-1)}{2!}, -\frac{d(d-1)(d-2)}{3!}, \ldots, (-1)^k \prod_{i=0}^{k-1} \frac{d-i}{k!}, \ldots \right\}$$

그리고 값 X는

$$X = \left\{ X_t, X_{t-1}, X_{t-2}, X_{t-3}, \ldots, X_{t-k}, \ldots \right\}$$

이다.

d가 양의 정수일 때 $\prod_{i=0}^{k-1} \frac{d-i}{k!} = 0, \forall k > d$이고, 이 지점을 넘어선 기억은 소멸된다. 예를 들어, $d = 1$은 수익률을 계산하기 위해 사용된다. 여기서 $\prod_{i=0}^{k-1} \frac{d-i}{k!} = 0, \forall k > 1$이고 $\omega = \{1, -1, 0, 0, \cdots\}$이다.

5.4.2 반복 추정

가중값 ω의 시퀀스를 살펴보면 $\omega_0 = 1$이고, $k = 0, \ldots, \infty$에 대해서 가중값은 반복적으로 다음과 같이 생성된다.

$$\omega_k = -\omega_{k-1} \frac{d-k+1}{k}$$

그림 5-1은 각 분수 미분 계열의 값을 계산하고자 사용된 가중값의 시퀀스를 나타낸 것이다. 범례는 각 시퀀스를 생성하고자 사용된 d 값을 보여 주

고, x축은 k 값, y축은 ω_k 값을 보여 준다. 예를 들어, $d = 0$에 대해 모든 가중값은 $\omega_0 = 1$일 때를 제외하고 모두 0이다. 이는 미분된 계열이 우연히 원래의 것과 일치할 때 발생하는 경우다. $d = 1$인 경우 모든 가중값은 $\omega_0 = 1$과 $\omega_1 = -1$을 제외하고는 모두 0이다. 이는 표준 1차 정수 미분으로 로그 가격 수익률을 구할 때 사용된다. 이 두 경우 중간에서는 $\omega_0 = 1$ 다음의 모든 가중값은 음수이고, -1보다 크다.

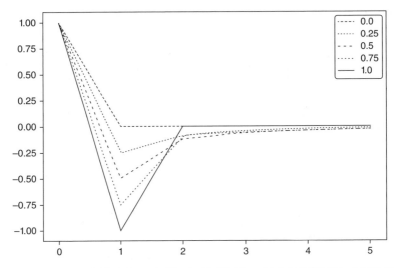

그림 5-1 k의 증가(x축)에 따른 ω_k(y축). 각 선은 특정값 $d \in [0,1]$에 연계돼 있고, 0.25씩 증가시켜 나간다.

그림 5-2는 $d \in [1, 2]$의 가중값 시퀀스를 0.25씩 증가시키며 그린 것이다. $d > 1$에 대해 $\omega_1 < -1$이고 $\omega_k > 0$, $\forall k \geq 2$라는 것을 관찰할 수 있다.

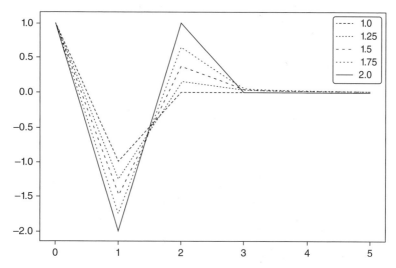

그림 5-2 k 증가(x축)에 따른 ω_k(y축). 각 선은 0.25씩 증가하는 특정값 $d \in [1,2]$에 연계돼 있다.

코드 5.1은 이 도식을 생성하고자 사용된 코드를 보여 준다.

코드 5.1 가중값 함수

```python
def getWeights(d,size):
    # thres>0 유의미하지 않은 가중값을 제거한다.
    w=[1.]
    for k in range(1,size):
        w_=-w[-1]/k*(d-k+1)
        w.append(w_)
    w=np.array(w[::-1]).reshape(-1,1)
    return w
#————————————————————————————————-
def plotWeights(dRange,nPlots,size):
    w=pd.DataFrame()
    for d in np.linspace(dRange[0],dRange[1],nPlots):
        w_=getWeights(d,size=size)
        w_=pd.DataFrame(w_,index=range(w_.shape[0])[::-1],columns=[d])
        w=w.join(w_,how='outer')
    ax=w.plot()
    ax.legend(loc='upper left');mpl.show()
```

```
    return
#————————————————————————————-
if name ==' main ':
    plotWeights(dRange=[0,1],nPlots=5,size=6)
    plotWeights(dRange=[1,2],nPlots=5,size=6)
```

5.4.3 수렴

이번에는 가중값의 수렴을 고려해 보자. 앞의 결과로부터 $k>d$이면 $\omega_{k-1} \neq 0$일 경우에 $\left| \frac{\omega_k}{\omega_{k-1}} \right| = \left| \frac{d-k+1}{k} \right| < 1$이고, 그렇지 않은 경우에는 $\omega_k = 0$이다. 그 결과 가중값은 단위 원^{circle} 안의 인자들의 무한한 곱으로서 0에 점근적으로 수렴한다. 또한 양의 d와 $k<d+1$에 대해 $\frac{d-k+1}{k} \geq 0$이고, 이는 초기 가중값의 부호가 서로 바뀌도록 한다. 비정수 d에 대해 $k \geq d+1$이면 ω_k는 int$[d]$가 짝수일 때 음수가 되고, 홀수이면 양수가 된다. 요약하자면 int$[d]$가 짝수이면 $\lim_{k \to \infty} \omega_k = 0^-$(왼쪽으로부터 0에 수렴)이고, 홀수이면 $\lim_{k \to \infty} \omega_k = 0^+$(오른쪽으로부터 0에 수렴)이다. 특수한 경우 $d \in (0, 1)$은 $-1 < \omega_k < 0$, $\forall k > 0$을 의미한다. 이 가중값 부호가 교대로 바뀌는 것은 $\{\tilde{X}t\}_{t=1,\dots,T}$를 정상성 상태로 만드는 데 필요하다. 이는 기억이 장기에 걸쳐 상쇄되면서 감퇴되기 때문이다.

5.5 구현

5.5절에서는 분수 미분의 두 가지 구현 방법을 알아본다. 하나는 표준 '확장^{expanding}'하는 윈도우 방법이고, 다른 하나는 '고정^{fixed}-너비 윈도우 분수 미분$^{FFD, \, Fixed\text{-}width \, window \, Fracdiff}$'라 부르는 새로운 방법이다.

5.5.1 확장 윈도우

실제로 (유한) 시계열을 분수 미분하는 방법을 알아보자. T개의 실수 관측값 $\{X_t\}$, $t = 1, \ldots, T$를 가진 시계열이 있다고 가정해 보자. 데이터 제한으로 인해 분수 미분값 $\tilde{X}_T$는 무한 계열의 가중값을 사용해 계산할 수 없다. 예를 들어, 마지막 포인트 $\tilde{X}_T$는 가중값 $\{\omega_k\}$, $k = 0, \ldots, T-1$을 사용하고, $\tilde{X}_{T-l}$은 가중값 $\{\omega_k\}$, $k = 0, \ldots, T-l-1$을 사용할 것이다. 이는 초기 포인트가 최종 포인트와 비교해 다른 기억량을 가진다는 의미가 된다. 각 l에 대해 상대적인 가중값-손실 $\lambda_l = \frac{\sum_{j=T-l}^{T} |\omega_j|}{\sum_{i=0}^{T-1} |\omega_i|}$을 결정할 수 있다. 허용 레벨 $\tau \in [0, 1]$이 주어지면 $\lambda_{l^*} \leq \tau$이고, $\lambda_{l^*+1} > \tau$를 만족하는 l^*를 결정할 수 있다. 이 값 l^*는 첫 번째 결과 $\{\tilde{X}_t\}_{t=1, \ldots, l^*}$에 해당하고 가중값-손실은 허용 임계값 $\lambda t > \tau$(예: $\tau = 0.01$)을 벗어난다.

앞의 논의에서 λ_{l^*}는 $\{\omega_k\}$의 수렴 속도에 의존한다는 것을 배웠고, 이는 $d \in [0, 1]$에 의존한다. $d = 1$에 대해 $\omega_k = 0$, $\forall k > 1$이고, $\lambda_l = 0$, $\forall l > 1$이므로 $\tilde{X}_1$을 제거하기에 충분하다. $d \to 0^+$에 접근할수록, l^*은 증가하고 가중값-손실 $\lambda_{l^*} \leq \tau$를 유지하고자 초기 $\{\tilde{X}_t\}_{t=1, \ldots, l^*}$의 더 많은 부분이 제거될 필요가 있다. 그림 5-3은 크기 1E4의 E-mini S&P 500 선물 거래바가 전방 롤 오버, 분수 미분된 것을 그린 것이다. 상단 그래프의 파라미터는 $d = .4$, $\tau = 1$이고, 하단 그래프의 파라미터는 $d = .4$, $\tau = 1E-2$이다.

그림 5-3의 a, b에서 음의 추세는 윈도우가 확장되면서 초기 관측값에 대해 음의 가중값이 추가됐기 때문에 발생한 것이다. 가중값-손실을 통제하지 않으면 음수 추세는 극단적이 되고, 오직 그 추세만 보이게 될 것이다. 음의 추세는 그림 5-3(b)에서 가중값-손실을 통제한 후에 좀 더 완만해졌다. 그러나 이는 여전히 상당한 크기다. 값 $\{\tilde{X}_t\}_{t=l^*+1, \ldots, T}$가 확장 윈도우에서 계산됐기 때문이다. 이 문제는 코드 5.2에서 구현한 고정 너비 윈도우에서 고쳐질 수 있다.

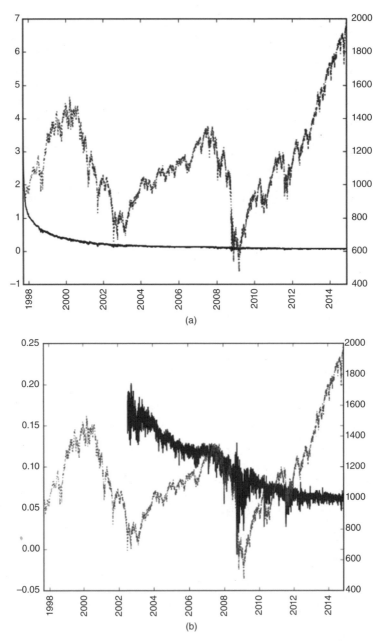

그림 5-3 가중값-손실을 통제하지 않은 분수 미분(a)과 확장 윈도우로 가중값-손실을 통제한 그래프(b)

코드 5.2 표준 부분 미분(확장 윈도우)

```
def fracDiff(series,d,thres=.01):
    '''
    NaN을 처리하며 윈도우 너비를 증가
    Note 1: thres=1일 때, 모두 처리
    Note 2: d는 어떠한 양의 분수라도 가능하다. 반드시 [0,1]에 제한될 필요가 없다.
    '''
    #1) 가장 긴 계열에 대한 가중값 계산
    w=getWeights(d,series.shape[0])
    #2) 가중값-손실 임계값에 기반을 두고 생략할 초기 가중치의 길이를 결정
    w_=np.cumsum(abs(w))
    w_/=w_[-1]
    skip=w_[w_>thres].shape[0]
    #3) 값에 가중값 적용

    df={}
    for name in series.columns:
        seriesF,df_=series[[name]].fillna(method='ffill').dropna(),pd.Series()
        for iloc in range(skip,seriesF.shape[0]):
            loc=seriesF.index[iloc]
            if not np.isfinite(series.loc[loc,name]):continue # NAs 제거
            df_[loc]=np.dot(w[-(iloc+1):,:].T,seriesF.loc[:loc])[0,0]
        df[name]=df_.copy(deep=True)
    df=pd.concat(df,axis=1)
    return df
```

5.5.2 고정 너비 윈도우 분수 미분

다른 방법으로는 고정 너비 윈도우를 사용해 분수 미분을 계산할 수 있다. 즉 계수($|\omega_k|$)가 주어진 임계값(τ) 이하가 되면 가중값을 삭제해 버리는 것이다. 이 방식은 $|\omega_{l*}| \geq \tau$와 $|\omega_{l*+1}| \leq \tau$이 되도록 만드는 첫 번째 $l*$를 찾는 것과 같다. 여기서 새 변수 $\tilde{\omega}_k$를 다음과 같이 설정한다.

$$\tilde{\omega}_k = \begin{cases} \omega_k & \text{만약 } k \leq l* \\ 0 & \text{만약 } k > l* \end{cases}$$

그리고 $t = T - l^* + 1, \ldots, T$에 대해 $\tilde{X}_t = \sum_{k=0}^{l^*} \tilde{\omega}_k X_{t-k}$이다. 그림 5-4는 크기가 1E4인 E-mini S&P 500 선물 거래 바를 그리고 있다. 전방 롤 오버이며, 분수 미분했다($d = .4$, $\tau = 1E - 5$).

이 절차는 동일한 가중값 벡터를 $\{\tilde{X}_t\}_{t=l^*, \ldots, T}$의 모든 계산에 사용한다는 장점이 있다. 따라서 확장 윈도우의 추가된 가중값 때문에 야기된 음의 추세를 피할 수 있다. 그 결과는 예상대로 추세 없는 수준과 잡음의 혼합이다. 기억 속성에 수반되는 왜도와 초과 첨도로 인해 더 이상 가우시안 분포는 아니지만, 정상성을 갖는다. 코드 5.3은 이러한 아이디어를 구현한 것이다.

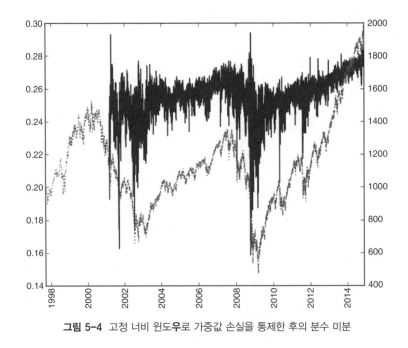

그림 5-4 고정 너비 윈도우로 가중값 손실을 통제한 후의 분수 미분

코드 5.3 새로운 고정 너비 분수 미분FFD **방법**

```
def getWeights_FFD(d,thres):
    w,k=[1.],1
    while True:
```

```
    w_=-w[-1]/k*(d-k+1)
    if abs(w_)<thres:break
    w.append(w_);k+=1
return np.array(w[::-1]).reshape(-1,1)
#--------------------------------------------------------------------
def fracDiff_FFD(series,d,thres=1e-5):
    # 고정 너비 윈도우(새로운 해)
    w,width,df=getWeights_FFD(d,thres),len(w)-1,{}
    for name in series.columns:
        seriesF,df_=series[[name]].fillna(method='ffill').dropna(),pd.Series()
        for iloc1 in range(width,seriesF.shape[0]):
            loc0,loc1=seriesF.index[iloc1-width],seriesF.index[iloc1]
            if not np.isfinite(series.loc[loc1,name]):continue # exclude NAs
            df_[loc1]=np.dot(w.T,seriesF.loc[loc0:loc1])[0,0]
        df[name]=df_.copy(deep=True)
    df=pd.concat(df,axis=1)
    return df
```

5.6 최대 기억 유지 정상성

계열 $\{X_t\}_{t=1, \dots, T}$를 고려해 보자. 고정-너비 윈도우 분수 미분^{FFD} 방법을
이 계열에 적용하면 분수 미분 결과 계열 $\{\tilde{X}_t\}_{t=l^*, \dots, T}$가 정상성을 갖도록
하는 최소 계수 d^*를 구할 수 있다. 이 계수 d^*는 정상성을 얻고자 없애야
하는 기억량을 정량화한다. $\{X_t\}_{t=l^*, \dots, T}$가 이미 정상성이라면 $d^* = 0$이다.
$\{X_t\}_{t=l^*, \dots, T}$가 단위근$^{unit\ root}$을 갖고 있다면 $d^* < 1$이다. $\{X_t\}_{t=l^*, \dots, T}$가 폭
발적 행태를 보인다면(버블에서와 같이) $d^* > 1$이다. 특별히 흥미 있는 경우
는 $0 < d^* \ll 1$로서 원시 계열이 '약간 비정상성'을 갖는 경우다. 이 경우에
는 미분이 필요하지만, 완전 정수 미분을 하면, 초과 기억(그리고 예측력)을
없애 버리게 된다.

그림 5-5는 이러한 개념을 보여 준다. 오른쪽 y축에 E-mini S&P 500 선
물 로그 가격에 대해 계산한 ADF$^{Augmented\ Dickey\ Fuller}$ 통계량을 그린 것이다.

ETF 트릭(2장)사용해 전방 롤했고, 일별 빈도로 다운 샘플링했고, 계약 개시 시점까지 거슬러 간다. x축에는 ADF 통계량을 계산한 시계열을 생성하는 데 사용된 d 값을 보여 준다. 원시 계열은 -0.3387의 ADF 통계량을 갖는 반면, 수익률 계열은 -46.9114의 ADF 통계량을 가진다. 95% 신뢰 수준에서 검정의 임계값은 -2.8623이다. ADF 통계량은 $d = 0.35$ 근처에서 임계값을 넘어선다. 왼쪽의 y축은 원 시계열($d = 0$)과 다양한 d 값에서 미분된 시계열의 상관관계를 그린 것이다. $d = 0.35$에서 상관관계는 0.995로 여전히 매우 높다. 이는 5장에서 소개된 절차가 기억을 너무 많이 포기하지 않고도 정상성 상태를 확보하는 데 성공적이었음을 확인해 준다. 이와 반대로 원 시계열과 수익률 시계열 간의 상관관계는 고작 0.03이므로 표준 정수 미분이 시계열의 기억을 거의 모두 삭제한다.

대체로 모든 금융 논문은 정수 미분 $d = 1 \gg 0.35$를 적용해 정상성을 회복하려고 한다. 대부분의 연구가 시계열을 과도하게 미분했다는 것과 표준 계량 경제학에서 사용하는 가정을 만족하고자 필요 이상으로 많은 기억을 삭제했다는 것을 의미한다. 코드 5.4는 이 결과를 도출한 코드를 보여 준다.

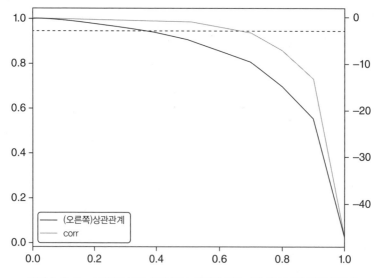

그림 5-5 E-mini S&P 500 선물 로그 가격에 대한 d의 함수로의 ADF 통계량

코드 5.4 ADF 테스트를 통과하는 최소 D 값 찾기

```
def plotMinFFD():
    from statsmodels.tsa.stattools import adfuller
    path,instName='./','ES1_Index_Method12'
    out=pd.DataFrame(columns=['adfStat','pVal','lags','nObs','95%
    conf','corr'])
    df0=pd.read_csv(path+instName+'.csv',index_col=0,parse_dates=True)
    for d in np.linspace(0,1,11):
        df1=np.log(df0[['Close']]).resample('1D').last() # 일별로 다운
        df2=fracDiff_FFD(df1,d,thres=.01)
        corr=np.corrcoef(df1.loc[df2.index,'Close'],df2['Close'])[0,1]
        df2=adfuller(df2['Close'],maxlag=1,regression='c',autolag=None)
        out.loc[d]=list(df2[:4])+[df2[4]['5%']]+[corr] # 임계값
    out.to_csv(path+instName+'_testMinFFD.csv')
    out[['adfStat','corr']].plot(secondary_y='adfStat')
    mpl.axhline(out['95% conf'].mean(),linewidth=1,color='r',linestyle='dott
    ed')
    mpl.savefig(path+instName+'_testMinFFD.png')
    return
```

E-mini 선물 예제는 결코 예외적인 것이 아니다. 표 5-1은 세계에서 가장 환금성이 높은 87개 선물의 다양한 d 값에 FFD(d)를 적용한 후의 ADF 통계량을 보여 준다. 모든 수익률 계산에 표준 $d = 1$이 사용하면 과미분됐음을 암시한다. 사실 모든 경우에 있어서 정상성은 $d < 0.6$에서 얻을 수 있다. 어떤 경우는 오렌지 주스(JO1 Comdty)나 생우(LC1 Comdty) 선물 계약처럼 미분이 전혀 필요 없는 경우도 있다.

표 5-1 가장 유통성이 높은 몇 가지 선물 계약의 FFD(d)에 대한 ADF 통계량

	0	0.1	0.2	0.3	0.4	0.5	0.6	0.7	0.8	0.9	1
AD1 Curncy	-1.7253	-1.8665	-2.2801	-2.9743	-3.9590	-5.4450	-7.7387	-10.3412	-15.7255	-22.5170	-43.8281
BO1 Comdty	-0.7039	-1.0021	-1.5848	-2.4038	-3.4284	-4.8916	-7.0604	-9.5089	-14.4065	-20.4393	-38.0683
BP1 Curncy	-1.0573	-1.4963	-2.3223	-3.4641	-4.8976	-6.9157	-9.8833	-13.1575	-19.4238	-26.6320	-43.3284
BTS1 Comdty	-1.7987	-2.1428	-2.7600	-3.7019	-4.8522	-6.2412	-7.8115	-9.4645	-11.0334	-12.4470	-13.6410
BZ1 Index	-1.6569	-1.8766	-2.3948	-3.2145	-4.2821	-5.9431	-8.3329	-10.9046	-15.7006	-20.7224	-29.9510
C 1 Comdty	-1.7870	-2.1273	-2.9539	-4.1642	-5.7307	-7.9577	-11.1798	-14.6946	-20.9925	-27.6602	-39.3576
CC1 Comdty	-2.3743	-2.9503	-4.1694	-5.8997	-8.0868	-10.9871	-14.8206	-18.6154	-24.1738	-29.0285	-34.8580
CD1 Curncy	-1.6304	-2.0557	-2.7284	-3.8380	-5.2341	-7.3172	-10.3738	-13.8263	-20.2897	-27.6242	-43.6794
CF1 Index	-1.5539	-1.9387	-2.7421	-3.9235	-5.5085	-7.7585	-11.0571	-14.6829	-21.4877	-28.9810	-44.5059
CL1 Comdty	-0.3795	-0.7164	-1.3359	-2.2018	-3.2603	-4.7499	-6.9504	-9.4531	-14.4936	-20.8392	-41.1169
CN1 Comdty	-0.8798	-0.8711	-1.1020	-1.4626	-1.9732	-2.7508	-3.9217	-5.2944	-8.4257	-12.7300	-42.1411
CO1 Comdty	-0.5124	-0.8468	-1.4247	-2.2402	-3.2566	-4.7022	-6.8601	-9.2836	-14.1511	-20.2313	-39.2207
CT1 Comdty	-1.7604	-2.0728	-2.7529	-3.7853	-5.1397	-7.1123	-10.0137	-13.1851	-19.0603	-25.4513	-37.5703
DM1 Index	-0.1929	-0.5718	-1.2414	-2.1127	-3.1765	-4.6695	-6.8852	-9.4219	-14.6726	-21.5411	-49.2663
DU1 Comdty	-0.3365	-0.4572	-0.7647	-1.1447	-1.6132	-2.2759	-3.3389	-4.5689	-7.2101	-10.9025	-42.9012
DX1 Curncy	-1.5768	-1.9458	-2.7358	-3.8423	-5.3101	-7.3507	-10.3569	-13.6451	-19.5832	-25.8907	-37.2623
EC1 Comdty	-0.2727	-0.6650	-1.3359	-2.2112	-3.3112	-4.8320	-7.0777	-9.6299	-14.8258	-21.4634	-44.6452
EC1 Curncy	-1.4733	-1.9344	-2.8507	-4.1588	-5.8240	-8.1834	-11.6278	-15.4095	-22.4317	-30.1482	-45.6373
ED1 Comdty	-0.4084	-0.5350	-0.7948	-1.1772	-1.6633	-2.3818	-3.4601	-4.7041	-7.4373	-11.3175	-46.4487
EE1 Curncy	-1.2100	-1.6378	-2.4216	-3.5470	-4.9821	-7.0166	-9.9962	-13.2920	-19.5047	-26.5158	-41.4672
EO1 Comdty	-0.7903	-0.8917	-1.0551	-1.3465	-1.7302	-2.3500	-3.3068	-4.5136	-7.0157	-10.6463	-45.2100
EO1 Index	-0.6561	-1.0567	-1.7409	-2.6774	-3.8543	-5.5096	-7.9133	-10.5674	-15.6442	-21.3066	-35.1397

ER1 Comdty	-0.1970	-0.3442	-0.6334	-1.0363	-1.5327	-2.2378	-3.2819	-4.4647	-7.1031	-10.7389	-40.0407
ES1 Index	-0.3387	-0.7206	-1.3324	-2.2252	-3.2733	-4.7976	-7.0436	-9.6095	-14.8624	-21.6177	-46.9114
FA1 Index	-0.5292	-0.8526	-1.4250	-2.2359	-3.2500	-4.6902	-6.8272	-9.2410	-14.1664	-20.3733	-41.9705
FC1 Comdty	-1.8846	-2.1853	-2.8808	-3.8546	-5.1483	-7.0226	-9.6889	-12.5679	-17.8160	-23.0530	-31.6503
FV1 Comdty	-0.7257	-0.8515	-1.0596	-1.4304	-1.8312	-2.5302	-3.6296	-4.9499	-7.8292	-12.0467	-49.1508
G 1 Comdty	0.2326	0.0026	-0.4686	-1.0590	-1.7453	-2.6761	-4.0336	-5.5624	-8.8575	-13.3277	-42.9177
GC1 Comdty	-2.2221	-2.3544	-2.7467	-3.4140	-4.4861	-6.0632	-8.4803	-11.2152	-16.7111	-23.1750	-39.0715
GX1 Index	-1.5418	-1.7749	-2.4666	-3.4417	-4.7321	-6.6155	-9.3667	-12.5240	-18.6291	-25.8116	-43.3610
HG1 Comdty	-1.7372	-2.1495	-2.8323	-3.9090	-5.3257	-7.3805	-10.4121	-13.7669	-19.8902	-26.5819	-39.3267
HI1 Index	-1.8289	-2.0432	-2.6203	-3.5233	-4.7514	-6.5743	-9.2733	-12.3722	-18.5308	-25.9762	-45.3396
HO1 Comdty	-1.6024	-1.9941	-2.6619	-3.7131	-5.1772	-7.2468	-10.3326	-13.6745	-19.9728	-26.9772	-40.9824
IB1 Index	-2.3912	-2.8254	-3.5813	-4.8774	-6.5884	-9.0665	-12.7381	-16.6706	-23.6752	-30.7986	-43.0687
IK1 Comdty	-1.7373	-2.3000	-2.7764	-3.7101	-4.8886	-6.3504	-8.2195	-9.8636	-11.7882	-13.3983	-14.8391
IR1 Comdty	-2.0622	-2.4188	-3.1736	-4.3178	-5.8119	-7.9816	-11.2102	-14.7956	-21.6158	-29.4555	-46.2683
JA1 Comdty	-2.4701	-2.7292	-3.3925	-4.4658	-5.9236	-8.0270	-11.2082	-14.7198	-21.2681	-28.4380	-42.1937
JB1 Comdty	-0.2081	-0.4319	-0.8490	-1.4289	-2.1160	-3.0932	-4.5740	-6.3061	-9.9454	-15.0151	-47.6037
JE1 Curncy	-0.9268	-1.2078	-1.7565	-2.5398	-3.5545	-5.0270	-7.2096	-9.6808	-14.6271	-20.7168	-37.6954
JG1 Comdty	-1.7468	-1.8071	-2.0654	-2.5447	-3.2237	-4.3418	-6.0690	-8.0537	-12.3908	-18.1881	-44.2884
JO1 Comdty	-3.0052	-3.3099	-4.2639	-5.7291	-7.5686	-10.1683	-13.7068	-17.3054	-22.7853	-27.7011	-33.4658
JY1 Curncy	-1.2616	-1.5891	-2.2042	-3.1407	-4.3715	-6.1600	-8.8261	-11.8449	-17.8275	-25.0700	-44.8394
KC1 Comdty	-0.7786	-1.1172	-1.7723	-2.7185	-3.8875	-5.5651	-8.0217	-10.7422	-15.9423	-21.8651	-35.3354
L 1 Comdty	-0.0805	-0.2228	-0.6144	-1.0751	-1.6335	-2.4186	-3.5676	-4.8749	-7.7528	-11.7669	-44.0349

신뢰 수준 95%에서, ADF 검정의 임계값은 -2.86230이다. 로그-거리 계열은 모두 $d < 0.6$에서 정상성을 보이고, 대부분은 $d < 0.3$에서 정상성을 보인다.

5.7 결론

대부분의 계량 경제 분석은 둘 중 하나의 패러다임을 따른다.

1. 박스-젠킨스^{Box-Jenkins}: 수익률은 정상성을 갖지만, 기억이 없다.
2. 엥글-그레인저^{Engle-Granger}: 로그 가격은 기억을 가진다. 하지만 비정상성을 얻게 된다. 공적분은 비정상성 계열에서 회귀가 작동하게 하는 트릭으로서 기억이 보존된다. 그러나 공적분 변수 개수는 제한되고, 공적분 벡터는 불안정한 것으로 악명 높다.

반면 5장에서 소개된 FFD 방식은 정상성을 얻고자 모든 기억을 없앨 필요가 없다. 그리고 머신러닝 예측에 관한 것이므로 공적분 트릭을 사용할 필요가 없다. 일단 FFD에 익숙해지면 기억(또는 예측력)을 포기하지 않고 정상성을 얻을 수 있다.

독자들이 다음과 같은 특성 변환을 실험하도록 제안한다. 첫째, 시계열의 누적 합을 계산하라. 이는 반드시 특정 차수의 미분을 필요로 할 것이다. 둘째, 다양한 $d \in [0, 1]$에 대한 FFD(d) 계열을 계산하라. 셋째, FFD(d)에 대한 ADF 통계량 p 값이 5% 이하가 되도록 하는 최소 d 값을 찾아라. 넷째, 예측 특성에 FFD(d) 계열을 사용하라.

연습 문제

5.1 IID인 가우스 랜덤 프로세스로부터 시계열을 생성하라. 이는 기억이 없는 정상성 계열이다.

(a) 이 계열의 ADF 통계량을 계산하라. p 값은 얼마인가?

(b) 관측값의 누적 합을 계산하라. 이는 기억이 없는 비정상성 계열이다.

(i) 이 누적 계열의 적분 차수는 무엇인가?

(ii) 이 계열에 대한 ADF 통계량을 계산하라. p 값은 얼마인가?

(c) 시계열을 두 번 미분하라. 과미분된 계열의 p 값은 얼마인가?

5.2 사인 함수^{sinusoidal function} 형태를 따르는 시계열을 생성하라. 이는 기억이 있는 정상성 계열이다.

(a) 이 계열의 ADF 통계량을 계산하라. p 값은 얼마인가?

(b) 모든 관측값을 동일한 양수값만큼 이동하라. 관측값의 누적 합을 계산하라. 이는 기억이 있는 비정상 계열이다.

    (i) 이 계열의 ADF 통계량을 계산하라. p 값은 얼마인가?

    (ii) 확장 윈도우 부분 미분^{fracdiff}을 적용하라. $\tau = 1E-2$이다. p 값이 5% 이하로 되는 최소 d 값은 얼마인가?

    (iii) FFD를 적용하라. $\tau = 1E-5$다. p 값이 5% 이하로 되는 최소 d 값은 얼마인가?

5.3 연습 문제 2.b의 계열을 가져오라.

(a) 사인 함수에 시계열을 적합화하라. R-제곱은 얼마인가?

(b) FFD($d=1$)을 적용하라. 사인^{sine} 함수에 계열에 적합화하라. R-제곱은 얼마인가?

(c) 사인 함수를 FFD(d)에 적합화할 때 R-제곱을 최대화하는 d 값은 얼마인가? 그 이유는 무엇인가?

5.4 E-mini S&P 500 선물에 대한 달러 바 계열을 가져오라. $d \in [0, 2]$의 몇 개 값에 대해 코드 5.3을 사용해 `fracDiff_FFD(fracDiff_ FFD(series,d), -d)`를 계산하라. 무엇을 얻었는가? 이유는 무엇인가?

5.5 E-mini S&P 500 선물의 달러 바 계열을 가져오라.

(a) 누적 로그 가격에 대한 새로운 계열을 형성하라.

(b) $\tau = 1E-5$로 FFD를 적용하라. 새로운 계열을 정상성으로 만드는 최소 d 값을 $d \in [0, 2]$에서 찾아보라.

(c) fracdiff 계열과 원(비변환) 계열의 상관관계를 계산하라.

(d) 엥글-그레인저 공적분 검정을 원 계열과 fracdiff 계열에 적용하라. 공적분됐는가? 그 이유는 무엇인가?

(e) 자크-베라 정규성 검정을 fracdiff 계열에 적용하라.

5.6 5장의 fracdiff 계열을 가져오라.

(a) CUSUM 필터를 적용하라(2장). 여기서 h는 계열 표준 편차의 2배다.

(b) 필터된 타임스탬프로 특성 행렬을 표본 추출하라. 특성 중 하나로 fracdiff 값을 사용하라.

(c) 삼중-배리어 기법을 사용해 레이블을 구성하라. 대칭 수평 배리어는 일별 표준 편차의 2배고, 5일 수직 배리어다.

(d) 결정 트리에 배깅 분류기를 적합화하라.

(i) 관측 특성은 4장의 순차 기법을 사용해 부트스트랩한다.

(ii) 각 부트스트랩 표본에서 표본 가중값은 4장의 기법을 사용해 결정하라.

참고 자료

Alexander, C.(2001): *Market Models*, 1st edition. John Wiley & Sons.

Hamilton, J.(1994): *Time Series Analysis*, 1st ed. Princeton University Press.

Hosking, J.(1981): "Fractional differencing." *Biometrika*, Vol. 68, No. 1, pp. 165~176.

Jensen, A. and M. Nielsen(2014): "A fast fractional difference algorithm." *Journal of Time Series Analysis*, Vol. 35, No. 5, pp. 428~436.

López de Prado, M.(2015): "The Future of Empirical Finance." *Journal of Portfolio Management*, Vol. 41, No. 4, pp. 140~144. Available at https://ssrn.com/abstract=2609734.

참고 문헌

Cavaliere, G., M. Nielsen and A. Taylor(2017): "Quasi-maximum likelihood estimation and bootstrap inference in fractional time series models with heteroskedasticity of unknown form." *Journal of Econometrics*, Vol. 198, No. 1, pp. 165~188.

Johansen, S. and M. Nielsen(2012): "A necessary moment condition for the fractional functional central limit theorem." *Econometric Theory*, Vol. 28, No. 3, pp. 671~679.

Johansen, S. and M. Nielsen(2012): "Likelihood inference for a fractionally cointegrated vector autoregressive model." *Econometrica*, Vol. 80, No. 6, pp. 2267~2732.

Johansen, S. and M. Nielsen(2016): "The role of initial values in conditional sum-of-squares estimation of nonstationary fractional time series models." *Econometric Theory*, Vol. 32, No. 5, pp. 1095~1139.

Jones, M., M. Nielsen and M. Popiel(2015): "A fractionally cointegrated VAR analysisof economic voting and political support." *Canadian Journal of Economics*, Vol. 47, No. 4, pp. 1078~1130.

Mackinnon, J. and M. Nielsen, M.(2014): "Numerical distribution functions of fractional unit root and cointegration tests." *Journal of Applied Econometrics*, Vol. 29, No. 1, pp. 161~171.

2부
모델링

앙상블 기법

6.1 동기

6장에서는 가장 유명한 두 가지 머신러닝 앙상블 기법을 알아본다.[1] 해당 기법을 설명한 책과 논문은 참고 자료와 각주에서 찾을 수 있다. 이 책에서는 독자들이 이미 이 기법을 사용하고 있다고 가정한다. 6장의 목표는 앙상블을 효과적으로 만드는 것이 무엇인지, 금융에서 흔히 잘못 사용하는 일반적 오류를 피하는 방법이 무엇인지 알아보는 것이다.

6.2 오류의 세 가지 원인

머신러닝 모델은 대개 세 가지 오류 때문에 애를 먹는다.[2]

1. **편향**: 이 오류는 비현실적인 가정에서 비롯된다. 편향이 너무 크면 머신 러닝 알고리즘이 특성과 결과 간의 중요한 관계를 인식하는 데 실패한다. 이 상황에 알고리즘이 '과소 적합'됐다고 말한다.

---

1 앙상블 기법에 대한 소개 자료는 http://scikit-learn.org/stable/modules/ensemble.html을 보라.
2 저자는 원래 위키피디아를 인용하지 않는 편이지만, 이에 대해서는 https://en.wikipedia.org/wiki/Bias%E2%80%93variance_tradeoff를 살펴보는 것이 유용하다.

2. **분산**: 이 오류는 훈련 데이터의 작은 변화에 대한 민감도에서 비롯된다. 분산이 높으면 알고리즘은 훈련 데이터셋을 과적합한 것이며, 이로 인해 훈련 데이터셋의 아주 작은 변화에도 대해서도 완전히 다른 예측을 할 수 있다. 훈련 데이터셋의 일반적인 패턴을 모델링하는 대신, 알고리즘은 신호를 잡음으로 오판한다.

3. **잡음**: 예측하지 못한 변화나 측정 오류와 같은 관측값의 분산 때문에 발생한다. 더 이상 줄일 수 없는 오류이므로 어떤 모델로도 해결하지 못한다.

관측값 $\{x_i\}_{i=1, \dots, n}$의 훈련 데이터셋과 실수값 결과 $\{y_i\}_{i=1, \dots, n}$이 있다고 가정하자. 함수 $f[x]$가 있으며, $y = f[x] + \varepsilon$이며, 여기서 ε는 $E[\varepsilon_i] = 0$이고, $E[\varepsilon_i^2] = \sigma_\varepsilon^2$인 백색 잡음이다. $f[x]$를 가장 잘 적합화하는 함수 $\hat{f}[x]$를 추정하는데, 예측 오차의 분산 $E[(y_i - \hat{f}[x_i])^2]$을 최소화하는 방법을 활용한다(평균 제곱 오차는 0이 될 수 없다. 잡음이 σ_ε^2로 나타나기 때문이다). 이 평균 제곱 오차는 다음처럼 분해할 수 있다.

$$E\left[(y_i - \hat{f}[x_i])^2\right] = \left(\underbrace{E[\hat{f}[x_i]] - f[x_i]]}_{\text{편향}}\right)^2 + \underbrace{V[\hat{f}[x_i]]}_{\text{분산}} + \underbrace{\sigma_\varepsilon^2}_{\text{잡음}}$$

앙상블 기법은 일련의 모두 같은 학습 알고리즘을 기반으로 하는 약한 학습기들을 병합함으로써 개별 학습기보다 더 좋은 성능을 발휘하는 (더 강한) 학습기를 생성하는 것이다. 앙상블 기법은 편향 또는 분산을 축소하는 데 도움을 준다.

6.3 배깅

배깅^{Bootstrap Aggregation, bagging}은 예측 시 분산을 축소하는 효과적인 방법이다. 다음과 같이 작동한다. 첫째, 복원 랜덤 표본 추출을 통해 N개의 훈련 데이터셋을 생성한다. 둘째, 각각의 훈련셋에 적합화된 N개 추정 계수를 구한다. 이 추정 계수들은 각각 독립적으로 적합화되므로 모델들은 병렬로 적합화할 수 있다. 셋째, 앙상블 예측은 N 모델로부터 생성된 각 개별 예측의 단순 평균이다. 범주형 변수의 경우 관측치가 어떤 클래스에 속할 확률은 관측을 그 클래스 멤버로 분류한 추정기의 비율로 계산한다(다수결 투표). 기초 추정기가 예측 확률을 갖고 예측할 수 있으면 배깅 분류기는 확률의 평균을 도출할 수 있다.

sklearn의 `BaggingClassifier` 클래스를 사용해 OOB 정확도를 구한다면 다음과 같은 버그를 알아 둬야 한다(https://github.com/scikit-learn/scikitlearn/issues/8933). 이를 피할 수 있는 한 가지 방법은 레이블을 정수 순차적 순서대로 다시 명명하는 것이다.

6.3.1 분산 축소

배깅의 주요 장점은 예측의 분산을 줄이는 것이다. 그러므로 과적합을 해결하는 데 도움이 된다. 배깅된 예측($\varphi_i[c]$)의 분산은 배깅된 추정 계수(N), 단일 추정 계수 예측의 평균-분산($\bar{\sigma}$) 그리고 이들 예측 간의 평균 상관관계($\bar{\rho}$)의 함수다.

$$
V\left[\frac{1}{N}\sum_{i=1}^{N}\varphi_i[c]\right] = \frac{1}{N^2}\sum_{i=1}^{N}\left(\sum_{j=1}^{N}\sigma_{i,j}\right) = \frac{1}{N^2}\sum_{i=1}^{N}\left(\sigma_i^2 + \sum_{j\neq i}^{N}\sigma_i\sigma_j\rho_{i,j}\right)
$$

$$
= \frac{1}{N^2}\sum_{i=1}^{N}\left(\bar{\sigma}^2 + \underbrace{\sum_{j\neq i}^{N}\bar{\sigma}^2\bar{\rho}}_{\substack{=(N-1)\bar{\sigma}^2\bar{\rho} \\ \text{고정된 } i\text{에 대해}}}\right) = \frac{\bar{\sigma}^2 + (N-1)\bar{\sigma}^2\bar{\rho}}{N}
$$

$$
= \bar{\sigma}^2\left(\bar{\rho} + \frac{1-\bar{\rho}}{N}\right)
$$

여기서 $\sigma_{i,j}$는 추정기 i,j에 의한 예측의 공분산이다. $\sum_{i=1}^{N} \bar{\sigma}^2 = \sum_{i=1}^{N} \sigma_i^2 \Leftrightarrow \bar{\sigma}^2 = N^{-1} \sum_{i=1}^{N} \sigma_i^2$이고, $\sum_{j \neq i}^{N} \bar{\sigma}^2 \bar{\rho} = \sum_{j \neq i}^{N} \sigma_i \sigma_j \sigma_{i,j} \Leftrightarrow \bar{\rho}^2 = (\sigma^2 N(N-1))^{-1} \sum_{j \neq i}^{N} \sigma_i \sigma_j \sigma_{i,j}$이다.

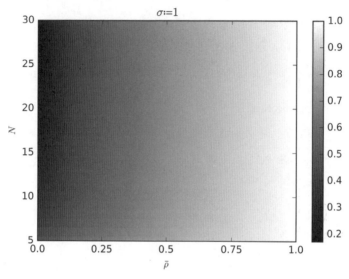

그림 6-1 배깅된 예측의 표준 편차

위 식은 $\bar{\rho} \to 1 \Rightarrow V[\frac{1}{N} \sum_{i=1}^{N} \varphi_i[c]] \to \bar{\sigma}^2$이므로 배깅이 $\bar{\rho} < 1$에 대해서만 효과적이라는 것을 식에서 보여 준다. 순차적 부트스트래핑(4장)의 목표 중 하나는 최대한 독립적인 표본을 추출해 $\bar{\rho}$를 감소시키는 것으로 이는 배깅 분류기의 분산을 낮춘다. 그림 6-1은 배깅된 예측의 표준 편차를 $N \in [5, 30]$, $\bar{\rho} \in [0, 1]$ 그리고 $\bar{\sigma} = 1$의 함수로 표현했다.

6.3.2 개선된 정확도

N개의 독립된 분류 기간의 다수결에 의해 k개 클래스를 예측하는 배깅 분류기를 생각해 보자. 예측은 $\{0,1\}$로 레이블할 수 있는데, 여기서 1은 정확한 예측을 의미한다. 분류기의 정확도는 예측을 1로 레이블하는 확률 p다. 평균적으로 Np 예측이 1로 레이블될 것이고, 분산은 $Np(1-p)$다. 다수결

투표는 가장 많이 예측된 클래스가 관측된 경우에 정확한 예측을 한 것이다. 예를 들어, $N = 10$이고 $k = 3$일 때 배깅 분류기는 클래스 A가 관측되고, 투표 결과가 $[A, B, C] = [4, 3, 3]$이었다면 정확한 예측을 한 것이다. 그러나 배깅 분류기는 관측된 클래스가 A고, 투표 결과가 $[A, B, C] = [4, 1, 5]$라면 음성확한 예측을 한 것이다. 충분 조건은 이 레이블의 합이 $X > N/2$인 것이다. 필요 조건(충분 조건이 아닌)은 $X > N/k$이고, 이는 다음과 같은 확률로 발생한다.

$$P\left[X > \frac{N}{k}\right] = 1 - P\left[X \le \frac{N}{k}\right] = 1 - \sum_{i=0}^{\lfloor N/k \rfloor} \binom{N}{i} p^i (1-p)^{N-i}$$

이는 N이 충분히 크면, 예컨대 $N > p(p - \frac{1}{k})^{-2}$이면 $p > 1 \Rightarrow P[X > \frac{N}{k}] > p$이라는 것을 의미한다. 따라서 배깅 분류기의 정확도는 개별 분류기들의 평균 정확도를 능가한다. 코드 6.1은 이 계산을 구현한 것이다.

코드 6.1 배깅 분류기의 정확도

```
from scipy.misc import comb
N,p,k=100,1./3,3.
p_=0
for i in xrange(0,int(N/k)+1):
    p_+=comb(N,i)*p**i*(1-p)**(N-i)
print p,1-p_
```

계산 자원만 충분하다면 일반적으로 어떤 분류기든 배깅을 하는 것이 좋다. 그러나 배깅은 부스팅과 달리 성과가 좋지 않는 분류기의 정확도를 개선하지 못한다. 개별 학습기가 형편없는 분류기일 경우$(p \ll \frac{1}{k})$ 다수결 투표는 여전히 형편없을 것이다(비록 분산은 낮지만). 그림 6-2는 이런 사실을 보여 준다. $p > \frac{1}{k}$보다 $\bar{p} \ll 1$이 더 쉽기 때문에 대개 배깅은 편향을 줄이기보다 분산을 줄이는 데 더 성공적이다.

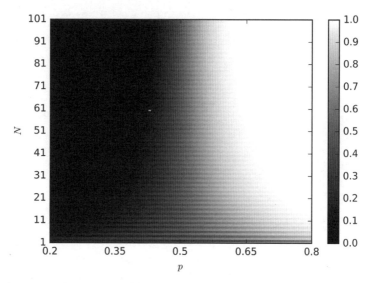

그림 6-2 개별 추정기의 정확도(P), 추정기 개수(N)와 $k = 2$의 함수로 표현된 배깅 분류기의 정확도

이 주제의 보다 심층적인 분석은 콘도셋^{Condorcet}의 배심원 정리$^{Jury\ Theorem}$를 참조하기를 바란다. 비록 이 정리는 정치학에서 다수결 투표 분석을 위해 유도됐지만, 이 정리에서 다룬 문제는 앞의 논의와 비슷하다.

6.3.3 관측 중복

4장에서 금융 관측값이 IID로 가정될 수 없는 이유를 알아봤다. 중복된 관측값은 배깅에 있어 두 가지 해를 끼친다. 첫째, 복원 표본 추출은 같은 관측값을 공유하지 않더라도 사실상 동일할 가능성이 높다. 이는 $\bar{\rho} \approx 1$이 되게 하고, 배깅은 N의 개수에 관계없이 분산이 줄지 않는다. 예를 들어, t에서의 각 관측값이 t와 $t + 100$ 사이의 수익률에 따라 레이블됐다면 배깅된 분류기별로 관측값의 1%만 추출해야 하고, 그 이상은 해서는 안 된다. 4.5절에서 세 가지 대안을 추천했다. 그중 하나는 sklearn에서 배깅 분류기를 구현한 클래스에서 max_samples=out['tW']. mean()을 설정하는 것이다. 다른 (더 나은) 해법은 순차적 부트스트랩 기법을 적용하는 것이었다.

둘째, 중복 관측의 또다른 폐해는 OOB[Out-Of-Bag]의 정확도가 부풀려진다는 것이다. 복원 랜덤 샘플링이 OOB와 매우 흡사한 훈련셋 샘플을 추출하기 때문이다. 이 경우 분할 전에 적절히 층화를 한[3stratified] 셔플링하지 않은 K겹 교차 검증[CV, Cross Validation]을 하면 OOB에서 추정한 것보다 훨씬 낮은 테스트셋 정확도를 보일 것이다. 이런 이유로 *sklearn* 클래스를 사용할 경우에는 StratifiedKFold(n_splits=k,shuffle=False)로 설정하고, 배깅 분류기를 교차 검증한 후 OOB 정확도 결과는 무시할 것을 권장한다. *k*는 높은 것보다 낮은 수를 선호하는데, 과잉 분할은 또 다시 학습셋과 너무 흡사한 검증[test] 집합 데이터셋을 만들 수 있기 때문이다.

6.4 랜덤 포레스트

결정 트리는 과적합되기 쉽다고 알려져 있으며, 이는 예측의 분산을 증가시킨다.[4] 랜덤 포레스트[RF] 기법은 이 문제를 다루고자 더 낮은 분산을 가진 앙상블 예측을 하도록 설계됐다.

RF는 데이터 중 부트스트랩된 부분 집합에 대해 개별 추정 모수를 독립적으로 학습해 산출한다는 점에서 배깅과 비슷하다. 배깅과 비교해 핵심적인 차이는 RF가 2차 수준의 무작위성을 반영한다는 점이다. 각 노드 분할을 최적화할 때 속성의 랜덤 부분 샘플(복원을 동반하지 않는)만 평가해서 추정기 간 상관관계를 더욱 축소하려는 목적을 갖고 있다.

첫 번째 장점은 RF가 배깅처럼 예측 분산을 과적합 없이 줄일 수 있다는 것이다($\bar{\rho} < 1$인 한 가능하다는 것을 상기하자). 두 번째 장점은 RF가 특성 중요도를 계산할 수 있는데, 8장에서 깊게 다룬다. 세 번째 장점은 RF가 OOB의 정확도를 계산할 수 있다는 것이다. 하지만 금융에 적용 시에는 부

---

3 훈련셋과 검증셋 또는 테스트셋의 클래스별 샘플 비율을 원샘플과 동일하게 유지하도록 훈련셋과 검증셋 또는 테스트셋을 분리한다. – 옮긴이

4 RF의 직관적인 설명은 다음 링크를 참고하라. https://quantdare.com/random-forest-many-is-better-than-one/

풀려질 가능성이 있다(6.3.3절에서 알아본다). 배깅에서처럼 RF도 개별 결정 트리보다 반드시 더 낮은 편향을 보이지는 않을 것이다.

많은 수의 샘플이 중복되면(비IID) 여전히 과적합이 일어난다. 복원 랜덤 샘플링은 근본적으로 동일한 트리($\bar{\rho} \approx 1$)를 만든다. 여기서 각 결정 트리는 과적합된다(결정 트리의 악명 높은 결함이다). RF는 배깅과 달리 항상 부트스트랩 샘플을 훈련 데이터셋과 일치하도록 크기를 고정한다. RF 과적합 문제를 sklearn에서 다루는 방법을 살펴보자. 예시의 목적으로 sklearn의 클래스를 참고한다. 하지만 이 해법은 모든 구현에 적용할 수 있다.

1. 파라미터 `max_features`를 더 낮은 값으로 설정한다. 이는 트리 간의 차이를 발생시키는 방법이다.

2. 조기 종료[early stopping]: 규제화 파라미터 `min_weight_fraction_leaf`를 충분히 큰 수(예: 5%)로 설정해 OOB의 정확도를 샘플 외(K겹) 정확도에 수렴하도록 한다.

3. `BaggingClassifier`의 기본 분류기로 `DecisionTreeClassifier`를 사용하면서 `max_samples`은 표본 간의 평균 고유도(avgU)로 설정한다.

   (a) `clf=DecisionTreeClassifier(criterion='entropy',max_features='auto',class_weight='balanced')`

   (b) `bc=BaggingClassifier(base_estimator=clf,n_estimators= 1000,max_samples=avgU,max_features=1.)`

4. `BaggingClassifier`의 기본 분류기로 `RandomForestClassifier`를 사용한다. 여기서 `max_samples`는 표본 간의 평균 고유도(avgU)로 설정한다.

   (a) `clf=RandomForestClassifier(n_estimators=1,criterion='entropy',bootstrap=False,class_weight='balanced_subsample')`

   (b) `bc=BaggingClassifier(base_estimator=clf,n_estimators= 1000,max_samples=avgU,max_features=1.)`

5. RF 클래스를 수정해 표준 부트스트래핑을 순차적 부트스트래핑으로 대체한다.

요약하면, 코드 6.2는 상이한 클래스를 이용해 RF를 설정하는 세 가지 방법을 보여 준다.

코드 6.2 RF를 설정하는 세 가지 방법

```
clf0=RandomForestClassifier(n_estimators=1000,class_weight='balanced_
    subsample',criterion='entropy')
clf1=DecisionTreeClassifier(criterion='entropy',max_features='auto',class_
    weight='balanced')
clf1=BaggingClassifier(base_estimator=clf1,n_estimators=1000,max_samples=
    avgU)
clf2=RandomForestClassifier(n_estimators=1,criterion='entropy',bootstrap=
    False,class_weight='balanced_subsample')
clf2=BaggingClassifier(base_estimator=clf2,n_estimators=1000,max_
    samples=avgU,max_features=1.)
```

결정 트리를 적합화할 때 특성 공간을 축과 일치하는 방향으로 회전하면 트리에서 필요로 하는 레벨 수를 줄일 수 있다. 이 이유 때문에 특성 PCA에 RF를 적합화하길 권장한다. 이를 활용해 일부 과적합을 줄이고 계산 속도를 향상할 수 있다(8장에서 좀 더 살펴본다). 또한 4.8절에서 논의한 것처럼 class_weight='balanced_subsample'로 설정하면 트리가 소수 클래스를 잘못 분류하는 것을 방지한다.

6.5 부스팅

컨과 배리언트(Kearns & Valiant, 1989)는 약한 추정기들을 병합해 더 높은 정확도를 얻을 수 있는지의 의문을 제기한 최초의 사람들에 속한다. 그 후 샤피르(Schapire, 1990)는 통상 부스팅boosting이라 부르는 방법을 사용해 이 질문에 대한 답이 양성적이라는 것을 증명했다. 부스팅은 일반적으로 다음과 같이 작동한다. 첫째, 어떤 샘플 가중치(균등 비중으로 처음에 결정)에 따라 복원 랜덤 샘플링을 활용해 하나의 훈련셋을 생성한다. 둘째, 하나의 추정기를 이 훈련 데이터셋을 사용해 적합화한다. 셋째, 단일 추정기가 허용 임계값(예: 이진 분류기의 경우 50%를 넘으면 랜덤보다 뛰어나다)보다 높은 정확도를 얻으면 그 추정기는 유지하고, 그렇지 않으면 폐기한다. 넷째, 잘못 분류된 관측값에는 더 많은 가중값을 부여하고, 정확히 분류된 관측값에는 더 적은 가중값을 부여한다. 다섯째, N개의 추정기가 생성될 때까지 이 과정을 반복한다. 여섯째, 앙상블 예측은 N 모델에서 나온 개별 예측의 가중평균인데 가중값은 개별 추정기의 정확도에 따라 결정된다. 많은 부스팅 알고리즘이 있지만, 에이다 부스트[AdaBoost]가 가장 유명하다[5](Geron, 2017). 그림 6-3은 표준 에이다 부스트 구현의 결정 흐름을 요약해 보여 준다.

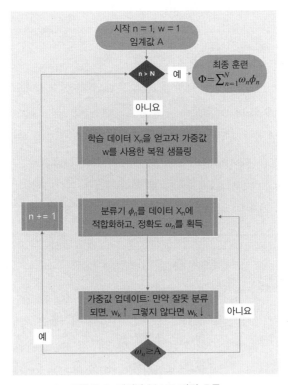

그림 6-3 에이다 부스트 결정 흐름

---

5 최근에는 그래디언트 부스팅을 고급화한 xgboost, lightgbm, catboost가 Kaggle을 비롯한 각종 경연대회에서 우승을 하면서 최고의 각광을 받고 있다. – 옮긴이

6.6 금융에 있어서의 배깅 대 부스팅

앞에서 설명한 것처럼 부스팅은 몇 가지 측면에서 배깅과 상당히 다르다.[6]

- 개별 분류기가 순차적으로 적합화된다.
- 성능이 나쁜 분류기는 퇴출된다.
- 관측값의 가중치를 각 반복 시행마다 다르게 부여한다.
- 앙상블 예측은 개별 학습기의 가중 평균이다.

부스팅의 주요 장점은 예측의 분산과 편향 둘 다 감소시킨다는 것이다. 그러나 편향을 교정하면 과적합이 될 위험성이 커진다. 금융에 있어서는 부스팅보다 배깅이 일반적으로 더 선호된다고 주장할 수 있다. 배깅은 과대적합, 부스팅은 과소적합을 다룬다. 과대적합은 종종 과소적합보다 더 문제가 된다. 그 이유는 금융 데이터에 있어서 머신러닝 알고리즘을 과대적합하는 것은 낮은 신호 대 잡음 비율로 인해 그리 어려운 일이 아니기 때문이다. 게다가 배깅은 병렬 처리가 가능하지만, 일반적으로 부스팅은 순차적으로 수행해야 한다.

6.7 배깅의 확장성

잘 알다시피 일부 유명한 머신러닝 알고리즘은 표본 크기가 크면 잘 적용되지 않는다. SVM이 좋은 예제다. SVM을 100만 개 관측값을 적합화하려 시도하면 알고리즘이 수렴할 때까지 상당한 시간이 걸린다. 또 수렴된다 하더라도 해답이 글로벌 최적해라는 보장도 없고, 과적합되지 않았다는 보장도 없다.

실용적 접근 방법 중 하나는 배깅 알고리즘을 구축할 때 그 기저 추정기base estimator로 SVM처럼 표본 크기 관점에서 확장성이 높지 않은 것을 사용하

---

6 배깅과 부스팅의 차이에 대한 시점적인 설명은 https://quantdare.com/what-is-the-difference-between-bagging-and-boosting/를 참고하자.

는 것이다. 이런 기저 추정기를 정의할 때 엄격한 조기 종료early stopping 조건을 부과한다. 예를 들어, sklearn의 SVM 구현에 있어 `max_iter` 파라미터에 최저값, 즉 1E5 반복 시행 수를 설정할 수 있다. 디폴트 값은 `max_iter=-1`인데 오차가 허용값 이하가 될 때까지 모수 추정을 반복하도록 하는 설정이다. 다른 방법으로는 `tol` 파라미터를 사용해 허용치 레벨을 올릴 수 있는데, 이때 디폴트 값은 `tol=1E-3`이다. 두 가지 방법 모두 조기 종료가 가능하다. 다른 알고리즘도 이와 동일한 파라미터를 활용해 조기 종료할 수 있는데, RF의 수준 수number of levels(`max_depth`), 리프 노드leaf node에 있어야 할 (모든 입력 샘플의) 전체 합의 최저 가중 부분(`min_weight_fraction_leaf`) 등이 있다.

배깅 알고리즘은 병렬이 가능하므로 대규모 순차 과제를 더 작은 동시 과제로 변환할 수 있다. 물론 조기 종료는 개별 기저 추정기의 출력 분산을 증가시킬 것이다. 그러나 이 증가는 배깅 알고리즘과 연계된 분산 감소에 의해 더 크게 상쇄된다. 더 많은 독립 기저 추정기를 추가함으로써 이 감소를 통제할 수 있다. 이런 방식으로 배깅을 사용하면 매우 큰 대규모 데이터셋에 대해 빠르고 강건한 추정치를 얻을 수 있다.

연습 문제

6.1   배깅이 복원 랜덤 샘플링에 기반을 두는 이유는 무엇인가? 샘플링이 복원 없이 수행되는 경우에도 배깅은 예측 분산을 감소시킬 수 있는가?

6.2   훈련 데이터셋이 상당한 중첩된 레이블에 바탕을 두고 있다고 가정해 보자(즉 4장의 정의에 따르면 낮은 고유도).

(a) 이 때문에 배깅의 과적합 가능성이 커지는가? 그 이유는 무엇인가?

(b) OOB 정확도는 일반적인 금융 응용에서 신뢰할 수 있는가? 그 이유는 무엇인가?

6.3 추정기의 앙상블을 구축하라. 기저 추정기로는 결정 트리를 사용하라.

(a) 앙상블이 RF와 다른 점은?

(b) sklearn을 사용해 RF처럼 행동하는 배깅 분류기를 생성하라. 어떤 파라미터를 설정해야 하는가? 그 이유는 무엇인가?

6.4 RF와 구성 트리 숫자 및 활용한 특성 개수의 관계를 고려해 보자.

(a) RF에 필요한 최소 트리 개수와 활용된 특성 개수 간의 관계에 대해 생각할 수 있겠는가?

(b) 특성에 비해 사용된 트리 개수가 너무 작을 수 있는가?

(c) 사용 가능한 관측값에 비해 사용된 트리 개수가 너무 많을 수 있는가?

6.5 OOB의 정확도는 층화된 K겹(셔플링 허용) 교차 검증 정확도와 어떻게 다른가?

참고 자료

Geron, A. (2017): *Hands-onMachine Learning with Scikit-Learn and TensorFlow: Concepts, Tools and Techniques to Build Intelligent Systems*, 1st edition. O'Reilly Media.

Kearns, M. and L. Valiant(1989): "Cryptographic limitations on learning Boolean formulae and finite automata." In Proceedings of the 21stAnnualACMSymposium on Theory of Computing, pp. 433~444, New York. Association for Computing Machinery.

Schapire, R. (1990): "The strength of weak learnability." *Machine Learning*. Kluwer Academic Publishers. Vol. 5 No. 2, pp. 197~227.

참고 문헌

Gareth, J., D. Witten, T. Hastie and R. Tibshirani(2013): *An Introduction to Statistical Learning: With Applications in R*, 1st ed. Springer-Verlag.

Hackeling, G.(2014): *Mastering Machine Learning with Scikit-Learn*, 1st ed. Packt Publishing.

Hastie, T., R. Tibshirani and J. Friedman(2016): *The Elements of Statistical Learning*, 2nd ed. Springer-Verlag.

Hauck, T.(2014): *Scikit-Learn Cookbook*, 1st ed. Packt Pubblishing.

Raschka, S.(2015): *Python Machine Learning*, 1st ed. Packt Publishing.

금융에서의 교차 검증

7.1 동기

교차 검증^{CV}의 목적은 머신러닝 알고리즘의 일반화 오차를 알아내 과적합을 막는 것이다. 하지만 CV는 표준 머신러닝 기법을 금융 문제에 적용했을 때 실패하는 또 하나의 사례다. 과적합이 일어나도 CV는 이를 탐지하지 못한다. 사실 CV는 하이퍼 파라미터$^{hyper-parameter}$ 튜닝으로 과적합에 기여를 한다. 7장에서는 표준 CV가 금융에서 실패하는 이유를 배우고, 어떻게 대처할 수 있는지 알아본다.

7.2 교차 검증의 목표

머신러닝의 목적 중 하나는 데이터의 일반 구조를 학습해 미래의 관측되지 않은 특성에 대해 예측하는 것이다. 머신러닝 알고리즘 학습에 사용한 것과 동일한 데이터셋으로 테스트하면 대체로 환상적인 결과를 얻는다. 머신러닝 알고리즘이 이런 식으로 오용되면 파일 손실 압축 알고리즘$^{file\ lossy-compression\ algorithm}$과 차이가 없다. 이들은 놀라운 충실도로 데이터를 요약하지만, 예측력은 전혀 없다.

CV는 IID 프로세스를 통해 추출한 관측 데이터를 두 가지 집합으로 나눈다. 하나는 훈련셋, 나머지 하나는 테스트셋이다. 전체 데이터셋의 각 관측 값은 오직 하나의 집합에만 소속된다. 이는 하나의 집합에 있는 정보가 다른 집합으로 흘러 들어가는 것을 방지하는데, 그렇지 않다면 미지의 데이터로 테스트하는 목적이 무의미해진다. 좀 더 자세한 내용은 참고 자료에 나열한 책이나 논문을 찾아보기 바란다.

여러 가지 다양한 CV가 가능한데 그중 가장 유명한 것은 K겹 CV다. 그림 7-1은 K겹 CV가 수행하는 k 훈련/테스트 분할을 보여 준다. 여기서 $k = 5$ 다. 이 방법은 다음과 같이 진행된다.

1. 데이터셋은 k개의 부분 집합으로 분할된다.
2. $i = 1, ..., k$에 대해
   (a) 머신러닝 알고리즘이 i를 제외한 모든 부분 집합에 대해 학습된다.
   (b) 적합화된 머신러닝 알고리즘은 i에 테스트한다.

K겹 CV의 결과는 $k \times 1$ 배열의 CV 성과 척도다. 예를 들어, 이진 분류기의 경우 CV 정확도가 1/2를 넘으면 모델이 무엇인가 배운 것으로 간주한다. 1/2의 정확도란 공평한 동전을 던지면 얻을 수 있는 확률이기 때문이다.

폴드 1	훈련	훈련	훈련	훈련	테스트
폴드 2	훈련	훈련	훈련	테스트	훈련
폴드 3	훈련	훈련	테스트	훈련	훈련
폴드 4	훈련	테스트	훈련	훈련	훈련
폴드 5	테스트	훈련	훈련	훈련	훈련

그림 7-1 5겹 CV에서 훈련/테스트 분할

금융에 있어 CV는 두 가지 상황에서 주로 활용된다. 하나는 모델의 개발(하이퍼 파라미터 튜닝과 같은)이고, 다른 하나는 백테스트이다. 백테스트는 10장부터 16장에 걸쳐 심도 있게 다루는 복잡한 주제다. 7장에서는 모델 개발에 사용되는 CV에 집중하기로 하자.

7.3 금융에서 K겹 교차 검증이 실패하는 이유

지금쯤 여러분은 아마도 머신러닝 알고리즘이 금융에도 잘 작동하는 근거로서 K겹 CV$^{K\text{-fold CV}}$를 설명하는 몇 가지 논문을 살펴봤을 것이다. 불행히도 이런 결과는 잘못됐을 가능성이 높다. K겹 CV가 금융에서 실패하는 원인은 다음과 같다. 첫째, 관측값을 IID 프로세스로 추출하는 가정을 할 수 없기 때문이다. 둘째, 테스트셋이 모델 개발 과정 프로세스에 여러 번 사용됐기 때문이다. 이는 다중 테스트와 선택 편향$^{selection\ bias}$을 초래한다. 두 번째 실패 원인은 11~13장에서 다시 알아본다. 당분간은 첫 번째 실패 원인에만 집중하자.

정보 누출은 훈련 데이터셋이 테스트 데이터셋에도 등장하는 정보를 포함하는 경우에 발생한다. 계열 상관된 특성 X가 중첩된 데이터에서 형성된 레이블 Y와 관계가 있다고 가정해 보자.

- 계열 상관관계 때문에 $X_t \approx X_{t+1}$이다.
- 레이블이 중첩된 데이터 포인터에서 유도됐으므로 $Y_t \approx Y_{t+1}$이다.

훈련셋과 테스트셋을 t와 $t+1$로 분리하면 정보가 누출된다. 분류기가 우선 (X_t, Y_t)를 학습한 후 관측된 X_{t+1}에 대해 $E[Y_{t+1}|X_{t+1}]$을 예측한다. 이 분류기는 X가 상관없는 특성이라 하더라도 $Y_{t+1} = E[Y_{t+1}|X_{t+1}]$를 달성할 것이다.

X가 예측 특성일 경우 정보 누출은 이미 잘 작동하는 전략의 성능을 좀 더 향상시킨다. 이 문제는 잘못된 발견을 야기하는 상관없는 특성의 존재에

따른 정보 누출이다. 이러한 정보 누출을 줄이는 두 가지 이상의 방법이 있다.

1. Y_i가 Y_j를 결정하는 데 사용된 정보의 함수이고, j가 테스트셋에 속하면 모든 관측값 i를 훈련 데이터셋에서 제거한다.

    (a) 예를 들어, Y_i와 Y_j는 중첩된 기간이 없어야 한다(표본 고유도에 대한 4장의 논의를 참고하라).

2. 분류기 과적합을 피하라. 이를 통해 약간의 누수가 발생하더라도 분류기는 이로부터 혜택을 받지 않는다. 다음 방법을 이용하라.

    (a) 기저 추정기의 조기 종료(6장 참고)

    (b) 중복된 예제에서 발생하는 과표본 문제를 통제하면서 분류기를 배깅해 개별 분류기가 최대한 다양해질 수 있도록 한다.

    i. max_samples를 평균 고유도로 설정한다.

    ii. 순차적 부트스트랩을 적용한다(4장 참고).

중첩된 정보에서 형성된 X_i와 X_j를 생각해 보자. i는 훈련 데이터셋, j는 테스트 데이터셋에 속한다. 이 경우 정보 누출에 해당하는가? Y_i가 Y_j와 서로 독립적이면 반드시 그렇지는 않다. 누출이 발생하려면 $(X_i, Y_i) \approx (X_j, Y_j)$여야 하며, $X_i \approx X_j$나 $Y_i \approx Y_j$만으로는 충분하지 않다.

7.4 해법: 제거 K겹 교차 검증

정보 누출을 감소시키는 방법 중 하나는 훈련 데이터셋에서 현재 테스트셋과 레이블이 중첩된 모든 관측값을 제거^{purge}하는 것이다. 저자는 이 절차를 제거^{purging}이라 부른다. 게다가 금융 특성은 대개 시계열적으로 자기 상관(ARMA 프로세스처럼)을 보이는 계열을 종종 포함한다. 테스트셋에 있는 관측값을 즉시 따르는 훈련셋 관측값을 제거해야 한다. 저자는 이것을 '엠바고^{embargo}' 프로세스라 부른다.

7.4.1 훈련셋에서의 제거

레이블이 Y_j인 테스트 관측값이 정보 집합 Φ_j에 근거해 결정됐다고 가정해보자. 7.3절에서 설명한 누출 형태를 방지하고자 정보 집합 Φ_i에 근거해 레이블 Y_i를 결정한 모든 관측값을 훈련 데이터에서 제거해서 $\Phi_i \cap \Phi_j = \emptyset$가 되게 한다.

특별히 Y_i와 Y_j가 공존할 때는 언제나(4.3절 참조) 양쪽 레이블이 적어도 하나의 공통 무작위 추출에 달려 있다는 관점에서 두 관측값 i와 j 사이에 정보의 중첩이 있다고 결정한다. 예를 들어, 닫힌 구간 $t \in [t_{j,0}, t_{j,1}]$, $Y_j = f[[t_{j,0}, t_{j,1}]]$(표기가 조금 남용됐지만)에서 관측값의 함수인 레이블 Y_j를 고려해 보자. 예를 들어, 삼중 배리어 레이블(3장)의 관점에서는 레이블이 인덱스가 $t_{j,0}$와 $t_{j,1}$ 사이인 가격 바 수익률의 부호, 즉 $\text{sgn}[r_{t_{j,0},t_{j,1}}]$이다. 레이블 $Y_i = f[[t_{i,0}, t_{i,1}]]$은 다음 세 가지 충분 조건 중 하나가 만족되면 Y_j와 중첩된다.

1. $t_{j,0} \leq t_{i,0} \leq t_{j,1}$
2. $t_{j,0} \leq t_{i,1} \leq t_{j,1}$
3. $t_{i,0} \leq t_{j,0} \leq t_{j,1} \leq t_{i,1}$

코드 7.1은 훈련 데이터셋에서 관측값 제거를 구현한다. 처음과 마지막 테스트 관측값 사이에서는 훈련 관측값이 발생하지 않는다는 관점에서 테스트셋이 연속이면 제거는 가속화될 수 있다. 객체 testTimes는 전체 테스트셋에 걸쳐 있는 단일 아이템을 가진 pandas series일 수 있다.

코드 7.1 훈련 데이터셋의 관측값 제거

```
def getTrainTimes(t1,testTimes):
    '''
    주어진 testTimes에 대해 훈련 관측값의 시간을 찾는다.
    -t1.index: 관측 시작 시간
    -t1.value: 관측 종료 시간
```

```
    -testTimes: 테스트 관측 시간
    '''
trn=t1.copy(deep=True)
for i,j in testTimes.iteritems():
    df0=trn[(i<=trn.index)&(trn.index<=j)].index # 테스트 내 훈련 시작
    df1=trn[(i<=trn)&(trn<=j)].index # 테스트 내 훈련 종료
    df2=trn[(trn.index<=i)&(j<=trn)].index # 훈련이 테스트를 포함
    trn=trn.drop(df0.union(df1).union(df2))
return trn
```

누출이 일어나면 단순히 $k \rightarrow T$로 증가시키는 것만으로도 성과 개선이 일어 난다. 여기서 T는 바의 개수다. 그 이유는 테스트 분할 개수가 많을수록 훈련셋 의 중첩 개수가 많아지기 때문이다. 많은 경우 제거만으로도 누수를 막을 수 있다. k를 증가시킬수록 모델을 더 자주 조율하게 되므로 성능은 더 향상된 다. 그러나 특정 값 k^* 이상으로는 성능이 더 이상 향상되지 않는데 이는 백테스트가 누출로부터 혜택을 얻지 못함을 의미한다. 그림 7-2는 K겹 CV 의 한 부분을 그린 것이다. 테스트셋은 2개의 훈련 데이터셋에 둘러싸여 있기 때문에 누출을 막기 위해서는 제거해야 할 2개의 중첩 구간이 생성된다.

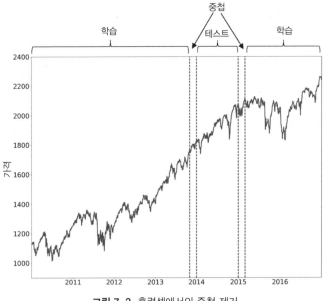

그림 7-2 훈련셋에서의 중첩 제거

7.4.2 엠바고

제거로도 정보 누출을 방지하지 못하는 경우에는 모든 테스트셋 다음의 훈련 관측값에게 엠바고를 설정할 수 있다. 훈련 레이블 $Y_i = f[[t_{i,0}, t_{i,1}]]$은 $t_{i,1} < t_{j,0}$(훈련이 테스트 시작 전에 종료한다)에서 테스트 시간 $t_{j,0}$에 있었던 정보를 포함하기 때문에 엠바고는 테스트셋 이전의 훈련 관측값에 대해 조치를 취하는 것이 아니다. 달리 말하면 여기서는 오직 테스트 직후 $t_{j,1} \leq t_{i,0} \leq t_{j,1} + h$에 발생하는 훈련 레이블 $Y_i = f[[t_{i,0}, t_{i,1}]]$만 고려하기 때문이다. 이 엠바고 기간 h는 제거 이전에 $Y_j = f[[t_{j,0}, t_{j,1} + h]]$로 설정하면 구현할 수 있다. $k \rightarrow T$로 증가시켜도 테스트 성능이 무한정 향상되지 않는다는 것을 확인 가능한 바와 같이 작은 값 $h \approx .01T$는 대개 모든 정보 누출을 방지하기에 충분하다. 그림 7-3은 테스트셋 직후에 훈련 관측값에 엠바고를 설정하는 것을 보여 준다. 코드 7.2는 엠바고 로직을 구현한다.

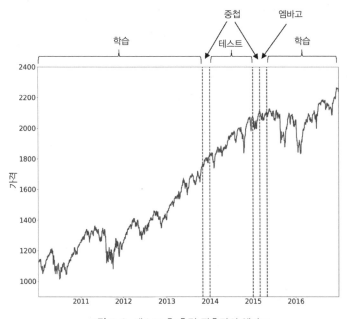

그림 7-3 테스트 후 훈련 관측값의 엠바고

코드 7.2 훈련 관측값에서의 엠바고

```
def getEmbargoTimes(times,pctEmbargo):
    # 각 바에 대한 엠바고 시간 획득
    step=int(times.shape[0]*pctEmbargo)
    if step==0:
        mbrg=pd.Series(times,index=times)
    else:
        mbrg=pd.Series(times[step:],index=times[:-step])
        mbrg=mbrg.append(pd.Series(times[-1],index=times[-step:]))
    return mbrg
#————————————————————————————
testTimes=pd.Series(mbrg[dt1],index=[dt0]) # 삭제 전 엠바고 포함
trainTimes=getTrainTimes(t1,testTimes)
testTimes=t1.loc[dt0:dt1].index
```

7.4.3 제거된 K겹 클래스

7.3절에서 레이블이 중첩될 때 훈련 테스트 데이터 분할을 어떻게 생성할지 알아보았다. 모델 개발의 특수한 맥락에서 제거와 엠바고 개념을 소개했다. 일반적으로 하이퍼 파라미터 적합화나 백테스트, 성과 평가 등에 관계없이 훈련/테스트 데이터 분할을 생성할 때마다 중첩된 훈련 관측값을 제거하고 엠바고해야 한다. 코드 7.3은 scikit-learn의 K겹 클래스를 확장해 테스트 정보가 훈련셋으로 누출될 가능성을 막는다.

코드 7.3 관측값이 중첩될 때 교차 검증 클래스

```
class PurgedKFold(_BaseKFold):
    '''
    K겹 클래스를 확장해 구간에 걸쳐 있는 레이블을 조정한다.
    훈련셋에서 테스트-레이블 구간과 중첩되는 관측값을 제거한다.
    테스트셋이 그 사이에 훈련 예제 없이 연접해 있다고 가정한다(shuffle=False).
    '''
```

```
def init (self,n_splits=3,t1=None,pctEmbargo=0.):
    if not isinstance(t1,pd.Series):
        raise ValueError('Label Through Dates must be a pandas series')
    super(PurgedKFold,self). init (n_splits,shuffle=False,random_
    state=None)
    self.t1=t1
    self.pctEmbargo=pctEmbargo
def split(self,X,y=None,groups=None):
    if (X.index==self.t1.index).sum()!=len(self.t1):
        raise ValueError('X and ThruDateValues must have the same index')
    indices=np.arange(X.shape[0])
    mbrg=int(X.shape[0]*self.pctEmbargo)
    test_starts=[(i[0],i[-1]+1) for i in \
        np.array_split(np.arange(X.shape[0]),self.n_splits)]
    for i,j in test_starts:
        t0=self.t1.index[i] # 테스트셋 시작
        test_indices=indices[i:j]
        maxT1Idx=self.t1.index.searchsorted(self.t1[test_indices].max())
        train_indices=self.t1.index.searchsorted(self.t1[self.
        t1<=t0].index)
        if maxT1Idx<X.shape[0]: #(엠바고를 활용한)올바른 훈련셋
        train_indices=np.concatenate((train_indices,indices[maxT1Idx+
        mbrg:]))
        yield train_indices,test_indices
```

7.5 sklearn의 교차 검증 버그

교차 검증과 같이 중요한 것이 가장 유명한 머신러닝 라이브러리에 완벽히 구현돼 있을 것이라 생각한다. 그러나 불행하게도 그렇지는 않으며, 이 점이 바로 사용하는 모든 코드를 항상 읽어 봐야 하는 이유이자 오픈소스의 강점이기도 하다. 오픈소스의 여러 장점 중 하나는 필요에 따라 모든 것을 검증하고, 수정할 수 있다는 점이다. 코드 7.4는 다음과 같은 알려진 sklearn의 버그를 다룬다.

1. 점수 함수^{scoring function}는 sklearn이 pandas series가 아니라 numpy 배열로 구현돼 있기 때문에 classes_를 알지 못한다.

2. cross_val_score는 가중값을 fit 메서드에 전달하지만, log_loss에는 전달하지 않으므로 다른 결과를 산출한다.

코드 7.4 PurgedKFold 클래스 사용

```
def cvScore(clf,X,y,sample_weight,scoring='neg_log_loss',t1=None,cv=None,
            cvGen=None,pctEmbargo=None):
    if scoring not in ['neg_log_loss','accuracy']:
        raise Exception('wrong scoring method.')
    from sklearn.metrics import log_loss,accuracy_score
    from clfSequential import PurgedKFold
    if cvGen is None:
        cvGen=PurgedKFold(n_splits=cv,t1=t1,pctEmbargo=pctEmbargo) # 제거 적용
    score=[]
    for train,test in cvGen.split(X=X):
        fit=clf.fit(X=X.iloc[train,:],y=y.iloc[train],
                    sample_weight=sample_weight.iloc[train].values)
        if scoring=='neg_log_loss':
            prob=fit.predict_proba(X.iloc[test,:])
            score_=-log_loss(y.iloc[test],prob,
                sample_weight=sample_weight.iloc[test].values,labels=clf.
                classes_)
        else:
            pred=fit.predict(X.iloc[test,:])
            score_=accuracy_score(y.iloc[test],pred,sample_weight= \
                sample_weight.iloc[test].values)
        score.append(score_)
return np.array(score)
```

이런 버그가 있음을 인정하고, 이를 구현하고 테스트 후 배포되기까지는 오랜 시간이 걸린다는 것을 이해하자. 그때까지는 코드 7.4의 cvScore를 사용하고, cross_val_ score를 사용하지 말자.

연습 문제

7.1 금융에 있어서 K겹 교차 검증을 수행하기 전에 데이터셋을 섞는 것이 일반적으로 좋지 않은 이유는 무엇인가? 데이터를 셔플링하는 목적은 무엇인가? 데이터를 셔플링하면 금융 데이터셋에 있어 K겹 교차 검증의 목적이 무의미해지는 이유는 무엇인가?

7.2 관측된 특성과 레이블로 구성된 한 쌍의 행렬(X, y)을 하나 구하자. 3장 연습 문제에서 도출한 데이터셋 중 하나를 사용해도 된다.

    (a) (X, y)에 대해 데이터를 셔플링하지 않고 RF 분류기의 10겹 교차 검증 성능을 도출해 보라.

    (b) (X, y)에 대해 데이터를 섞으며 RF 분류기의 10겹 교차 검증 성능을 도출해 보라.

    (c) 두 결과가 많이 다른 이유는 무엇인가?

    (d) 데이터를 셔플링하면 정보 누출이 어떻게 일어나는가?

7.3 연습 문제 2에서 사용한 것과 동일한 (X, y) 행렬을 사용하자.

    (a) (X, y)에 대해 1% 엠바고를 사용한 RF 분류기의 10겹 제거 교차 검증 성능을 도출해 보라.

    (b) 왜 성능이 더 낮아졌는가?

    (c) 이 결과가 더 현실적인 이유는 무엇인가?

7.4 7장에서 K겹 교차 검증이 금융 응용에서 실패한 한 가지 이유에 집중했다. 즉 테스트셋의 특정 정보가 훈련셋으로 누출되는 현상이었다. 교차 검증 실패의 두 번째 이유도 생각할 수 있겠는가?

7.5 동일한 투자 전략에서 1,000가지 설정을 테스트하고자 각각에 대해 교차 검증을 수행한다고 가정해 보자. 어떤 결과는 괜찮아 보인다. 이런 양성적 결과만 게재하고 나머지를 감춘다면 청중들은 이런 결과가 잘못된 양성이라는 것을 추론할 수 없을 것이고, 이는 통계적 요행이 된다. 이런 현상을 '선택 편향selection bias'이라 부른다.

    (a) 이를 막을 수 있는 절차 하나를 생각할 수 있는가?

(b) 데이터셋을 세 가지, 즉 훈련, 검증, 테스트로 나누면 어떻게 될까? 검증셋은 학습된 파라미터를 평가하고자 사용하고, 테스트는 검증 단계에서 선택된 하나의 설정에 대해서만 수행한다. 어떤 경우에 이런 절차가 여전히 실패하게 될까?

(c) 선택 편향을 피할 수 있는 핵심은 무엇인가?

참고 문헌

Bharat Rao, R., G. Fung and R. Rosales(2008): "On the dangers of cross-validation: An experimental evaluation." White paper, IKM CKS Siemens Medical Solutions USA. Available at http://people.csail.mit.edu/romer/ papers/CrossVal_SDM08.pdf.

Bishop, C.(1995): *Neural Networks for Pattern Recognition*, 1st ed. Oxford University Press.

Breiman, L. and P. Spector(1992): "Submodel selection and evaluation in regression: The X-random case." White paper, Department of Statistics, University of California, Berkeley. Available at http://digitalassets.lib. berkeley.edu/sdtr/ucb/text/197.pdf.

Hastie, T., R. Tibshirani and J. Friedman(2009): *The Elements of Statistical Learning*, 1st ed. Springer.

James, G., D. Witten, T. Hastie and R. Tibshirani(2013): *An Introduction to Statistical Learning*, 1st ed. Springer.

Kohavi, R.(1995): "A study of cross-validation and bootstrap for accuracy estimation and model selection." International Joint Conference on Artificial Intelligence. Available at http://web.cs.iastate.edu/~jtian/cs573/Papers/Kohavi-IJCAI-95.pdf.

Ripley, B.(1996): *Pattern Recognition and Neural Networks*, 1st ed. Cambridge University Press.

08
특성 중요도

8.1 동기

금융 연구에 있어 가장 보편적으로 알려진 실수는 특정 데이터를 선택한 후, 머신러닝 알고리즘을 실행하고, 예측에 백테스트를 수행하며, 근사한 백테스트 결과가 나타날 때까지 이 과정을 반복하는 것이다. 학술지는 이런 가짜 발견으로 가득 차 있고, 대형 헤지 펀드조차 이런 함정에 계속해서 빠져든다. 백테스트가 전방 진행walk-forward 샘플 외 테스트라 하더라도 문제는 계속 발생할 수 있다. 동일한 데이터에 대해 지속적으로 테스트를 반복하면 잘못된 발견false discovery으로 귀결될 가능성이 높은 것이다. 이런 방법론적 오류는 통계학자들 사이에 악명이 높아 과학적 사기라 간주되기도 하며, 미국 통계 협회American Statistical Association 윤리 강령(American Statistical Association, 2016, Discussion #4)에도 이에 대한 주의가 포함돼 있다. 표준 유의 수준(거짓 양성률) 5%에 부합하는 (거짓) 투자 전략을 발견하는 데는 대개 20번 정도의 반복이면 가능하다. 8장에서는 이런 접근법이 왜 시간과 돈의 낭비인지 알아보고, 특성 중요도가 어떻게 대안을 제시하는지 살펴보자.

8.2 특성 중요도의 중요성

금융업의 놀라운 한 가지 단면은 수많은 숙련된 포트폴리오 매니저들(계량 금융을 전공한 많은 사람을 포함해)이 백테스트가 얼마나 쉽게 과적합될 수 있는지 잘 모른다. 백테스트를 적절히 수행하는 방법론은 8장의 주제가 아니며, 이 중요한 주제는 11~15장에 걸쳐 다룬다. 8장의 목표는 모든 백테스트 수행 전에 반드시 수행해야 하는 분석 중 하나를 설명하는 것이다.

특정 금융 상품의 특성과 레이블을 각각 담고 있는 한 쌍의 행렬 (X, y)가 주어져 있다. (X, y)에 대해 분류기를 적합화한 후 7장에서 살펴본 제거 적용된 K겹 CV로 일반화 오차를 계산하자. 결과가 좋게 나왔다고 가정해 보자. 자연스럽게 생기는 다음 질문은 과연 어떤 특성이 이렇게 좋은 결과에 기여했는가다. 이를 이해하면, 아마도 분류기의 예측력을 높이는 데 기여하는 신호를 강화하는 어떤 특성들을 추가할 수 있을 것이다. 또는 신호에 잡음만 일으키는 특성들을 제거할 수도 있을 것이다. 특성 중요도를 이해하는 것은 잘 알려진 블랙박스를 여는 것과 같다. 어떤 정보가 필수적인지를 이해하면 분류기로 확인된 패턴에 대한 통찰을 얻을 수 있다. 바로 이점이 머신러닝 회의론자들의 블랙박스 주문이 다소 과장된 것이라고 하는 이유다. 알고리즘은 블랙박스 내의 프로세스를 우리가 지정하지 않아도 학습하지만(이 점이 머신러닝의 핵심이다), 이 점 때문에 알고리즘이 발견한 것을 살펴볼 수 없다는 것(또는 살펴봐서는 안 된다는 것)을 의미하지 않는다. 사냥꾼들이 맹목적으로 자신의 사냥개가 잡아온 모든 것을 먹지는 않는다. 그렇지 않은가?

어떤 특성이 중요한지 확인했다면 여러 실험을 통해 더 많은 것을 배울 수 있다. 이런 특성들이 늘 중요한가 아니면 어떤 특정 환경에서만 중요한가? 시간에 따라 중요도가 달라지게 하는 것은 무엇인가? 이런 국면 변화가 예측되는가? 중요한 특성들이 다른 금융 상품에 있어서도 중요한가? 다른 자산과도 관련이 있는가? 모든 금융 상품에 있어 가장 공통적으로 관련이 있는 특성은 무엇인가? 전체-투자 세계에 걸쳐 가장 높은 순위 상관관계^{Rank} ^{correlation}를 가진 특성 부분 집합은 어떤 것일까? 이 방법은 어리석은 백테스트 반복에 비해 훨씬 나은 연구 전략이다. 이 책에서 여러분들이 배웠으면 하는 가장 중요한 교훈으로서 다음과 같은 금언을 제시한다.

코드 8.1 마르코스의 백테스트 첫 번째 법칙 – 위험을 감수하고 무시하라

"백테스트는 연구 도구가 아니다. 특성 중요도가 연구 도구다."

- 마르코스 로페즈 데 프라도,

『실전 금융 머신러닝 완벽 분석(Advances in Financial Machine Learning)』(2018)

8.3 대체 효과가 있는 특성 중요도

특성 중요도 방법들이 대체 효과에 의해 영향을 받았는지 여부에 따라 서로 구분해 두는 것이 유용하다는 사실을 알아냈다. 이 맥락에서는 추정된 특성 중요도가 다른 연관된 특성의 존재로 감소할 경우 대체 효과가 발생된다. 머신러닝에서 대체 효과란 통계학자나 계량경제학자들 문헌에서 통상 '다중 공선성$^{multi-collinearity}$'이라 부르는 것과 유사하다. 선형 대체 효과를 다루는 한 가지 방법은 원시 특성에 PCA를 적용한 후 직교한 특성들에 대해 특성 중요도 분석을 수행하는 것이다. 좀 더 자세한 내용은 벨슬리 등 (Belsley et al., 1980), 골드버거(Goldberger, 1991, pp. 245 – 253), 힐 등(Hill et al., 2001)을 참고하자.

8.3.1 평균 감소 불순도

평균 감소 불순도$^{MDI, Mean Decrease Impurity}$는 빠른 설명적-중요도$^{explanatory-}$ ^{importance}(샘플 내$^{IS, In Sample}$) 방법으로 RF와 같은 트리-기반의 분류기에 특화돼 있다. 각 결정 트리의 개별 노드에서 선택된 특성들은 자신의 부분 집합을 불순도가 감소하는 방향으로 분할한다. 그러므로 각 결정 트리별로 개별 특성이 전체 불순도 감소에 얼마나 기여했는지 도출할 수 있다. 또한 트리의 숲이 주어져 있으므로 전체 추정기에 대해 이 값을 평균화한 후 이에 따라 특성의 순위를 매길 수 있다. 좀 더 자세한 설명은 루페 등(Louppe et al., 2013)에서 찾아볼 수 있다. MDI로 작업할 때는 명심해야 할 몇 가지 사항이 있다.

1. 트리^{tree} 기반의 분류기가 특정 특성을 선호해 다른 특성을 체계적으로 무시하는 일이 발생하면 마스크^{mask} 효과가 일어난다. 이를 극복하려면 sklearn의 RF class를 사용할 때 max_features=int(1)로 설정해야 한다. 이런 방식을 이용해 레벨별로 오직 하나의 랜덤 특성만 고려한다.

   (a) 모든 특성에 대해 불순도를 줄일 수 있는 기회를 준다(특정 랜덤 트리의 특정 랜덤 레벨에서).

   (b) 중요도가 0인 특성들은 평균 계산에 포함시키지 말아야 한다. 0인 유일한 이유는 특성이 랜덤으로 선택되지 않았기 때문이다. 이런 값들은 np.nan으로 대체해야 한다.

2. 절차는 명백히 샘플 내^{IS}다. 모든 특성은 비록 예측력이 없는 경우에도 어느 정도 중요도를 가진다.

3. MDI는 트리 기반이 아닌 다른 분류기로 일반화되지 않는다.

4. 구조상 MDI는 특성 중요도의 합이 1이 되고, 모든 특성의 중요도는 0과 1 사이의 값을 갖는 좋은 특성을 갖고 있다.

5. 이 방법은 상관된 특성이 존재할 때는 대체 효과를 해결하지 못한다. MDI는 대체 특성의 중요도를 희석시키는데, 그 이유는 대체 가능성 때문이다. 또한 동일한 두 가지 특성의 중요도는 반으로 감소되는데, 둘 다 동일한 확률로 랜덤하게 선택될 수 있기 때문이다.

6. 스트로블 등(Strobl et al., 2007)은 실험적으로 MDI가 어떤 예측 변수에 의해 편향되는지 보였다. 화이트와 리우(White and Liu, 1994)는 단

일 결정 트리의 경우 이 편향은 유명한 불순도 함수가 많은 범주를 가진 예측 변수 쪽으로 공평하지 않고 유리하게 작용했기 때문이라고 주장했다.

sklearn의 RandomForest 클래스에는 특성 중요도 점수의 기본 설정으로 MDI를 구현했다. 이 선택은 최소의 계산 자원으로 MDI를 즉시 계산하는 능력에서 동기 부여된 것이다.[1] 코드 8.2는 앞에서 설명한 고려 사항을 포함해 MDI를 구현한 것을 보여 준다.

코드 8.2 MDI 특성 중요도

```
def featImpMDI(fit,featNames):
    # 샘플 내IS 평균 불순도 축소에 근거한 특성 중요도
    df0={i:tree.feature_importances_ for i,tree in enumerate(fit.
        estimators_)}
    df0=pd.DataFrame.from_dict(df0,orient='index')
    df0.columns=featNames
    df0=df0.replace(0,np.nan) # max_features=1이기 때문에
    imp=pd.concat({'mean':df0.mean(),'std':df0.std()*df0.shape[0]**-
                .5},axis=1)
    imp/=imp['mean'].sum()
    return imp
```

8.3.2 평균 감소 정확도

평균 감소 정확도(MDA, Mean Decrease Accuracy)는 느린 예측-중요도(샘플 외OOS, Out-Of-Sample) 방법이다. 첫째, 분류기를 적합화한다. 둘째, 일부 성과 점수(정확도, 음의 로그 손실 등)에 따라 샘플 외 성과를 도출한다. 셋째, 특성 행렬(X)의 각 열에 대해서 한 번에 한 열씩 순열을 취하고, 순열을 취한 후 샘플 외 성과를 구한다. 특성 중요도는 열에 대해 순열을 실행함으로써 발생한 성

---

1 http://blog.datadive.net/selecting-good-features-part-iii-random-forests/

과 손실의 함수다. 이때 필요한 고려 사항은 다음과 같다.

1. 이 방법은 트리 기반뿐만 아니라 모든 분류기에 적용할 수 있다.

2. MDA의 성과 점수로 정확도만 사용해야 하는 것은 아니다. 예를 들어, 메타 레이블 응용의 경우 정확도 대신 F1을 이용해 분류기 점수를 측정하는 것을 선호할 수 있다(14.8절의 설명을 보라). 이것이 '순열permutation 중요도'가 오히려 더 좋은 이름이 될 수도 있었던 이유다. 점수 함수가 성과 척도 공간과 상응하지 못할 때 MDA 결과가 순위를 매기는 데에 사용돼야 한다.

3. MDI처럼 MDA 절차도 상관된 특성이 존재하면 대체 효과에 영향을 받는다. 동일한 두 가지 특성이 있다면 MDA는 항상 하나를 다른 하나의 중복으로 취급한다. 하지만 불행하게도 MDA는 두 가지 특성이 모두 아주 중요한 경우에도 완전히 상관없는 것으로 취급한다.

4. MDI와 달리 MDA는 모든 특성이 중요하지 않다는 결론을 내릴 수도 있다. 이는 MDA가 샘플 외 성과에 기반을 두고 있기 때문이다.

5. 교차 검증은 7장에서 설명한 이유로 제거가 적용되고 엠바고돼야 한다.

코드 8.3은 표본 가중값, 제거 K겹 교차 검증과 음의 로그 손실 또는 정확도를 점수로 사용해서 MDA 특성 중요도를 구현한 것이다. MDA 중요도를 최대 가능 점수(음의 로그 손실은 0, 정확도는 1)에 상대적인 (특성에 순열을 취했을 때에서 취하지 않았을 때로의) 개선의 함수로 측정한다. 어떤 경우에는 개선이 음수이며, 이는 특성이 실제로는 머신러닝 알고리즘의 예측력에 해롭게 작용했다는 의미다.

코드 8.3 MDA 특성 중요도

```
def featImpMDA(clf,X,y,cv,sample_weight,t1,pctEmbargo,scoring='neg_log_
            loss'):
```

```
# 샘플 외 스코어 축소에 바탕을 둔 특성 중요도
if scoring not in ['neg_log_loss','accuracy']:
    raisException('wrong scoring method.')
from sklearn.metrics import log_loss,accuracy_score
cvGen=PurgedKFold(n_splits=cv,t1=t1,pctEmbargo=pctEmbargo) # 퍼지된 cv
scr0,scr1=pd.Series(),pd.DataFrame(columns=X.columns)
for i,(train,test) in enumerate(cvGen.split(X=X)):
    X0,y0,w0=X.iloc[train,:],y.iloc[train],sample_weight.iloc[train]
    X1,y1,w1=X.iloc[test,:],y.iloc[test],sample_weight.iloc[test]
    fit=clf.fit(X=X0,y=y0,sample_weight=w0.values)
    if scoring=='neg_log_loss':
        prob=fit.predict_proba(X1)
        scr0.loc[i]=-log_loss(y1,prob,sample_weight=w1.values,
                              labels=clf.classes_)
    else:
        pred=fit.predict(X1)
        scr0.loc[i]=accuracy_score(y1,pred,sample_weight=w1.values)
    for j in X.columns:
        X1_=X1.copy(deep=True)
        np.random.shuffle(X1_[j].values) # 단일 열 순열 적용
        if scoring=='neg_log_loss':
            prob=fit.predict_proba(X1_)
            scr1.loc[i,j]=-log_loss(y1,prob,sample_weight=w1.values,
                              abels=clf.classes_)
        else:
            pred=fit.predict(X1_)
            scr1.loc[i,j]=accuracy_score(y1,pred,sample_weight=w1.values)
imp=(-scr1).add(scr0,axis=0)
if scoring=='neg_log_loss':imp=imp/-scr1
else:imp=imp/(1.-scr1)
imp=pd.concat({'mean':imp.mean(),'std':imp.std()*imp.shape[0]**-
              .5},axis=1)
return imp,scr0.mean()
```

8.4 대체 효과가 없는 특성 중요도

대체 효과는 중복돼 있는 중요한 특성을 버리는 결과를 초래할 수 있다. 예측에 있어서는 일반적으로 문제가 되지 않지만, 모델의 이해, 개선, 단순화 과정에서는 잘못된 결론을 이끌 수 있다. 이런 이유로 다음의 단일 특성 중요도 기법은 MDI와 MDA의 보완 역할을 할 수 있다.

8.4.1 단일 특성 중요도

단일 특성 중요도^{SFI, Single Feature Importance}는 횡단면 예측-중요도 방법이다. 이 방법은 각 특성에 대해 독립적으로 샘플 외^{OOS} 성과를 계산한다. 몇 가지 고려 사항은 다음과 같다.

1. 이 방법은 트리 기반뿐 아니라 모든 분류기에 적용할 수 있다.
2. SFI는 성과 점수로서 정확도에만 사용되지 않는다.
3. MDI나 MDA와 달리 대체 효과는 없다. 이유는 한 번에 하나의 특성만 고려하기 때문이다.
4. MDA와 같이 모든 특성이 중요하지 않다는 결론을 내릴 수도 있다. 이유는 성과를 샘플 외^{OOS} 교차 검증을 통해 평가하기 때문이다.

SFI의 주요 한계는 2개의 특성을 가진 1개의 분류기가 단일 특성을 가진 2개 분류기의 배깅^{bagging}보다 더 좋은 성과를 발휘할 수 있다는 점이다. 예를 들어, (1) 특성 B가 특성 A와 있을 때에만 유용하거나 (2) 특성 B 혼자로는 정확하지 않아도 특성 A로부터의 분할을 설명하는 데 유용할 수 있다. 다시 말해 결합 효과나 계층적 중요도는 SFI에서는 모두 사라진다. 대안 중 하나는 특성의 부분 집합으로부터 샘플 외^{OOS} 성과를 계산하는 것이지만, 고려해야 할 특성 수가 증가하면 다루기 힘들어진다. 코드 8.4는 SFI 기법 구현 하나를 보여 준다. cvScore 함수의 논의는 7장에서 찾아볼 수 있다.

코드 8.4 SFI 구현

```
def auxFeatImpSFI(featNames,clf,trnsX,cont,scoring,cvGen):
    imp=pd.DataFrame(columns=['mean','std'])
    for featName in featNames:
        df0=cvScore(clf,X=trnsX[[featName]],y=cont['bin'],sample_weight=
                    cont['w'],scoring=scoring,cvGen=cvGen)
        imp.loc[featName,'mean']=df0.mean()
        imp.loc[featName,'std']=df0.std()*df0.shape[0]**-.5
    return imp
```

8.4.2 직교 특성

8.3절에서 살펴본 것처럼 대체 효과는 MDI로 측정된 특성 중요도를 희석시키고, MDA로 측정된 특성의 중요도를 상당히 과소 평가한다. 부분적 해법은 MDI나 MDA를 적용하기 전에 특성을 직교시키는 것이다. PCA와 같은 직교화 절차는 모든 대체 효과를 방지하지 못하지만, 적어도 선형 대체 효과의 영향은 완화시킨다.

관측값 $t = 1, \ldots, T$와 변수 $n = 1, \ldots, N$인 정상성 특성 행렬 $\{X_{t,n}\}$을 고려해 보자. 첫째, $Z_{t,n} = \sigma_n^{-1}(X_{t,n} - \mu_n)$(여기서 μ_n은 $\{X_{t,n}\}_{t=1, \ldots, T}$의 평균, σ_n은 $\{X_{t,n}\}_{t=1, \ldots, T}$의 표준 편차다)의 표준화된 특성 행렬 Z를 계산한다. 둘째, $Z'ZW = W\Lambda$인 고유값 Λ와 고유 벡터 W를 계산한다. 여기서 Λ는 $N \times N$ 내림차순으로 정렬된 대각 행렬이고, W는 $N \times N$ 정규 직교 행렬이다. 셋째, 직교 특성을 $P = ZW$로 구한다. $P'P = W'Z'ZW = W'W\Lambda W'W = \Lambda$를 통해 특성의 직교성을 검증할 수 있다.

대각화는 두 가지 이유로 X가 아닌 Z에 대해 이뤄진다. (1) 데이터를 중앙화시키면 첫 번째 주성분이 관측값의 주 방향으로 정확히 향하도록 보장해 준다. 이는 선형 회귀에서 절편을 추가하는 것과 동일하다. (2) 데이터 크기를 재조정하면 PCA를 분산보다 상관관계를 설명하는 데 더 집중시킬 수 있다. 크기를 재조정하지 않으면, 첫 번째 주성분은 분산이 가장 큰 X 열에 주도당해 변수 간의 구조나 관계에 대해 많이 학습하지 못한다.

코드 8.5는 Z 분산의 95% 이상을 설명하는 직교 특성의 최소 개수를 계산한다.

코드 8.5 직교 특성의 계산

```
def get_eVec(dot,varThres):
    # 내적 행렬로 eVec 계산, 차원 축소
    eVal,eVec=np.linalg.eigh(dot)
    idx=eVal.argsort()[::-1] # eVal 정렬을 위한 인수
    eVal,eVec=eVal[idx],eVec[:,idx]
    #2) 양의 eVals만
    eVal=pd.Series(eVal,index=['PC_'+str(i+1) for i in range(eVal.
                  shape[0])])
    eVec=pd.DataFrame(eVec,index=dot.index,columns=eVal.index)
    eVec=eVec.loc[:,eVal.index]
    #3) 차원 축소, PC 형성
    cumVar=eVal.cumsum()/eVal.sum()
    dim=cumVar.values.searchsorted(varThres)
    eVal,eVec=eVal.iloc[:dim+1],eVec.iloc[:,:dim+1]
    return eVal,eVec
#-------------------------------------------------------------------
def orthoFeats(dfX,varThres=.95):
    # 주어진 특성의 dataframe dfX에 대해 직교 특성 dfP 계산
    dfZ=dfX.sub(dfX.mean(),axis=1).div(dfX.std(),axis=1) # 표준화
    dot=pd.DataFrame(np.dot(dfZ.T,dfZ),index=dfX.columns,columns=dfX.
                  columns) eVal,eVec=get_eVec(dot,varThres)
    dfP=np.dot(dfZ,eVec)
    return dfP
```

대체 효과를 다루는 것 이외에도 직교 특성으로 작업하면 두 가지 추가 혜택이 있다. (1) 직교화는 작은 고유값과 연계된 특성을 제거함으로써 특성 행렬 X의 차원을 축소하는 데 사용할 수 있다. 이는 대개 머신러닝 알고리

즘의 빠른 수렴에 도움이 된다. (2) 데이터 구조를 해석하도록 설계된 특성을 분석한다.

후자를 좀 더 설명하겠다. 이 책에서 전반적으로 다루고 있는 골칫거리는 과적합의 위험이다. 머신러닝 알고리즘은 패턴이 통계적 요행이라도 어떻게든 패턴을 찾아낸다. MDI, MDA, SFI를 포함한 모든 방법에서 찾아낸, 중요하다고 알려진 특성들을 늘 회의적으로 바라보는 시점을 가져야 한다. PCA를 통해 직교 특성을 찾아냈다고 가정해 보자. PCA 분석은 레이블에 대한 지식 없이(비지도학습) 어떤 특성이 다른 것보다 더 '주요^{principal}'하다는 결정을 내린다. 즉 PCA는 분류기 관점에서 과적합의 가능성을 고려하지 않고 특성에 대한 순위를 매긴다. MDI, MDA, SFI 분석은 만약 분석에서 (레이블 정보를 이용해) 가장 중요하다고 선택한 특성들이 PCA가 (레이블 정보를 무시하고) 선택한 것들과 동일하다면 이는 머신러닝 알고리즘이 알아낸 패턴이 순전히 과적합에 의한 것만은 아니라는 것을 의미한다. 특성이 완전히 랜덤이라면 PCA 순위는 특성 중요도 순위와 일치하지 않을 것이다. 그림 8-1은 고유 벡터와 연계된 고유값(x축)과 고유 벡터와 연계된 특성 MDI(y축) 쌍을 그린 산포도다. 피어슨 상관계수는 0.8491(p-value가 1E-150 이하)로서 PCA가 과적합 없이 정보성 특성을 찾아내고, 순위를 매겼다는 증거가 된다.

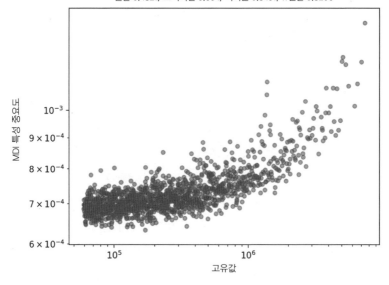

켄달:0.4821, 스피어만:0.664, 피어슨:0.8491, w켄달:0.8206

그림 8-1 고유값(x축)과 MID 레벨(y축)을 로그-로그 크기로 그린 산포도

저자는 특성 중요도와 연계된 고유값(또는 동등하게 그 역PCA 순위) 사이의 가중 켄달 타우Kendall's tau를 계산하는 것이 유용하다는 사실을 알아냈다. 이 값이 1에 근접할수록 PCA 순위와 특성 중요도 순위 사이의 일관성은 강해진다. 가중 켄달 타우를 표준 켄달보다 선호하는 이유 중 하나는 가장 중요한 특성들 간의 순위 일치성에 우선순위를 두려 하기 때문이다. (잡음처럼) 상관없는 특성들 사이의 일치성에 대해서는 관심을 갖지 않는다. 그림 8-1 표본의 하이퍼볼릭-가중 켄달 타우hyperbolic-weighted Kendall's tau는 0.8206 이다.

코드 8.6은 Scipy를 사용해 상관관계를 계산하는 방법을 보여 준다. 예제에서 특성을 중요도로 내림차순으로 정렬하면 PCA 순위 시퀀스가 오름차순 리스트와 근접한다. weightedtau 함수는 높은 값에 더 큰 가중값을 부여하므로 역PCA 순위, 즉 pcRank**-1에 대한 상관관계를 계산할 수 있다. 이 결과 가중 켄달 타우는 상대적으로 높은 0.8133이다.

코드 8.6 특성 중요도와 역PCA 순위 간의 가중 켄달 타우 계산

```
>>> import numpy as np
>>> from scipy.stats import weightedtau
>>> featImp=np.array([.55,.33,.07,.05]) # 특성 중요도
>>> pcRank=np.array([1,2,4,3]) # PCA 순위
>>> weightedtau(featImp,pcRank**-1.)[0]
```

8.5 병렬 대 스태킹 특성 중요도

특성 중요도에는 적어도 두 가지의 연구 접근 방식이 있다. 첫째는 투자 유니버스 $i = 1, ..., I$의 각 증권 i에 대해 데이터셋 (X_i, y_i)를 구성하고, 특성 중요도를 병렬적으로 도출한다. 예를 들어, $\lambda_{i,j,k}$가 투자 증권 i의 기준 k에 대한 특성 중요도 j를 나타낸다고 가정해 보자. 그렇다면 전체 유니버스의 결과를 종합해 기준 k로 병합한 특성 중요도 $\Lambda_{j,k}$를 도출할 수 있다. 다양한 금융 상품 범위 전체에 걸쳐 중요한 특성들은 기저 현상과 연계돼 있을 가능성이 있는데, 특히 특성 중요도가 기준 전반에 걸쳐 높은 순위 상관관계를 보일 때 더욱 그러하다. 이런 특성이 예측력을 갖도록 만들어 주는 이론적 메커니즘에 대해 심도 있는 연구가 필요하다. 이 접근법의 주요 이점은 병렬 처리가 되므로 계산적으로 빠르다는 점이다. 단점은 대체 효과로 인해 금융 상품에 따라 중요한 특성의 순위가 뒤바뀔 수 있어서 추정된 $\lambda_{i,j,k}$의 분산을 증가시킨다는 점이다. 이런 단점은 충분히 큰 투자 유니버스에서 여러 금융 상품의 $\lambda_{i,j,k}$를 평균하면 상대적으로 작아진다.

두 번째 대안은 저자가 '특성 스태킹stacking'이라 부르는 방법이다. 이 방법은 모든 데이터셋 $\{(\tilde{X}_i, y_i)\}$를 단일 병합 데이터셋 (X, y)에 쌓아올리는 것이다. 여기서 $\tilde{X}_i$는 X의 변환된 예제다(예를 들어, 롤링 추적 윈도우에서 표준화된). 이런 변환의 목적은 어떤 분포적 균질성 $\tilde{X}_i \sim X$를 보장하기 위함이다. 이런 접근법하에서 분류기는 전체 투자 유니버스가 마치 하나의 단일 금융

상품인 것처럼 어떤 특성이 전체 금융 상품에 동시에 중요한지 학습해야 한다. 특성 스태킹은 몇 가지 이점을 갖고 있다. (1) 분류기가 병렬화된 (첫 번째) 방식보다 훨씬 대규모 데이터셋을 적합화한다. (2) 중요도는 직접적으로 도출되고, 결과를 결합하는 데 어떠한 가중값도 필요하지 않다. (3) 결론은 일반적이어서 극단치나 과적합에 의한 편향이 적다. (4) 중요도 점수가 전체 금융 상품에 걸쳐 평균화되는 것이 아니므로 대체 효과가 이 점수를 줄이지 못한다.

저자는 특성 중요도뿐만 아니라 분류기를 금융 상품 집합에 대해 적합화할 때에도 특성 스태킹을 선호하는데, 모델 예측의 목적도 포함하고 있다. 이는 특정 금융 상품 또는 작은 데이터셋에서 추정기를 과적합하는 경향을 줄인다. 스태킹의 주요 단점은 엄청난 메모리와 자원을 소모할 수 있다는 것인데, 이때 HPC^{High Performance Computing} 기법을 사용하면 편리할 것이다 (20~22장).

8.6 합성 데이터를 사용한 실험

이런 특성 중요도 방법이 합성 데이터에 어떻게 반응하는지 테스트해 본다. 여기서는 세 가지 특성을 가진 데이터셋 (X, y)를 생성한다.

1. 정보성: 이런 특성들은 레이블을 결정할 때 사용된다.
2. 중복성: 이들은 정보성 특성들의 랜덤 선형 결합이다. 이들은 대체 효과를 야기한다.
3. 잡음: 이들 특성은 관측값 레이블 결정과 아무런 관련이 없다.

코드 8.7은 10,000개 관측값에서 40개 특성(10개만이 정보성이고, 10개는 중복성, 20개는 잡음)인 합성 데이터셋을 생성하는 것을 보여 준다. sklearn로 합성 데이터를 생성하는 자세한 사항은 http://scikitlearn.org/stable/ modules/generated/sklearn.datasets.make_classification.html을 참고하기 바란다.

코드 8.7 합성 데이터셋의 생성

```
def getTestData(n_features=40,n_informative=10,n_redundant=10,n_samples=10000):
    # 분류 문제를 위한 랜덤 데이터셋 생성
    from sklearn.datasets import make_classification
    trnsX,cont=make_classification(n_samples=n_samples,n_features=n_features,
        n_informative=n_informative,n_redundant=n_redundant, random_state=0,
        shuffle=False)
    df0=pd.DatetimeIndex(periods=n_samples,freq=pd.tseries.offsets.BDay(),
                         end=pd.datetime.today())
    trnsX,cont=pd.DataFrame(trnsX,index=df0),
                           pd.Series(cont,index=df0).to_frame('bin')
    df0=['I_'+str(i) for i in xrange(n_informative)]+
        ['R_'+str(i) for i in xrange(n_redundant)]
    df0+=['N_'+str(i) for i in xrange(n_features-len(df0))]
    trnsX.columns=df0
    cont['w']=1./cont.shape[0]
    cont['t1']=pd.Series(cont.index,index=cont.index)
    return trnsX,cont
```

어떤 특성이 각 클래스에 속해 있는지 확실히 알게 되면 세 가지 특성 중요
도 방법이 설계된 대로 작동하는지 평가할 수 있다. 이제 동일한 데이터셋
에 대해 각 분석을 수행하는 함수가 필요하다. 코드 8.8은 결정 트리를 기
본 분류기로 사용해 수행한다(6장).

코드 8.8 모든 방법에 대해 특성 중요도 호출

```
def featImportance(trnsX,cont,n_estimators=1000,cv=10,max_samples=1.,num
               Threads=24,pctEmbargo=0,scoring='accuracy',method='SF
               I',minWLeaf=0.,**kargs):
    # RF의 특성 중요도
    from sklearn.tree import DecisionTreeClassifier
    from sklearn.ensemble import BaggingClassifier
    from mpEngine import mpPandasObj
    n_jobs=(-1 if numThreads>1 else 1) # dirac1에서 하나의 ht_helper 스레드 실행
```

```
#1) 마스킹을 방지하고자 classifier,cv. max_features=1로 설정
clf=DecisionTreeClassifier(criterion='entropy',max_features=1,
    class_weight='balanced',min_weight_fraction_leaf=minWLeaf)
clf=BaggingClassifier(base_estimator=clf,n_estimators=n_
    estimators,max_features=1.,max_samples=max_samples,oob_
    score=True,n_jobs=n_jobs)
fit=clf.fit(X=trnsX,y=cont['bin'],sample_weight=cont['w'].values)
oob=fit.oob_score_
if method=='MDI':
    imp=featImpMDI(fit,featNames=trnsX.columns)
    OOS=cvScore(clf,X=trnsX,y=cont['bin'],cv=cv,sample_weight=
            cont['w'],t1=cont['t1'],pctEmbargo=pctEmbargo,scorin
            g=scoring).mean()
elif method=='MDA':
    imp,oos=featImpMDA(clf,X=trnsX,y=cont['bin'],cv=cv,sample_weight
            =cont['w'],t1=cont['t1'],pctEmbargo=pctEmbarg
            o,scoring=scoring)
elif method=='SFI':
    cvGen=PurgedKFold(n_splits=cv,t1=cont['t1'],pctEmbargo=pctEmbargo)
    OOS=cvScore(clf,X=trnsX,y=cont['bin'],sample_weight=cont['w'],sc
        oring=scoring,cvGen=cvGen).mean()
    clf.n_jobs=1 # paralellize auxFeatImpSFI rather than clf
    imp=mpPandasObj(auxFeatImpSFI,('featNames',trnsX.columns),
        numThreads,clf=clf,trnsX=trnsX,cont=cont,scoring=scoring,cvGe
        n=cvGen)
return imp,oob,oos
```

마지막으로 데이터 생성으로부터 특성 중요도 분석, 결과물의 수집과 가공
에 이르는 모든 요소를 호출하는 메인 함수가 필요하다. 이런 과제들은 코
드 8.9에서 수행한다.

코드 8.9 모든 구성 요소 호출

```
def testFunc(n_features=40,n_informative=10,n_redundant=10,
        n_estimators=1000,n_samples=10000,cv=10):
    # 인공 데이터에 대한 특성 중요도 함수의 성능을 테스트
```

```
# Nr 잡음 특성 = n_features-n_informative-n_redundant
trnsX,cont=getTestData(n_features,n_informative,n_redundant,n_samples)
dict0={'minWLeaf':[0.],'scoring':['accuracy'],'method':['MDI','MDA',
    'SFI'],'max_samples':[1.]}
jobs,out=(dict(izip(dict0,i)) for i in product(*dict0.values())),[]
kargs={'pathOut':'./testFunc/','n_estimators':n_estimators,
    'tag':'testFunc','cv':cv}
for job in jobs:
    job['simNum']=job['method']+'_'+job['scoring']+'_'+'%.2f'%job['m
                inWLeaf']+ \'_'+str(job['max_samples'])
    print job['simNum']
    kargs.update(job)
    imp,oob,oos=featImportance(trnsX=trnsX,cont=cont,**kargs)
    plotFeatImportance(imp=imp,oob=oob,oos=oos,**kargs)
    df0=imp[['mean']]/imp['mean'].abs().sum()
    df0['type']=[i[0] for i in df0.index]
    df0=df0.groupby('type')['mean'].sum().to_dict()
    df0.update({'oob':oob,'oos':oos});df0.update(job)
    out.append(df0)
out=pd.DataFrame(out).sort_values(['method','scoring','minWLeaf',
                    'max_samples'])
out=out['method','scoring','minWLeaf','max_samples','I','R','N','oob',
        'oos']
out.to_csv(kargs['pathOut']+'stats.csv')
return
```

코드 8.10는 특성 중요도를 미적으로 잘 나타낸 그림을 제공한다.

코드 8.10 특성 중요도 그래프 함수

```
def plotFeatImportance(pathOut,imp,oob,oos,method,tag=0,simNum=0,
                    **kargs):
    # std로 평균 imp 바 그래프
    mpl.figure(figsize=(10,imp.shape[0]/5.))
    imp=imp.sort_values('mean',ascending=True)
    ax=imp['mean'].plot(kind='barh',color='b',alpha=.25,xerr=imp['std'],
                    error_kw={'ecolor':'r'})
```

```
if method=='MDI':
    mpl.xlim([0,imp.sum(axis=1).max()])
    mpl.axvline(1./imp.shape[0],linewidth=1,color='r',linestyle='dotted')
ax.get_yaxis().set_visible(False)
for i,j in zip(ax.patches,imp.index):ax.text(i.get_width()/2,i.get_
                y()+i.get_height()/2,j,ha='center',va='center',color='
                black')
mpl.title('tag='+tag+' | simNum='+str(simNum)+' | oob=
        '+str(round(oob,4))+' | oos='+str(round(oos,4)))
mpl.savefig(pathOut+'featImportance_'+str(simNum)+'.png',dpi=100)
mpl.clf();mpl.close()
return
```

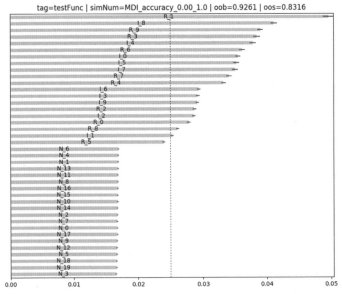

그림 8-2 합성 데이터셋에서 계산한 MDI 특성 중요도

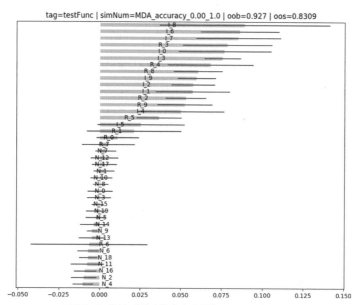

그림 8-3 합성 데이터셋에서 계산한 MDA 특성 중요도

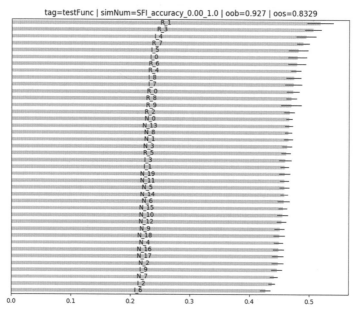

그림 8-4 합성 데이터 세트에서 계산한 SFI 특징 중요도

그림 8-2는 MDI의 결과를 보여 준다. 각 특성에 대해 수평 바는 모든 결정 트리의 평균 MDI 값을 나타내고, 수평선은 평균의 표준 편차를 나타낸다. MDI 중요도의 합은 1이므로 모든 특성이 동일하게 중요하다면 각 중요도는 1/40의 값을 가질 것이다. 점선으로 된 수직선은 1/40 임계값의 위치를 보여 주는데, 기대보다 더 큰 중요도를 가진 특성을 중요하지 않은 특성들로부터 분리한다. 그림에서 알 수 있듯이 MDI는 정보성과 중복성 특성을 붉은색 점선 위로 배치하는 것을 아주 잘 수행한다. R_5는 예외였는데, 약간의 차이로 컷을 통과하지 못했다. 대체 효과는 일부 정보성이나 중복성 특성을 다른 것보다 더 높은 순위를 부여했는데, 이는 예상한 결과다.

그림 8-3은 MDA도 작동한다는 것을 보여 준다. 모든 정보성과 중복성 특성의 순위가 잡음보다 높은 순위를 기록했는데, 이는 MDI의 결과와 일치한다. R_6만이 예외였는데, 아마도 대체 효과로 인한 것으로 보인다. MDA 중 그다지 양성적이지 못한 측면 중 한 가지는 평균의 표준 편차가 다소 높다는 점인데, 이는 제거 K겹 교차 검증의 분할 개수를 증가(예를 들어, 10에서 100으로 증가)시키면 해결할 수 있다(만약 병렬 처리가 없다면 10배의 계산 시간이 필요하다).

그림 8-4는 SFI도 괜찮은 역할을 수행한다는 것을 보여 준다. 그러나 몇 가지 중요한 특성 순위가 잡음보다 낮게 평가됐는데(I_6, I_2, I_9, I_1, I_3, R_5), 이는 아마도 결합 효과 때문인 것으로 보인다. 레이블은 특성 조합의 함수이고, 이들을 개별적으로 예측하려면 결합 효과를 놓치게 된다. SFI는 여전히 MDI와 MDA를 보완하는 역할로서 유용한데, 두 형태의 분석 모두 서로 다른 종류의 문제에 영향을 받기 때문이다.

연습 문제

8.1 8.6절의 코드를 사용해,

    (a) 데이터셋 (X, y)를 생성하라.

    (b) PCA 변환을 X에 적용하라. 이를 $\dot{X}$라 표기한다.

    (c) $(\dot{X}, y)$에 MDI, MDA, SFI 특성 중요도를 계산하라. 여기서 기본 추정기는 RF다.

    (d) 세 가지 기법이 주요 특성에 대해 서로 일치하는가? 그 이유는 무엇인가?

8.2 연습 문제 1에서 새로운 데이터셋 $(\ddot{X}, y)$를 생성하라. 여기서 $\ddot{X}$는 X와 $\dot{X}$ 특성의 합집합이다.

    (a) $(\ddot{X}, y)$에 MDI, MDA, SFI 특성 중요도를 계산하라. 여기서 기본 추정기는 RF다.

    (b) 세 가지 기법이 주요 특성에 대해 서로 일치하는가? 그 이유는 무엇인가?

8.3 연습 문제 2의 결과를 가져오라.

    (a) 각 기법에 따라 가장 중요한 특성을 제거한 후 특성 행렬 $\dddot{X}$를 만들라.

    (b) $(\dddot{X}, y)$에 대해 MDI, MDA, SFI 특성 중요도를 계산하라. 기본 추정기는 RF다.

    (c) 연습 문제 2와 비교해 주요 특성의 순위에 큰 변화를 인식할 수 있는가?

8.4 8.6절에 있는 코드를 사용하라.

    (a) 1E6개 관측값의 데이터셋 (X, y)를 생성하라. 이 중 5개 특성은 정보성이고, 5개는 중복성이며, 10개는 잡음이다.

    (b) (X, y)를 10개 데이터셋 $\{(X_i, y_i)\}_{i=1, \ldots, 10}$으로 분할하고, 각각 1E5개씩 관측값을 갖는다.

    (c) 10개의 데이터셋, $\{(X_i, y_i)\}_{i=1, \ldots, 10}$에 대해 병렬화된 특성 중요

도(8.5절)를 계산하라.

(d) 병합된 데이터셋 (X, y)에 대해 스태킹된 특성 중요도를 계산하라.

(e) 둘 사이에 차이가 생기는 원인은 무엇인가? 어느 것이 더 신뢰할 수 있는가?

8.5 연습 문제 1~4에서 MDI 계산을 반복하라. 그러나 이번에는 마스킹 효과를 허용하라. 즉 코드 8.2에서 `max_features=int(1)`를 설정하지 말아야 한다. 이 변화로 인해 결과는 어떻게 달라지는가? 그 이유는 무엇인가?

참고 자료

American Statistical Association(2016): "Ethical guidelines for Statistical practice." Committee on Professional Ethics of the American Statistical Association (April). Available at http://www.amstat.org/asa/files/pdfs/ EthicalGuidelines.pdf.

Belsley, D., E. Kuh and R.Welsch(1980): *Regression Diagnostics: Identifying Influential Data and Sources of Collinearity*, 1st ed. John Wiley & Sons.

Goldberger, A.(1991): *A Course in Econometrics*. Harvard University Press, 1st edition.

Hill, R. and L. Adkins(2001): "Collinearity." In Baltagi, BadiH. *A Companion to Theoretical Econometrics*, 1st ed. Blackwell, pp. 256~278.

Louppe, G., L. Wehenkel, A. Sutera and P. Geurts(2013): "Understanding variable importances in forests of randomized trees." Proceedings of the 26th International Conference on Neural Information Processing Systems, pp. 431~439.

Strobl, C., A. Boulesteix, A. Zeileis and T. Hothorn(2007): "Bias in random forest variable importance measures: Illustrations, sources and a solution." *BMC Bioinformatics*, Vol. 8, No. 25, pp. 1~11.

White, A. and W. Liu(1994): "Technical note: Bias in information-based measures in decision tree induction." *Machine Learning*, Vol. 15, No. 3, pp. 321~329.

09
교차 검증을 통한
하이퍼 파라미터 튜닝

9.1 동기

하이퍼 파라미터 튜닝은 머신러닝 알고리즘 적합화 단계에서 필수적인 과정이다. 이 단계가 적절히 이뤄지지 못한다면 알고리즘은 과적합되기 쉽고, 실제 성과는 실망스러울 것이다. 머신러닝 문헌들은 튜닝된 모든 하이퍼 파라미터에 대해 교차 검증하는 것에 특별히 주목하고 있다. 7장에서 살펴본 것처럼 금융에서의 교차 검증은 특히 어려운 문제이고, 다른 분야에서 사용하는 해법은 실패하기 십상이다. 9장에서는 제거 적용 K겹 CV 방법을 사용해 하이퍼 파라미터를 튜닝하는 방법을 알아본다. 참고 자료에는 특정 문제에 유용할 수 있는 대안 방법을 제시하는 연구들이 나열돼 있다.

9.2 그리드 검색 교차 검증

그리드 검색 교차 검증은 사용자 정의 점수 함수에 따라 교차 검증 성과를 최대화하는 파라미터 조합을 완전 탐색을 통해 수행한다. 기저 데이터 구조에 대해 잘 모를 경우 가장 먼저 취할 수 있는 합리적인 방법이다. scikit-learn은 이 방법을 GridSearchCV 함수로 구현했는데 교차 검증 생성자를 인수로 받는다. 7장에서 설명했던 이유로 GridSearchCV가 누출된 정보로 머신 러닝 추정기를 과적합하는 것을 방지하려면 PurgedKFold 클래스를 전달해야 한다(코드 7.3).

코드 9.1 제거 K겹 교차 검증을 사용한 그리드 검색

```
def clfHyperFit(feat,lbl,t1,pipe_clf,param_grid,cv=3,bagging=
            [0,None,1.],n_jobs=-1,pctEmbargo=0,**fit_params):
    if set(lbl.values)=={0,1}:scoring='f1' # 메타 레이블링을 위한 f1
    else:scoring='neg_log_loss' # 모든 경우에 대한 대칭
    #1) 학습 데이터에 대한 하이퍼 파라미터 검색
    inner_cv=PurgedKFold(n_splits=cv,t1=t1,pctEmbargo=pctEmbargo) # 퍼지
    gs=GridSearchCV(estimator=pipe_clf,param_grid=param_grid,
        scoring=scoring,cv=inner_cv,n_jobs=n_jobs,iid=False)
    gs=gs.fit(feat,lbl,**fit_params).best_estimator_ # 파이프라인
    #2) 데이터 전체에 대해 검증된 모델 적합화
    if bagging[1]>0:
        gs=BaggingClassifier(base_estimator=MyPipeline(gs.steps),
            n_estimators=int(bagging[0]),max_samples=float(bagging[1]),
            max_features=float(bagging[2]),n_jobs=n_jobs)
        gs=gs.fit(feat,lbl,sample_weight=fit_params \
            [gs.base_estimator.steps[-1][0]+' sample_weight'])
        gs=Pipeline([('bag',gs)])
    return gs
```

코드 9.1은 제거 적용 GridSearchCV 함수를 구현한 clfHyperFit를 보여 준다. 인수 fit_params는 sample_weight를 전달할 수 있고, param_grid는 그리드에 병합될 값을 갖고 있다. 또한 이 함수는 튜닝된 추정기의 배깅이 가능하다. 추정기를 배깅하는 것은 6장에서 설명한 이유로 일반적으로 좋은 생각이고, 앞의 함수는 이런 목적을 위해 배깅 논리를 포함한다.

여기서 다음의 이유로 메타 레이블링 응용의 맥락에서 scoring='f1'을 사용하길 권장한다. 음(즉 레이블 0)의 경우가 대량으로 가진 표본이 있다고 가정해 보자. 모든 경우를 무조건 음으로 예측하는 분류기는 비록 특성으로

부터 클래스를 어떻게 분류하는지 전혀 학습하지 않은 상태에서도 높은 'accuracy' 또는 'neg_log_loss' 값을 얻을 것이다. 사실 이런 모델은 0의 재현율recall과 정의되지 않는 정밀도를 가진다(3.7절 참조). 'f1' 점수는 이러한 성능 부풀림을 정밀도와 재현율을 사용해 분류기의 점수를 매김으로써 교정할 수 있다(14.8절 참조).

다른 응용(비메타 레이블링)에서는 모든 경우를 예측하는 데 동일한 관심을 가지므로 'accuracy'나 'neg_log_loss'를 사용해도 된다. 모든 경우를 다시 레이블링을 한다고 해서 'accuracy'나 'neg_log_loss'에는 영향을 미칠 수 없다는 점에 주목하자. 그러나 다시 레이블링하면 'f1'에 영향을 미친다.

이 예제는 sklearn의 Pipeline이 가진 한계 중 하나를 보여 주는데, fit 메서드가 sample_weight를 전달받지 않는다. 그 대신 fit_params 키워드 인수를 사용한다. 이는 깃허브에 보고된 버그이지만, 코딩을 다시하고 테스트해 수정하는 대신 많은 시간이 소요될 것이다. 그때까지는 코드 9.2에 있는 우회 방법을 사용하라. 코드 9.2에는 MyPipeline이라는 이름의 새로운 클래스를 생성하는데, sklearn의 Pipeline 모든 메서드를 상속한다. 이 클래스는 상속된 fit 메서드를 sample_weight 인수를 처리하는 새로운 것으로 대체한 후 부모 클래스로 재전송한다.

코드 9.2 보강된 PIPELINE 클래스

```
class MyPipeline(Pipeline):
    def fit(self,X,y,sample_weight=None,**fit_params):
        if sample_weight is not None:
            fit_params[self.steps[-1][0]+' sample_weight']=sample_weight
        return super(MyPipeline,self).fit(X,y,**fit_params)
```

클래스를 확장하는 방법에 익숙하지 않다면 스택 오버 플로^{stackoverflow}에서 다음 소개글을 읽어 보면 좋을 것이다. http://stackoverflow.com/questions/576169/understanding−python−super−with−init−methods.

9.3 랜덤 검색 교차 검증

많은 수의 파라미터를 가진 머신러닝 알고리즘의 경우 그리드 검색 교차 검증은 감당할 수 없는 계산량이 소요된다. 이 경우에 좋은 통계적 성질을 가진 대안은 각 파라미터를 분포로부터 추출하는 것이다(Begstra et al. 2011, 2012). 이 방법에는 두 가지 장점이 있다. 첫째, 문제의 차원에 상관없이 검색하고자 하는 조합의 개수를 통제할 수 있다(예산과 동일하도록). 둘째, 상대적으로 성과와 무관한 파라미터를 갖고 있더라도 그리드 검색 교차 검증의 경우처럼 검색 시간이 크게 늘지 않는다.

RandomizedSearchCV로 작업하고자 새로운 함수를 작성하는 대신, 코드 9.1을 확장해 이런 목적에 맞도록 옵션을 포함시킨다. 코드 9.3에 가능한 구현 방법 하나를 보여 준다.

코드 9.3 제거 K겹 CV를 사용한 랜덤 검색

```
def clfHyperFit(feat,lbl,t1,pipe_clf,param_grid,cv=3,bagging=[0,None,1.],
                rndSearchIter=0,n_jobs=-1,pctEmbargo=0,**fit_params):
    if set(lbl.values)=={0,1}:scoring='f1' # 메타 레이블링을 위한 f1 점수
    else:scoring='neg_log_loss' # 모든 경우에 대칭임
    #1) 학습 데이터에서 하이퍼 파라미터 검색
    inner_cv=PurgedKFold(n_splits=cv,t1=t1,pctEmbargo=pctEmbargo) # 퍼지
    if rndSearchIter==0:
        gs=GridSearchCV(estimator=pipe_clf,param_grid=param_grid,
            scoring=scoring,cv=inner_cv,n_jobs=n_jobs,iid=False)
    else:
    gs=RandomizedSearchCV(estimator=pipe_clf,param_distributions= \
```

```
        param_grid,scoring=scoring,cv=inner_cv,n_jobs=n_jobs,
        iid=False,n_iter=rndSearchIter)
    gs=gs.fit(feat,lbl,**fit_params).best_estimator_ # 파이프라인
    #2) 전체 데이터에 검증된 모델 적합화
    if bagging[1]>0:
        gs=BaggingClassifier(base_estimator=MyPipeline(gs.steps),
            n_estimators=int(bagging[0]),max_samples=float(bagging[1]),
            max_features=float(bagging[2]),n_jobs=n_jobs)
        gs=gs.fit(feat,lbl,sample_weight=fit_params \
            [gs.base_estimator.steps[-1][0]+' sample_weight'])
        gs=Pipeline([('bag',gs)])
    return gs
```

9.3.1 로그 균등 분포

일부 머신러닝 알고리즘은 흔히 음수가 아닌 하이퍼 파라미터만 허용한다.
이는 일부 아주 유명한 파라미터에도 해당되는데 예를 들어, SVC 분류기
의 C나 RBF 커널의 gamma와 같은 경우다.[1] 0에서부터 적당히 큰 수, 예컨
대 100 정도 되는 사이에 균등 분포의 랜덤 수를 발생시킬 수 있다. 이 경
우 99%의 발생된 수가 1보다 클 것으로 예상된다. 함수의 반응이 선형이
아닌 파라미터의 실현 가능 영역을 검색하는 데 가장 좋은 방법이 되지 못
할 수 있다. 예를 들어, SVC에 있어 C의 반응은 0.01에서 1 사이의 증가
나 1부터 100 사이의 증가와 비슷할 수 있다.[2] 그러므로 $U[0, 100]$(균등) 분
포로부터 C를 추출하는 것은 비효율적일 수 있다. 이런 경우에는 추출의
로그^{logarithm}값이 균등한 분포로부터 값을 추출하는 것이 좀 더 효율적이다.
저자는 이것을 '로그 균등 분포'라고 부르는데 문헌 어디에도 해당하는 용
어를 찾을 수 없다. 이제 이를 적절히 정의할 필요가 있다.

랜덤 변수 x는 오로지 $\log[x] \sim U[\log[a], \log[b]]$일 경우에만 $a > 0$와 $b > a$
사이에서 로그 균등 분포를 따른다. 이 분포는 다음의 누적 분포 함수^{CDF}를

---

1 http://scikit-learn.org/stable/modules/metrics.html
2 http://scikit-learn.org/stable/auto_examples/svm/plot_rbf_parameters.html

가진다.

$$F[x] = \begin{cases} \dfrac{\log[x] - \log[a]}{\log[b] - \log[a]} & a \leq x \leq b\text{에 대해서} \\ 0 & x \leq a\text{에 대해서} \\ 1 & x \leq b\text{에 대해서} \end{cases}$$

이로부터 확률 분포 함수$^{\text{PDF, Probability Distribution Function}}$를 도출할 수 있다.

$$f[x] = \begin{cases} \dfrac{1}{x \log[b/a]} & a \leq x \leq b\text{에 대해서} \\ 0 & x \leq a\text{에 대해서} \\ 0 & x \leq b\text{에 대해서} \end{cases}$$

CDF는 로그의 밑과는 무관하다는 점에 주목하자. 모든 c에 대해 $\dfrac{\log\left[\frac{x}{a}\right]}{\log\left[\frac{b}{a}\right]} = \dfrac{\log_c\left[\frac{x}{a}\right]}{\log_c\left[\frac{b}{a}\right]}$이므로 랜덤 변수는 c의 함수가 아니다. 코드 9.4는 $[a, b] = [1E-3,$ $1E3]$일 때 랜덤 변수를 scipy.stats에서 구현(그리고 테스트)한다. 그러므로 $\log[x] \sim U[\log[1E-3], \log[1E3]]$이다. 그림 9-1은 로그 스케일에서의 표본의 균등성^{uniformity}을 보여 준다.

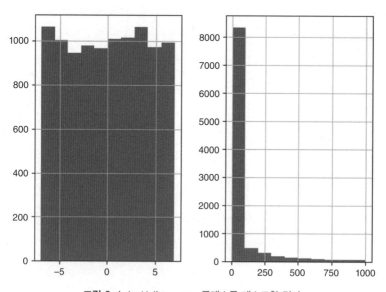

그림 9-1 logUniform_gen 클래스를 테스트한 결과

코드 9.4 logUniform_gen 클래스

```python
import numpy as np,pandas as pd,matplotlib.pyplot as mpl
from scipy.stats import rv_continuous,kstest
#————————————————————————————————
class logUniform_gen(rv_continuous):
    # 1과 e 사이의 로그 균등 분포로부터의 랜덤 수
    def _cdf(self,x):
        return np.log(x/self.a)/np.log(self.b/self.a)
def logUniform(a=1,b=np.exp(1)):return logUniform_gen(a=a,b=b,name=
        'logUniform')
#————————————————————————————————
a,b,size=1E-3,1E3,10000
vals=logUniform(a=a,b=b).rvs(size=size)
print kstest(rvs=np.log(vals),cdf='uniform',args=(np.log(a),np.log(b/
        a)),N=size)
print pd.Series(vals).describe()
mpl.subplot(121)
pd.Series(np.log(vals)).hist()
mpl.subplot(122)
pd.Series(vals).hist()
mpl.show()
```

9.4 점수 함수 및 하이퍼 파라미터 튜닝

코드 9.1과 9.3은 메타 레이블 응용에서 scoring='f1'로 설정했다. 다른 응용에서는 표준 scoring='accuracy' 대신 scoring='neg_log_loss'로 설정했다. 비록 정확도[accuracy]가 더 직관적으로 해석되지만, 투자 전략의 하이퍼 파라미터 튜닝에 있어서는 neg_log_loss를 사용하길 권장한다. 그 이유를 설명하겠다.

머신러닝 투자 전략이 높은 확률로 증권을 매수해야 한다는 예측을 했다고 가정해 보자. 전략에 대한 확신이 높으므로 대규모 롱 포지션을 취할 것이다. 만약 이 예측이 오류여서 시장이 하락한다면 많은 돈을 잃게 될 것이다. 하지만 정확도는 높은 확률로 잘못된 매수 예측을 한 경우와 낮은 확률로 잘못된 매수 예측을 한 경우를 동일하게 취급한다. 게다가 정확도는 높은 확률의 실수와 낮은 확률의 성공을 서로 상쇄시켜 버릴 수도 있다.

투자 전략은 높은 신뢰도로 올바른 레이블을 예측해야 수익을 얻을 수 있다. 낮은 신뢰도의 좋은 예측으로부터 획득하는 수익은 높은 신뢰도의 잘못된 예측으로부터 입는 손실을 만회하기에 충분하지 못하다. 이런 이유로 정확도는 분류기 성과의 현실적 점수를 반영하지 못한다. 이와 반대로 로그 손실[3](교차 엔트로피 손실로도 알려져 있다)은 참 레이블이 주어졌을 때 분류기의 로그 우도를 계산하는데, 이는 예측 확률을 고려한다. 로그 손실은 다음과 같이 측정할 수 있다.

$$L\left[Y, P\right] = -\log\left[\text{Prob}\left[Y \mid P\right]\right] = -N^{-1}\sum_{n=0}^{N-1}\sum_{k=0}^{K-1} y_{n,k}\log\left[p_{n,k}\right]$$

여기서

- $p_{n,k}$는 레이블 k의 예측 n과 연관된 확률이다.
- Y는 K 이진 지표 행렬의 하나로서 관측값 n이 K 가능한 레이블 중 하나인 레이블 k에 할당되면 $y_{n,k} = 1$이고 아니면 0이다.

분류기가 2개의 1을 예측했다고 가정해 보자. 여기서 실제의 참 레이블은 1과 0 이라고 가정하자. 첫 번째 예측은 맞았지만, 두 번째 예측은 빗나갔으므로 정확도는 50%가 된다. 그림 9-2는 이런 예측들이 [0.5, 0.9] 사이의 확률에서 이뤄질 때의 교차 엔트로피 손실 그래프를 보여 준다. 그림의 오른쪽을 보면 전체적인 정확도는 50%이지만, 로그 손실은 높은 확률을 가진 빗나간 예측 때문에 매우 크다.

---

3 http://scikit-learn.org/stable/modules/model_evaluation.html#log-loss

정확도보다 교차 엔트로피 손실을 선호하는 두 번째 이유가 있다. 교차 검증은 샘플 가중값을 적용해 분류기의 점수를 구한다(7.5절 참조). 4장에서 관측 가중값은 관측의 절대 수익률의 함수로 결정됐다는 것을 기억할 것이다. 이는 샘플 가중값 교차 엔트로피 손실은 분류기의 성과를 추정하는데 시가 평가 이익과 손실과 관련된 변수 관점에서 추정함을 의미한다. 방향성에는 정확한 레이블을, 포지션의 크기에는 확률을, 관측값의 수익률/결과에 대해서는 샘플 가중값을 사용한다. 로그 손실은 금융 응용에 있어 하이퍼 파라미터 튜닝을 위한 적절한 머신러닝 성과 척도가 되지만, 정확도는 그렇지 않다.

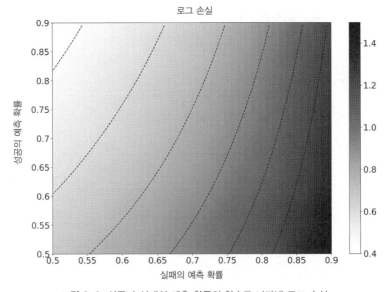

그림 9-2 성공과 실패의 예측 확률의 함수로 나타낸 로그 손실

로그 손실을 성과 점수로 사용할 때 대개 부호를 바꾸는 것을 선호하는데, 이 때문에 '음수 로그 손실^{neg log loss}'이라 불린다. 이렇게 바꾸는 이유는 직관적으로 보기 좋게 하기 위해서다. 즉 정확도에서와 마찬가지로 높은 음수 로그 손실을 낮은 음수 로그 손실보다 더 선호하도록 위해서다. neg_log_loss를 사용할 때는 sklearn의 다음 버그를 기억하자. https://github.

com/scikit-learn/scikit-learn/issues/9144. 이 문제를 우회하려면 7장에서 설명한 cvScore 함수를 사용해야 한다.

연습 문제

9.1 8장의 getTestData 함수를 사용해 10개의 특성을 가진 10,000개의 관측값을 생성하라. 이 중 5개는 정보성, 5개는 잡음이다.

  (a) GridSearchCV를 10겹 CV에 사용해 RBF 커널을 갖고 있는 SVC의 최적 하이퍼 파라미터 C, gamma를 찾아라. 여기서 param_grid={'C':[1E-2,1E-1,1,10,100],'gamma':[1E-2,1E-1,1,10,100]}이고, 점수화 함수는 neg_log_loss다.

  (b) 그리드에 노드는 몇 개가 있는가?

  (c) 최적해를 찾으려면 몇 번의 적합화가 필요한가?

  (d) 이 해법을 찾는 데 걸린 시간은 얼마인가?

  (e) 최적 결과는 어떻게 얻을 수 있는가?

  (f) 최적 파라미터 조합의 교차 검증 점수는 얼마인가?

  (g) SVC에 샘플 가중값을 전달하는 방법은 무엇인가?

9.2 연습 문제 1과 동일한 데이터셋을 사용하라.

  (a) RandomizedSearchCV를 10겹 CV에 사용해 RBF 커널을 갖고 있는 SVC의 최적 하이퍼 파라미터 C, gamma를 찾아라. 여기서 param_distributions={'C':logUniform(a=1E-2,b=1E2),'gamma':logUniform(a=1E-2,b=1E2)},n_iter=25이고, 점수 함수는 neg_log_loss다.

  (b) 이 해법을 찾는 데 걸린 시간은 얼마인가?

  (c) 최적 파라미터 조합이 연습 문제 1에서 찾은 것과 유사한가?

  (d) 최적 파라미터 조합의 교차 검증 점수는? 연습 문제 1의 교차 검증 점수와 비교하면 어떠한가?

9.3 연습 문제 1로부터

(a) 1의 a로부터 샘플 내[15] 예측 결과의 샤프 비율을 계산하라(샤프 비율의 정의는 14장을 참조하라).

(b) 1의 a를 반복하라. 이번에는 점수 함수로 accuracy를 사용하라. 튜닝된 하이퍼 파라미터로부터 도출된 샘플 내 예측을 계산해 보라.

(c) 어느 점수 함수가 더 높은 (샘플 내) 샤프 비율을 나타내는가?

9.4 연습 문제 2로부터,

(a) 2의 a로부터 샘플 내 예측의 샤프 비율을 계산하라.

(b) 2의 a를 반복하라. 이번에는 점수 함수로 accuracy를 사용하라. 튜닝된 하이퍼 파라미터로부터 도출된 샘플 내 예측을 계산해 보라.

(c) 어느 점수 함수가 더 높은(샘플 내) 샤프 비율을 나타내는가?

9.5 로그 손실 함수, $L[Y, P]$의 정의를 읽어 보라.

(a) neg_log_loss가 음수 로그 손실인 $-L[Y, P]$로 정의된 이유는 무엇인가?

(b) 음수 로그 손실이 아니라 로그 손실을 최대화하면 어떤 결과가 도출되는가?

9.6 예측의 신뢰도와 무관하게 동일한 크기로 베팅하는 투자 전략을 고려해 보자. 이 경우 하이퍼 파라미터 튜닝을 위해서는 정확도와 교차 엔트로피 손실 중 어느 것이 점수 함수로서 더 적절한가?

참고 자료

Bergstra, J., R. Bardenet, Y. Bengio and B. Kegl(2011): "Algorithms for hyper- parameter optimization." *Advances in Neural Information Processing Systems*, pp. 2546~2554.

Bergstra, J. and Y. Bengio(2012): "Random search for hyper-parameter optimization." *Journal of Machine Learning Research*, Vol. 13, pp. 281~305.

참고 문헌

Chapelle, O., V. Vapnik, O. Bousquet and S. Mukherjee(2002): "Choosing multiple parameters for support vector machines." *Machine Learning*, Vol. 46, pp. 131~159.

Chuong, B., C. Foo and A. Ng(2008): "Efficient multiple hyperparameter learning for loglinear models." *Advances in Neural Information Processing Systems*, Vol. 20. Available at http://ai.stanford.edu/~chuongdo/papers/ learn_reg.pdf.

Gorissen, D., K. Crombecq, I. Couckuyt, P. Demeester and T. Dhaene(2010): "A surrogate modeling and adaptive sampling toolbox for computer based design." *Journal of Machine Learning Research*, Vol. 11, pp. 2051~2055.

Hsu, C., C. Chang and C. Lin(2010): "A practical guide to support vector classification." Technical report, National Taiwan University.

Hutter, F., H. Hoos and K. Leyton-Brown(2011): "Sequential model-based optimization for general algorithm configuration." Proceedings of the 5th international conference on Learning and Intelligent Optimization, pp. 507~523.

Larsen, J., L. Hansen, C. Svarer and M. Ohlsson(1996): "Design and regularization of neural networks: The optimal use of a validation set." Proceedings of the 1996 IEEE Signal Processing Society Workshop.

Maclaurin, D., D. Duvenaud and R. Adams(2015): "Gradient-based hyperparameter optimization through reversible learning." Working paper. Available at https://arxiv.org/abs/1502.03492.

Martinez-Cantin, R.(2014): "BayesOpt:ABayesian optimization library for nonlinear optimization, experimental design and bandits." *Journal of Machine Learning Research*, Vol. 15, pp. 3915~3919.

3부
백테스트

10

베팅 크기

10.1 동기

전략 게임과 투자 사이에는 놀랄 만한 유사성이 있다. 저자가 함께 일해 본 최고의 포트폴리오 매니저 중 일부는 훌륭한 포커 선수였는데, 아마도 체스 선수들보다 포커 선수들이 더 많았던 것 같다. 그 이유 중 하나는 베팅 크기 때문인데, 텍사스 홀덤$^{Texas\ Hold'em}$ 게임의 경우 대단한 유사점과 시사점을 제공한다. 머신러닝 알고리즘이 높은 정확도를 제공해 준다 하더라도 베팅 크기를 적절히 조절하지 않는다면 그 투자 전략은 불가피하게 손실을 초래할 것이다. 10장에서는 머신러닝 예측으로 베팅 크기를 정하는 몇 가지 접근 방법을 살펴본다.

10.2 전략 독립 베팅 크기 방식

동일한 상품에 대한 두 가지 전략을 고려해 보자. $m_{i,t} \in [-1, 1]$을 시점 t에서의 전략 i의 베팅 크기라고 하자. 여기서 $m_{i,t} = -1$은 완전 숏 포지션, $m_{i,t} = 1$은 완전 롱 포지션을 뜻한다. 전략 하나가 베팅 크기 시퀀스로 $[m_{1,1},$

$m_{1,2}, m_{1,3}$] = [.5, 1, 0]을 생성했고, 시장가는 [p_1, p_2, p_3] = [1, .5, 1.25]라고 하자. 여기서 p_t는 시점 t에서의 가격이다. 또 다른 전략은 금융 시장이 초기 포지션에 반대로 움직일 경우 베팅을 줄이도록 했기 때문에 [$m_{2,1}$, $m_{2,2}, m_{2,3}$] = [1, .5, 0]을 생성했다. 양쪽 전략 모두 정확히 예측했다(가격은 p_1과 p_3에서 25% 상승했다). 처음 전략은 이익(0.5)을 냈지만, 두 번째 전략은 손실(-0.125)이 발생했다.

거래 신호가 약해지기 전에 그 신호가 강해질 가능성에 대비해 현금을 확보할 수 있도록 포지션의 크기를 정하는 것을 선호한다. 선택할 수 있는 방법 중 하나는 계열 $c_t = c_{t,l} - c_{t,s}$를 계산하는 것인데, 여기서 $c_{t,l}$은 시점 t에서 공존하는concurrent 롱 베팅 개수, $c_{t,s}$는 시점 t에서 공존하는 숏 베팅 개수다. 여기서의 베팅 공존성bet concurrency은 각 방향side에 대해 4장에서 공존 레이블을 계산한 것과 비슷한 방법으로 도출됐다(시간 구간이 겹치는 t_1 객체를 기억하자). 로페즈 데 프라도와 포어맨(López de Prado and Foreman, 2014)에서 설명한 것과 같은 방법을 이용해 $\{c_t\}$에 두 가우시안 분포를 혼합한 것을 적용한다. 그러면 베팅 크기가 다음과 같이 유도된다.

$$
m_t = \begin{cases} \dfrac{F[c_t] - F[0]}{1 - F[0]} & \text{만약 } c_t \geq 0 \\ \dfrac{F[c_t] - F[0]}{F[0]} & \text{만약 } c_t \leq 0 \end{cases}
$$

여기서 $F[x]$는 값 x에 대한 두 혼합 가우시안 분포의 적합화된 누적 분포 함수CDF다. 예를 들어, 더 큰 값의 신호를 관찰할 확률이 단지 0.1일 때 베팅의 크기를 0.9로 설정할 수 있다. 신호가 강해질수록 신호가 더 강해질 확률은 점점 작아지므로 이에 따라 베팅의 크기는 더 커진다.

두 번째 방법은 예산 관리 방식을 따르는 것이다. 공존 롱 베팅의 최대 개수(또는 어떤 다른 분위값quantile) $\max_i\{c_{i,l}\}$와 공존 숏 베팅의 최대 개수 $\max_i\{c_{i,s}\}$를 계산한다. 그런 다음 베팅 크기를 다음과 같이 유도한다.

$$m_t = c_{t,l} \frac{1}{\max_i\{c_{i,l}\}} - c_{t,s} \frac{1}{\max_i\{c_{i,s}\}}$$

여기서 $c_{t,l}$은 시점 t에서의 공존 롱 베팅 개수, $c_{t,s}$는 시점 t에서의 공존 숏 베팅 개수다. 목표는 마지막 공존 신호가 발생하기 전에 최대 포지션에 도달하지 않도록 하는 것이다.

세 번째 방법은 3장에서 설명한 메타 레이블링을 적용하는 것이다. SVC나 RF와 같은 분류기를 적합화해 분류 확률을 결정하고, 이 확률을 사용해 베팅 크기를 도출한다.[1] 이 방법은 몇 가지 장점이 있다. 첫째, 베팅 크기를 결정하는 머신러닝 알고리즘은 1차 모델과 독립적이어서 거짓 양의 전조가 되는 특성을 포함할 수 있다(3장 참조). 둘째, 예측된 확률을 바로 베팅 크기로 바꿀 수 있다. 방법을 알아보자.

10.3 예측된 확률로부터 베팅 크기 조절

$p[x]$는 레이블 x가 나타날 확률이라고 표기하자. 두 가지 가능한 출력 $x \in \{-1, 1\}$에 대해 귀무가설 $H_0 : p[x = 1] = 1/2$을 검정해 보려고 한다. 검정 통계량 $z = \frac{p[x=1]-\frac{1}{2}}{\sqrt{p[x=1](1-p[x=1])}} = \frac{2p[x=1]-1}{2\sqrt{p[x=1](1-p[x=1])}} \sim Z, \ z \in (-\infty, +\infty)$을 계산한다. Z는 표준 정규 분포를 나타낸다. 베팅 크기는 $m = 2Z[z] - 1$로 도출하고, $m \in [-1, 1]$이며 $Z[.]$는 Z의 누적 분포 함수[CDF]다.

가능한 결과의 개수가 2개를 넘을 때는 1 대 나머지one-over-rest 방법을 사용한다. $X = \{-1, ..., 0, ..., 1\}$가 베팅 크기에 연계된 다양한 레이블이라 하고, $x \in X$를 예측된 레이블이라고 하자. 다시 말해 레이블은 레이블과 연계된 베팅 크기에 의해 식별된다. 각 레이블 $i = 1, ..., \|X\|$에 대해 확률 p_i를 추정한다. 단 $\sum_{i=1}^{\|X\|} p_i = 1$이다. $\tilde{p} = \max_i\{p_i\}$을 x의 확률로 정의하고 $H_0 : \tilde{}$

---

1 참고 자료에 이 확률을 도출하는 방법을 설명한 다수의 논문을 찾을 수 있다. 대개 이런 확률은 적합화의 이점이나 예측의 확신에 대한 정보를 포함한다. 'Wu et al.(2004)'과 다음 웹 사이트를 참고하라. http://scikit-learn.org/stable/modules/svm.html#scores-andprobabilities

$p = \frac{1}{\|X\|}$를 테스트해 보자.[2]

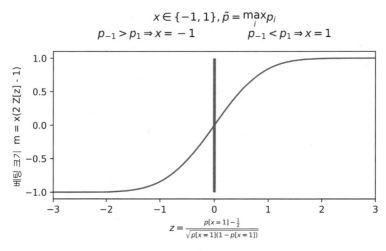

$$x \in \{-1, 1\}, \tilde{p} = \max_i p_i$$
$$p_{-1} > p_1 \Rightarrow x = -1 \qquad p_{-1} < p_1 \Rightarrow x = 1$$

$$z = \frac{p[x=1] - \frac{1}{2}}{\sqrt{p[x=1](1 - p[x=1])}}$$

그림 10-1 예측된 확률로부터의 베팅 크기

검정 통계량 $z = \frac{\tilde{p} - \frac{1}{\|X\|}}{\sqrt{\tilde{p}(1-\tilde{p})}} \sim Z$를 계산한다. $z[0, +\infty)$에서 베팅 크기를 $m = x\underbrace{(2Z[z] - 1)}_{\in [0,1]}$로 유도하는데, 여기서 $m \in [-1, 1]$이고, $Z[z]$는 예측 x에 대한 크기를 조절한다(여기서 포지션 방향은 x에 의해 암시된다).

그림 10-1은 베팅 크기를 검정 통계량의 함수로 나타낸 것이다. 코드 10.1은 확률을 베팅 크기로 변환하는 것을 구현하고 있다. 이 코드는 예측이 표준 레이블링 추정기는 물론 메타 레이블링 추정기로부터 나올 가능성도 함께 다루고 있다. 단계 2에서는 실행 중인 베팅을 평균화하고 마지막 값을 이산화하는데, 이는 10.4절에서 설명한다.

코드 10.1 확률에서 베팅 크기로

```
def getSignal(events,stepSize,prob,pred,numClasses,numThreads,**kargs):
```

---

2 불확실성은 모든 결과가 비슷한 확률로 나타날 때 극대화된다.

```
# 예측으로부터 신호 획득
if prob.shape[0]==0:return pd.Series()
#1) 다항 분류로부터 신호 생성(1 대 나머지, OvR)
signal0=(prob-1./numClasses)/(prob*(1.-prob))**.5 # OvR의 t 값
signal0=pred*(2*norm.cdf(signal0)-1) # 신호 = 방향성 * 크기
if 'side' in events:signal0*=events.loc[signal0.index,'side'] # 메타 레이블링
#2) 동시에 나타난 신호들의 평균을 계산
df0=signal0.to_frame('signal').join(events[['t1']],how='left')
df0=avgActiveSignals(df0,numThreads)
signal1=discreteSignal(signal0=df0,stepSize=stepSize)
return signal1
```

10.4 실행 중인 베팅의 평균화

모든 베팅은 보유 기간과 연계돼 있어 처음 투자 아이디어 생성 시간과 최초로 배리어에 도달한 시간 사이의 간격 t1이 존재한다(3장 참조). 한 가지 방법은 새로운 베팅이 도착하면 이전 베팅을 덮어쓰는 것인데, 이 방법은 과도한 포트폴리오 회전율을 유발할 가능성이 있다. 보다 합리적인 방법은 주어진 시간에 실행 중인 모든 베팅의 크기를 평균화하는 것이다. 코드 10.2는 이런 아이디어를 구현한 한 가지 방법을 보여 준다.

코드 10.2 실행 중인 베팅을 평균화함

```
def avgActiveSignals(signals,numThreads):
    # 실행 중인 신호들의 평균을 계산
    #1) 신호가 변화되는 시간(시작되거나 끝나는 점)
    tPnts=set(signals['t1'].dropna().values)
    tPnts=tPnts.union(signals.index.values)
    tPnts=list(tPnts);tPnts.sort()
    out=mpPandasObj(mpAvgActiveSignals,('molecule',tPnts),numThreads,sig
        nals=signals)
    return out
```

```
#————————————————————————
def mpAvgActiveSignals(signals,molecule):
    '''
```

시점 loc에서, 여전히 실행 중인 신호를 평균화
다음 조건을 만족하면 신호는 실행 중:
    a) loc에서 또는 그 이전에 발생
    b) 신호 종료 시점 이전 loc, 또는 종료 시점을 여전히 모를 때(NaT).

```
    '''
    out=pd.Series()
    for loc in molecule:
        df0=(signals.index.values<=loc)&((loc<signals['t1'])|pd.
            isnull(signals['t1'])) act=signals[df0].index
        if len(act)>0:out[loc]=signals.loc[act,'signal'].mean()
        else:out[loc]=0 # 이 시점에는 실행 중인 신호가 없음
    return out
```

10.5 베팅 크기 이산화

평균화하면 불필요한 포트폴리오 회전율을 일부 감소시킬 수 있지만, 여전히 모든 예측마다 작은 거래들이 촉발될 수 있다. 이로 인한 불규칙 파형이 불필요한 과도 트레이딩을 유발할 수 있으므로 베팅 크기를 $m^* = \text{round} \left[\frac{m}{d}\right] d$, 여기서 $d \in (0, 1]$로 이산화할 것을 제안한다. 그림 10-2는 베팅 크기의 이산화를 보여 준다. 코드 10.3은 이런 개념을 구현한 것이다.

코드 10.3 과도한 트레이딩을 막기 위한 베팅 크기 이산화

```
def discreteSignal(signal0,stepSize):
    # 신호 이산화
    signal1=(signal0/stepSize).round()*stepSize # 이산화
    signal1[signal1>1]=1 # 상한
    signal1[signal1<-1]=-1 # 하한
    return signal1
```

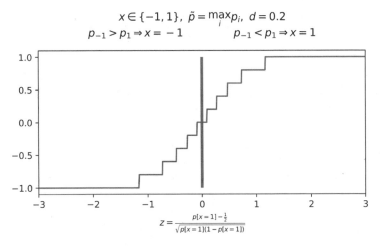

$$x \in \{-1, 1\}, \; \tilde{p} = \max_i p_i, \; d = 0.2$$
$$p_{-1} > p_1 \Rightarrow x = -1 \qquad p_{-1} < p_1 \Rightarrow x = 1$$

$$z = \frac{p[x=1] - \frac{1}{2}}{\sqrt{p[x=1](1 - p[x=1])}}$$

그림 10-2 베팅 크기를 이산화, $d = 0.2$

10.6 동적 베팅 크기와 지정가

3장에서 설명한 삼중 배리어 레이블링 기법을 기억해 보자. 바 i는 시점 $t_{i,0}$에서 형성된 것으로 이때 최초로 달성될 배리어를 예측한다. 이 예측은 예상된 가격 $E_{t_{i,0}}[p_{t_{i,1}}]$을 암시하고, 이는 배리어의 설정과 일치한다. 결과가 나타날 때까지의 경과 기간 $t \in [t_{i,0}, t_{i,1}]$ 중에서 가격 p_t는 변동을 거듭하고, 이에 따라 추가 예측 $E_{t_{j,0}}[p_{t_{i,1}}]$이 형성될 수도 있다. 여기서 $j \in [i+1, I]$이고, $t_{j,0} \leq t_{i,1}$이다. 10.4절과 10.5절에서 실행 중인 베팅을 평균화하고, 새로운 예측 형성에 따라 베팅 크기를 이산화하는 방법을 알아봤다. 10.6절에서는 시장 가격 p_t와 예측 가격 f_i가 변동함에 따라 베팅 크기를 조정하는 방법을 소개한다. 이 과정에서 주문 지정가$^{limit\,price}$를 도출한다.

q_t를 현재 포지션, Q는 최대 포지션 크기, $\hat{q}_{i,t}$는 예측 f_i와 연계된 목표 포지션 크기라고 하면 다음 식을 만족한다.

$$\hat{q}_{i,t} = \text{int}[m[\omega, f_i - p_t]Q]$$

$$m[\omega, x] = \frac{x}{\sqrt{\omega + x^2}}$$

여기서 $m[\omega, x]$는 베팅 크기, $x = f_i - p_t$는 현재 시장 가격과 예측 가격 간의 괴리^{divergence}, ω는 시그모이드^{sigmoid} 함수의 범위를 통제하는 계수, $\text{Int}[x]$는 x의 정수값이다. 실수값 가격 괴리 x, $-1 < m[\omega, x] < 1$에 대해서, $\hat{q}_{i,t}$의 범위가 $-Q < \hat{q}_{i,t} < Q$로 제한된다는 점에 주목하자.

목표 포지션 크기 $\hat{q}_{i,t}$는 p_t의 변화에 따라 동적으로 조정될 수 있다. 특히 알고리즘은 이익을 실현하려고 하기 때문에 $p_t \to f_i$가 됨에 따라 $\hat{q}_{i,t} \to 0$이 된다. 이는 주문 크기 $\hat{q}_{i,t} - q_t$에 대해 손실을 피할 수 있는 손익 분기 지정가는 $\bar{p}$임을 암시한다. 특히

$$\bar{p} = \frac{1}{|\hat{q}_{i,t} - q_t|} \sum_{j = |q_t + \text{sgn}[\hat{q}_{i,t} - q_t]|}^{|\hat{q}_{i,t}|} L\left[f_i, \omega, \frac{j}{Q}\right]$$

여기서 $L[f_i, \omega, m]$은 p_t에 대한 $m[\omega, f_i - p_t]$의 역함수다.

$$L[f_i, \omega, m] = f_i - m\sqrt{\frac{\omega}{1 - m^2}}$$

$|\hat{q}_{i,t}| < 1$이기 때문에 $m^2 = 1$에 대해서는 걱정할 필요가 없다. 이 함수는 단조 함수이므로 $p_t \to f_i$로 됨에 따라 알고리즘은 손실을 실현할 수 없다.

계수 ω의 값을 구해 보자. 주어진 사용자 정의 쌍 (x, m^*)에서 $x = f_i - p_t$고, $m^* = m[\omega, x]$이면 ω에 대한 $m[\omega, x]$의 역함수는 다음과 같다.

$$\omega = x^2(m^{*-2} - 1)$$

코드 10.4는 동적 포지션 크기와 지정가를 p_t와 f_i의 함수로 계산하는 알고리즘을 구현한다. 먼저 시그모이드 함수를 조절해 $x = 10$의 가격 괴리에 대해 베팅 크기 $m^* = .95$를 도출한다. 둘째, 최대 포지션 $Q = 100$, $f_i = 115$,

$p_t = 100$에 대해 목표 포지션 $\hat{q}_{i,t}$를 계산한다. $f_i = 110$을 시도하면 계수 ω값과 일치하는 $\hat{q}_{i,t} = 95$를 얻게 된다. 셋째, 주문 크기 $\hat{q}_{i,t} - q_t = 97$인 지정가는 $p_t < 112.3657 < f_i$이고, 이는 현재 가격과 예측 가격 사이에 있다.

코드 10.4 동적 포지션 크기와 지정가

```python
def betSize(w,x):
    return x*(w+x**2)**-.5
#————————————————————————————
def getTPos(w,f,mP,maxPos):
    return int(betSize(w,f-mP)*maxPos)
#————————————————————————————
def invPrice(f,w,m):
    return f-m*(w/(1-m**2))**.5
#————————————————————————————
def limitPrice(tPos,pos,f,w,maxPos):
    sgn=(1 if tPos>=pos else -1)
    lP=0
    for j in xrange(abs(pos+sgn),abs(tPos+1)):
        lP+=invPrice(f,w,j/float(maxPos))
    lP/=tPos-pos
    return lP
#————————————————————————————
def getW(x,m):
    # 0<alpha<1
      return x**2*(m**-2-1)
#————————————————————————————
def main():
    pos,maxPos,mP,f,wParams=0,100,100,115,{'divergence':10,'m':.95}
    w=getW(wParams['divergence'],wParams['m']) # 계수 w값을 구함
    tPos=getTPos(w,f,mP,maxPos) # get tPos
    lP=limitPrice(tPos,pos,f,w,maxPos) # 주문에 대한 지정가
    return
#————————————————————————————
if name ==' main ':main()
```

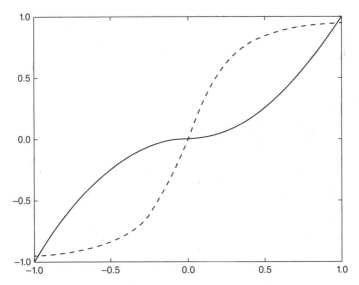

그림 10-3 $f[x] = \text{sgn}[x]|x|^2$(오목에서 볼록으로)와 $f[x] = x(.1+x^2)^{-.5}$(볼록에서 오목으로)

시그모이드 함수의 대안으로 멱함수 power function $\tilde{m}[\omega, x] = \text{sgn}[x][x]^\omega$를 사용할 수 있는데, 여기서 $\omega \geq 0$, $x \in [-1, 1]$이고, 이는 $\tilde{m}[\omega, x] \in [-1, 1]$의 결과를 낸다. 이 대안 방법은 다음과 같은 이점을 가진다.

- $\tilde{m}[\omega, -1] = -1$, $\tilde{m}[\omega, 1] = 1$
- ω를 사용하면 바로 곡률을 조절할 수 있다.
- $\omega > 1$에 대해 함수는 볼록에서 오목이 아니라 오목에서 볼록으로 바뀐다. 그러므로 함수는 굴절 부분에서는 거의 편평하다.

멱함수의 공식을 유도하는 것은 연습 문제로 남겨 둔다. 그림 10-3은 베팅 크기(y축)를 가격 괴리 $f - p_t$(x축)로 각각 시그모이드와 멱함수에 대해 도식화한 것이다.

연습 문제

10.1 10.3절의 공식을 사용해, $\|X\|=2, 3, \ldots, 10$일 때 베팅 크기(m)를 최대 예측 확률($\hat{p}$)의 함수로 그려라.

10.2 $U[.5, 1.]$ 범위 내에서 10,000개의 랜덤 숫자를 균등 분포로부터 추출하라.

   (a) $\|X\|=2$에 대해 베팅 크기(m)를 계산하라.

   (b) 10,000개의 연속된 캘린더 날짜를 베팅 크기에 할당하라.

   (c) $U[1, 25]$ 범위 내에서 10,000개의 랜덤 숫자를 균등 분포로부터 추출하라.

   (d) 2.b에 있는 날짜를 인덱스로 갖고, 값으로 2.c의 날짜 수만큼 앞으로 이동된 인덱스를 갖는 pandas series를 만들어라. 이는 3장에서 사용한 것과 유사한 t1 객체다.

   (e) 10.4절을 따라 평균 실행 중인 베팅을 계산하라.

10.3 연습 문제 2.d의 t1 객체를 사용하라.

   (a) 최대 공존 롱 베팅 개수 $\bar{c}_l$을 결정하라.

   (b) 최대 공존 숏 베팅 개수 $\bar{c}_s$를 결정하라.

   (c) 베팅 크기를 $m_t = c_{t,l} \frac{1}{\bar{c}_l} - c_{t,s} \frac{1}{\bar{c}_s}$로 유도하라. 여기서 $c_{t,l}$은 시점 t에서의 공존 롱 베팅 개수, $c_{t,s}$는 시점 t에서의 공존 숏 베팅 개수다.

10.4 연습 문제 2.d의 t1 객체를 이용하라.

   (a) 계열 $c_t = c_{t,l} - c_{t,s}$를 계산하라. 여기서 $c_{t,l}$은 시점 t에서의 공존 롱 베팅의 개수, $c_{t,s}$는 시점 t에서의 공존 숏 베팅 개수다.

   (b) $\{c_t\}$에 두 가우시안 분포의 혼합을 적합화하라. 로페즈 데 프라도와 포어맨(López de Prado and Foreman, 2014)에 설명된 방법을 사용하는 것도 괜찮다.

   (c) 베팅 크기를 $m_t = \begin{cases} \frac{F[c_t]-F[0]}{1-F[0]} & \text{만약 } c_t \geq 0 \\ \frac{F[c_t]-F[0]}{F[0]} & \text{만약 } c_t < 0 \end{cases}$ 로 유도하라. 여기서

$F[x]$는 값 x에 대해 두 가우시안 분포의 적합화된 혼합fitted mixture of two Gaussians CDF다.

(d) 계열 $\{m_t\}$가 연습 문제 3에서 계산한 베팅 크기 계열과 어떻게 다른지 설명하라.

10.5 연습 문제 1을 반복하라. 여기서 m을 stepSize=.01, stepSize=.05, stepSize=.1로 이산화하라.

10.6 10.6절의 식을 다시 작성하라. 베팅 크기를 시그모이드 함수가 아니라 멱함수로 결정하라.

10.7 코드 10.4를 수정해 연습 문제 6에서 도출한 식을 구현하라.

참고 자료

López de Prado, M. and M. Foreman(2014): "A mixture of Gaussians approach to mathematical portfolio oversight: The EF3M algorithm." *Quantitative Finance*, Vol. 14, No. 5, pp. 913~930.

Wu, T., C. Lin and R. Weng(2004): "Probability estimates for multi-class classification by pairwise coupling." *Journal of Machine Learning Research*, Vol. 5, pp. 975~1005.

참고 문헌

Allwein, E., R. Schapire and Y. Singer(2001): "Reducingmulticlass to binary: A unifying approach for margin classifiers." *Journal of Machine Learning Research*, Vol. 1, pp. 113~141.

Hastie, T. and R. Tibshirani(1998): "Classification by pairwise coupling." *The Annals of Statistics*, Vol. 26, No. 1, pp. 451~471.

Refregier, P. and F. Vallet(1991): "Probabilistic approach for multiclass classification with neural networks." Proceedings of International Conference on Artificial Networks, pp. 1003~1007.

백테스트의 위험

11.1 동기

백테스트는 금융 분석 무기들 중 가장 필수적이면서도 아직도 비교적 덜 이해되고 있는 기술이다. 흔한 오해 중 하나는 백테스트를 연구 도구로 생각하는 것이다. 연구와 백테스트는 운전과 음주와 같다. 백테스트의 영향하에서 연구하면 안 된다. 학술지에 발표된 대부분의 백테스트는 수차례 테스트를 통한 선택 편향의 결과로서 결함을 갖고 있다('Bailey, Borwein, López de Prado and Zhu, 2014', 'Harvey et al, 2016'). 백테스트를 하면서 사람들이 저지르는 서로 다른 모든 오류를 나열하면 책 한 권을 써도 될 정도다. 아마도 저자는 백테스트와 투자 성과 측정에 관해 대규모 논문을 학술지에 기고하고 있는 학자 중 한 명인데[1] 여전히 과거 20년 동안 봐온 갖가지 오류들을 정리하기엔 역부족이다. 11장이 백테스트 특강은 아니지만 숙련된 전문가들조차 흔히 저지르는 오류를 간단히 나열해 보겠다.

---

[1] http://papers.ssrn.com/sol3/cf_dev/AbsByAuth.cfm?per_id=434076; http://www.QuantResearch.org/

11.2 미션 임파서블: 결함 없는 백테스트

가장 협의적 관점에서 정의한다면 '백테스트란, 어떤 전략을 과거 시점 구간의 데이터에 적용했더라면 어떤 성과를 나타냈을까?' 하는 것을 역사적으로 시뮬레이션해 보는 것이다. 그렇기 때문에 백테스트는 실험이 아니라 그저 가상적인 것이다. 버클리 연구소와 같은 물리 실험실에서는 환경 변수를 통제한 후 실험을 반복해 정밀한 원인-결과 관계를 추론할 수 있다. 이에 반해 백테스트는 실험이 아니므로 아무것도 증명할 수 없다. 백테스트는 아무것도 보장하지 않으며, 개조한 드로리언 DMC-12[2]를 타고 과거를 거슬러 올라가도 백테스트에서 얻은 샤프 비율을 절대로 얻지 못한다(Bailey and López de Prado, 2012). 랜덤 추출이라면 아마 달랐을지도 모른다. 과거는 자신을 반복하지 않는다.

그렇다면 백테스트가 왜 필요한가? 백테스트는 베팅 크기, 회전율, 비용에 대한 복원력, 주어진 시나리오에 대한 행동 등의 여러 변수에 관한 확인 검사다. 좋은 백테스트는 아주 유용하지만 백테스트를 잘한다는 것은 매우 힘들다. 2014년 도이치 은행에서 잉 루오[Yin Luo]가 이끄는 금융 분석 팀이 '정량 투자의 일곱 가지 죄악'이라는 제목의 연구서를 출간했다(Luo et al. 2014). 업계에 있는 모든 사람이 신중하게 읽어 보길 권하는 보고서로서 그래픽이 풍부하고 쉽게 돼 있다. 거기에서 그 팀은 다음의 유력한 용의 대상들을 열거하고 있다.

1. **생존 편향**[survivorship bias]: 투자 유니버스를 지금 생존하는 것을 사용함으로써 파산되거나 상장 폐지된 증권 등에 대한 정보를 무시한다.

2. **선견-편향**[look-ahead bias]: 시뮬레이션이 실행된 당시에는 공개되지 않은 정보를 이용해 시뮬레이션 결정이 내려졌을 수 있다. 각 데이터 포인트의 타임스탬프를 확인하라. 배포 날짜와 배포 지연, 소급 수정[backfill correction] 등을 고려해야 한다.

---

2 영화 「백 투 더 퓨처」에 타임머신으로 나왔던 스포츠카. GM에서 파이어 버드를 개발했던 존 드로리언이 자신의 이름을 딴 회사를 차린 후에 만든 스포츠카 - 옮긴이

3. **꾸며 대기**storytelling: 특정 랜덤 패턴을 정당화하고자 사후에 스토리를 지어 낸다.

4. **데이터 마이닝과 데이터 스누핑**data mining and data snooping: 테스트 데이터를 활용해 모델을 학습한다.

5. **거래 비용**transaction cost: 거래 비용을 시뮬레이션하는 것은 매우 어렵다. 정확한 거래 비용을 산출하려면 거래 장부를 직접 보는 수밖에 없기 때문이다(직접 거래해야만 정확히 알 수 있다).

6. **이상값**outlier: 과거에 관측됐지만 다시는 나타날 것 같지 않은 소수 극단적 이상값에 바탕을 두고 전략을 수립한다.

7. **공매도**shorting: 현금성 증권에 공매도 포지션을 취하려면 증권 대출자를 찾아야 한다. 대출 비용과 가용 공매도 규모는 일반적으로 알려져 있지 않고, 인적 관계, 가용 재고, 상대적 수요 등에 따라 결정된다.

학술지에 기고한 많은 논문이 항상 저지르는 몇 가지 오류다. 또 다른 흔한 오류에는 비표준 방법(14장 참조)을 사용해 성과를 측정하는 것이다. 즉 숨겨진 리스크를 무시하고 다른 척도는 무시한 채 수익률에만 집중하는 식이다. 또한 상관관계를 인과관계로 혼동하고, 대표성이 없는 기간을 선정하거나, 예기치 않은 상황을 고려하지 않거나, 손절 가격이나 마진 콜의 존재를 무시하거나, 조달 비용을 무시하고 실무적 측면을 망각한다(Sarfati, 2015). 이외에도 많이 있지만, 더 나열해 봐야 별 의미가 없는데 바로 다음 절의 제목이기도 해서 생략한다.

11.3 비록 백테스트 결과가 나무랄 데 없어도 아마 잘못됐을 것이다

축하한다! 당신의 백테스트가 누구든 결과를 재현할 수 있고 가정이 매우 보수적이어서 직장 상사조차 인정한다는 점에서 나무랄 데가 없을 수 있다. 모든 거래에 누구보다도 더 많은 2배 이상의 비용을 지불했다. 지구 인

구의 절반 이상이 알게 된 정보를 몇 시간 후에 이용했고, 매우 낮은 거래량 환경에서 거래를 실행했다. 이 엄청난 모든 비용에도 불구하고 백테스트는 여전히 많은 수익을 낸다. 그럼에도 이 흠결 없는 백테스트가 잘못됐을 가능성이 있다. 왜 그럴까? 왜냐하면 오직 전문가만이 완벽한 백테스트를 생성할 수 있기 때문이다. 따라서 당신은 전문가임에 틀림없는데, 전문가라 함은 또한 수년 동안 수만 번의 백테스트를 실행했다는 것을 의미한다. 결론적으로 말하면 이 백테스트는 당신이 첫 번째로 생성한 것이 아니다. 그러므로 이것이 잘못된 발견일 가능성, 즉 동일한 데이터셋에 대해 수차례 테스트를 수행하다 보면 필연적으로 발생하는 통계적 요행일 가능성을 고려해야 한다.

백테스트가 사람을 미치게 만드는 점은 백테스트에 익숙해질수록 더 많이 잘못된 발견을 한다는 것이다. 초보자들은 루오 등(Luo et al. 2014)의 일곱 가지 죄악에 흔히 빠져들곤 한다(더 많이 있지만, 누가 일일이 세고 있겠는가?). 전문가들이 흠결 없는 백테스트를 생성할 수 있을지 모르지만, 여전히 다중 테스트, 선택 편향, 백테스트 과적합의 가능성에 빠져 있는 것이다(Bailey and López de Prado, 2014b).

11.4 백테스트는 연구 도구가 아니다

8장에서 대체 효과, 결합 효과, 마스킹, MDI, MDA, SFI, 병렬화된 특성, 스태킹 특성 등을 알아봤다. 어떤 특성들이 매우 중요하더라도 그 특성이 투자 전략에서 이익을 창출한다는 의미는 아니다. 이와 반대로 상관없는 특성들에 기반을 두고 있지만 수익성이 좋아 보이는 전략들이 많다. 특성 중요도는 수익성에 관계없이, 머신러닝 알고리즘에 의해 발견된 패턴의 성질을 이해하는 데 도움을 주기 때문에 진정한 연구 도구가 된다. 무엇보다 결정적인 부분은 특성 중요도가 과거 성과를 시뮬레이션하기 전에 사전적으로 도출된다는 것이다.

이에 반해 백테스트는 연구 도구가 아니다. 백테스트는 특정 전략이 수익을 내게 된 이유에 관한 통찰을 주지 못한다. 복권 당첨자가 자신이 운이 좋은 이유는 뭘 했기 때문이라고 여기듯이 항상 사후 이야기가 있는 법이다(루오의 세 번째 죄악). 논문의 저자들은 수백 개의 '알파'와 '요인'들을 찾았다고 주장하며, 항상 매우 난해한 설명이 따른다. 그들은 마지막 게임에 당첨된 복권 티켓을 찾은 것이다. 당첨자는 돈을 벌지만, 그 숫자는 다음번에 아무런 소용이 없다. 이 복권 티켓들에 별도로 돈을 지불하지 않을 거라면 수백 개의 알파가 무슨 소용이 있는가? 이런 저자들은 이미 팔려 나간 모든 복권에 관해서는 절대 얘기하지 않는다. 즉 이 '행운의 알파'를 찾기 위해 실행했던 수백만 번의 시뮬레이션을 말한다.

백테스트의 목적은 나쁜 모델을 폐기하는 것이지 개선하는 것이 아니다. 모델을 백테스트에 의존해 수정하는 것은 시간 낭비일 뿐 아니라 위험하기도 하다. 시간과 노력은 이 책의 다른 부분에 설명한 올바른 부분, 예컨대 구조화 데이터, 레이블링, 가중화, 앙상블, CV, 특성 중요도, 베팅 크기 등의 연구에 사용해야 한다. 백테스트를 할 즈음이면 너무 늦는다. 모델이 충분히 정의되기 전에 백테스트를 해서는 안 된다. 백테스트가 실패하면 모두 다시 해야 한다. 이렇게 하면 잘못된 발견을 할 가능성은 근본적으로 줄어든다. 하지만 여전히 0은 아니다.

11.5 몇 가지 일반적인 추천

백테스트 과적합은 다수의 백테스트 중에서 일부만 선택하는 선택 편향으로 정의할 수 있다. 백테스트 과적합이란 전략이 랜덤한 과거 패턴에서 수익을 올림으로써 백테스트에서 잘 수행하도록 개발될 때 발생한다. 이런 랜덤 패턴은 미래에 다시 발생할 가능성이 낮기 때문에 개발된 전략은 실패하기 마련이다. 백테스트로 만들어진 모든 전략은 '선택 편향'의 결과로 어느 정도 과적합돼 있다. 대부분 사람들이 결과를 공유하는 백테스트는 수익을 내는 투자 전략이라고 간주되는 것들이다.

'백테스트 과적합을 어떻게 다룰 것인가?' 하는 것이 계량 금융에 있어 아마도 가장 근본적인 질문인 것 같다. 왜 그럴까? 이 질문에 쉬운 답변이 있다면 투자 회사들은 수익을 내는 백테스트 전략으로만 투자해 높은 수익을 얻을 것이다. 학술지들은 전략의 거짓 양성의 여부를 확신을 갖고 평가할 것이다. 금융은 포퍼적Popperian이거나 라카토스적Lakatosian인 관점에서 참 과학이 될 수 있다(López de Prado, 2017). 백테스트 과적합을 다루기 힘든 이유는 동일한 데이터셋을 활용한 매번의 새로운 실험에서 거짓 양성 확률이 변화하고, 해당 정보는 연구자들에게 알려져 있지 않거나 설사 연구자가 안다고 하더라도 투자가나 심사위원에는 알리지 않기 때문이다. 과적합을 방지할 쉬운 방법은 없지만, 몇 가지 단계를 통해 감소시킬 방법은 있다.

1. 특정 증권에 관한 것이 아니라 전체 자산 클래스나 투자 유니버스를 위한 모델을 개발하라(8장). 투자가들은 분산 투자를 하므로 특정 증권 Y에 대해서만 실수 X를 저지르는 일은 없다. 증권 Y에 대해서만 X의 실수를 저지른다면 아무리 이윤이 나는 것이 분명하게 보여도 잘못된 발견일 가능성이 높다.

2. 배깅(6장)을 적용해 과적합을 막고, 예측 오차의 분산을 감소시키는 도구로 사용할 수 있다. 만약 배깅이 전략의 성과를 저하시키면 소수의 관측값이나 이상값을 과적합했을 가능성이 높다.

3. 모든 연구가 완료될 때까지 백테스트를 하지 말라(1~10장).

4. 데이터셋에 수행한 모든 백테스트를 기록해 백테스트 과적합 확률 PBO, Probability of Backtest Overfitting이 최종 선택된 결과에 대해서 추정될 수 있도록 하라(Bailey, Borwein, López de Prado, Zhu, 2017a 그리고 14장). 샤프 비율은 수행된 실험 횟수에 비례해 적절히 감소할 것이다(Bailey and López de Prado, 2014b).

5. 역사적 데이터보다 시나리오로 시뮬레이션하라(12장). 표준 백테스트는 역사적 데이터 시뮬레이션인데 쉽게 과적합된다. 역사적 데이터

는 그저 실현된 랜덤 경로^{random path} 중 하나일 뿐 완전히 달라질 수 있다. 전략은 다양한 범위의 시나리오에서 수익을 낼 수 있어야지 단지 일화적인 특정 과거 경로하에서만 수익을 내서는 안 된다. 수천 개의 '만약 ~다면'의 시나리오 결과를 과적합하는 것은 더 어려울 수밖에 없다.

6. 백테스트가 유용한 전략을 찾는 데 실패한다면 처음부터 다시 시작하라. 결과를 재사용하려는 유혹을 떨쳐 버려라. 백테스트의 두 번째 법칙을 따르라.

코드 11.1 마르코스의 백테스트 두 번째 법칙

"연구 도중 백테스트를 하는 것은 음주 운전과 같다. 백테스트의 영향을 받은 연구를 해서는 안 된다."

- 마르코스 로페즈 데 프라도,
『실전 금융 머신러닝 완벽 분석』(2018)

11.6 전략 선택

7장에서 레이블에서의 계열 조건성의 존재가 K겹 CV를 어떻게 실패하게 하는지를 논의했는데, 이는 랜덤 샘플링이 중복된 관측값을 학습과 테스트 셋에 이리저리 흩뿌리기 때문이다. 다른 (참 샘플 외) 검증 절차를 찾아야 한다. 즉 모델을 훈련하는 데 사용되는 절차와 연관/중복될 가능성이 가장 작은 관측값으로 모델을 평가하는 검증 절차를 찾아야 한다(Arlot and Celisse, 2010 참조).

scikit-learn은 전방 진행^{WF, Walk-Forward} 시간겹^{timefolds} 기법을 구현했다. 이 방법에서 테스트는 전방으로(시간 방향으로) 이동하는데 정보 누출을 막기 위한 목적을 갖고 있다. 이는 역사적 백테스트(그리고 거래)가 수행되는 방식과 일치한다. 그러나 장기 계열 종속이 있으면 훈련 데이터셋의 끝에서 하나 떨어진 관측값을 테스트하는 것만으로는 정보 누출을 충분히 피하지 못할 수 있다. 이 점은 12.2절에서 다시 알아보자.

WF 기법의 한 가지 단점은 쉽게 과적합되는 것이다. 그 이유는 랜덤 샘플링을 하지 않고, 거짓 양성이 나타날 때까지 지속 반복하는 단일 테스트 경로이기 때문이다. 표준 CV처럼 이런 종류의 성과 타기팅이나 백테스트 최적화를 피하기 위해서는 랜덤화가 필요하며, 훈련 데이터셋에 상관된 예제로부터 테스트셋으로 정보가 누출되는 것을 막아야 한다. 다음으로 전략선택에 있어 PBO^{Probability of Backtesting Overfit}에 기반을 둔 CV 기법을 소개한다. 백테스트에 대한 CV 기법의 설명은 12장으로 미룬다.

베일리 등(Bailey et al., 2017a)에서는 조합적 대칭 교차 검증^{CSCV, combinatory symmetric CV}을 통해 PBO를 추정한다. 이 절차는 개략적으로 다음과 같다.

첫째, N회 시행으로부터 성과 계열^{performance series}을 수집해 행렬 M을 구성한다. 특히 각 열 $n = 1, ..., N$은 연구자가 실험한 특정 모델 설정과 연계된 $t = 1, ..., T$ 관측값에 관한 손익(시가 평가 이익과 손실) 벡터를 나타낸다. 따라서 M은 $(T \times N)$ 차원 실수 행렬이다. 유일한 부과 조건은 다음과 같다. (1) M은 참 행렬이다. 즉 각 열에 대해 같은 수의 행을 갖고, N 시행에 걸쳐 각 관측값은 모두 각 행에서 동시에 발생한다. (2) '최적' 전략을 고르고자 사용된 성과 평가 척도는 각 열의 부분 샘플에 대해서 추정할 수 있다. 예를 들어, 샤프 비율을 척도로 사용했다면 보고된 성과의 여러 부분에 대해 IID 정규 분포 가정이 성립한다고 할 수 있다. 여러 모델 설정이 여러 빈도로 거래 실행되면 관측값을 통합해(다운 샘플해서) 공통 인덱스 $t = 1, ..., T$에 맞춘다.

둘째, M을 행에 대해 분할해 서로 공통 원소가 없는 동일한 차원을 갖는 짝수 S개의 부분 행렬로 만든다. 각 부분 행렬 M_s, $s = 1, ..., S$는 $(\frac{T}{S} \times N)$ 차원을 가진다.

셋째, M_s의 모든 조합 C_S를 크기 $\frac{S}{2}$의 그룹으로 만든다. 이를 통해 전체 조합 개수는 다음과 같아진다.

$$\binom{S}{S/2} = \binom{S-1}{S/2-1}\frac{S}{S/2} = \cdots = \prod_{i=0}^{S/2-1}\frac{S-i}{S/2-i}$$

예를 들어, $S = 16$이면 12,780 조합이 형성된다. 각 조합 $c \in C_S$는 $\frac{S}{2}$ 부분 행렬 M_s로 구성된다.

넷째, 각 조합 $c \in C_S$에 대해 다음과 같이 한다.

1. c를 구성하는 $\frac{S}{2}$ M_s 부행렬을 조합해 훈련 데이터셋 J를 구성한다. J는 차수가 $\left(\frac{T}{S}\frac{S}{2}xN\right) = \left(\frac{T}{2}xN\right)$인 행렬이다.

2. M에서 J의 여집합으로 테스트셋 $\bar{J}$를 구성한다. 다시 말해 $\bar{J}$는 J의 일부가 아닌 M의 모든 행으로 구성된 $\left(\frac{T}{2}xN\right)$ 행렬이다.

3. N차원 성과 통계량의 벡터 R을 구성한다. 여기서 R의 n번째 원소는 J(훈련셋)의 n번째 열에 연관된 성과를 보고한다.

4. $R_n \leq R_{n*}$, $\forall n = 1, \dots, N$이 되는 원소 $n*$을 결정한다. 다시 말해 $n* = \arg\ max_n\{R_n\}$이다.

5. N차원 성과 통계량의 벡터 $\bar{R}$을 구성하라. 여기서 $\bar{R}$의 n번째 원소는 $\bar{J}$(테스트셋)의 n번째 열에 연관된 성과를 보여 준다.

6. $\bar{R}$ 내의 상대적 순위 $\overline{R_{n*}}$을 결정하라. 이 상대적 순위를 $\bar{\omega}_c$라 표기한다. 여기서 $\bar{\omega}_c \in (0, 1)$이다. 이는 샘플 내^{IS}에서 선택된 시행과 연관된 샘플 외^{OOS} 성과의 상대적 순위다. 전략 최적화 절차가 과적합되지 않는다면 R_{n*}이 R(샘플 내)보다 성과가 뛰어난 것처럼 $\overline{R_{n*}}$이 체계적으로 R_{n*}(샘플 외) 성과가 뛰어난 것을 관찰한다.

7. 로짓 $\lambda_c = \log\left[\frac{\bar{\omega}_c}{1-\bar{\omega}_c}\right]$을 정의한다. 이는 $\overline{R_{n*}}$이 $\bar{R}$의 중위값과 일치할 때 $\lambda_c = 0$의 성질을 보인다. 높은 로짓 값은 IS와 OOS 성과 사이의 일관성을 암시하며, 낮은 수준의 백테스트 과적합을 보인다.

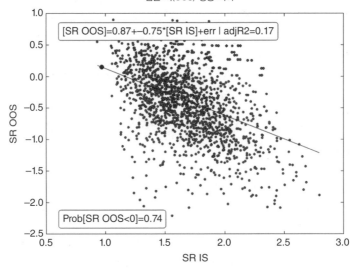

그림 11-1 샘플 내(IS) 최고 SR 대 샘플 외(OOS) SR

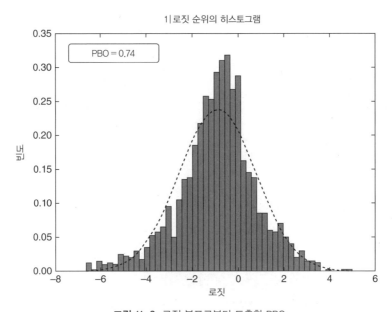

그림 11-2 로짓 분포로부터 도출한 PBO

다섯째, $c \in C_S$에 대해 모든 λ_c를 수집해 샘플 외의 순위 분포를 계산하라. 확률 분포 함수 $f(\lambda)$는 모든 C_S에 대해 $\int_{-\infty}^{\infty} f(\lambda)d\lambda = 1$로 나타나는 λ의 상대적 빈도로 추정된다. 마지막으로 PBO는 $PBO = \int_{-\infty}^{0} f(\lambda)d\lambda$로 추정되는데, 이는 샘플 외보다 성과가 떨어지는 샘플 내 최적 전략과 연관된 확률이다.

그림 11-1의 x축은 선택된 최적 전략으로부터의 샘플 내의 SR, y축은 선택된 동일한 최적 전략에 대한 샘플 외의 SR을 보여 준다. 백테스트 과적합 때문에 야기된 강하고도 일관된 성과 저하가 보인다. 앞의 알고리즘을 적용하면 그림 11-2에서와 같이 전략 선택 프로세스와 연관된 PBO를 도출할 수 있다.

각 부분 집합의 관측값은 원래의 시간 시퀀스를 유지하고 있다. 랜덤 샘플링은 관측이 아니라 상대적으로 상관관계가 없는 부분 집합들에 대해서 수행된다(즉 집합에 대한 랜덤 샘플링). 이 기법의 정확도 실험 분석에 대해서는 분석은 베일리 등(Bailey et al., 2017)을 참고하자.

연습 문제

11.1 분석가가 RF 분류기를 적합화하는데, 특성 중 일부가 계절 조정된 취업률 데이터를 포함하고 있다. 분석가는 1월 데이터를 1월의 계절 조정된 값과 일치시키는 방식을 취했다. 분석가가 저지른 '죄악'은 무엇인가?

11.2 분석가가 머신러닝 알고리즘을 개발한 후 종가를 사용해 신호를 생성하고 종가에 실행했다. 분석가의 '죄악'은 무엇인가?

11.3 게임기에서 얻은 총 수익과 미국 내 전산학 박사 학위 수 사이에 98.51%의 상관관계가 있다. 박사 학위를 받는 사람이 점점 늘어날 것으로 기대되면 게임 회사에 투자를 해야 하는 것인가? 그렇지 않다면 이 행위의 '죄악'은 무엇인가?

11.4 『월 스트리트 저널^{Wall Street Journal}』은 과거 20년, 50년, 100년을 봤을 때 연중 평균 주식 수익률이 음인 유일한 달이 9월이라고 보고했다. 그렇다면 8월 말에 주식을 매각해야 하는가? 그렇지 않다면 이 행위의 '죄악'은 무엇인가?

11.5 블룸버그로부터 P/E 비율을 다운로드하고, 매달 주식 순위를 매기고, 상위 1사분위에 해당하는 주식은 매각하고, 하위 4분위에 속하는 주식은 매수한다. 수익이 놀랍다. 이 행위의 '죄악'은 무엇인가?

참고 자료

Arlot, S. and A. Celisse(2010): "A survey of cross-validation procedures for model selection." *Statistics Surveys*, Vol. 4, pp. 40~79.

Bailey, D., J. Borwein, M. López de Prado and J. Zhu(2014): "Pseudo-mathematics and financial charlatanism: The effects of backtest overfitting on out-of-sample performance." *Notices of the American Mathematical Society*, Vol. 61, No. 5 (May), pp. 458~471. Available at https://ssrn. com/abstract=2308659.

Bailey, D., J. Borwein, M. López de Prado and J. Zhu(2017a): "The probability of backtest overfitting." *Journal of Computational Finance*, Vol. 20, No. 4, pp. 39~70. Available at http://ssrn.com/abstract=2326253.

Bailey, D. and M. López de Prado(2012): "The Sharpe ratio efficient frontier." *Journal of Risk*, Vol. 15, No. 2 (Winter). Available at https://ssrn.com/ abstract=1821643.

Bailey, D. and M. López de Prado(2014b): "The deflated Sharpe ratio: Correcting for selection bias, backtest overfitting and non-normality." *Journal of Portfolio Management*, Vol. 40, No. 5, pp. 94~107. Available at https://ssrn.com/abstract=2460551.

Harvey, C., Y. Liu and H. Zhu(2016): "... and the cross-section of expected returns." *Review of Financial Studies*, Vol. 29, No. 1, pp. 5~68.

López de Prado, M.(2017): "Finance as an industrial science." *Journal of Portfolio Management*, Vol. 43, No. 4, pp. 5~9. Available at http://www.iijournals.com/doi/pdfplus/10.3905/jpm.2017.43.4.005.

Luo, Y., M. Alvarez, S. Wang, J. Jussa, A. Wang and G. Rohal(2014): "Seven sins of quantitative investing." White paper, Deutsche Bank Markets Research, September 8.

Sarfati, O.(2015): "Backtesting: A practitioner's guide to assessing strategies and avoiding pitfalls." Citi Equity Derivatives. CBOE 2015 Risk Management Conference. Available at https://www.cboe.com/rmc/2015/olivier-pdf-Backtesting-Full.pdf.

참고 문헌

Bailey, D., J. Borwein and M. López de Prado(2016): "Stock portfolio design and backtest overfitting." *Journal of Investment Management*, Vol. 15, No. 1, pp. 1~13. Available at https://ssrn.com/abstract=2739335.

Bailey, D., J. Borwein, M. López de Prado, A. Salehipour and J. Zhu(2016): "Backtest overfitting in financial markets." *Automated Trader*, Vol. 39. Available at https://ssrn.com/abstract=2731886.

Bailey, D., J. Borwein, M. López de Prado and J. Zhu(2017b): "Mathematical appendices to: 'The probability of backtest overfitting.'" *Journal of Computational Finance (Risk Journals)*, Vol. 20, No. 4. Available at https://ssrn.com/abstract=2568435.

Bailey, D., J. Borwein, A. Salehipour and M. López de Prado(2017): "Evaluation and ranking of market forecasters." *Journal of Investment Management*, forthcoming. Available at https://ssrn.com/abstract=2944853.

Bailey, D., J. Borwein, A. Salehipour, M. López de Prado and J. Zhu(2015): "Online tools for demonstration of backtest overfitting." Working paper. Available at https://ssrn.com/abstract=2597421.

Bailey, D., S. Ger, M. López de Prado, A. Sim and, K. Wu(2016): "Statistical overfitting and backtest performance." In *Risk-Based and Factor Investing*, Quantitative Finance Elsevier. Available at ttps://ssrn.com/ abstract=2507040.

Bailey, D. and M. López de Prado(2014a): "Stop-outs under serial correlation and 'the triple penance rule.'" *Journal of Risk*, Vol. 18, No. 2, pp. 61~93. Available at https://ssrn.com/abstract=2201302.

Bailey, D. and M. López de Prado(2015): "Mathematical appendices to: 'Stop-outs under serial correlation.'" *Journal of Risk*, Vol. 18, No. 2. Available at https://ssrn.com/abstract=2511599.

Bailey, D., M. López de Prado and E. del Pozo(2013): "The strategy approval decision: A Sharpe ratio indifference curve approach." *Algorithmic Finance*, Vol. 2, No. 1, pp. 99~109. Available at https://ssrn.com/ abstract=2003638.

Carr, P. and M. López de Prado(2014): "Determining optimal trading rules without backtesting." Working paper. Available at https://ssrn.com/ abstract=2658641.

López de Prado, M.(2012a): "Portfolio oversight: An evolutionary approach." Lecture at Cornell University. Available at https://ssrn. com/abstract= 2172468.

López de Prado, M.(2012b): "The sharp razor: Performance evaluation with non-normal returns." Lecture at Cornell University. Available at https:// ssrn.com/abstract=2150879.

López de Prado, M.(2013): "What to look for in a backtest." Lecture at Cornell University. Available at https://ssrn.com/abstract=2308682.

López de Prado, M.(2014a): "Optimal trading rules without backtesting." Lecture at Cornell University. Available at https://ssrn.com/ abstract=2502613.

López de Prado, M.(2014b): "Deflating the Sharpe ratio." Lecture at Cornell University. Available at https://ssrn.com/abstract=2465675.

López de Prado, M.(2015a): "Quantitative meta-strategies." *Practical Applications, Institutional Investor Journals*, Vol. 2, No. 3, pp. 1~3. Available at https://ssrn.com/abstract=2547325.

López de Prado, M.(2015b): "The Future of empirical finance." *Journal of Portfolio Management*, Vol. 41, No. 4, pp. 140~144. Available at https://ssrn.com/abstract=2609734.

López de Prado, M.(2015c): "Backtesting." Lecture at Cornell University. Available at https://ssrn. com/abstract=2606462.

López de Prado, M.(2015d): "Recent trends in empirical finance." *Journal of Portfolio Management*, Vol. 41, No. 4, pp. 29~33. Available at https:// ssrn.com/abstract=2638760.

López de Prado, M.(2015e): "Why most empirical discoveries in finance are likely wrong and what can be done about it." Lecture at University of Pennsylvania. Available at https://ssrn.com/abstract=2599105.

López de Prado, M.(2015f): "Advances in quantitative meta-strategies." Lecture at Cornell University. Available at https://ssrn.com/abstract=2604812.

López de Prado, M.(2016): "Building diversified portfolios that outperform out-of-sample." *Journal of Portfolio Management*, Vol. 42, No. 4, pp. 59~69. Available at https://ssrn.com/abstract=2708678.

López de Prado, M. and M. Foreman(2014): "A mixture of Gaussians approach to mathematical portfolio oversight: The EF3M algorithm." *Quantitative Finance*, Vol. 14, No. 5, pp. 913~930. Available at https://ssrn.com/ abstract=1931734.

López de Prado, M. and A. Peijan(2004): "Measuring loss potential of hedge fund strategies." *Journal of Alternative Investments*, Vol. 7, No. 1, pp. 7~31, Summer 2004. Available at https://ssrn.com/abstract=641702.

López de Prado, M., R. Vince and J. Zhu(2015): "Risk adjusted growth portfolio in a finite investment horizon." Lecture at Cornell University. Available at https://ssrn.com/abstract=2624329.

12

교차 검증을 통한
백테스트

12.1 동기

백테스트는 과거 관측값을 사용해 투자 전략의 샘플 외^{OOS} 성과를 평가한다. 이런 과거 관측값은 두 가지 방식으로 사용될 수 있다. (1) 좁은 의미에서는 투자 전략이 과거에 실행된 것처럼 과거 데이터로 시뮬레이션할 수 있다. (2) 넓은 의미에서는 과거에 발생하지 않았던 시나리오에 대해 시뮬레이션할 수 있다. 첫 번째 (협의의) 접근법은 전방 진행$^{WF, Walk Forward}$이라고 알려져 있는데, 이 방법은 너무나 보편적이어서 사실상 '백테스트'라는 용어는 '역사적 시뮬레이션'과 동의어처럼 돼 버렸다. 두 번째 (광의의) 접근법은 잘 알려져 있지 않으며, 12장에서 이를 수행하는 새로운 방법을 소개한다. 각 접근법은 장단점이 있으므로 주의 깊게 사용해야 한다.

12.2 전방 진행 기법

문헌상에서 가장 흔한 백테스트 방법은 전방 진행^{WF} 접근법이다. WF는 '과거에 이 전략을 사용했더라면 어떻게 됐을까?'에 대한 역사적 시뮬레이선이다. 각 전략 결정은 결정 이전에 발생했던 관측값에 바탕을 두고 있는 셈이다. 11장에서 살펴본 것처럼 흠결 없는 WF를 수행하는 것은 데이터 소스, 시장 미시 구조, 리스크 관리, 성과 척도 표준(예: GIPS[Global Investment Performance Standards]), 다중 테스트 기법, 실험적 수학 등의 많은 노력이 필요한 과제다. 불행하게도 백테스트를 수행하는 포괄적 비법이란 없다. 정확성과 대표성을 위해 각 백테스트는 특정 전략에 대한 가정을 평가할 수 있도록 맞춤형이 돼야 한다.

WF는 두 가지 핵심 이점을 가진다. (1) WF는 정확히 과거를 이해할 수 있다. 성과는 페이퍼 거래와 일치시킬 수 있다. (2) 역사는 여과 장치[filtration]다. 따라서 제거[purging]가 적절히 구현되기만 하면(7.4.1절 참조) 과거 데이터[trailing data]를 사용하는 것은 테스트셋이 샘플 외[OOS](정보 누출이 없는)라는 것을 보장한다. t1.index는 훈련셋에 속하고, t1.values는 테스트셋에 속하는 등(3장 참조) 정보 누수는 WF 백테스트에서는 흔한 실수다. WF 백테스트에는 엠바고가 필요 없다. 훈련셋이 항상 테스트셋보다 이전에 있기 때문이다.

12.2.1 전방 진행 방법의 위험

WF는 세 가지 주요 단점이 있다. 첫째, 단일 시나리오가 테스트되는데(역사적 경로) 이는 쉽게 과적합된다(Bailey et al. 2014). 둘째, WF가 반드시 미래의 성과를 나타내지 않는다. 결과가 특정 데이터 포인트의 시퀀스에 의해 편향될 수 있기 때문이다. WF 방법을 지지하는 사람들은 대개 과거를 예측하는 것은 과다하게 낙관적 성과로 이끌 것이라고 주장한다. 하지만 종종 성과가 탁월한 모델을 관측값의 역시퀀스에 적합화하면 성과가 떨어지는 WF 백테스트를 초래한다. 실제로 WF 백테스트는 후방 진행[WB, Walk-Backward] 백테스트만큼 과적합하기 쉽고, 관측값의 시퀀스를 바꾸면 일관성 없는 결과를 도출한다는 점이 바로 과적합의 증거다. WF의 지지자들이 옳다면 WB 백테스트도 체계적으로 WF보다 뛰어난 성능을 발휘했어야 한다. 그렇지 않으므로 WF를 지지하는 주요 주장은 근거가 약하다.

두 번째 단점을 보다 명확히 하고자 2007년 1월 1일부터 S&P 500 데이터에 대해 WF로 백테스트한 주식 전략을 가정해 보자. 2009년 3월 15일까지 반등과 폭락을 거듭하면서 전략은 각 포지션에 대해 낮은 신뢰도로 시장 중립적으로 학습될 것이다. 그런 다음, 긴 주식 시장의 상승세가 데이터셋을 지배할 것이고, 2017년 1월 1일까지 매수 예측이 매도 예측보다 우세할 것이다. 정보를 2017년 1월 1일부터 2007년 1월 1일까지 역으로 했더라면(긴 상승 다음에 급격한 폭락) 성과는 매우 달랐을 것이다. 특정한 시퀀스를 집중적으로 사용하면 WF로 선택한 전략은 큰 낭패를 볼 수 있다.

WF의 세 번째 단점은 초기 결정이 전체 표본 중 더 작은 부분을 활용해 이뤄졌다는 점이다. 준비 기간이 설정됐더라도 대부분의 정보는 의사결정의 작은 부분에만 사용된다. T 중 t_0개의 관측값을 준비 기간으로 사용하는 전략을 고려해 보자. 이 전략은 의사결정의 초기 절반 $\left(\frac{T-t_0}{2}\right)$을 다음과 같이 평균 데이터 포인트 개수에 대해서 행한다.

$$\left(\frac{T-t_0}{2}\right)^{-1}\left(t_0 + \frac{T+t_0}{2}\right)\frac{T-t_0}{4} = \frac{1}{4}T + \frac{3}{4}t_0$$

이는 전체 관측값의 단지 $\frac{3}{4}\frac{t_0}{T} + \frac{1}{4}$ 부분에 불과하다. 비록 이 문제는 준비 기간을 길게 하면 완화되지만, 이렇게 하면 백테스트의 길이가 감소된다.

12.3 교차 검증 기법

투자가들은 종종 2008년의 금융 위기나 닷컴 버블, 긴축 발작[taper tantrum], 2015~2016년의 중국 주식 시장 요동 등과 같은 전례 없는 스트레스 시나리오에 처한다면 투자 전략의 성과가 어떻게 되는지를 묻곤 한다. 이에 대한 대답 중 하나는 관측값을 두 가지 집합으로 나눠 하나는 테스트하려는 (테스트셋) 기간으로 설정하고, 다른 하나는 나머지(훈련셋)로 설정하는 것이다. 예를 들어, 분류기가 2009년 1월 1일에서 2017년 1월 1일까지 학습했다면 테스트는 2008년 1월 1일에서 2008년 12월 31일에 대해 수행한다. 2008년에 얻어진 성과는 역사적으로 정확하지 않다. 이유는 분류기가 2008년 이후의 데이터에 대해서만 학습됐기 때문이다. 그러나 역사적 정확도는 이 테스트의 목표가 아니다. 목표는 2008년도의 내용을 모르는 전략을 2008년과 같은 스트레스 시나리오에 테스트해 보는 것이다.

CV를 활용한 백테스트의 목표는 역사적으로 정확한 성과를 도출하려는 것이 아니라 다수의 샘플 외 시나리오로부터 미래의 성과를 추론하는 것이다. 백테스트의 각 기간 동안, 그 기간 이외의 모든 것을 알고 있는 분류기로 성과를 시뮬레이션한다.

장점

1. 테스트는 특정 (역사적) 시나리오의 결과가 아니다. 사실 CV는 k개의 대체 시나리오를 테스트하는데 그중 하나만 역사적 시퀀스에 해당한다.

2. 모든 결정은 동일한 크기의 집합에서 이뤄진다. 이러한 결정을 내릴 때 활용한 정보의 양 관점에서 여러 기간에 걸쳐 결과를 서로 비교할 수 있게 해준다.

3. 모든 관측은 하나의 그리고 오직 하나의 테스트셋에 속한다. 준비^{warm-up}를 위한 부분 집합은 없으므로 가장 긴 샘플 외 시뮬레이션을 얻을 수 있다.

단점

1. WF처럼 단일 백테스트 경로가 시뮬레이션된다(비록 역사적인 것은 아니지만). 관측별로 오직 하나의 예측만 생성된다.

2. CV는 명확한 역사적 해석을 지니고 있지 않다. 출력은 전략이 과거에 어떻게 성과를 냈을까에 대한 시뮬레이션이 아니고, 다양한 스트레스 시나리오하에서 미래에 어떻게 성과를 낼까(그 자체가 유용한 결과)에 대한 시뮬레이션이다.

3. 훈련셋이 테스트셋의 앞에 놓이는 것이 아니므로 정보 누출이 가능하다. 테스트셋 정보가 훈련셋으로 유출되는 것을 방지하기 위한 극도의 주의가 필요하다. 제거와 엠바고를 활용해 CV 맥락에서 정보 누출을 어떻게 방지하는지 7장을 참고하라.

12.4 조합적 제거 교차 검증 기법

이 절에서는 WF와 CV 기법의 주요 단점(즉 단일 경로만 테스트하는 것)을 해결하는 새로운 방법을 소개한다. 저자는 이를 '조합적 제거 교차 검증 기법 CPCV$^{\text{Combinatorial Purged Cross-Validation}}$'이라고 부른다.

연구자가 목표로 한 백테스트의 경로 개수 φ가 주어지면 CPCV는 이 경로를 생성하는 데 필요한 테스트/훈련셋의 정확한 조합 개수를 생성하고, 한편으로는 누출된 정보를 가진 관측값을 제거한다.

12.4.1 조합적 분할

셔플링하지 않고 T개 관측값을 N개 그룹으로 분할하는 경우를 생각해 보자. 여기서 그룹 $n = 1, \ldots, N-1$의 크기는 $[T/N]$, N번째 그룹의 크기는 $T - [T/N](N-1)$이다. 그리고 $[.]$는 플로어 또는 정수 함수다. 크기 k인 그룹의 테스트셋에 대해 가능한 학습/테스트 분할 개수는 다음과 같다.

$$\binom{N}{N-k} = \frac{\prod_{i=0}^{k-1}(N-i)}{k!}$$

각 조합은 k개의 테스트된 그룹을 가지므로 총 테스트된 그룹의 수는 $k\binom{N}{N-k}$가 된다. 가능한 모든 조합을 계산했으므로 이 그룹들은 모든 N에 대해 균등하게^{uniformly} 분포돼 있다(각 그룹은 동일한 개수의 훈련과 테스트셋에 속한다). 이는 N 그룹의 크기 k인 테스트셋에 대해 전체 경로 개수 $\varphi[N, k]$

의 백테스트를 수행할 수 있다는 것을 암시한다.

$$\varphi[N, k] = \frac{k}{N} \binom{N}{N-k} = \frac{\prod_{i=1}^{k-1}(N-i)}{(k-1)!}$$

그림 12-1은 $N=6$과 $k=2$일 때의 훈련/테스트 분할의 구성을 보여 준다. $\binom{6}{4} = 15$ 분할이 있고, 인텍스는 $S1, \dots, S15$다. 각 분할에 대해 x로 표시된 그룹은 테스트셋에 속한 것이고, 표식이 없는 것은 훈련셋에 속한 것이다. 각 그룹은 $\varphi[6, 2] = 5$개의 테스트셋의 부분을 형성하므로 훈련/테스트 분할 방법은 5개의 백테스트 경로를 만든다.

	S1	S2	S3	S4	S5	S6	S7	S8	S9	S10	S11	S12	S13	S14	S15	경로
G1	x	x	x	x	x											5
G2	x					x	x	x	x							5
G3		x				x				x	x	x				5
G4			x				x			x			x	x		5
G5				x				x			x		x		x	5
G6					x				x			x		x	x	5

그림 12-1 $\varphi[6, 2] = 5$에 대해 생성된 경로

그림 12-2는 각 테스트된 그룹에 하나의 백테스트 경로를 배분하는 것이다. 예를 들어, 경로 1은 $(G1, S1)$, $(G2, S1)$, $(G3, S2)$, $(G4, S3)$, $(G5, S4)$, $(G6, S5)$의 예측을 병합한 결과이고, 경로 2는 $(G1, S2)$, $(G2, S6)$, $(G3, S6)$, $(G4, S7)$, $(G5, S8)$, $(G6, S9)$의 예측을 병합한 결과다.

	S1	S2	S3	S4	S5	S6	S7	S8	S9	S10	S11	S12	S13	S14	S15	경로
G1	1	2	3	4	5											5
G2	1					2	3	4	5							5
G3		1				2				3	4	5				5
G4			1				2			3			4	5		5
G5				1				2			3		4		5	5
G6					1				2			3		4	5	5

그림 12-2 테스트 그룹에 5개의 경로를 각각 배분

이는 각 조합 데이터의 $\theta = 1 - k/N$ 부분에 분류기를 학습시켜 생성한 경로다. 비록 이론적으로 $\theta < 1/2$인 경우에도 학습이 가능하지만, 실무적으로는 $k \leq N/2$로 가정한다. 훈련셋의 데이터 부분 θ는 $N \to T$에 따라 증가하지

만 $k \rightarrow N/2$에 따라 감소한다. 경로의 개수 $\varphi[N, k]$는 $N \rightarrow T$ 그리고 $k \rightarrow N/2$에 따라 증가한다. 극한값으로서 가장 큰 경로의 개수는 $N = T$와 $k = N/2 = T/2$로 설정하면 얻을 수 있는데, 그 대가로 각 조합마다 오직 데이터의 반만 활용해 학습해야 한다($\theta = 1/2$).

12.4.2 조합적 제거 교차 검증 백테스트 알고리즘

7장에서 CV 맥락에서의 제거와 엠바고의 개념을 소개했다. 이제 이 개념을 CV를 통해 백테스트에 이용한다. CPCV 백테스트 알고리즘은 다음과 같이 진행된다.

1. T 관측값을 N 그룹으로 셔플링하지 않고 분할한다. 여기서 $n = 1, \ldots,$ $N - 1$ 그룹의 크기는 $[T/N]$, N번째 그룹의 크기는 $T - [T/N] (N - 1)$ 이다.

2. 가능한 한 모든 훈련/테스트 분할을 계산한다. 여기서 각 분할 $N - k$ 그룹은 훈련셋을 구성하고, k 그룹은 테스트셋을 구성한다.

3. 훈련셋에 속하는 y_i와 테스트셋에 속하는 y_j의 모든 레이블 쌍 (y_i, y_j), y_i가 레이블 y_j를 결정하고자 사용된 구간에 같이 걸쳐 있으면 y_i를 제거하고자 PurgedKFold 클래스를 적용한다. 이 클래스의 어떤 테스트 표본이 훈련 표본보다 이전일 경우에는 해당 클래스에 엠바고를 적용한다.

4. 분류기를 $\binom{N}{N-k}$ 훈련셋에 적합화하고, 각각 $\binom{N}{N-k}$ 테스트셋에서 예측을 생성한다.

5. $\varphi[N, k]$ 백테스트 경로를 계산한다. 각 경로별로 하나의 샤프 비율을 계산하면 이로부터 샤프 비율의 경험적 분포를 유도할 수 있다(WF나 CV처럼 단일 샤프 비율이 아니라).

12.4.3 몇 가지 예제

$k = 1$에 대해 $\varphi[N, 1] = 1$ 경로를 얻는다. 여기서는 CPCV가 CV로 축소된다. 따라서 CPCV는 CV를 $k > 1$에 대해 일반화한 것으로 이해할 수 있다.

$k = 2$에 대해서는 $\varphi[N, 2] = N - 1$까지 경로를 얻을 수 있다. 이는 특히 흥미로운 경우인데 데이터의 $\theta = 1 - 2/N$ 부분에 대해서 분류기를 학습시킬 때 거의 그룹의 개수 $N - 1$과 동일한 개수의 백테스트 경로를 생성할 수 있다. 간단한 경험칙은 데이터를 $N = \varphi + 1$ 그룹으로 분할하는 것인데 φ는 목표로 하는 경로의 개수고, 그다음 $\binom{N}{N-2}$ 조합을 구성하는 것이다. 극한 값으로는 관측값당 하나의 그룹을 배분할 수 있으므로 $N = T$이고 $\varphi[T, 2] = T - 1$개의 경로를 생성한다. 한편, 분류기 학습은 조합당 $\theta = 1 - 2/T$ 데이터 부분에 대해 수행한다.

더 많은 경로가 필요하다면 $k \to N/2$를 증가시킬 수 있지만 앞에서 설명한 대로 학습에 사용할 데이터가 더 작아지는 결과를 초래한다. 실제로 $k = 2$이면 $N = \varphi + 1 \leq T$로 설정함으로써 필요한 φ 경로를 생성하기에 충분하다.

12.5 조합적 제거 교차 검증이 백테스트 과적합을 해결하는 법

주어진 IID 랜덤 변수 표본 $x_i \sim Z$, $i = 1, \ldots, I$(여기서 Z는 표준 정규 분포)에 대해 이 표본의 기대 최대값은 다음과 같이 근사할 수 있다.

$$\mathrm{E}[\max\{x_i\}_{i=1,\ldots,I}] \approx (1 - \gamma)\, Z^{-1}\left[1 - \frac{1}{I}\right] + \gamma Z^{-1}\left[1 - \frac{1}{I}e^{-1}\right] \leq \sqrt{2\log[I]}$$

여기서 $Z^{-1}[.]$는 Z의 CDF의 역함수, $\gamma \approx 0.5772156649\cdots$는 오일러-마스케로니[Euler-Mascheroni] 상수, $I \gg 1$이다(증명은 Bailey et al. 2014 참고). 이제 연

구자가 I 전략들을 마팅게일martingale[1]처럼 작동하는 금융 상품에 대해 백테스트한다고 가정해 보자. SR은 $\{y_i\}_{i=1, \dots, I}$, $E[y_i] = 0$, $\sigma^2[y_i] > 0$, $\frac{y_i}{\sigma[y_i]} \sim Z$ 이다. 참 SR은 0이지만, 다음의 SR을 갖는 하나의 전략을 찾고자 한다.

$$E[\max\{y_i\}_{i=1,\dots,I}] = E[\max\{x_i\}_{i=1,\dots,I}]\sigma[y_i]$$

WF 백테스트는 높은 분산 $\sigma[y_i] \gg 0$을 보이는데 적어도 한 가지 이유가 있다. 결정의 많은 부분이 데이터의 작은 부분에 기반을 두고 있다. 몇몇 관측값은 샤프 비율에 높은 가중값을 가질 것이다. 준비 기간warm-up period을 이용하면 백테스트 길이를 축소할 수 있는데, 이는 분산을 더욱 크게 만들 수 있다. WF의 높은 분산은 잘못된 발견으로 이끌 수 있다. 연구자들이 진정한 샤프 비율이 0이더라도 최대 추정 샤프 비율을 선택할 것이기 때문이다. 이것이 바로 시행 횟수(I)를 WF 백테스트 맥락에서 제어해야 하는 절실한 이유다. 이런 정보가 없다면 FWER^Family-Wise Error Rate, FDR^False Discovery Rate, PBO(11장 참조) 또는 이와 유사한 모델 평가 통계값을 결정할 수 없다.

CV 백테스트(12.3절)는 분산의 원인을 해결하고자 각 분류기를 데이터셋의 동일하고 큰 부분에 대해 학습시킨다. 비록 CV를 사용하면 WF보다 적은 거짓 발견을 하지만, 두 접근법 모두 여전히 전략 i의 단일 경로 y_i로부터 샤프 비율을 계산하므로 변동이 매우 심할 수 있다. 반면 CPCV는 샤프 비율 분포를 큰 수의 경로 $j = 1, \dots, \varphi$에서 평균 $E[\{y_{i,j}\}_{j=1, \dots, \varphi}] = \mu_i$와 분산 $\sigma^2[\{y_{i,j}\}_{j=1, \dots, \varphi}] = \sigma_i^2$로부터 도출한다. CPCV 경로의 표본 평균의 분산은 다음과 같다.

$$\sigma^2[\mu_i] = \varphi^{-2}\left(\varphi\sigma_i^2 + \varphi(\varphi-1)\sigma_i^2\bar{\rho}_i\right) = \varphi^{-1}\sigma_i^2\left(1 + (\varphi-1)\bar{\rho}_i\right)$$

---

1 시간의 흐름에 따른 미래 예측은 불가능해야 한다는 성질에 관한 것으로, 현 시점까지 주어진 모든 정보를 사용해 예측한 s 시점 뒤의 기대값도 현재 확률 프로세스의 값과 같다는 의미다. – 옮긴이

여기서 σ_i^2는 전략 i에 대한 샤프 비율의 분산, $\bar{\rho}_i$는 $\{y_{i,j}\}_{j=1,\,...,\,\varphi}$ 사이의 비대각 상관계수 평균이다. CPCV는 CV나 WF보다 적은 거짓 발견을 하는데 그 이유는 $\bar{\rho}_i < 1$이 표본 평균의 분산이 표본의 분산보다 작다는 것을 의미하기 때문이다.

$$\varphi^{-1}\sigma_i^2 \leq \sigma^2\left[\mu_i\right] < \sigma_i^2$$

경로들 간의 상관관계가 약할수록 $\bar{\rho}_i \ll 1$, CPCV의 분산도 낮아지고, CPCV의 극한 분산 0의 참 샤프 비율 $E[y_i]$를 보고할 것이다. $\lim_{\varphi \to \infty} \sigma^2[\mu_i] = 0$. $i = 1, \dots, I$에서 선택된 전략은 가장 높은 참 샤프 비율을 가진 것이므로 선택 편향이 없다.

물론 φ는 상한 $\varphi \leq \varphi[T, \frac{T}{2}]$이 있어서 0 분산을 얻을 수 없다. 충분히 큰 경로 개수 φ에 대해서 CPCV는 백테스트의 분산을 매우 작게 해 거짓 발견을 할 확률을 무시할 수준 정도로 낮출 수 있다.

11장에서는 백테스트 과적합이 모든 수학 금융에 있어 가장 중요한 해결 과제라는 점을 다뤘다. CPCV가 실제로 이 문제를 어떻게 다루는지 알아 보자. 연구자가 밝혀지지 않은 수많은 시행으로부터 선택되고, 과적합 WF 백테스트에 의해 훌륭한 성과를 보여 주는 전략을 학술지에 제출했다고 가정해 보자. 학술지는 연구자에게 주어진 N과 k에 대해 CPCV를 활용해 실험의 재현을 요구할 수 있다. 연구자는 사전에 백테스트해야 하는 개수와 경로의 특성을 알지 못하기 때문에 과적합된 연구 성과는 쉽게 드러나고 논문은 거절되거나 철회될 것이다. CPCV가 학술지나 다른 곳에 출간된 거짓 발견의 개수를 줄이는 데 사용되길 바란다.

연습 문제

12.1 선물 계약에 활용한 모멘텀 전략을 개발한다고 가정해 보자. 예측은 AR(1) 프로세스에 바탕을 두고 있다. 이 전략은 WF 방법을 사용해 백테스트했고, 샤프 비율은 1.5였다. 거꾸로 뒤집은 계열에 대해 백테스트를 반복한 결과 샤프 비율은 −1.5였다. 두 번째 결과를 무시할 수 있는 수학적 근거는 무엇인가?

12.2 선물 계약에 대해 평균 회귀 전략을 개발했다. WF 백테스트 결과의 샤프 비율은 1.5였고, 준비 기간을 증가시킨 후에 얻은 샤프 비율은 0.7이었다. 더 높은 샤프 비율만 결과를 발표하고 더 짧은 준비 시간을 가진 전략이 더 현실적이라고 주장한다면 이는 선택 편향인가?

12.3 전략이 WF 백테스트에서 1.5의 샤프 비율을 얻었지만, CV 백테스트의 샤프 비율은 0.7이었다. 더 높은 샤프 비율만을 발표하고 WF 백테스트는 역사적으로 정확한 반면 CV 백테스트는 시나리오 시뮬레이션이나 추론 연습이라고 주장한다면 이는 선택 편향인가?

12.4 전략에 따라 일정 시간 동안 100,000개의 예측을 생성했다. 1,000개의 경로를 생성해 샤프 비율의 CPCV 분포를 도출하고자 한다. 이를 성취할 수 있는 파라미터 (N, k)의 조합은 무엇인가?

12.5 WF 백테스트에서 샤프 비율 1.5를 성취하는 전략을 발견했다. 그 후 이런 결과를 정당화하는 이론을 설명하는 논문을 작성하고 학술지에 제출했다. 편집자로부터 한 심사위원이 $N = 100$과 $k = 2$로 CPCV 방법을 사용해 백테스트를 반복하고, 코드와 전체 데이터셋을 요청했다는 응답이 왔다. 당신은 이 지시를 따랐으며, 평균 SR은 −1이고 표준 편차는 0.5였다. 당신은 몹시 화가 나서 응답 대신 제출 철회를 선택했고, 더 높은 영향력을 가진 다른 학술지에 제출했다. 6개월 후 논문이 채택됐다. 당신은 만약 이것이 거짓 발견이었더라도 CPCV 테스트를 요청하지 않은 학술지의 잘못이라고 스스로를 달래고 있다. 당신은 "이것이 비윤리적인 행동일 수는 없어. 논문은 받아들여

졌고, 다들 이렇게 해"라고 위안한다. 과학적이든 윤리적이든 이런
행동을 정당화할 수 있는 논리는 무엇인가?

참고 자료

Bailey, D. and M. López de Prado(2012): "The Sharpe ratio efficient frontier." *Journal of Risk*, Vol. 15, No. 2 (Winter). Available at https://ssrn.com/ abstract=1821643.

Bailey, D. and M. López de Prado(2014): "The deflated Sharpe ratio: Correcting for selection bias, backtest overfitting and non-normality." *Journal of Portfolio Management*, Vol. 40, No. 5, pp. 94~107. Available at https:// ssrn.com/abstract=2460551.

Bailey, D., J. Borwein, M. López de Prado and J. Zhu(2014): "Pseudo-mathematics and financial charlatanism: The effects of backtest overfitting on out-of-sample performance." *Notices of the American Mathematical Society*, Vol. 61, No. 5, pp. 458~471. Available at http://ssrn.com/ abstract=2308659.

Bailey, D., J. Borwein, M. López de Prado and J. Zhu(2017): "The probability of backtest overfitting." Journal of Computational Finance, Vol. 20, No. 4, pp. 39~70. Available at https://ssrn.com/ abstract=2326253.

13

합성 데이터에 대한
백테스트

13.1 동기

13장에서는 대체 백테스트 기법을 알아본다. 과거 데이터를 이용해 관측 데이터로부터 추정한 통계적 특성을 이용한 합성 데이터를 생성한다. 이를 통해 미지의 대규모 합성 테스트셋에 대해 전략을 백테스트할 수 있게 돼 특정 데이터 포인터 집합에만 적합화될 가능성을 줄여 준다.[1] 이 주제는 매우 광범위하므로 거래 규칙의 백테스트에만 집중한다.

13.2 거래 규칙

투자 전략은 시장 비효율의 존재를 가정하는 알고리즘으로 정의할 수 있다. 어떤 전략은 GDP나 인플레이션과 같은 거시 경제 변수를 사용해 가격을 예측하는 계량 경제에 의존하거나, 또 다른 전략은 증권의 가격을 산정하고자 펀더멘털하고 회계적인 정보를 사용해 파생 상품의 가격에서 차익거래와 같은 기회를 찾기도 한다. 예를 들어, 금융 중개기관이 신규 발행

---

1 13장을 구성하는 데 도움을 주신 뉴욕 대학교의 피터 카(Peter Carr) 교수에게 감사드린다.

증권을 매입할 현금을 마련하고자 기발행^{off-the-run} 채권을 미 국채 경매 이틀 전에 매도하려고 한다고 가정해 보자. 누군가는 이 정보를 통해 경매 3일 전에 기발행 채권을 매도해 수익을 얻을 수 있다. 그러나 어떻게 할 것인가? 각 투자 전략은 흔히 '거래 규칙^{trading rule}'이라 불리는 구현 전술이 필요하다.

각각 수십 개의 고유한 투자 전략을 구사하는 수십 개의 헤지 펀드 스타일이 있다고 가정해 보자. 이 전략들은 아주 이질적일 수 있지만, 전술은 상대적으로 동질적이다. 거래 규칙은 포지션에 진입하거나 청산할 때 지켜야하는 알고리즘을 제공한다. 예를 들어, 전략의 신호가 특정 값에 도달하면 포지션에 진입한다. 포지션 청산의 조건은 대개 이익 실현이나 손절의 임계값을 통해 정의된다. 이런 진입과 청산 규칙은 대개 과거 시뮬레이션을 통해 조율된 파라미터에 의존한다. 이런 관행은 백테스트의 과적합 문제를 야기하는데, 그 이유는 이런 파라미터들이 샘플 내의 특정 관측값을 목표로 하기 때문이며, 심지어 투자 전략이 너무 과거와 연결돼 있어 미래에는 맞지 않기 때문이다.

우리는 성과를 극대화할 수 있는 청산 출구 조건에 관심이 있다. 다시 말하면 포지션은 이미 존재하므로 문제는 언제 최적으로 청산하는가에 있다. 이는 거래를 실행한 트레이더들이 흔히 접하는 딜레마이고, 증권을 투자하는 데 있어 진입과 청산 임계값을 결정하는 것과 혼동해서는 안 된다. 이 대안적 질문에 대한 연구를 위해서는 버트램(Bertram, 2009)을 참고하자.

베일리 등(Bailey et al., 2014, 2017)의 논문에서는 백테스트의 과적합 문제를 논하며, 시뮬레이션된 성과가 과적합에 의해 어느 정도 부풀려졌는지를 판단할 수 있는 기법을 제공한다. 백테스트 과적합의 확률을 평가하는 것은 불필요한 투자 전략을 없애는 데도 유용한 도구이지만, 적어도 거래 규칙을 조율하는 측면에서 과적합의 리스크를 피할 수 있다면 더 좋은 일이다. 이론상으로 이는 과거 시뮬레이션을 통하는 대신, 데이터를 생성하는 확률 프로세스로부터 거래 규칙의 최적 파라미터를 직접 도출해 얻을 수 있다. 이 방법이 바로 13장에서 취하는 접근 방법이다. 과거 표본 전체를 사용해 관측된 수익률의 흐름을 생성하는 확률 프로세스를 특징 지은 후 역사적 시뮬레이션 없이 거래 규칙 파라미터의 최적값을 도출한다.

13.3 문제

투자 전략 S가 $i = 1, ... I$ 기회 또는 베팅에 투자한다고 가정해 보자. 각 기회 i에서 S는 증권 X의 m_i 단위의 포지션을 취하며, $m_i \in (-\infty, \infty)$이다. 이 같은 기회에 진입한 거래는 가격이 $m_i P_{i,0}$으로 매겨지고, $P_{i,0}$은 m_i 증권 이 거래된 단위당 평균 가격이다. 다른 시장 참여자가 증권 X를 거래하면 t 거래 관측 후의 기회 i에 대한 시가 평가MTM, Mark-To-Market를 $m_i P_{i,t}$로 할 수 있다. 이는 t 거래 후의 시장에서 관측되는 가격으로 현금화한다고 했을 경우 기회 i의 가치를 나타낸다. 이런 이유로 t 거래 후의 기회 i의 MtM 이익/손실은 $\pi_{i,t} = m_i(P_{i,t} - P_{i,0})$으로 계산할 수 있다.

표준 거래 규칙은 $t = T_i$에서 기회 i의 청산 기회를 제공한다. 이는 다음 두 조건이 입증되면 즉시 발생한다.

- $\pi_{i,T_i} \geq \bar{\pi}$, 여기서 $\bar{\pi} > 0$은 이익 실현 임계값
- $\pi_{i,T_i} \leq \underline{\pi}$, 여기서 $\underline{\pi} < 0$은 손절 임계값

이 임계값들은 메타 레이블링(3장)의 맥락에서 논의했던 수평 배리어와 동일하다. $\underline{\pi} < \bar{\pi}$이므로 두 청산 조건 중 오직 하나만 기회 i로부터의 청산을 야기할 수 있다. 기회 i가 T_i에서 청산된다고 가정하면 최종 이익/손실은 π_{i,T_i}이다. 각 기회의 시작에서 목표는 기대 수익 $E_0[\pi_{i,T_i}] = m_i(E_0[P_{i,T_i}] - P_{i,0})$을 실행하는 것이다. 여기서 $E_0[P_{i,T_i}]$는 예측 가격, $P_{i,0}$은 기회 i의 진입 가격이다.

> **정의1: 거래 규칙:** 전략 S의 거래 규칙은 파라미터 집합 $R := (\underline{\pi}, \bar{\pi})$로 정의된다.

거래 규칙을 (무차별 대입으로) 조율하는 방법 중 하나는 다음과 같다.

1. R의 대체값 집합을 정의한다. $\Omega := \{R\}$.
2. $R \in \Omega$의 여러 값에 대해 S의 성과를 역사적 시뮬레이션(백테스트)한다.
3. 최적 R^*을 선택한다.

보다 공식적으로는 다음과 같이 나타낼 수 있다.

$$R^* = \arg\max_{R \in \Omega} \{SR_R\}$$

$$SR_R = \frac{E[\pi_{i,T_i}|R]}{\sigma[\pi_{i,T_i}|R]} \tag{13.1}$$

여기서 $E[.]$와 $\sigma[.]$는 각각 π_{i,T_i}의 기대값과 표준 편차이고, $i = 1, ..., I$에 대한 거래 규칙 R에 조건부다. 다시 말해 식 (13.1)은 여러 거래 규칙 R의 공간상에서의 S의 기회 I에 대한 샤프 비율^{SR}을 최대화한다(SR의 정의와 분석은 Bailey and López de Prado(2012)를 참고하자). 크기 I의 표본에 대해 SR_R을 최대화하고자 두 변수에 의존하고 있으므로 R을 과적합하기 쉽다. 자명한 과적합은 쌍$(\pi, \bar{\pi})$이 소수의 이상값을 대상으로 할 때 발생한다. 베일리 등(Bailey et al., 2017)의 논문에서는 백테스트 과적합에 대한 엄격한 정의를 제공하고 있는데, 거래 규칙 연구에 다음과 같이 적용할 수 있다.

정의2: 거래 규칙 과적합: $E\left[\dfrac{E\left[\pi_{j,T_j}|R^*\right]}{\sigma\left[\pi_{j,T_j}|R^*\right]}\right] < \text{Me}_\Omega\left[E\left[\dfrac{E\left[\pi_{j,T_j}|R\right]}{\sigma\left[\pi_{j,T_j}|R\right]}\right]\right]$ 이면 R^*는

과적합이다. 여기서 $j = I + 1, ..., J$이고, $\text{Me}_\Omega[.]$는 중위값이다.

직관적으로 샘플 내($i \in [1, I]$) 최적 거래 규칙 R^*이 샘플 외($j \in [I+1, J]$)의 다른 거래 규칙 $R \in \Omega$의 중위값보다 성과가 떨어진다고 예상될 때 과적합된다. 이는 근본적으로 11장에서 PBO$^{Probability\ of\ Backtesting\ Overfit}$를 도출할 때 사용한 것과 동일한 정의다. 베일리 등(Bailey et al., 2014)의 논문에서는 특히 특정 샘플 내 관측값을 대상으로 할 수 있는 자유 변수가 있거나 Ω의 원소 개수가 클 경우 백테스트가 과적합을 피하기 어렵다고 주장한다. 거래

규칙은 R^*가 S에 독립적으로 결정될 수 있으므로 거래 규칙이 이와 같은 자유 변수를 도입한다. 결과적으로 백테스트는 잡음으로부터 이익을 내고, R^*가 샘플 외 기회에 적합화 않게 된다. 이 저자들은 $\Delta\pi_{i,t}$가 계열 상관성을 나타낼 때 과적합이 음의 샘플 외 성과를 야기한다는 것을 보였다. PBO는 백테스트가 과적합된 정도를 평가하는 유용한 도구를 제공하지만, 이 문제를 처음부터 피하는 것이 더 쉽다.[2] 이러한 목적을 위해 13.4절을 할애한다.

13.4 프레임워크

지금까지 관측값으로부터 $\pi_{i,t}$가 추출된 확률 프로세스를 특별히 특징지은 적이 없다. 여기서는 $\pi_{i,t}$가 계열 상관성을 보일 때와 같은 과적합이 가장 해로운 시나리오들에 대해서 최적 거래 규칙^{OTR, Optimal Trading Rule}을 찾는 데 관심이 있다. 특히 가격에 대한 이산 올스타인-울렌벡^{O-U, Ornstein-Uhlenbeck} 프로세스를 가정해 보자.

$$P_{i,t} = (1 - \varphi)\,\mathrm{E}_0[P_{i,T_i}] + \varphi P_{i,t-1} + \sigma\varepsilon_{i,t} \tag{13.2}$$

여기서 랜덤 쇼크는 IID 분포의 $\varepsilon_{i,t} \sim N(0, 1)$이다. 이 프로세스의 시드값은 $P_{i,0}$, 기회 i에 의한 목표 수준이 $\mathrm{E}_0[P_{i,T_i}]$이고, φ는 $P_{i,0}$이 $\mathrm{E}_0[P_{i,T_i}]$로의 수렴 속도를 결정한다. $\pi_{i,t} = m_i(P_{i,t} - P_{i,0})$이므로 식 (13.2)의 기회 i의 성과는 다음 프로세스에 의해 특성화된다는 것을 암시한다.

$$\frac{1}{m_i}\pi_{i,t} = (1 - \varphi)\mathrm{E}_0[P_{i,T_i}] - P_{i,0} + \varphi P_{i,t-1} + \sigma\varepsilon_{i,t} \tag{13.3}$$

---

2 이 전략은 여전히 백테스트 과적합의 결과일 수 있지만, 적어도 거래 규칙은 이 문제에 아무런 영향을 미치지 못한다.

베일리와 로페즈 데 프라도(Bailey and López de Prado, 2013)의 명제 4 증명으로부터 식 (13.2)의 프로세스의 분포는 다음과 같은 파라미터를 가진 가우시안 분포라는 것을 증명할 수 있다

$$\pi_{i,t} \sim N\left[m_i\left((1-\varphi)\,\mathrm{E}_0[P_{i,T_i}]\sum_{j=0}^{t-1}\varphi^j - P_{i,0}\right), m_i^2\sigma^2\sum_{j=0}^{t-1}\varphi^{2j}\right] \quad (13.4)$$

또한 정상성의 필요 충분 조건은 $\varphi \in (-1, 1)$이다. 입력 파라미터 $\{\sigma, \varphi\}$ 집합과 기회 i와 연관된 초기 조건 $\{P_{i,0}, \mathrm{E}_0[P_{i,T_i}]\}$가 주어질 때 OTR^{Optimal} $^{\text{Trading Rule}}$ $R^* := (\underline{\pi}, \bar{\pi})$이 존재하는가? 이와 유사하게 전략 S가 수익 목표 $\bar{\pi}$를 예측한다면 주어진 입력값 $\{\sigma, \varphi\}$에 대한 최적 손절 $\underline{\pi}$를 계산할 수 있는가? 만약 그 대답이 양성이라면 R^*를 결정하기 위한 백테스트가 필요 없어 거래 규칙의 과적합 문제를 피할 수 있다. 13.5절에서는 이런 문제에 실험적으로 답하는 방법을 알려준다.

13.5 최적 거래 규칙의 수치적 결정

13.4절에서 O-U 설정을 통해 전략 S의 수익률을 생성하는 확률 프로세스를 특징지었다. 13.5절에서는 일반적으로 어떤 설정에 관해서도 특히 O-U 설정에 대해서도 OTR을 수치적으로 도출할 수 있는 절차를 설명한다.

13.5.1 알고리즘

알고리즘은 5개의 순차적 단계로 이뤄진다.

1단계: 식 (13.2)를 선형화해 입력 파라미터 $\{\sigma, \varphi\}$를 다음과 같이 추정한다.

$$P_{i,t} = \mathrm{E}_0[P_{i,T_i}] + \varphi(P_{i,t-1} - \mathrm{E}_0[P_{i,T_i}]) + \xi_t \quad (13.5)$$

그다음 기회를 순차화해 벡터 X와 Y를 형성한다.

$$X = \begin{bmatrix} P_{0,0} - E_0[P_{0,T_0}] \\ P_{0,1} - E_0[P_{0,T_0}] \\ \cdots \\ P_{0,T-1} - E_0[P_{0,T_0}] \\ \cdots \\ P_{I,0} - E_0[P_{I,T_I}] \\ \cdots \\ P_{I,T-1} - E_0[P_{I,T_I}] \end{bmatrix} ; \ Y = \begin{bmatrix} P_{0,1} \\ P_{0,2} \\ \cdots \\ P_{0,T} \\ \cdots \\ P_{I,1} \\ \cdots \\ P_{I,T} \end{bmatrix} ; \ Z = \begin{bmatrix} E_0[P_{0,T_0}] \\ E_0[P_{0,T_0}] \\ \cdots \\ E_0[P_{0,T_0}] \\ \cdots \\ E_0[P_{I,T_I}] \\ \cdots \\ E_0[P_{I,T_I}] \end{bmatrix} \quad (13.6)$$

식 (13.5)에 OLS를 적용하면 원시 O-U 파라미터를 다음과 같이 계산할 수 있다.

$$\hat{\varphi} = \frac{\mathrm{cov}\,[Y, X]}{\mathrm{cov}\,[X, X]}$$
$$\hat{\xi}_t = Y - Z - \hat{\varphi} X \quad (13.7)$$
$$\hat{\sigma} = \sqrt{\mathrm{cov}[\hat{\xi}_t, \hat{\xi}_t]}$$

여기서 cov[·, ·]는 공분산 연산자다.

2단계: 손절과 이익 실현 쌍 $(\underline{\pi}, \bar{\pi})$의 격자를 만든다. 예를 들어, $\underline{\pi} = \{-\frac{1}{2}$ $\sigma, -\sigma, \ldots, -10\sigma\}$와 $\bar{\pi} = \{\frac{1}{2}\sigma, \sigma, \ldots, 10\sigma\}$의 카티션 곱은 20×20의 노드를 생성하고 각각은 대안 거래 규칙 $R \in \Omega$를 구성한다.

3단계: $\pi_{i,t}$에 추정값 $\{\hat{\sigma}, \hat{\varphi}\}$을 적용해 $\pi_{i,t}$를 위한 많은 수의 경로(예: 100,000)를 생성한다. 시드값으로 기회 i와 연계된 관측 초기 조건 $\{P_{i,0}, E_0[P_{i,T_i}]\}$를 사용한다. 포지션은 무한정 보유할 수 있는 것이 아니므로 $\underline{\pi} \leq \pi_{i,100} \leq \bar{\pi}$이 더라도 포지션을 청산할 최대 보유 기간(예: 100 관측값)을 설정한다. 이 최대 보유 기간은 삼중 배리어 기법(3장)의 수직 바와 동일하다.[3]

4단계: 3단계에서 생성한 100,000개 경로를 각각 2단계에서 생성한 20×20 격자 $(\underline{\pi}, \bar{\pi})$에 적용한다. 각 노드에 대해 손절과 이익 실현 로직을 적용하

---

3 거래 규칙 R은 수평이 아니라 삼중 배리어의 함수로 특징지을 수 있다. 이 변화는 절차에 아무런 영향을 미치지 않는다. 이는 단순히 (20×20×20) 격자에 차원 하나를 추가한다. 13장에서는 방법을 시각화하는 것이 덜 직관적이 돼 버리기 때문에 이 설정을 고려하지 않는다.

면 π_{iT_i}의 값 100,000개가 생성된다. 이와 마찬가지로 각 노드에 대해 식 (13.1)에서 설명한 거래 규칙과 연계된 SR을 계산한다. SR 추정량의 신뢰 구간에 대한 연구는 베일리와 로페즈 데 프라도(2012)를 참고하자. 이 단계의 결과는 다음과 같은 세 가지 방법으로 사용될 수 있다.

5a단계: 거래 규칙에서 주어진 입력 파라미터 $\{\hat{\sigma}, \hat{\varphi}\}$와 관측된 초기 조건 $\{P_{i,0}, E_0[P_{i,T_i}]\}$에 대해 최적이 되는 거래 규칙 격자 내에서의 쌍 $(\underline{\pi}, \bar{\pi})$을 결정한다.

5b단계: 전략 S가 특정 기회 i에 대해 목표 이익 $\bar{\pi}_i$를 제공하면 이 정보를 4단계의 결과와 결합해 최적 손절 $\underline{\pi}_i$를 결정할 수 있다.

5c단계: 트레이더가 기회 i에 대해 펀드 관리에 의해 부여된 최대 손절 $\underline{\pi}_i$를 가지면 이 정보를 4단계의 결과와 결합해 손절 범위 $[0, \underline{\pi}_i]$ 내에서 최적 이익 실현 $\bar{\pi}_i$를 결정할 수 있다.

베일리와 로페즈 데 프라도(2012)의 논문에서는 식 (13.2)의 프로세스의 반감기[half-life]가 $\varphi \in (0, 1)$의 조건하에서 $\tau = -\frac{\log[2]}{\log[\varphi]}$ 라는 것을 증명했다. 그 결과로부터 특정 반감기 φ와 연계된 값 τ를 $\varphi = 2^{\frac{-1}{\tau}}$ 로 결정할 수 있다.

13.5.2 구현

코드 13.1은 13장에서 수행한 실험을 파이썬으로 구현한 것이다. 함수 main은 파라미터($E_0[P_{i,T_i}]$, τ)의 카티션 곱을 생성하는데, 이는 식 (13.5)의 확률 프로세스를 특징짓는다. 일반성을 잃지 않으므로 모든 시뮬레이션에서 $\sigma = 1$을 사용한다. 그다음 각 쌍 ($E_0[P_{i,T_i}]$, τ)에 대해 함수 batch는 다양한 거래 규칙과 연계된 샤프 비율[SR]을 계산한다.

코드 13.1 최적 거래 규칙을 결정하는 파이썬 코드 조각

```python
import numpy as np
from random import gauss
from itertools import product
#————————————————————————————————
def main():
    rPT=rSLm=np.linspace(0,10,21)
    count=0
    for prod_ in product([10,5,0,-5,-10],[5,10,25,50,100]):
        count+=1 coeffs={'forecast':prod_[0],'hl':prod_[1],'sigma':1}
        output=batch(coeffs,nIter=1e5,maxHP=100,rPT=rPT,rSLm=rSLm)
    return output
```

코드 13.2는 주어진 파라미터 쌍 $(\mathrm{E}_0[P_{i,T_i}], \tau)$에 대해 각 거래 규칙$(\pi, \bar{\pi})$에 하나씩 20×20 격자의 SR을 계산한다. 최대 보유 기간이 100으로 설정 (maxHP=100)됐으므로 수직 배리어가 존재한다. 여기서는 $P_{i,0} = 0$으로 고정시 켰는데, 이는 수렴을 유도하는 것이 식 (13.5)의 거리 $(P_{i,t-1} - \mathrm{E}_0[P_{i,T_i}])$이 지 특정 절대 가격 수준이 아니기 때문이다. 3개 배리어 중 하나가 도달하 면 청산 가격이 저장되고, 다음 반복 시행이 시작된다. 모든 반복 시행이 완료(1E5)되면 SR은 그 쌍 $(\pi, \bar{\pi})$에 대해 계산될 수 있고, 알고리즘은 다음 쌍으로 옮겨간다. 거래 규칙의 모든 쌍이 처리되고 나면 결과는 다시 main 으로 보고된다. 알고리즘은 3장에서 삼중 배리어 기법을 처리할 때와 유사 하게 병렬화할 수 있다. 이 과제는 연습 문제로 남겨 둔다.

코드 13.2 최적 거래 규칙을 결정하기 위한 파이썬 코드

```python
def batch(coeffs,nIter=1e5,maxHP=100,rPT=np.linspace(.5,10,20),
        rSLm=np.linspace(.5,10,20),seed=0):
    phi,output1=2**(-1./coeffs['hl']),[]
    for comb_ in product(rPT,rSLm):
        output2=[]
        for iter_ in range(int(nIter)):
```

```
        p,hp,count=seed,0,0
        while True:
            p=(1-phi)*coeffs['forecast']+phi*p+coeffs['sigma']*gauss(0,1)
            cP=p-seed;hp+=1
            if cP>comb_[0] or cP<-comb_[1] or hp>maxHP:
                output2.append(cP)
                break
        mean,std=np.mean(output2),np.std(output2)
        print comb_[0],comb_[1],mean,std,mean/std
        output1.append((comb_[0],comb_[1],mean,std,mean/std))
    return output1
```

표 13-1 시뮬레이션에 사용된 입력 파라미터의 조합

수치	예측	반감기	시그마	최대 보유 기간
16.1	0	5	1	100
16.2	0	10	1	100
16.3	0	25	1	100
16.4	0	50	1	100
16.5	0	100	1	100
16.6	5	5	1	100
16.7	5	10	1	100
16.8	5	25	1	100
16.9	5	50	1	100
16.10	5	100	1	100
16.11	10	5	1	100
16.12	10	10	1	100
16.13	10	25	1	100
16.14	10	50	1	100
16.15	10	100	1	100
16.16	−5	5	1	100
16.17	−5	10	1	100
16.18	−5	25	1	100
16.19	−5	50	1	100
16.20	−5	100	1	100
16.21	−10	5	1	100
16.22	−10	10	1	100
16.23	−10	25	1	100
16.24	−10	50	1	100
16.25	−10	100	1	100

13.6 실험 결과

표 13-1은 이 연구에서 분석된 조합을 나열하고 있다. 이 입력 파라미터들에 다른 값을 사용하면 수치는 달라지겠지만, 적용된 조합은 가장 일반적인 경우를 분석할 수 있게 해준다. 열 '예측'은 $E_0[P_{i,T_i}]$, '반감기half-life'는 τ, '시그마sigma'는 σ, 최대 보유 기간은 'maxHP'을 의미한다.

다음 수치에서는 다양한 수익 실현과 손절 청산 조건의 조합에서 발생한 연환산하지 않은 샤프 비율SR을 도식화했다. 편의상 y축(손절)의 음수 부호는 생략했다. SR은 히트맵heatmap으로 알려진 형식을 사용해 그레이스케일로 표시(밝은 부분은 더 좋은 성과, 어두운 부분은 좋지 않은 성과를 뜻한다)했고, 성과 (π_{i,T_i})는 보유 단위당 $(m_i = 1)$으로 계산해 다른 m_i 값은 단순히 크기 조정만 하면 SR에 영향 없이 얻을 수 있다. 거래 비용은 쉽게 추가할 수 있지만, 교육적 목적을 위해 함수의 대칭성을 이해하기 쉽도록 거래 비용을 추가하지 않고 결과를 그래프로 보인다.

13.6.1 제로 장기 균형의 경우

제로 장기 균형의 경우 현재 수준에서 가격 편차는 시간이 지남에 따라 스스로 교정한다는 가정하에 유동성을 공급하는 시장 조성자market maker들의 비즈니스와 일치한다. τ가 작을수록 자기 회귀 계수$(\varphi = 2^{-1/\tau})$도 작아진다. 작은 자기 회귀 계수와 제로 기대 수익이 합쳐지면 대부분 $(\pi_i, \bar{\pi}i)$쌍이 0의 성과가 나타나는 효과를 가진다.

그림 13-1은 파라미터 조합 $\{E_0[P_{i,T_i}], \tau, \sigma\} = \{0, 5, 1\}$에 대한 히트맵을 보여 준다. 반감기가 너무 작기 때문에 성과는 대규모 손절과 소규모 이익 실현이 조합된 좁은 범위 안에서 최대화된다. 다시 말해 최적의 거래 규칙은 5배나 7배의 비실현 손실을 겪더라도 작은 이익이 발생할 때까지 자산(재고)을 최대한 오래 보유하는 것이다. SR은 3.2 정도 수준으로 높다. 이는 사실 많은 전문 투자가가 실제로 하는 것이고, 이슬리 등(Easley et al.,

2011)의 논문에서 설명한 '비대칭 수익 딜레마asymmetric payoff dilemma'와 일치한다. 이 설정에서 가능한 최악의 거래 규칙은 소규모 손절과 대규모 이익 실현 임계값을 병합하는 것인데, 현실 세계에서는 시장 조성자들이 꺼리는 상황이다. 성과는 격자의 대각 부분에서 중립에 가까운데 여기서 이익 실현과 손절이 대칭이다. 이 결과는 삼중 배리어 기법(3장)을 통해 관측값을 레이블할 때 잘 기억해 둬야 한다.

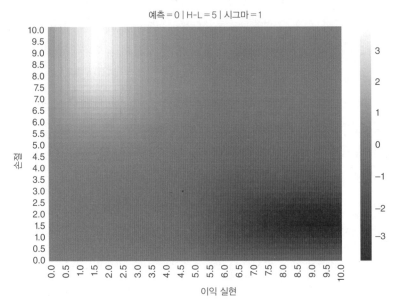

그림 13-1 $\{E_0[P_{i,Ti}], \tau, \sigma\} = \{0, 5, 1\}$에 대한 히트맵

그림 13-2는 τ를 5에서 10으로 증가시키면 최고와 최저 성과의 영역이 쌍 $(\pi_i, \bar{\pi}_i)$의 격자에 흩어지고, SR은 감소한다는 것을 보여 준다. 이는 반감기가 증가할수록 자기 회귀 계수($\varphi = 2^{-1/\tau}$라는 것을 기억하자)의 크기도 증가한다. 따라서 프로세스가 랜덤에 가까워지게 한다.

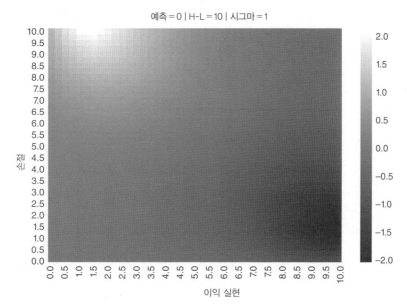

예측 = 0 | H-L = 10 | 시그마 = 1

그림 13-2 $\{E_0[P_{i,Ti}], \tau, \sigma\} = \{0, 10, 1\}$에 대한 히트맵

그림 13-3에서 $\tau = 25$인데 또 다시 최고, 최저 성과가 분산되고 SR은 감소한다. 그림 13-4($\tau = 50$)와 그림 13-5($\tau = 100$)에서 진행을 계속한다. 궁극적으로 $\varphi \to 1$일수록 성과가 최대화될 영역이 사라지게 된다.

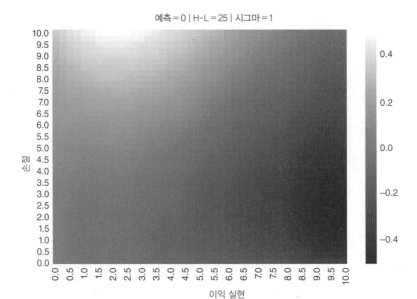

그림 13-3 $\{E_0[P_{i,Ti}], \tau, \sigma\} = \{0, 25, 1\}$에 대한 히트맵

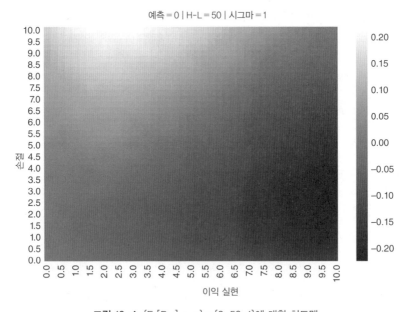

그림 13-4 $\{E_0[P_{i,Ti}], \tau, \sigma\} = \{0, 50, 1\}$에 대한 히트맵

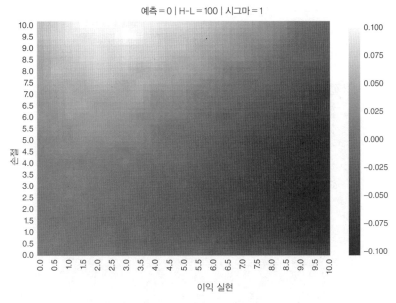

그림 13-5 {$E_0[P_{i,T_i}]$, τ, σ} = {0, 100, 1}에 대한 히트맵

역사적 시뮬레이션에서 랜덤 워크의 거래 규칙을 조율하면 백테스트 과적합이 발생할 수 있다. 우연히 SR을 최대화하는 랜덤 조합의 이익 실현과 손절이 선택되기 때문이다. 그러므로 합성 데이터의 백테스트가 매우 중요하다. 즉 과거(단일 랜덤 워크)에 발생한 어떤 통계적 요행에 의존해 전략을 선택하는 것을 피한다. 우리 절차에서 성과가 일관된 패턴을 보이지 않으면 OTR이 존재하지 않는다는 것을 나타내므로 과적합을 방지할 수 있다.

13.6.2 양의 장기 균형의 경우

양의 장기 균형positive long-run equilibrium은 헤지 펀드나 자산 운용사와 같은 포지션 보유 투자자position-taker의 비즈니스와 일치한다. 그림 13-6은 파라미터 조합 {$E_0[P_{i,T_i}]$, τ, σ} = {5, 5, 1}의 결과를 보여 준다. 포지션들이 수익을 내는 경향이 있기 때문에 최적 이익 실현은 이전 경우보다 높고, 6 근처에 몰려 있으며, 손절은 4와 10 사이에 있다. 최적 거래 규칙은 넓은 손절 구간과 좁은 이익 실현 구간이 결합된 직사각형 모양을 하고 있다. 성과는 모든 실험 중 최고값이고, SR은 12 가까이 된다.

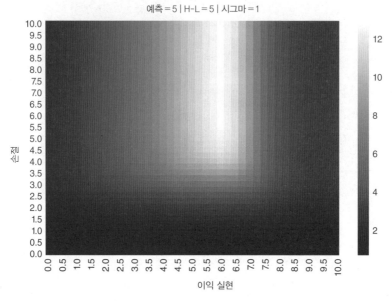

그림 13-6 $\{E_0[P_{i,Ti}], \tau, \sigma\} = \{5, 5, 1\}$에 대한 히트맵

그림 13-7에는 반감기를 $\tau = 5$에서 $\tau = 10$으로 증가시켰다. 이제 최적 성과는 5 근처에 집중된 이익 실현과 7과 10 사이에 분포한 손실에서 얻어진다. 최적 이익 실현 범위는 넓어졌지만 최적 손실은 좁아졌고, 이전의 직사각형은 정사각형에 가깝게 바뀌었다. 다시 말해 반감기가 더 커지면 랜덤 워크에 가까워지므로 성과는 이제 이전보다 낮아지고 SR은 9에 육박한다.

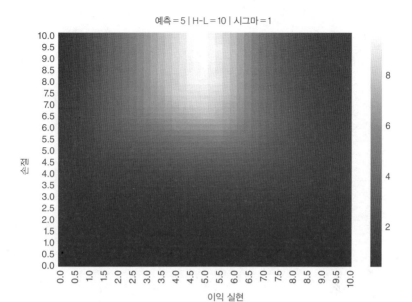

그림 13-7 $\{E_0[P_{i,Ti}], \tau, \sigma\} = \{5, 10, 1\}$에 대한 히트맵

그림 13-8에서는 $\tau = 25$로 했다. 최적 이익 실현은 이제 3 근처에 몰려 있고, 최적 손실은 9와 10 사이에 있다. 이전 최적 성과의 정사각형 영역은 작은 이익 실현과 큰 손실 임계값을 가진 반원처럼 됐다. 다시 여기서 성과의 저하를 보게 된다. SR은 2.7이다.

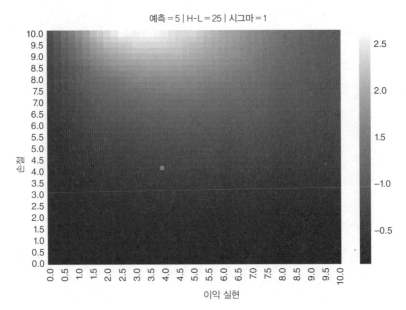

그림 13-8 $\{E_0[P_{i,Ti}], \tau, \sigma\} = \{5, 10, 1\}$에 대한 히트맵

그림 13-9에서 반감기는 다시 $\tau = 50$로 증가했다. 그 결과 최적 영역은 흩어지고, SR은 계속 떨어져 0.8이 됐다. 이는 제로 장기 균형 경우를 관찰했을 때(13.6.1절 참고)와 동일하다. 차이점은 이제 $E_0[P_{i,T_i}] > 0$이기 때문에 최악 성과의 대칭 영역이 없다는 것이다.

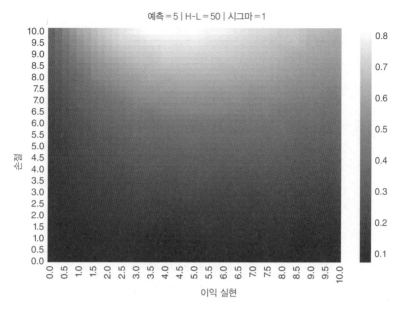

그림 13-9 $\{E_0[P_{i,T_i}], \tau, \sigma\} = \{5, 50, 1\}$에 대한 히트맵

그림 13-10에서는 $\tau = 100$은 앞에서 설명한 경향의 자연스러운 결론으로 이끌어간다는 것을 알 수 있다. 프로세스는 이제 랜덤 워크에 무척 가까워 져서 최대 SR은 겨우 0.32다.

그림 13-11~그림 13-15에서도 이와 비슷한 경향을 관찰할 수 있는데 $E_0[P_{i,T_i}] = 10$이고, τ는 점진적으로 5부터 10, 25, 50, 100으로 각각 증가 한다.

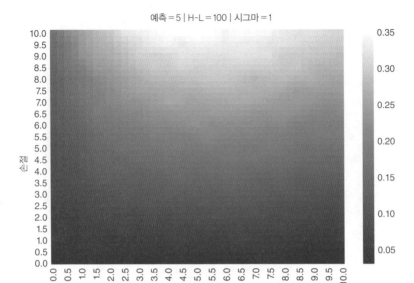

예측 = 5 | H-L = 100 | 시그마 = 1

그림 13-10 {$E_0[P_{i,Ti}]$, τ, σ} = {5, 100, 1}에 대한 히트맵

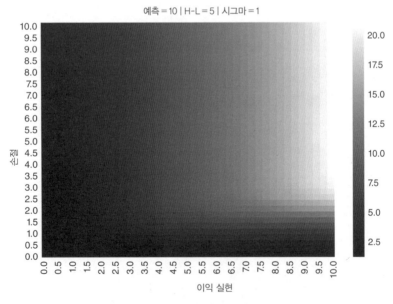

예측 = 10 | H-L = 5 | 시그마 = 1

그림 13-11 {$E_0[P_{i,Ti}]$, τ, σ} = {10, 5, 1}에 대한 히트맵

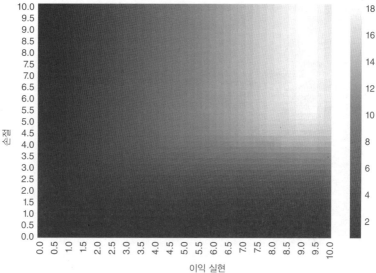

그림 13-12 $\{E_0[P_{i,Ti}], \tau, \sigma\} = \{10, 10, 1\}$에 대한 히트맵

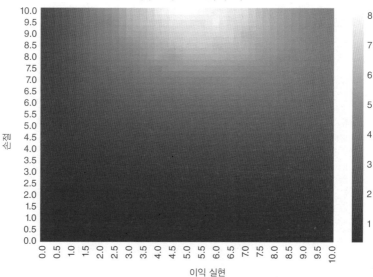

그림 13-13 $\{E_0[P_{i,Ti}], \tau, \sigma\} = \{10, 25, 1\}$에 대한 히트맵

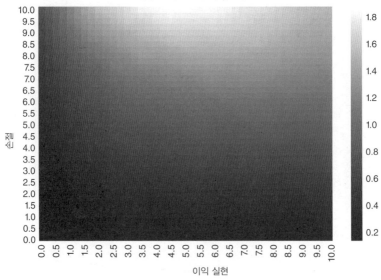

예측＝10 | H-L＝50 | 시그마＝1

그림 13-14 $\{E_0[P_{i,Ti}], \tau, \sigma\} = \{10, 50, 1\}$에 대한 히트맵

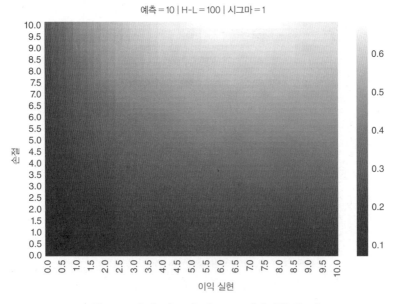

예측＝10 | H-L＝100 | 시그마＝1

그림 13-15 $\{E_0[P_{i,Ti}], \tau, \sigma\} = \{10, 100, 1\}$에 대한 히트맵

13.6.3 음의 장기 균형의 경우

합리적 시장 참여자라면 기대 결과가 손실인 가정하에서는 포지션을 개시하지 않을 것이다. 그러나 거래자가 손실이 기존 포지션 결과의 기대값이라는 것을 인식하면 거래자는 이런 손실을 최소화하면서 포지션을 중단할 수 있는 전략을 필요로 할 것이다.

그림 13-16은 파라미터 $\{E_0[P_{i,T_i}], \tau, \sigma\} = \{-5, 5, 1\}$을 적용한 결과다. 그림 13-16과 그림 13-6을 비교해 보면 하나가 마치 나머지 하나를 서로 보완하면서 회전한 것처럼 보인다. 그림 13-6은 그림 13-16 명암을 반전시키면서 회전한 것처럼 보인다. 그 이유는 그림 13-6의 수익이 그림 13-16의 손실로 변하고, 그림 13-6의 손실은 그림 13-16의 수익으로 변했기 때문이다. 하나의 이미지가 다른 이미지의 명암이 반전된 것이다. 도박꾼의 손실은 곧 도박장의 이익이 되는 것과 같다.

예상한 대로 SR은 음수고, 최악 성과 영역은 손절이 6 사이에 몰려 있으며, 이익 실현 임계값은 4부터 10 사이에 분포하고 있다. 이제 직사각형 모양은 최적 성과 영역에 해당하지 않고 최악 성과 영역에 해당하며, SR은 약 −12다.

그림 13-17에서 $\tau = 10$이고 랜덤 워크에 가까운 것은 우리가 원하던 것과 맞아 들어간다. 최악 성과 영역은 분산되고, 직사각형 영역은 정사각형이 된다. 성과는 덜 음수가 되고, SR은 약 −9다.

이 익숙한 진행은 τ가 25, 50, 100으로 증가하면서 그림 13-18, 그림 13-19, 그림 13-20로 된다. 다시 말해 프로세스가 랜덤 워크로 갈수록 성과는 평탄해지고 거래 규칙 최적화optimizing the trading rule는 백테스트 과적합 연습backtest-overfitting exercise이 된다.

그림 13-21~13-25는 동일한 프로세스를 $E_0[P_{i,T_i}] = -10$과 τ를 5부터 10, 25, 50, 100으로 점진적으로 증가시키면서 반복한다. 양의 장기 균형에서 발생했던 회전된 보완 패턴과 동일한 것이 나타나는 것을 볼 수 있다.

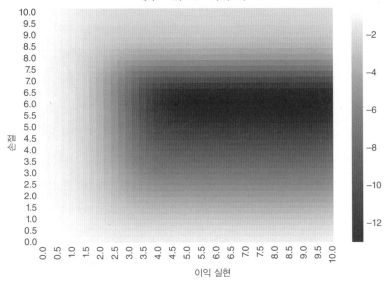

그림 13-16 $\{E_0[P_{i,Ti}], \tau, \sigma\} = \{-5, 5, 1\}$에 대한 히트맵

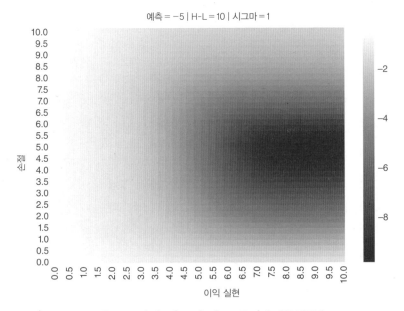

그림 13-17 $\{E_0[P_{i,Ti}], \tau, \sigma\} = \{-5, 10, 1\}$에 대한 히트맵

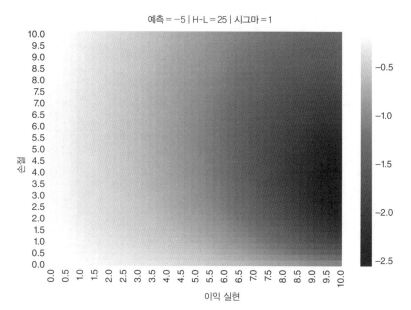

그림 13-18 $\{E_0[P_{i,Ti}], \tau, \sigma\} = \{-5, 25, 1\}$에 대한 히트맵

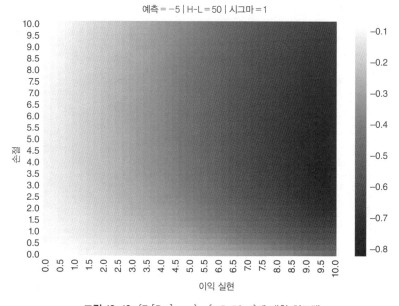

그림 13-19 $\{E_0[P_{i,Ti}], \tau, \sigma\} = \{-5, 50, 1\}$에 대한 히트맵

예측 = −5 | H−L = 100 | 시그마 = 1

그림 13-20 $\{E_0[P_{i,Ti}],\ \tau,\ \sigma\} = \{-5,\ 100,\ 1\}$에 대한 히트맵

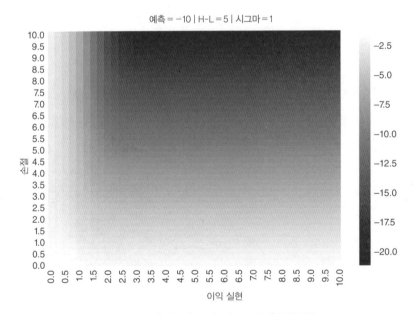

예측 = −10 | H−L = 5 | 시그마 = 1

그림 13-21 $\{E_0[P_{i,Ti}],\ \tau,\ \sigma\} = \{-10,\ 5,\ 1\}$의 히트맵

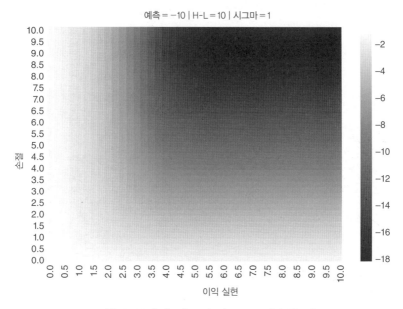

그림 13-22 $\{E_0[P_{i,Ti}], \tau, \sigma\} = \{-10, 10, 1\}$의 히트맵

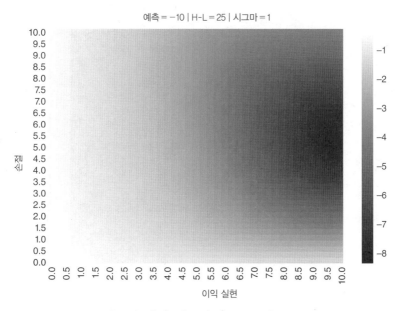

그림 13-23 $\{E_0[P_{i,Ti}], \tau, \sigma\} = \{-10, 25, 1\}$의 히트맵

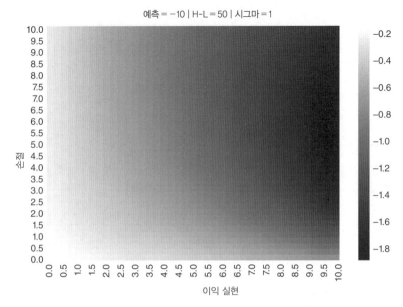

그림 13-24 $\{E_0[P_{i,Ti}], \tau, \sigma\} = \{-10, 50, 1\}$의 히트맵

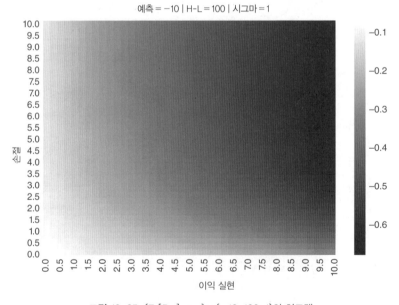

그림 13-25 $\{E_0[P_{i,Ti}], \tau, \sigma\} = \{-10, 100, 1\}$의 히트맵

13.7 결론

13장에서는 이산 O-U 프로세스를 따르는 가격에 연관된 최적 거래 전략을 실험적으로 결정하는 방법을 알아봤다. 이런 거래 전략 도출은 역사적 시뮬레이션의 결과가 아니므로 절차는 단일 경로로 백테스트가 과적합되는 리스크를 피했다. 그 대신 최적 거래 전략은 가격을 주도하는 기저 확률 프로세스의 특성으로부터 도출했다. 동일한 접근 방법이 O-U 이외에도 적용 가능하지만 교육적 목적만을 위해 이 프로세스에만 집중했다. 13장에서는 최적 거래 전략 문제 해결을 위한 닫힌 해를 유도하지 않았지만, 여기 실험 결과는 다음의 OTR 추측을 뒷받침한다.

> **추측:** 이산 O-U 프로세스에 의해 가격이 특징지어진 금융 상품이 주어질 때 SR을 최대화하는 이익 실현과 손실 조합의 표현으로 유일한 OTR이 존재한다.

이런 OTR이 몇 초 내에 수치적으로 도출될 수 있으므로 굳이 닫힌 해를 얻어야 할 실익이 크지 않다. 수학적 연구 분야에서 더욱 보편화되는 경향처럼 추측의 실험적 분석은 증명 없이도 목표를 성취하는 데 도움을 준다. 앞의 추측을 증명하려면 몇 십 년은 아니더라도 몇 년은 걸릴지 모른다. 그리고 현재까지 수행된 모든 실험이 실증적으로 이를 증명해 주고 있다. 이 추측이 틀릴 확률은 추측을 무시해 거래 규칙을 과적합화할 확률에 비하면 무시할 만하다. 그러므로 합리적 행동 방향은 추측이 옳다고 가정하고 합성 데이터를 통해 OTR을 결정하는 것이다. 최악의 경우 거래 규칙이 최적이 아닐 수 있지만, 여전히 거의 확실히 과적합화된 거래 규칙보다 뛰어난 성과를 발휘할 것이다.

연습 문제

13.1 당신이 거래 실행 트레이더라고 가정해 보자. 고객이 전화를 걸어 가격 100에 진입한 매도 포지션을 커버하기 위한 주문을 요청했다. 고객은 두 가지 청산 조건을 제시했다. 즉 105에서의 이익 실현과 90에서의 손절이다.

    (a) 고객이 가격은 O-U 프로세스를 따른다고 믿는다고 가정하면 이 수준이 적절한가? 어떤 파라미터에서 적절한가?

    (b) 이 수준이 적절하게 되는 다른 대체 확률 프로세스를 생각할 수 있겠는가?

13.2 주어진 파라미터들에 대해 E-mini S&P 500 선물의 달러 바의 시계열을 O-U 프로세스에 적합화하라.

    (a) 다양한 이익 실현과 손절 레벨에 대해 히트맵을 작성하라.

    (b) OTR은 무엇인가?

13.3 연습 문제 2를 반복하라. 이번에는 다음의 달러 바의 시계열에 대해 수행하라.

    (a) 10년 미국채 선물

    (b) WTI^{West Texas Intermediate} 원유 선물

    (c) 결과들이 서로 확연히 차이가 나는가? 이것이 상품별로 거래 실행 트레이더를 따로 둬야 한다는 것을 정당화해 주는가?

13.4 시계열을 두 부분으로 분할한 후 연습 문제 2를 반복하라.

    (a) 첫 번째 시계열은 3/15/2009에 종료

    (b) 두 번째 시계열은 3/16/2009에 시작

    (c) OTR이 서로 완전히 다른가?

13.5 유동성이 가장 풍부한 글로벌 100대 선물의 OTR을 도출하는 데 얼마나 걸리는가? 연습 문제 4의 결과를 고려할 때 OTR을 얼마나 자주 다시 계산해야 한다고 생각하는가? 이 데이터를 미리 계산해 두는 것이 합리적인가?

13.6 20장에서 설명한 mpEngine 모듈을 이용해 코드 13.1과 13.2를 병렬화
하라.

참고 자료

Bailey, D. and M. López de Prado(2012): "The Sharpe ratio efficient
frontier." *Journal of Risk*, Vol. 15, No. 2, pp. 3~44. Available at
http://ssrn.com/ abstract=1821643.

Bailey, D. and M. López de Prado(2013): "Drawdown-based stop-outs and
the triple penance rule." *Journal of Risk*, Vol. 18, No. 2, pp. 61~93.
Available at http://ssrn.com/abstract=2201302.

Bailey, D., J. Borwein, M. López de Prado and J. Zhu(2014): "Pseudo-
mathematics and financial charlatanism: The effects of backtest
overfitting on out-of-sample performance." *Notices of the American
Mathematical Society*, 61(5), pp. 458~471. Available at http://ssrn.
com/ abstract=2308659.

Bailey, D., J. Borwein, M. López de Prado and J. Zhu(2017): "The
probability of backtest overfitting." *Journal of Computational
Finance*, Vol. 20, No. 4, pp. 39~70. Available at http://ssrn.com/
abstract=2326253.

Bertram, W.(2009): "Analytic solutions for optimal statistical arbitrage trading."
Working paper. Available at http://ssrn.com/abstract=1505073.

Easley, D., M. Lopez de Prado and M. O'Hara(2011): "The exchange
of flow- toxicity." *Journal of Trading*, Vol. 6, No. 2, pp. 8~13.
Available at http://ssrn.com/abstract=1748633.

14

백테스트 통계량

14.1 동기

13장에서 세 가지 백테스트 패러다임을 알아봤다. 첫째, 역사적 시뮬레이션(11장, 12장) 둘째, 시나리오 시뮬레이션(12장). 셋째, 합성 데이터의 시뮬레이션(13장)이다. 선택한 백테스트의 패러다임과 관계없이 그 결과는 투자자들이 다른 경쟁자들과 비교하고 판단할 수 있도록 통계량의 계열에 따라 보고해야 한다. 14장에서는 가장 보편적으로 사용되는 성과 평가 통계량을 알아본다. 이 중 어떤 통계량은 국제투자성과기준GIPS, Global Investment Performance Standard에 포함된 것이다.[1] 그러나 성과의 종합적 분석은 현재 검토 중인 특정 머신러닝 전략에 부합한 척도를 선택해야 한다.

14.2 백테스트 통계량의 종류

백테스트 통계량은 투자자들이 다양한 투자 전략을 평가하고 비교하는 데 사용할 수 있는 척도로 이뤄진다. 이 통계량은 전략에서 리스크의 커다란

---

1 좀 더 자세한 사항은 https://www.gipsstandards.org를 참고하자.

비대칭 위험 또는 낮은 투자 용량^{low capacity} 등과 같이 잠재적으로 문제가 될 수 있는 측면을 발견하는 데 도움이 돼야 한다. 전체적으로 이 통계량은 일반적 특성, 성과, 자금 유출/하락, 거래 구축 비용^{implementation shortfall}, 수익률/리스크 효율, 분류 점수^{classification score}, 기여도 등으로 분류할 수 있다.

14.3 일반적인 특성

다음 통계량은 백테스트의 일반적 특성을 알려 준다.

- **시간 범위:** 시작 날짜와 종료 날짜를 지정한다. 전략을 테스트하는 데 사용되는 기간이 충분히 길어 포괄적인 상황을 포함할 수 있어야 한다.
- **평균 총 운용 자산**^{AUM}: 운용 중인 자산의 평균 달러 가치다. 이 평균을 계산하고자 매수와 매도 포지션의 달러 가치를 양의 실수로 간주한다.
- **용량**^{capacity}: 전략의 용량은 목표 리스크 조정 성과를 성취할 수 있는 최대 AUM으로 측정할 수 있다. 적절한 베팅 크기(10장)와 리스크 분산(16장)을 위해서는 최저 AUM이 필요하다. 최소 AUM을 넘어서면 AUM의 증가에 따라 더 높은 거래 비용과 더 낮은 거래량으로 성과가 저하된다.
- **레버리지**^{leverage}: 보고된 성과를 달성하고자 필요한 차입 총액을 측정한다. 레버리지가 일어나면 비용이 할당돼야 한다. 레버리지를 측정하는 한 가지 방법은 평균 AUM에 대한 평균 달러 포지션 크기의 비율을 계산하는 것이다.
- **최대 달러 포지션 크기:** 전략이 어느 시점에 평균 AUM을 크게 초과하는 달러 포지션을 취하는지 알려 준다. 대개 평균 AUM에 근접한 최대 달러 포지션을 취하는 전략을 선호한다. 이는 극단적인 이벤트(아마도 이상값)에 의존하지 않았음을 알려 준다.

- **롱^{long} 비율:** 롱 비율은 베팅 중 매수 포지션의 비율을 보여 준다. 시장 중립적 전략인 롱-숏^{long-short}의 값은 이상적으로 0.5에 가깝다. 그렇지 않다면 전략은 포지션 편향을 가지거나 백테스트된 기간이 너무 짧아 향후 시장 조건을 대표하지 못한다.

- **베팅의 빈도:** 백테스트에서의 연간 베팅 개수를 의미한다. 동일한 방향의 포지션 시퀀스는 동일한 베팅의 일부로 간주된다. 베팅은 포지션이 청산되거나 반대 매매로 상쇄될 때 끝난다. 베팅의 개수는 항상 거래의 개수보다 적다. 거래 수는 전략에 의해 발견된 독립된 기회의 개수를 과대 추정할 수 있다.

- **평균 보유 기간:** 베팅이 유지되는 일 수의 평균을 말한다. 고빈도 전략은 초 단위의 보유 기간을 가질 수도 있지만, 저빈도의 전략은 몇 개월, 심지어 몇 년 동안 포지션을 보유할 수도 있다. 짧은 보유 기간은 전략의 용량을 제한할 수 있다. 보유 기간은 베팅의 빈도와 연계돼 있기는 하지만 서로 다르다. 예를 들어, 전략은 비농업 고용 데이터가 발표될 즈음으로 월 단위로 베팅할 수 있지만, 각 베팅은 단지 몇 분 동안만 유지된다.

- **연환산 거래량:** 연간 거래된 평균 달러량을 평균 연간 AUM에 대한 비율로 측정한다. 낮은 베팅 수에도 불구하고 높은 거래량이 나타날 수 있는데, 그 이유는 전략이 끊임없이 포지션 튜닝을 필요로 하기 때문이다. 거래 수가 적더라도 높은 거래량이 나타날 수 있는데, 이는 각 거래가 최대 롱 포지션과 최대 숏 포지션을 왔다갔다할 경우에 가능하다.

- **기초 자산과의 상관관계:** 전략의 수익률과 기초 투자 유니버스 수익률과의 상관관계를 말한다. 상관관계가 상당히 큰 음이거나 양인 전략은 근본적으로 투자 유니버스를 유지하거나 숏하게 되고, 따라서 가치를 거의 더하지 않는다.

코드 14.1은 목표 포지션(tPos)을 달성하고자 pandas series로부터 청산 또는 반대 매매 거래의 타임스탬프를 도출하는 알고리즘이다. 이 코드는 발생한 베팅의 개수를 알려 준다.

코드 14.1 목표 포지션 SERIES로부터 베팅 타이밍을 도출

```
# 청산 또는 반대 매매 사이에 베팅이 일어남.
df0=tPos[tPos==0].index
df1=tPos.shift(1);df1=df1[df1!=0].index
bets=df0.intersection(df1) # 청산됨.
df0=tPos.iloc[1:]*tPos.iloc[:-1].values
bets=bets.union(df0[df0<0].index).sort_values() # tPos 반전
if tPos.index[-1] not in bets:bets=bets.append(tPos.index[-1:]) # 마지막 베팅
```

코드 14.2는 주어진 목표 포지션(tPos)의 pandas series에 대한 평균 보유 기간을 계산하는 알고리즘 구현을 보여 준다.

코드 14.2 보유 기간 추정을 구현

```
def getHoldingPeriod(tPos):
    # 평균 진입 시간 짝짓기 알고리즘을 사용해 평균 보유 기간(일 수)을 도출
    hp,tEntry=pd.DataFrame(columns=['dT','w']),0.
    pDiff,tDiff=tPos.diff(),(tPos.index-tPos.index[0])/
                            np.timedelta64(1,'D')
    for i in xrange(1,tPos.shape[0]):
        if pDiff.iloc[i]*tPos.iloc[i-1]>=0: # 증가 또는 변화 없음.
            if tPos.iloc[i]!=0:
                tEntry=(tEntry*tPos.iloc[i-1]+tDiff[i]*pDiff.iloc[i])/
                        tPos.iloc[i]
        else: # 감소
            if tPos.iloc[i]*tPos.iloc[i-1]<0: # 반전
                hp.loc[tPos.index[i],['dT','w']]=(tDiff[i]-tEntry,abs
                                        (tPos.iloc[i-1]))
                tEntry=tDiff[i] # 진입 시점 재설정
```

```
         else:
              hp.loc[tPos.index[i],['dT','w']]=(tDiff[i]-
                      tEntry,abs(pDiff.iloc[i]))
    if hp['w'].sum()>0:hp=(hp['dT']*hp['w']).sum()/hp['w'].sum()
    else:hp=np.nan
    return hp
```

14.4 성과

성과 통계량은 리스크 조정하지 않은 달러 성과와 수익률 수치다. 몇몇 유용한 성과 척도는 다음과 같다.

- **손익:** 백테스트 전체에 발생한 달러(또는 동등한 표시 통화량)의 총액으로서 최종 포지션의 현금화 비용을 포함한다.
- **롱 포지션으로부터의 손익:** 손익 달러 중 오직 롱 포지션으로만 발생한 비중이다. 이 값은 롱-숏의 편향과 시장 중립 전략을 평가할 때 매우 유용하다.
- **수익률 연환산 비율:** 총 수익률의 시간 가중 연환산 평균 비율로, 배당, 쿠폰, 비용을 포함한다.
- **히트 비율:** 양의 수익 결과를 낸 베팅의 비중
- **히트로부터 평균 수익률:** 수익을 낸 베팅의 평균 수익률
- **미스로부터 평균 수익률:** 손실을 낸 베팅의 평균 수익률

14.4.1 수익률의 시간 가중 비율

총 수익률이란 측정 기간의 경과 이자, 지급 쿠폰, 배당을 포함한 실현과 비실현 손실로부터의 수익률이다. GIPS 규칙은 외부 현금 흐름을 조정한 시간 가중 수익률^{TWRR, Time-Weighted Rate of Returns}을 계산한다(CFA Institute, 2010). 기간 또는 하위 기간의 수익률은 기하학적으로 연계돼 있다. 2005년 1월 1일 이후에 시작하는 기간에 대해 GIPS 규칙은 일별 가중 외부 현금

흐름 조정된 포트폴리오 수익률을 계산하도록 요구한다.

TWRR은 각 외부 현금 흐름[2]의 시점에 포트폴리오 가치를 결정함으로써 계산할 수 있다. 하위 기간 $[t-1, t]$ 사이에서의 포트폴리오 i의 TWRR은 $r_{i,t}$로 표기하면 식은 다음과 같다.

$$r_{i,t} = \frac{\pi_{i,t}}{K_{i,t}}$$

$$\pi_{i,t} = \sum_{j=1}^{J} [(\Delta P_{j,t} + A_{j,t})\theta_{i,j,t-1} + \Delta\theta_{i,j,t}(P_{j,t} - \overline{P}_{j,t-1})]$$

$$K_{i,t} = \sum_{j=1}^{J} \tilde{P}_{j,t-1}\theta_{i,j,t-1} + \max\left\{0, \sum_{j=1}^{J} \overline{\tilde{P}}_{j,t}\Delta\theta_{i,j,t}\right\}$$

여기서,

- $\pi_{i,t}$는 시점 t에서의 포트폴리오 i의 MtM 수익 또는 손실이다.
- $K_{i,t}$는 하위 기간 t 동안의 포트폴리오 i에 의한 AUM의 시장 가치다. $\max\{\cdot\}$ 항을 포함하는 목적은 추가 매수(포트폴리오 구축)를 허용하기 위한 자금 조달이다.
- $A_{j,t}$는 시점 t에서의 단위 투자 상품에 지급된 경과 이자 또는 배당이다.
- $P_{j,t}$는 시점 t에서의 증권 j의 순가격$^{\text{clean price}}$이다.
- $\theta_{i,j,t}$는 시점 t에서의 증권 j에 대한 포트폴리오의 보유량이다.
- $\tilde{P}_{j,t}$는 시점 t에서의 증권 j의 매매 가격$^{\text{dirty price}}$이다.
- $\overline{P}_{j,t}$는 하위 기간 t 동안 증권 j에 대한 포트폴리오 i의 거래된 순가격$^{\text{clean price}}$의 평균이다.
- $\overline{\tilde{P}}_{j,t}$는 하위 기간 t 동안 증권 j에 대한 포트폴리오 i의 거래된 매매 가격$^{\text{dirty price}}$의 평균이다.

---

2 외부 현금 흐름은 포트폴리오에 편입되거나 나가는 자산(현금 또는 투자)이다. 예를 들어, 배당이나 이자 수입은 외부 현금 유입으로 간주하지 않는다.

현금 유입은 하루의 시작 시점에서 발생한다고 가정하고, 현금 유출은 하루의 마지막 시점에서 발생한다고 가정한다. 이들 하위 기간 수익률은 다음과 같이 기하학적으로 연계된다.

$$\varphi_{i,T} = \prod_{t=1}^{T}(1 + r_{i,t})$$

변수 $\varphi_{i,T}$는 전체 생애 $t = 1, \ldots, T$에 걸쳐 포트폴리오 i에 투자된 1달러의 성과로 이해하면 된다. 마지막으로 포트폴리오 i의 연환산 수익률은 다음과 같다.

$$R_i = (\varphi_{i,T})^{-y_i} - 1$$

여기서 y_i는 $r_{i,1}$과 $r_{i,T}$ 사이에 경과한 연수를 의미한다.

14.5 런

투자 전략은 IID 프로세스로부터 추출된 수익률을 생성하는 경우가 드물다. 이런 성질이 없기 때문에 투자 수익률 계열은 빈번한 런^{run}을 나타낸다. 런은 동일한 부호 수익률의 연속된 시퀀스다. 그 결과 런은 하방 리스크^{downside risk}를 증가시키므로 적절한 척도로 평가해야 한다.

14.5.1 수익률 집중

베팅으로부터 수익률의 시계열 $\{r_t\}_{t=1, \ldots, T}$가 주어져 있을 때 두 가중치 계열 w^-와 w^+를 계산한다

$$r^+ = \{r_t | r_t \geq 0\}_{t=1,\ldots,T}$$
$$r^- = \{r_t | r_t < 0\}_{t=1,\ldots,T}$$

$$w^+ = \left\{ r_t^+ \left(\sum_t r_t^+ \right)^{-1} \right\}_{t=1,\dots,T}$$

$$w^- = \left\{ r_t^- \left(\sum_t r_t^- \right)^{-1} \right\}_{t=1,\dots,T}$$

허핀달-허시먼 지수$^{\text{HHI, Herfindahl-Hirschman Index}}$로부터 영감을 받아 $\|\cdot\|$가 벡터의 크기를 의미할 때 $\|w^+\| > 1$에 대해 양의 수익률 집중도를 다음과 같이 정의할 수 있다.

$$h^+ \equiv \frac{\sum_t \left(w_t^+ \right)^2 - \|w^+\|^{-1}}{1 - \|w^+\|^{-1}} = \left(\frac{\mathrm{E}\left[\left(r_t^+ \right)^2 \right]}{\mathrm{E}\left[r_t^+ \right]^2} - 1 \right) \left(\|r^+\| - 1 \right)^{-1}$$

그리고 $\|w^-\| > 1$에 대해 동일한 음의 수익률의 집중도를 다음과 같이 정의할 수 있다.

$$h^- \equiv \frac{\sum_t \left(w_t^- \right)^2 - \|w^-\|^{-1}}{1 - \|w^-\|^{-1}} = \left(\frac{\mathrm{E}\left[\left(r_t^- \right)^2 \right]}{\mathrm{E}\left[r_t^- \right]^2} - 1 \right) \left(\|r^-\| - 1 \right)^{-1}$$

젠센의 부등식$^{\text{Jensen's inequality}}$으로부터 $\mathrm{E}[r_t^+]^2 \leq \mathrm{E}[(r_t^+)^2]$라는 것을 알고 있다. 또 $\frac{\mathrm{E}[(r_t^+)^2]}{\mathrm{E}[r_t^+]^2} \leq \|r^+\|$이므로 음의 베팅 수익률과 동일한 경계를 사용해 $\mathrm{E}[r_t^+]^2 \leq \mathrm{E}[(r_t^+)^2] \leq \mathrm{E}[r_t^+]^2\|r^+\|$를 도출한다. 이런 정의는 몇 가지 흥미로운 성질을 갖고 있다.

1. $0 \leq h^+ \leq 1$
2. $h^+ = 0 \Leftrightarrow w_t^+ = \|w^+\|^{-1}$, $\forall t$(균등 수익률)
3. $h^+ = 0 \Leftrightarrow \exists i | w_t^+ = \sum_t w_t^+$(오직 하나의 0이 아닌 수익률)

월별 베팅 $h[t]$의 집중도에 대해서도 이와 비슷한 식을 유도할 수 있다. 코드 14.3은 이런 개념을 구현하고 있다. 베팅의 수익률이 다음을 만족하는 전략에 관심이 있다.

- 높은 샤프 비율^{SR}
- 높은 연간 베팅 수 $\|r^+\| + \|r-\| = T$
- 높은 히트 비율(상대적으로 낮은 $\|r^-\|$)
- 낮은 h^+(오른쪽 두터운 꼬리가 없는 것)
- 낮은 h^-(왼쪽 두터운 꼬리가 없는 것)
- 낮은 $h[t]$(베팅이 시간에 대해 집중되지 않음)

코드 14.3 HHI 집중도를 유도하는 알고리즘

```
rHHIPos=getHHI(ret[ret>=0]) # 베팅별 양의 수익률 집중도
rHHINeg=getHHI(ret[ret<0]) # 베팅별 음의 수익률 집중도
tHHI=getHHI(ret.groupby(pd.TimeGrouper(freq='M')).count()) # 집중된 베팅 수/월
#
def getHHI(betRet):
    if betRet.shape[0]<=2:return np.nan
    wght=betRet/betRet.sum()
    hhi=(wght**2).sum()
    hhi=(hhi-betRet.shape[0]**-1)/(1.-betRet.shape[0]**-1)
    return hhi
```

14.5.2 손실폭과 수면하 시간

손실폭$^{DD,\ Drawdown}$은 투자로 연속된 두 최고점$^{HWM,\ High\text{-}WaterMark}$ 사이에서의 최대 손실이고, 수면하 시간$^{TuW,\ Time\ under\ Water}$은 HWM과 손익이 이전 최대 손익을 초과한 시점 사이의 경과 시간$^{time\ elapsed}$을 의미한다. 이런 개념들은 코드 14.4를 읽어 보면 잘 이해할 수 있다. 이 코드는 (1) 수익률(dollars=False) 계열 또는 (2) 달러 성과(dollar=True) 계열로부터 DD와 TuW를 도출

한다. 그림 14-1은 DD와 TuW 예제를 제공한다.

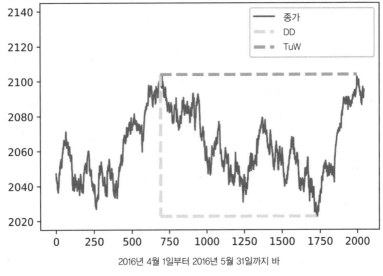

그림 14-1 DD와 TuW의 예제

코드 14.4 DD와 TuW의 시퀀스 도출

```
def computeDD_TuW(series,dollars=False):
    # 연계된 DD와 수면하 시간 계열을 계산
    df0=series.to_frame('pnl')
    df0['hwm']=series.expanding().max()
    df1=df0.groupby('hwm').min().reset_index()
    df1.columns=['hwm','min']
    df1.index=df0['hwm'].drop_duplicates(keep='first').index # hwm 시간
    df1=df1[df1['hwm']>df1['min']] # hwm 다음 DD
    if dollars:dd=df1['hwm']-df1['min']
    else:dd=1-df1['min']/df1['hwm']
    tuw=((df1.index[1:]-df1.index[:-1])/np.timedelta64(1,'Y')).values
    # 연단위로 측정
    tuw=pd.Series(tuw,index=df1.index[:-1])
    return dd,tuw
```

14.5.3 성과 평가를 위한 런 통계량

몇몇 유용한 런 통계량의 척도에는 다음과 같은 것이 있다.

- **양의 수익률에 대한 HHI 인덱스:** 코드 14.3의 getHHI(ret[ret >=0])이다.
- **음의 수익률에 대한 HHI 인덱스:** 코드 14.3의 getHHI(ret < 0])이다.
- **베팅 사이의 시간에 대한 HHI 인덱스:** 코드 14.3의 getHHI(ret. groupby(pd. TimeGrouper (freq='M')).count())이다.
- **95백분위 DD:** 코드 14.4에서 도출된 DD 계열의 95번째 백분위다.
- **95백분위 TuW:** 코드 14.4에서 도출된 TuW 계열의 95번째 백분위다.

14.6 거래 구축 비용

투자 전략은 종종 거래 구축 비용에 대해 잘못된 가정을 함으로써 실패한다. 이 부분의 주요한 몇 가지 척도에는 다음과 같은 것이 있다.

- **거래액별 브로커 비용:** 거래한 포트폴리오에 대해 브로커에게 지급하는 비용으로, 환전 비용도 포함한다.
- **거래액별 평균 슬리피지**slippage**:** 하나의 포트폴리오 거래에 관여된 실행 비용으로 브로커 비용을 제외한다. 예를 들어, 주문을 실행 브로커에 보낸 순간의 중간 가격mid-price보다 높은 체결가fill-price로 증권을 매수했을 때 발생하는 손실을 포함한다.
- **거래액별 달러 성과:** 달러 성과(브로커 비용과 슬리피지 비용을 포함)와 총 포트폴리오 거래액 간의 비율이다. 이 지표는 전략이 손익분기되기 전까지 실행에 비용이 얼마나 소요될 것인지를 나타낸다.
- **실행 비용 대비 수익률:** 달러 성과(브로커 비용과 슬리피지 비용 포함)와 총 실행 비용 사이의 비율이다. 전략이 기대 이하 실행에서도 살아남기 위해서는 큰 배수multiplier여야 한다.

14.7 효율성

지금까지 모든 성과 통계량은 이익, 손실, 비용을 고려했다. 14.7절에서는
이런 결과를 성취하는 데 관련된 리스크를 고려해 본다.

14.7.1 샤프 비율

전략의 초과 수익률(무위험 이자율 대비 초과 수익률) $\{r_t\}_{t=1, \ldots, T}$가 평균이 μ
이고 분산이 σ^2인 IID 가우시안 분포라고 가정해 보자. 샤프 비율^{SR}은 다음
과 같이 정의된다.

$$SR = \frac{\mu}{\sigma}$$

SR의 목적은 특정 전략이나 투자가의 기술을 평가하기 위한 것이다. 대개
μ, σ는 알 수 없기 때문에 참 SR 값은 확실히 알 수 없다. 이는 불가피하게
결과적으로 SR 계산은 근본적인 추정 오차를 갖게 한다.

14.7.2 확률적 샤프 비율

확률적 샤프 비율$^{PSR,\ Probabilistic\ Sharpe\ Ratio}$은 한쪽으로 치우치고, (또는) 두꺼
운 꼬리를 가진 수익률로부터 야기되는 과대 평가 효과를 제거해 수정된
SR 추정값을 제공한다. 주어진 사용자-정의 벤치마크 샤프 비율$^{SR^*,}$
$^{benchmark\ Sharpe\ Ratio}$과 관측된 샤프 비율$^{SR,\ observed\ Sharpe\ Ratio}$이 주어졌을 때
PSR은 $\widehat{SR}$이 가상의 SR^*보다 클 확률을 추정한다. 베일리와 로페즈 데 프
라도(2012)의 논문에 따르면 PSR은 다음과 같이 추정할 수 있다.

$$\widehat{PSR}\left[SR^*\right] = Z\left[\frac{\left(\widehat{SR} - SR^*\right)\sqrt{T-1}}{\sqrt{1 - \hat{\gamma}_3\widehat{SR} + \frac{\hat{\gamma}_4 - 1}{4}\widehat{SR}^2}}\right]$$

여기서 $Z[\cdot]$는 표준 정규 분포의 누적 정규 분포^{CDF, Cumulative Distribution Function}
이고, T는 관측된 수익률 개수, $\hat{\gamma}_3$은 수익률의 왜도^{skewness}, $\hat{\gamma}_4$는 수익률의
첨도^{kurtosis}(가우스 수익률의 경우($\hat{\gamma}_4 = 3$))다. 주어진 SR^*에 대해 PSR은 $\widehat{SR}$(원
시 샘플링 빈도, 즉 연환산하지 않은 것)이 더 크거나 트랙 레코드(T)가 더 길
고, 양의 스큐(오른쪽으로 꼬리를 가진)를 가진 수익률($\hat{\gamma}_3$)일수록 증가하지만
더 두꺼운 꼬리($\hat{\gamma}_4$)에 대해서는 감소한다. 그림 14-2는 $\hat{\gamma}_4 = 3$, $\widehat{SR} = 1.5$,
$SR^* = 1.0$에 대해 $\widehat{PSR}$을 $\hat{\gamma}_3$과 T의 함수로 나타낸 것이다.

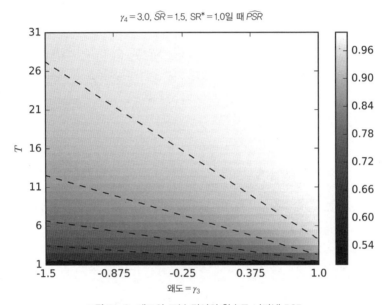

그림 14-2 왜도와 표본 길이의 함수로 나타낸 PSR

14.7.3 축소 샤프 비율

축소 샤프 비율^{DSR, Deflated Sharpe Ratio}은 기각 임계값이 반복 시행 횟수를 반
영해 조정된 PSR이다. 베일리와 로페즈 데 프라도(2014)의 논문에 따르면
DSR은 $\widehat{PSR}[SR^*]$로 추정할 수 있다. 여기서 벤치마크 샤프 비율 SR^*은 더
이상 사용자 정의 함수가 아니다. 그 대신 SR^*은 다음과 같이 추정된다.

$$SR^* = \sqrt{V\left[\left\{\widehat{SR}_n\right\}\right]}\left((1-\gamma)Z^{-1}\left[1-\frac{1}{N}\right] + \gamma Z^{-1}\left[1-\frac{1}{N}e^{-1}\right]\right)$$

여기서 $V[\{\widehat{SR}_n\}]$은 반복 시행으로 추정된 SR에 대한 분산, N은 독립된 반복 시행 수, $Z[\cdot]$는 표준 정규 분포의 CDF, γ는 오일러-마스케로니[Euler-Mascheroni] 상수이며, $n = 1, \ldots, N$이다. 그림 14-3은 SR을 $V[\{\widehat{SR}_n\}]$과 N의 함수로 나타낸 것이다.

DSR 배후의 논리는 다음과 같다. 주어진 SR 추정치의 집합 $\{\widehat{SR}_n\}$에 대해 기대 최대값은 참 SR이 0인 경우라도 0보다 크다. 실제 SR이 0이라는 귀무가설 $H_0 : SR = 0$ 아래, 기대 최대 $\widehat{SR}$은 SR^*로 추정할 수 있다. 실제로 SR^*은 더 많은 독립 시행(N)을 수행할수록 빠르게 증가한다. 또는 독립 시행($V[\{\widehat{SR}_n\}]$)의 증가와 연관된다. 이 지식으로부터 백테스트의 세 번째 법칙을 도출한다.

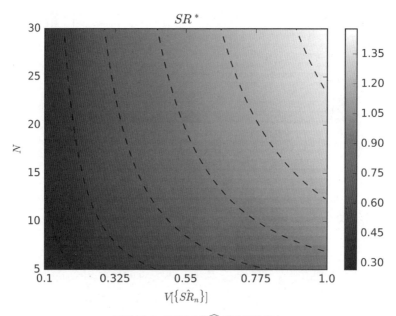

그림 14-3 SR^*은 $V[\{\widehat{SR}_n\}]$과 N의 함수

14.7.4 효율성 통계량

유용한 효율성 통계량에는 다음과 같은 것들이 있다.

- **연환산 SR:** 이 값은 $\sqrt{a}$에 의해 연환산된 SR 값이다. 여기서 a는 연간 관측된 평균 수익률의 개수다. 이는 수익률이 IID라는 가정에 의존한 보편적인 연환산 기법이다.

- **정보 비율:** 벤치마크에 대비해 성과를 측정하는 포트폴리오에서의 SR과 같다. 이것은 평균 초과 수익률과 추적 오차^{tracking error} 사이의 연환산 비율과 같은 것이다. 초과 수익률은 벤치마크의 수익률을 초과하는 포트폴리오의 수익률로 측정한다. 추적 오차는 초과 수익률의 표준 편차로 계산한다.

- **PSR:** PSR은 SR에서 비정규 수익률이나 트랙 레코드 길이로부터 야기되는 부풀림 현상을 교정한다. 표준 유의 수준 5%에 대해 0.95를 초과해야 한다. 이 값은 수익률의 절대값이나 상대값으로 계산할 수 있다.

- **DSR:** DSR은 SR에서 비정규 수익률이나 트랙 레코드 길이, 다중 테스트/선택 편향으로부터 야기되는 부풀림 현상을 교정한다. 표준 유의 수준 5%에 대해 0.95를 초과해야 한다. 이 값은 수익률의 절대값이나 상대값으로 계산할 수 있다.

14.8 분류 점수

메타 레이블링 전략(3.6절)의 맥락에서는 머신러닝 오버레이 알고리즘의 성과를 개별적으로 이해하는 것이 유용하다. 기본 알고리즘은 기회를 알아내고 보조(오버레이) 알고리즘은 기회를 따를 것인지 지나칠 것인지를 결정한다는 것을 기억하자. 몇 가지 유용한 통계량은 다음과 같다.

- **정확도**accuracy: 오버레이 알고리즘에 의해 정확히 레이블된 기회 비율을 의미한다.

$$\text{정확도} = \frac{TP + TN}{TP + TN + FP + FN}$$

여기서 TP는 참 양성의 개수, TN은 참 음성의 개수, FP는 거짓 양성의 개수, FN은 거짓 음성의 개수다.

- **정밀도**precision: 예측된 양성 중 참 양성의 비율이다.

$$\text{정밀도} = \frac{TP}{TP + FP}$$

- **재현율**recall: 양성 중에서 참 양성의 비율이다.

$$\text{재현율} = \frac{TP}{TP + FN}$$

- **F1:** 정확도는 메타 레이블링 응용에 있어서는 적절한 분류 점수가 되지 못할 수 있다. 메타 레이블링을 적용한 후 음성 경우(레이블 '0')가 양성 경우(레이블 '1')보다 훨씬 더 많다고 가정해 보자. 이런 시나리오하에서는 모든 경우를 음성으로 분류해 버리는 분류기는 재현율＝0이고, 정밀도는 정의되지 않지만, 높은 정확도를 갖게 된다. F1-점수는 분류기를 정밀도와 재현율의 (동일한 가중치를 가진) 조화 평균을 사용해 이런 결함을 교정한다.

$$F_1 = 2\frac{\text{정밀도} \cdot \text{재현율}}{\text{정밀도} + \text{재현율}}$$

메타 레이블링을 적용한 후 음성 경우보다 더 많은 양성 경우가 있는 흔치 않은 시나리오를 고려해 보자. 모든 경우를 양성으로 분류하는 분류기는 TN = 0과 FN = 0을 얻을 것이다. 그러므로 정확도 = 정밀도이고, 재현율 = 1이 된다. 정확도는 높고 분류기가 관측된 표본을 구분하지 못하더라도 F1은 정확도보다 작지 않을 것이다. 해법 중 하나는 양성과 음성의 정의를 바꿔 버리는 것이다. 이를 통해 음성 경우가 두드러지게 한 후 F1으로 점수를 구한다.

- **음의 로그 손실:** 음의 로그 손실은 9.4절의 하이퍼 파라미터 조정 맥락에서 소개했다. 정확도와 음의 로그 손실 사이의 개념상의 핵심적인 차이는 음의 로그 손실은 예측이 정확한지 정확하지 않은지만 고려하는 것이 아니라 그 예측의 확률까지 고려해야 한다는 점이다.

정밀도, 재현율, 정확도의 시각적 표현은 3.7절을 참고하자. 표 14-1은 이진 분류기의 네 가지 극단적 경우의 특성을 보여 준다. 이 두 가지 경우에는 F1-점수가 정의되지 않는다. 이런 이유로 scikit-learn으로 1이 관측된 것이 없거나 1로 예측된 것이 없는 표본에서 F1-점수를 구하려면 경고(UndefinedMetricWarning)가 출력되고, F1-점수는 0으로 설정된다.

표 14-1 이진 분류기의 네 가지 극단적 경우

조건	실패	정확도	정밀도	재현율	F1
모두 1을 관측	TN = FP = 0	= 재현율	1	[0,1]	[0,1]
모두 0을 관측	TP = FN = 0	[0,1]	0	NaN	NaN
모두 1을 예측	TN = FN = 0	= 정밀도	[0,1]	1	[0,1]
모두 0을 예측	TP = FP = 0	[0,1]	NaN	0	NaN

관측된 값 모두가 양성(레이블 '1')이면 참 음성이나 거짓 양성이 없으므로 정밀도는 1이고, 재현율은 0과 1 사이(포함)의 양의 실수가 되고, 정확도는 재현율과 같다. 따라서 $F_1 = 2\frac{\text{재현율}}{1+\text{재현율}} \geq$ 재현율이다.

예측된 값 모두가 양성(레이블 '1')이면 참 음성이나 거짓 양성이 없으므로 정밀도는 0과 1 사이(포함)의 양의 실수가 되고 재현율은 1이 되고, 정확도는 정밀도와 같아진다. 따라서 $F_1 = 2\frac{정밀도}{1+정밀도} \geq 정밀도$다.

14.9 기여도 분석

기여도 분석^{attribution}의 목적은 손익을 리스크 클래스에 대해 분해하는 것이다. 예를 들어, 회사채 포트폴리오 매니저는 대개 성과의 어느 정도가 만기, 신용도, 환금성, 경제 섹터, 환율, 국가 신용도, 발행기업 등 리스크 노출로부터 왔는지를 이해하고 싶어 한다. 듀레이션^{duration} 베팅이 수익을 냈는가? 어떤 신용도 구간에서 뛰어났는가? 자신의 발행기업 종목 선택에 초점을 맞춰야 하는가?

이런 리스크는 직교하는 것이 아니어서 서로 간의 중첩 부분이 있다. 예를 들어, 높은 유동성을 가진 채권은 짧은 만기와 높은 신용 등급을 가진 경향이 있고, 보통 대형 기관들이 거액의 미국 달러로 발행한다. 그 결과 분해된 손익의 합이 총 손익의 합과 일치하지 않지만, 적어도 리스크 클래스별로 SR(또는 정보 지수)을 구할 수는 있다. 아마도 가장 흔한 이런 접근 방식은 바라(Barra)의 다중 요인 기법이다. 좀 더 자세한 내용은 바라(Barra, 1998, 2013), 장과 라체프(Zhang and Rachev, 2004)를 참고하자.

동일하게 관심 있는 것은 손익의 기여도를 각 클래스의 범주에 할당하는 것이다. 예를 들어, 만기를 단기(5년 미만), 중기(5~10년), 장기(10년 초과)로 분할할 수 있다. 이 손익 기여도는 다음과 같이 얻을 수 있다. 첫째, 앞에서 지적한 중첩 문제를 피하려면 투자 유니버스의 각 멤버가 특정 시점에 각 리스크 클래스의 하나의 범주에만 속해야 한다. 다시 말해, 각 리스크 클래스에 대해 전체-투자 유니버스를 서로 겹치지 않는 부분들로 분할한다. 둘째, 각 리스크 클래스에 대해 리스크 범주별로 하나의 인덱스를 구성한다. 예를 들어, 단기 채권 인덱스의 성과를 계산하고, 중기 채권의 다른 인덱스를 계산하고, 장기 채권의 또 다른 인덱스를 계산한다. 각 인덱스의 가중치를 합치면 1이 되도록 한 투자 포트폴리오의 재조정된 가중치다. 셋째, 2단계를 반복한다. 그러나 이번에는 투자 유니버스 가중치를 사용해 리스크 범주 인덱스를 구성한 후(예: 마킷 아이박스$^{Markit\ iBoxx}$ 투자 등급) 재조정하여 각 인덱스의 합이 1이 되도록 한다. 넷째, 14장의 초반에 논의했던 성과 척도를 인덱스들의 수익률과 초과 수익률 각각에 대해 계산한다. 명확하게 하고자 이 맥락에서 단기 채권 인덱스의 초과 수익률은 (재조정된) 포트폴리오 가중치(2단계)에서 (재조정된) 투자 유니버스 가중치(3단계)를 차감해 얻은 수익률이다.

연습 문제

14.1 특정 전략이 높은 매매 회전율, 높은 레버리지, 높은 베팅 개수, 짧은 보유 기간, 낮은 실행 비용 대비 수익률, 높은 SR을 가진다고 하자. 용량^{capacity}이 클 것으로 생각되는가? 이것은 어떤 종류의 전략으로 보이는가?

14.2 E-mini S&P 500 선물의 달러 바 데이터셋에 대해 다음을 계산하라.

(a) 양의 수익률에 대한 HHI 인덱스

(b) 음의 수익률에 대한 HHI 인덱스

(c) 바^{bar} 사이 시간의 HHI 인덱스

(d) 95백분위 DD

(e) 95백분위 TuW

(f) 연환산 평균 수익률

(g) 히트로부터의 평균 수익률(양의 수익률)

(h) 미스로부터의 평균 수익률(음의 수익률)

(i) 연환산 SR

 (j) 정보 비율, 여기서 벤치마크는 무위험 이자율

 (k) PSR

 (l) DSR, 여기서 100개의 시행이 수행되고, 이들 시행의 SR 분산은 0.5로 가정한다.

14.3 짝수 해에는 선물 계약을 매수하고, 홀수 해에는 선물 계약을 매도하는 전략을 고려해 보자.

 (a) 연습 문제 2의 계산을 반복하라.

 (b) 기초 자산과의 상관관계는 무엇인가?

14.4 2년 백테스트 결과, 월별 수익률 평균은 3.6%, 표준 편차는 0.079%다.

 (a) SR은 얼마인가?

 (b) 연환산 SR은 얼마인가?

14.5 이전 연습 문제에 이어 다음을 구하라.

 (a) 수익률은 왜도 0과 첨도 3을 가진다. PSR을 구하라.

 (b) 수익률은 왜도 −2.448과 첨도 0.164를 가진다. PSR을 구하라.

14.6 백테스트가 3년 기간으로 시행됐다면 위의 연습 문제 2.b에서의 PSR은 무엇인가?

14.7 5년 백테스트가 일별 수익률로 계산하면 연환산 SR 2.5를 가진다. 왜도는 −3, 첨도는 10이다.

 (a) PSR은 무엇인가?

 (b) 최고 결과를 찾고자 100번의 시행을 수행했다. 시행들의 SR의 분산은 0.5였다. DSR은 무엇인가?

참고 자료

Bailey, D. and M. López de Prado(2012): "The Sharpe ratio efficient frontier." *Journal of Risk*, Vol. 15, No. 2, pp. 3~44.

Bailey, D. and M. López de Prado(2014): "The deflated Sharpe ratio: Correcting for selection bias, backtest overfitting and non-normality." *Journal of PortfolioManagement*, Vol. 40, No. 5. Available at https://ssrn.com/ abstract=2460551.

Barra(1998): *Risk Model Handbook: U.S. Equities*, 1st ed. Barra. Available at http://www.alacra.com/alacra/help/barra_handbook_US.pdf.

Barra(2013): *MSCI BARRA Factor Indexes Methodology*, 1st ed. MSCI Barra. Availableathttps://www.msci.com/eqb/methodology/meth_ docs/MSCI_ Barra_Factor%20Indices_Methodology_Nov13.pdf.

CFA Institute(2010): "Global investment performance standards." CFA Institute, Vol. 2010, No. 4, February. Available at https://www. gipsstandards.org/.

López de Prado, M. (2018): "Detection of False Investment Strategies Using Unsupervised Learning Methods." Working paper. Available at https://ssrn.com/abstract=3167017.

Zhang, Y. and S. Rachev(2004): "Risk attribution and portfolio performance measurement—An overview." Working paper, University of California, Santa Barbara. Available at http://citeseerx.ist.psu.edu/ viewdoc/sum- mary? doi=10.1.1.318.7169.

참고 문헌

American Statistical Society(1999): "Ethical guidelines for statistical practice." Available at http://www.amstat.org/committees/ethics/ index.html.

Bailey, D., J. Borwein, M. López de Prado and J. Zhu(2014): "Pseudo-mathematics and financial charlatanism: The effects of backtest overfitting on out-of-sample performance." *Notices of the American Mathematical Society*, Vol. 61, No. 5. Available at http://ssrn.com/ abstract=2308659.

Bailey, D., J. Borwein, M. López de Prado and J. Zhu(2017): "The probability of backtest overfitting." *Journal of Computational Finance*, Vol. 20, No. 4, pp. 39~70. Available at http://ssrn.com/ abstract=2326253.

Bailey, D. and M. López de Prado(2012): "Balanced baskets：Anewapproach to trading and hedging risks." *Journal of Investment Strategies (Risk Journals)*, Vol. 1, No. 4, pp. 21~62.

Beddall, M. and K. Land(2013): "The hypothetical performance of CTAs."Working paper, Winton Capital Management.

Benjamini, Y. and Y. Hochberg(1995): "Controlling the false discovery rate：A practical and powerful approach to multiple testing." *Journal of the Royal Statistical Society, Series B (Methodological)*, Vol. 57, No. 1, pp. 289~300.

Bennet, C., A. Baird, M. Miller and G. Wolford(2010): "Neural correlates of interspecies perspective taking in the post-mortem Atlantic salmon： An argument for proper multiple comparisons correction." *Journal of Serendipitous and Unexpected Results*, Vol. 1, No. 1, pp. 1~5.

Bruss, F.(1984): "A unified approach to a class of best choice problems with an unknown number of options." *Annals of Probability*, Vol. 12, No. 3, pp. 882~891.

Dmitrienko, A., A.C. Tamhane and F. Bretz(2010): *Multiple Testing Problems in Pharmaceutical Statistics*, 1st ed. CRC Press.

Dudoit, S. and M.J. van der Laan(2008): *Multiple Testing Procedures with Applications to Genomics*, 1st ed. Springer.

Fisher, R.A.(1915): "Frequency distribution of the values of the correlation coefficient in samples of an indefinitely large population." *Biometrika (Biometrika Trust)*, Vol. 10, No. 4, pp. 507~521.

Hand, D. J.(2014): *The Improbability Principle*, 1st ed. Scientific American/ Farrar, Straus and Giroux.

Harvey, C., Y. Liu and H. Zhu(2013): ". . . And the cross-section of expected returns." Working paper, Duke University. Available at http://ssrn.com/ abstract=2249314.

Harvey, C. and Y. Liu(2014): "Backtesting." Working paper, Duke University. Available at http://ssrn.com/abstract=2345489.

Hochberg Y. and A. Tamhane(1987): *Multiple Comparison Procedures*, 1st ed. John Wiley and Sons.

Holm, S.(1979): "A simple sequentially rejective multiple test procedure." *Scandinavian Journal of Statistics*, Vol. 6, pp. 65~70.

Ioannidis, J.P.A.(2005): "Why most published research findings are false." *PloS Medicine*, Vol. 2, No. 8, pp. 696~701.

Ingersoll, J., M. Spiegel, W. Goetzmann and I. Welch(2007): "Portfolio performance manipulation and manipulation-proof performance measures." *Review of Financial Studies*, Vol. 20, No. 5, pp. 1504~1546.

Lo, A.(2002): "The statistics of Sharpe ratios." *Financial Analysts Journal*, Vol. 58, No. 4(July/August), pp. 36~52.

López de Prado M. and A. Peijan (2004): "Measuring loss potential of hedge fund strategies." *Journal of Alternative Investments*, Vol. 7, No. 1(Summer), pp. 7~31. Available at http://ssrn.com/abstract=641702.

Mertens, E.(2002): "Variance of the IID estimator in Lo (2002)." Working paper, University of Basel.

Roulston, M. and D. Hand(2013): "Blinded by optimism." Working paper, Winton Capital Management.

Schorfheide, F. and K. Wolpin(2012): "On the use of holdout samples for model selection." *American Economic Review*, Vol. 102, No. 3, pp. 477~481.

Sharpe, W.(1966): "Mutual fund performance." *Journal of Business*, Vol. 39, No. 1, pp. 119~138.

Sharpe, W.(1975): "Adjusting for risk in portfolio performance measurement." *Journal of Portfolio Management*, Vol. 1, No. 2 (Winter), pp. 29~34.

Sharpe, W.(1994): "The Sharpe ratio." *Journal of Portfolio Management*, Vol. 21, No. 1 (Fall), pp. 49~58.

Studený M. and Vejnarová J.(1999): "The multiinformation function as a tool for measuring stochastic dependence," in M. I. Jordan, ed., *Learning in Graphical Models*. MIT Press, pp. 261~296.

Wasserstein R. and Lazar N.(2016) "The ASA's statement on p-values: Context, process and purpose." *American Statistician*, Vol. 70, No. 2, pp. 129~133. DOI: 10.1080/00031305.2016.1154108.

Watanabe S.(1960): "Information theoretical analysis of multivariate correlation." *IBM Journal of Research and Development*, Vol. 4, pp. 66~82.

전략 리스크 이해

15.1 동기

3장과 13장에서 살펴본 것처럼 투자 전략은 종종 (1) 이익을 내고 청산할 조건(이익 실현) 또는 (2) 손실을 입고 청산할 조건(손절) 중 한 가지가 만족될 때까지 유지한 포지션으로 구현된다. 전략이 손실을 명시적으로 나타내지 않더라도 늘 암묵적 손절 한도는 있으므로 그 지점에서는 투자가가 더 이상 포지션에 자금을 대지 못하거나(마진 콜) 미실현 손실 증가 고통을 감내해야 한다. 대부분의 전략은 (암묵적 또는 명시적으로) 두 청산 조건을 갖고 있으므로 결과의 분포를 이진 프로세스를 통해 모델링하는 것이 타당하다. 이는 결과적으로 어떤 조합의 베팅 빈도frequency, 승산 비율odds, 수익payout이 비경제적일 수 있는지를 이해하는 데 도움을 줄 것이다. 15장의 목표는 전략이 이 변수들 중 어느 하나라도 작은 변화가 생겼을 취약성을 평가할 수 있도록 도와주는 것이다.

15.2 대칭 투자 이익

연간 n개의 IID 베팅을 생성하는 전략을 고려해 보자. 여기서 베팅 $i \in [1, n]$

의 결과 X_i로부터의 이익은 $\pi > 0$인데 확률은 $P[X_i = \pi] = p$이다. 손실은 $-\pi$인데 확률은 $P[X_i = -\pi] = 1 - p$다. p는 이진 분류기의 정밀도로 생각할 수 있는데, 양수는 기회에 베팅하는 것을 의미하고, 음수는 기회를 무시하는 것을 의미한다. 참 양성은 보상을 받을 것이고, 거짓 양성은 손실을 입을 것이며, 음성(참이든 거짓이든)은 수익이 없다. 베팅의 결과 $\{X_i\}_{i=1, \ldots, n}$은 독립적이므로 베팅별 기대 모멘트를 계산할 수 있다. 하나의 베팅으로부터의 기대 수익은 $E[X_i] = \pi p + (-\pi)(1 - p) = \pi(2p - 1)$이다. 분산은 $V[X_i] = E[X_i^2] - E[X_i]^2$이며, 여기서 $E[X_i^2] = \pi^2 p + (-\pi)^2(1 - p) = \pi^2$이므로 $V[X_i] = \pi^2 - \pi^2(2p - 1)^2 = \pi^2[1 - (2p - 1)^2] = 4\pi^2 p(1 - p)$다. 연간 n개의 IID 베팅에 관한 연환산 $SR(\theta)$는 다음과 같다.

$$\theta[p, n] = \frac{nE[X_i]}{\sqrt{nV[X_i]}} = \underbrace{\frac{2p - 1}{2\sqrt{p(1 - p)}}}_{\substack{H_0 : p = \frac{1}{2} \text{라는} \\ \text{귀무가설하에 } p\text{의 } t \text{ 값}}} \sqrt{n}$$

투자 이익^{payout}이 대칭이므로 π가 앞 식에서 어떻게 상쇄됐는지 주목하자. 가우시안 분포의 경우처럼 $\theta[p, n]$도 크기 재조정된 t값으로 이해할 수 있다. $p > \frac{1}{2}$인 작은 경우에도 충분히 큰 n 값에서 SR가 커질 수 있음을 보여준다. 이는 p가 겨우 0.5를 넘어서는 고빈도 거래에 경제적인 근거를 제공하고, 성공의 열쇠는 n을 증가시키는 데 있다. SR은 정확도^{accuracy}가 아니라 정밀도^{precision}의 함수다. 기회를 무시하면(음수) 보상이 없거나 즉시 손실을 볼 것이기 때문이다(너무 많은 음수는 작은 n을 유도해 SR을 0 가까이 떨어뜨릴 것이다).

예를 들어, $p = .55$이고, $\frac{2p-1}{2\sqrt{p(1-p)}} = 0$에 대해 연환산 2의 SR을 얻으려면 연 396번의 베팅이 필요하다. 코드 15.1은 이 결과를 실험적으로 증명하고 있다. 그림 15-1은 다양한 베팅 주기에 대해 SR을 정밀도의 함수로 그리고 있다.

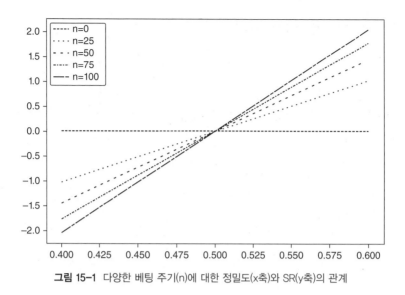

그림 15-1 다양한 베팅 주기(n)에 대한 정밀도(x축)와 SR(y축)의 관계

코드 15.1 베팅 수의 함수로 SR을 목표로 한다

```
out,p=[],.55
for i in xrange(1000000):
    rnd=np.random.binomial(n=1,p=p)
    x=(1 if rnd==1 else -1)
    out.append(x)
print np.mean(out),np.std(out),np.mean(out)/np.std(out)
```

$0 \leq p \leq 1$에 대해 풀어 보면 다음과 같은 $-4p^2 + 4p - \frac{n}{\theta^2+n} = 0$을 얻게 된다.

$$p = \frac{1}{2} \left(1 + \sqrt{1 - \frac{n}{\theta^2 + n}} \right)$$

이 식은 주어진 SR(θ)에 대한 정밀도(p)와 빈도(n) 사이의 명시적 트레이드-오프를 형성한다. 예를 들어, 오로지 주 단위 베팅($n = 52$)만 생성하는 전략은 연환산 2의 SR을 얻고자 상당히 높은 정밀도의 $p = 0.6336$이 요구된다.

15.3 비대칭 투자 이익

연간 n개의 IID 베팅을 생성하는 전략을 고려해보자. 여기서 베팅 $i \in [1, n]$의 결과 X_i는 π_+인데 $P[X_i = \pi_+] = p$ 확률로 발생하고, 결과 π_-, $\pi_- < \pi_+$는 $P[X_i = \pi_-] = 1 - p$ 확률로 발생한다. 한 건의 베팅으로부터 기대할 수 있는 이익은 $E[X_i] = p\pi_+ + (1-p)\pi_- = (\pi_+ - \pi_-)p + \pi_-$이다. 분산은 $V[X_i] = E[X_i^2] - E[X_i]^2$다. 여기서 $E[X_i^2] = p\pi_+^2 + (1-p)\pi_-^2 = (\pi_+^2 - \pi_-^2)p + \pi_-^2$이므로 $V[X_i] = (\pi_+ - \pi_-)2p(1-p)$이다. 연간 n개의 IID 베팅에 대한 연환산 $SR(\theta)$는 다음과 같다.

$$\theta[p, n, \pi_-, \pi_+] = \frac{nE[X_i]}{\sqrt{nV[X_i]}} = \frac{(\pi_+ - \pi_-)p + \pi_-}{(\pi_+ - \pi_-)\sqrt{p(1-p)}}\sqrt{n}$$

$\pi_- = -\pi_+$일 때 식은 다음과 같이 대칭의 경우로 축소된다. $\theta[p, n, -\pi_+, \pi_+]$ $= \frac{2\pi_+ p + \pi_+}{2\pi_+ \sqrt{p(1-p)}}\sqrt{n} = \frac{2p-1}{2\sqrt{p(1-p)}}\sqrt{n} = \theta[p, n]$. 예를 들어, $n = 260$, $\pi_- = -.01$, $\pi_+ = .005$, $p = .7$의 경우 $\theta = 1.173$을 얻는다.

마지막으로 앞의 식은 $0 \le p \le 1$에 대해 다음과 같이 유도할 수 있다.

$$p = \frac{-b + \sqrt{b^2 - 4ac}}{2a}$$

여기서 a, b, c는 각각 다음과 같다.

- $a = (n + \theta^2)(\pi_+ - \pi_-)^2$
- $b = [2n\pi_- - \theta^2(\pi_+ - \pi_-)](\pi_+ - \pi_-)$
- $c = n\pi_-^2$

참고로, 코드 15.2는 SymPy Live(http://live.sympy.org/)를 이용해 이런 기호 연산을 증명한다.

코드 15.2 기호 연산에 SymPy 라이브러리를 이용

```
>>> from sympy import *
>>> init_printing(use_unicode=False,wrap_line=False,no_global=True)
>>> p,u,d=symbols('p u d')
>>> m2=p*u**2+(1-p)*d**2
>>> m1=p*u+(1-p)*d
>>> v=m2-m1**2
>>> factor(v)
```

앞의 식은 다음 질문에 대한 답을 제공한다. "파라미터 $\{\pi_-, \pi_+, n\}$으로 특징지어지는 거래 규칙이 있을 때 SR이 θ^*를 달성하고자 필요한 정밀도 p는 얼마인가?" 예를 들어, $n = 260$, $\pi_- = -.01$, $\pi_+ = .005$에 대해 $\theta = 2$를 얻으려면 $p = .72$다. 베팅의 수가 큰 덕분에 p의 작은 변화에도($p = .7$에서 $p = .72$) SR은 $\theta = 1.173$에서 $\theta = 2$로 크게 올렸다. 반면, 이는 전략이 작은 p 변화에도 취약하다는 의미도 된다. 코드 15.3은 내재된 정밀도를 도출한다. 그림 15-2는 내재된 정밀도를 n과 π_-의 함수로 나타낸 것이다. 여기서 $\pi_+ = 0.1$이고, $\theta^* = 1.5$다. π_-가 주어진 n에 대해 점점 음수가 될수록 주어진 π_+에 대한 θ^*를 성취하고자 더 높은 p가 요구된다. 주어진 π_-에 대해 n이 더 작아지면 주어진 π_+에 대한 θ^*를 달성하기 위한 더 높은 p가 요구된다.

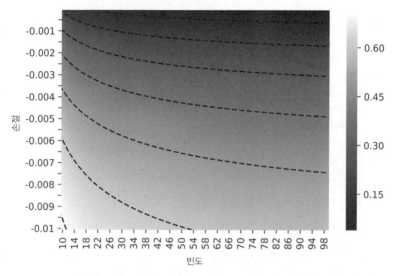

그림 15-2 n과 π_-의 함수로 나타낸 내재된 정밀도 히트맵, 여기서 $\pi_+ = 0.1$이고 $\theta^* = 1.5$

코드 15.3 내재된 정밀도의 계산

```
def binHR(sl,pt,freq,tSR):
    '''
    파라미터 {sl,pt,freq}에 의해 특징지어진 주어진 거래 규칙에 대해 SR이 tSR을
    성취하기 위한 최소 정밀도 p는 무엇인가?
    (1) 입력
    sl: 손절 임계값
    pt: 이익 실현임계값
    freq: 연간 베팅 수
    tSR: 목표 연간  SR
    (2) 출력
    p: tSR을 성취하기 위한 최소 정밀도 p
    '''
    a=(freq+tSR**2)*(pt-sl)**2
    b=(2*freq*sl-tSR**2*(pt-sl))*(pt-sl)
    c=freq*sl**2
    p=(-b+(b**2-4*a*c)**.5)/(2.*a)
    return p
```

코드 15.4는 내재된 베팅 빈도 n에 대해 $\theta[p, n, \pi_-, \pi_+]$를 구한다. 그림 15-3은 내재된 빈도를 p와 π_-의 함수로 그린다. 여기서 $\pi_+ = 0.1$이고 $\theta^* = 1.5$다. 주어진 p에 대해 π_-가 더욱 음수가 될수록 주어진 π_+에 대해 θ^*를 성취하기 위한 n은 더 커져야 한다. 주어진 π_-에 대해 p가 더 작아지면 주어진 π_+에 대해 θ^*를 성취하기 위한 n은 더 커진다.

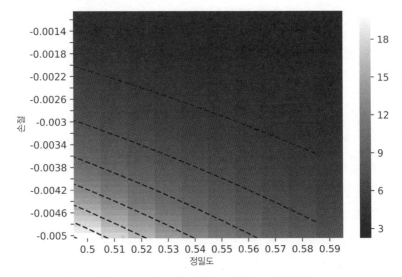

그림 15-3 0.1과 1.5을 가지는 p의 함수로 내재된 빈도

코드 15.4 내재된 베팅 빈도를 계산

```
def binFreq(sl,pt,p,tSR):
    '''
```
파라미터 {sl,pt,freq}로 특징지어진 주어진 거래 규칙에 대해 정밀도 p로 SR이 tSR을 성취하기 위한 연간 베팅 개수는? 주의: 무리 방정식(방정식의 항에 무리수를 포함하는 다항식으로 이루어진 방정식)으로 무연근(원래의 유리 방정식이나 무리 방정식의 근이 아닌 것이 해로 포함되어 나타난 근)을 체크해야 한다.

(1) 입력

sl: 손절 임계값

pt: 이익 실현 임계값

p: 정밀도 p

tSR: 목표 연간 SR
(2) 출력
freq: 필요 연간 베팅 수
'''

```
freq=(tSR*(pt-sl))**2*p*(1-p)/((pt-sl)*p+sl)**2 # 가능한 대안 해
if not np.isclose(binSR(sl,pt,freq,p),tSR):return
return freq
```

15.4 전략 실패의 확률

앞 예제에서 파라미터 $\pi_- = -.01$, $\pi_+ = .005$는 포트폴리오 매니저에 의해 설정되고 주문 실행을 위해 트레이더에게 전달된다. 포트폴리오 매니저는 무엇이 베팅 기회를 구성하는지 결정하기 때문에 파라미터 $n = 260$ 역시 포트폴리오 매니저에 의해 설정된다. 포트폴리오 매니저가 통제하에 없는 두 파라미터는 p(시장에 의해 결정)와 θ^*(투자가에 의해 설정된 목표)이다. p는 알 수 없으므로 기대값이 $E[p]$인 랜덤 변수로 모델링할 수 있다. p_{θ^*}를 전략이 목표 샤프 비율 θ^*보다 성과가 떨어지기 시작하는 값 p라고 정의하자. 즉 $p_{\theta^*} = \max\{p|\theta \leq \theta^*\}$이다. 위 식(또는 binHR 함수)을 사용하면 $p_{\theta^*=0} = \frac{2}{3}$, $p < p_{\theta^*=0} \Rightarrow \theta \leq 0$로 결론을 내릴 수 있다. 이는 전략과 연관된 리스크를 조명해 주는데, 그 이유는 p의 상대적으로 작은 하락($p = .7$에서 $p = .67$로)도 모든 수익을 날려 버리기 때문이다. 보유 자산은 위험하지 않더라도 이 전략은 본질적으로 위험하다. 이것이 15장에서 입증하려는 것이기도 하다. 전략 리스크strategy risk를 포트폴리오 리스크portfolio risk와 혼동해서는 안 된다.

대부분의 회사와 투자가들은 포트폴리오 리스크를 계산하고, 모니터하고, 보고할 때 전략 그 자체에 대해서는 아무 정보를 주지 않는다는 사실을 인식하지 못한다. 전략 리스크란 최고 위험 책임자CRO, Chief Risk Officer들이 계산한 기초 포트폴리오의 리스크가 아니라 투자 전략이 시간에 따라 실패할 리스크이고, 최고 투자 책임자CIO, Chief Investment Officer와 밀접한 관련이 있는

문제다. "이 전략이 실패할 확률은 얼마인가?"라는 질문에 대한 답변은 $P[p < p_{\theta*}]$를 계산하는 것과 동일하다. 다음 알고리즘은 전략 리스크를 계산하는 데 도움을 준다.

15.4.1 알고리즘

이 절에서는 $P[p < p_{\theta*}]$를 계산하는 절차를 설명한다. 베팅 결과 $\{\pi_t\}_{t=1, \dots, T}$의 시계열이 주어졌을 때 먼저 $\pi_- = E[\{\pi_t | \pi_t \leq 0\}_{t=1, \dots, T}]$와 $\pi_+ = E[\{\pi_t | \pi_t > 0\}_{t=1, \dots, T}]$를 추정한다. 또 다른 방법으로는 $\{\pi_-, \pi_+\}$를 EF3M 알고리즘(López de Prado and Foreman, 2014)을 사용해 두 가우스 분포를 혼합한 것을 적합화함으로써 구할 수 있다. 둘째, 연간 빈도 n은 $n = \frac{T}{y}$에 의해 주어진다. 여기서 y는 시점 $t = 1$과 $t = T$ 사이에 경과된 연수다. 셋째, p의 분포를 다음과 같이 부트스트랩bootstrap한다.

1. 반복 시행 $i = 1, \dots, I$ 동안,

    (a) $\{\pi_t\}_{t=1, \dots, T}$로부터 $\lfloor nk \rfloor$를 복원 추출한다. 여기서 k는 투자가들이 전략을 평가하고자 사용하는 연수(예: 2년)를 의미한다. 이들 추출된 샘플 집합을 $\{\pi_j^{(i)}\}_{j=1, \dots, \lfloor nk \rfloor}$로 표기한다.

    (b) 반복 시행 i로부터 관측된 정밀도를 다음과 같이 도출한다.

    $$p_i = \frac{1}{\lfloor nk \rfloor} \| \{\pi_j^{(i)} | \pi_j^{(i)} > 0\}_{j=1, \dots, \lfloor nk \rfloor} \|$$

2. 커널 밀도 추정기KDE, Kernel Density Estimator를 $\{p_i\}_{i=1, \dots, I}$에 적용해 $f[p]$로 표기하는 p의 PDF를 적합화한다.

충분히 큰 k에 대해 세 번째 단계를 $f[p] \sim N[\bar{p}, \bar{p}(1-\bar{p})]$로 근사할 수 있다. 여기서 $\bar{p} = E[p] = \frac{1}{T} \| \{\pi_t^{(i)} | \pi_t^{(i)} > 0\}_{t=1, \dots, T} \|$이다. 넷째, 주어진 임계값 $\theta*$(성공과 실패를 구분 짓는 경계 SR)에 대해 $p_{\theta*}$를 도출한다(15.4절 참고). 다섯째, 전략 리스크는 $P[p < p_{\theta*}] = \int_{-\infty}^{p\theta*} f[p]dp$로 계산할 수 있다.

15.4.2 구현

코드 15.5는 이 알고리즘을 구현할 수 있는 한 가지 방법을 알려 준다. 보통 $P[p < p_{\theta*}] > .05$인 전략은 적은 변동성 상품에 투자하더라도 너무 위험한 것으로 무시하곤 한다. 그 이유는 금전 손실이 크지 않더라도 목표 달성에 실패할 확률이 너무 높기 때문이다. 실전에 투입되려면 전략 개발자들은 $p_{\theta*}$를 줄이는 방법을 찾아야만 한다.

코드 15.5 실질적인 전략 리스크를 계산

```
import numpy as np,scipy.stats as ss
#————————————————————————
def mixGaussians(mu1,mu2,sigma1,sigma2,prob1,nObs):
    # 가우시안 분포의 혼합에 대한 랜덤 추출
    ret1=np.random.normal(mu1,sigma1,size=int(nObs*prob1))
    ret2=np.random.normal(mu2,sigma2,size=int(nObs)-ret1.shape[0])
    ret=np.append(ret1,ret2,axis=0)
    np.random.shuffle(ret)
    return ret
#————————————————————————
def probFailure(ret,freq,tSR): # 전략이 실패할지 모르는 확률 도출
    rPos,rNeg=ret[ret>0].mean(),ret[ret<=0].mean()
    p=ret[ret>0].shape[0]/float(ret.shape[0])
    thresP=binHR(rNeg,rPos,freq,tSR)
    risk=ss.norm.cdf(thresP,p,p*(1-p)) # 부트스트랩에 근사
    return risk
#————————————————————————
def main():
    #1) 파라미터들
    mu1,mu2,sigma1,sigma2,prob1,nObs=.05,-.1,.05,.1,.75,2600
    tSR,freq=2.,260
    #2) 혼합에서 표본 생성
    ret=mixGaussians(mu1,mu2,sigma1,sigma2,prob1,nObs)
    #3) 실패 확률 계산
    probF=probFailure(ret,freq,tSR)
    print 'Prob strategy will fail',probF
```

```
        return
#————————————————————————————————————————————
if name ==' main ':main()
```

이 방법은 PSR(14장과 베일리와 로페즈 데 프라도(2012, 2014) 참고)과 비슷하다. PSR은 참 SR이 비가우시안 수익률하에서 주어진 임계값을 초과할 확률을 도출한다. 이와 유사하게 15장에서 소개된 기법들은 전략이 실패할확률을 비대칭 이진 결과를 바탕으로 도출한다. 핵심적인 차이는 PSR이 포트폴리오 매니저의 통제하에 있는 파라미터와 그렇지 않은 파라미터를 구분하지 않는 반면, 여기서 논의한 기법은 포트폴리오 매니저가 그의 통제하에 있는 파라미터 $\{\pi_-, \pi_+, n\}$ 조건하에서 전략의 생존 능력을 검토할수 있다. 이는 거래 전략을 설계하거나 성공 가능성을 평가할 때 유용하다.

연습 문제

15.1 포트폴리오 매니저가 연환산 SR이 2가 되는 목표를 달성할 수 있는전략을 실행하고자 한다. 베팅은 정밀도가 60%고, 주별 빈도를 갖고있다. 청산 조건은 이익 실현이 2%, 손절이 −2%다.

(a) 전략이 생존 가능한가?

(b) 다른 모든 상황이 고정돼 있다면 전략이 수익을 내는 데 필요한정밀도는 무엇인가?

(c) 베팅 빈도가 어떻게 돼야 목표를 달성할 수 있는가?

(d) 이익 실현 임계값을 어떻게 설정해야 목표를 달성할 수 있는가?

(e) 대안으로 제시할 수 있는 손절은 무엇인가?

15.2 연습 문제 1의 전략을 따라 하자.

(a) 각 파라미터가 1% 변화함에 따라 SR의 민감도는 어떻게 되는가?

(b) 주어진 민감도에 대해 모든 파라미터가 더 개선하기 힘들다는 가정하에 어느 것이 가장 쉽게 달성할 수 있는가?

(c) 연습 문제 1에 하나의 파라미터라도 변하면 나머지에 영향을 미치는가? 예를 들어, 베팅 빈도를 수정하면 정밀도 등이 변화하는가?

15.3 2년간 두 가우시안 분포의 혼합을 따르는 수익률을 가진 월별 베팅을 생성하는 전략이 있다고 가정해 보자. 첫 번째 분포의 평균은 −0.1, 표준 편차는 0.12다. 두 번째 분포의 평균은 0.06, 표준 편차는 0.03이다. 첫 번째 분포로부터 추출될 확률은 0.15다.

(a) 로페즈 데 프라도와 페이잔(López de Prado and Peijan, 2004)과 로페즈 데 프라도와 포어맨(López de Prado and Foreman, 2014)을 따라 혼합 수익률의 처음 4개의 모멘트를 유도하라.

(b) 연환산 SR은 무엇인가?

(c) 이 모멘트들을 사용해 PSR[1](14장 참조)을 계산하라. 95% 신뢰 수준에서 이 전략을 폐기하겠는가?

15.4 코드15.5를 사용해 연습 문제 3에 설명한 전략에 대해 $P[p < p_{\theta^*=1}]$을 계산하라. 유의 수준 0.05에서 이 전략을 폐기하겠는가? 이 결과가 PSR[θ^*]와 일치하는가?

15.5 일반적으로 PSR[θ^*]나 $P[p < p_{\theta^*=1}]$ 중 어느 결과가 더 정확하다고 기대하는가? 이 두 기법은 어떻게 서로 상호 보완적인가?

15.6 13장의 결과를 15장에서 배운 관점에서 다시 조사해 보라.

(a) OTR에 있어서 이익 실현과 손절 사이의 비대칭성이 이해되는가?

(b) 일별 베팅 빈도에 있어서 그림 13-1에서 내재된 p의 범위는 무엇인가?

(c) 주별 베팅 빈도에 있어서 그림 13-5에서 내재된 p의 범위는 무엇인가?

참고 자료

Bailey, D. and M. López de Prado(2014): "The deflated Sharpe ratio: Correcting for selection bias, backtest overfitting and non-normality." *Journal of Portfolio Management*, Vol. 40, No. 5. Available at https://ssrn.com/ abstract=2460551.

Bailey, D. and M. López de Prado(2012): "The Sharpe ratio efficient frontier." *Journal of Risk*, Vol. 15, No. 2, pp. 3~44. Available at https://ssrn.com/abstract=1821643.

López de Prado, M. and M. Foreman(2014): "A mixture of Gaussians approach to mathematical portfolio oversight: The EF3M algorithm." *Quantitative Finance*, Vol. 14, No. 5, pp. 913~930. Available at https://ssrn.com/ abstract=1931734.

López de Prado, M. and A. Peijan(2004): "Measuring loss potential of hedge fund strategies." *Journal of Alternative Investments*, Vol. 7, No. 1(Summer), pp. 7~31. Available at http://ssrn.com/abstract=641702.

머신러닝 자산 배분

16.1 동기

16장은 계층적 리스크 패리티^{HRP, Hierarchical Risk Parity} 기법을 소개한다.[1] HRP 포트폴리오들은 일반적으로 이차 최적화 프로그램, 특히 마코위츠의 CLA^{Critical Line Algorithm}에서의 세 가지 문제인 불안정성^{instability}, 집중^{concentration}, 저성과^{underperformance}를 다룬다. HRP는 현대 수학(그래프 이론과 머신러닝 기술)을 적용해 공분산 행렬에 담긴 정보에 기반을 둔 분산 포트폴리오를 구축한다. 그러나 HRP는 이차 최적화 프로그램과 달리 공분산 행렬의 역행렬 존재를 요구하지 않는다. 사실 HRP는 역행렬이 구해지지 않는 행렬 또는 심지어 특이 공분산 행렬에 대해서도 포트폴리오를 계산할 수 있는데, 이는 이차 최적화 프로그램으로는 불가능한 작업이다. 몬테카를로 실험은 HRP가 최적화의 목적이 최저 분산인 CLA보다 오히려 더 낮은 샘플 외 분산을 가진다는 것을 보여 준다. HRP는 전통적인 리스크 패리티^{Risk Parity} 기법에 비해 덜 위험한 샘플 외 포트폴리오를 생성한다. 역사적 분석도 HRP가 표준 기법보다 더 잘 작동했을 것이라는 결과를 보여 준다

---

1 16장의 요약 버전은 'Journal of Portfolio Management, Vol. 42, No. 4, pp. 59~69, Summer of 2016'에서 찾을 수 있다.

(Kolanovic et al., 2017, Raffinot, 2017). HRP의 실질적인 응용은 여러 머신 러닝 전략들 간의 배분을 결정하는 것이다.

16.2 볼록 포트폴리오 최적화 문제

포트폴리오 구축은 아마도 가장 많이 반복되는 금융 문제일 것이다. 투자 매니저들은 매일 그들의 견해를 반영하고, 위험과 수익률을 예측하는 포트폴리오를 구축해야 한다. 이는 60여 년 전 24세의 해리 마코위츠[Harry Markowitz]가 대답하려고 했던 원초적인 문제다. 그의 기념비적 직관은 다양한 수준의 리스크가 리스크-조정된 수익률 관점의 상이한 최적 포트포폴리오와 연관된다는 인식, 즉 '효율적 경계[efficient frontier]' 개념이다(Markowitz, 1952). 한 가지 의미는 기대 수익률이 가장 높은 투자에 모든 자산을 배분하는 것은 결코 바람직하지 않은 결과를 낸다는 것이다. 그 대신 대안적인 투자들 간의 상관관계를 고려해 분산된 포트폴리오를 구성해야만 한다.

마코위츠는 1954년 박사 학위를 받기 전에 RAND 회사에서 일하려고 학계를 떠났고, 이곳에서 CLA[Critical Line Algorithm] 알고리즘을 개발했다. CLA는 부등식 제약 조건이 있는 포트폴리오 최적화 문제를 위해 특별히 설계된 이차 최적화 절차다. 이 알고리즘은 어떤 알려진 횟수의 반복 시행 후에 정확한 해가 찾아지는 것이 보장된다는 점과 카루시-쿤-터커[Karush-Kuhn-Tucker] 조건(Kuhn and Tucker, 1951)을 절묘하게 우회할 수 있다는 점에서 주목할 만하다. 이 알고리즘의 설명과 구현의 오픈소스는 베일리와 로페즈 데 프라도(2013)에서 찾을 수 있다. 놀랍게도 대부분의 금융 실무가들은 대개 정확한 해나 종료 시간에 대한 보장을 해주지 않는 범용적 목적의 이차 프로그래밍 기법에 의존하고 있기 때문에 여전히 CLA에 대해 모르고 있는 듯하다.

마코위츠 이론의 뛰어남에도 불구하고 몇 가지 실무적 문제들로 인해 CLA 해법은 신뢰성이 떨어진다. 여기서 주의해야 할 점은 예측된 수익률의 작은 편차에도 CLA는 완전히 다른 포트폴리오를 만들 수 있다는 점이다 (Michaud, 1998). 수익률을 충분히 정확하게 예측하기 힘들다는 점에서 많은 연구자들이 수익률 예측을 완전히 버리고 공분산 행렬에만 초점을 맞추는 경향이 있다. 이로 인해 리스크 기반의 자산 배분 접근법이 탄생하게 됐고, 그중 두드러진 예가 리스크 패리티다(Jurczenko, 2015). 수익률에 대한 예측을 사용하지 않으면 불안정성 문제를 개선할 수는 있지만, 완전히 피할 수는 없다. 그 이유는 이차 계획 방법은 양정부호positive-definite 공분산 행렬의 역행렬이 필요하기 때문이다(모든 고유값이 양수여야 한다). 이 역행렬은 공분산 행렬이 수치적으로 잘 구성된 조건을 갖지 않으면, 즉 높은 조건수condition number를 가지면 큰 오차를 발생시킬 수 있다(Bailey and López de Prado, 2012).

16.3 마코위츠의 저주

공분산, 상관관계(또는 정규화 따라서 대각화 가능diagonalizable) 행렬의 조건수는 최대와 최저 (반올림을 한) 고유값 사이의 비율의 절대값이다. 그림 16-1은 몇 개 상관계수 행렬의 정렬된 고유값을 보여 주고 있는데, 조건 수가 각 선의 처음 값과 마지막 값 사이의 비율이다. 이 값은 대각 상관계수 행렬에 대해 최저이며, 그 자체의 역수다. 상관관계를 갖는 (다중 공선성을 갖는) 상품을 추가할수록 조건 수는 커진다. 어떤 점에서 조건 수는 너무 높아져 수치 오차가 역행렬을 매우 불안정하게 만든다. 어떤 원소의 사소한 변화도 완전히 다른 역행렬을 만들어 버린다. 이것이 바로 마코위츠의 저주Markowitz's curse다. 투자 상품들이 더 많이 상관돼 있을수록 분산의 필요성은 더 커지지만, 이때 더욱 불안정한 해법을 얻게 될 가능성이 커진다. 분산의 혜택은 종종 추정 오차에 의해 더 많이 상쇄된다.

대각 상관계수 행렬은 가장 낮은 조건 수를 가진다. 상관된 상품을 추가할수록 최대 고유값은 더 커지고, 최저 고유값은 더 낮아진다. 조건 수는 빠르게 증가하고 불안정한 역상관계수 행렬을 형성한다. 어떤 점을 넘어서면 분산의 혜택은 추정 오차로 인해 더 많이 상쇄된다.

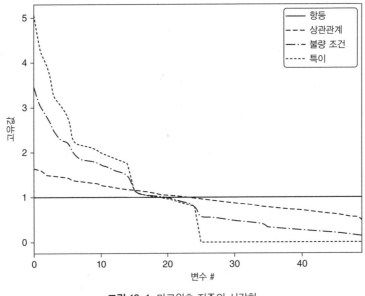

그림 16-1 마코위츠 저주의 시각화

대각 상관계수 행렬은 가장 낮은 조건 수를 가진다. 상관된 상품을 추가할수록 최대 고유값은 더 커지고, 최저 고유값은 더 낮아진다. 조건 수는 빠르게 증가하고 불안정한 역상관계수 행렬을 형성한다. 어떤 점을 넘어서면 분산의 혜택은 추정 오차로 인해 더 많이 상쇄된다.

공분산 행렬의 크기를 증가시키면 문제가 더욱 악화될 뿐이다. 각각의 공분산 계수가 더 적은 자유도로 추정되기 때문이다. 일반적으로 특이 행렬이 아닌 크기 N의 공분산 행렬을 계산하려면 적어도 $N(N+1)/2$의 독립적이고 동일하게 분포된[IID] 관측값이 필요하다. 예를 들어, 크기 50의 공분산 행렬의 역행렬을 구하려면 적어도 5년치의 일별 IID 데이터가 필요하다. 대부분의 투자자들이 알다시피 상관관계 구조가 이런 긴 기간 동안에는 어떠한 합리적 신뢰 수준에서도 변하지 않는 경우는 없다. 이런 문제의 심각함은 단순한 (동일 가중) 포트폴리오가 평균-분산과 리스크-기반의 최적화보다 샘플 외 성과가 더 좋다는 사실로 잘 요약할 수 있다(De Miguel et al., 2009).

16.4 기하적 관계에서 계층적 관계까지

이런 불안정 문제는 콜름 등(Kolm et al., 2014)의 논문에 적혀 있는 것처럼 최근에 주목을 받았다. 대부분의 대안들은 베이지안 사전 확률이나(Black and Litterman, 1992) 공분산 행렬의 역행렬의 수치적 안전성을 개선하는 (Ledoit and Wolf, 2003) 등의 추가 제약을 포함함으로써 안전성을 얻으려 시도했다(Clarke et al., 2002).

지금까지 논의한 모든 방법들은 최근에 발표됐지만, 수학의 (매우) 고전적인 영역으로부터 도출됐는데 그 예로는 기하학, 선형 대수, 미분학을 들 수 있다. 상관계수 행렬은 수익률 계열에 의해 형성된 벡터 공간상 두 벡터 각도의 코사인을 측정하는 선형 대수 객체다(Calkin and López de Prado, 2014a, 2015b). 이차 최적화 알고리즘이 불안정한 원인 중 하나는 벡터 공간이 완전(모두 연결된) 그래프로 모델됐기 때문인데, 모든 노드는 잠재적으로 다른 노드를 대체할 수 있는 후보가 된다. 알고리즘 관점에서 역행렬을 구하는 것은 완전 그래프상의 부분 상관계수를 계산하는 것을 의미한다. 그림 16-2(a)는 50×50 공분산 행렬로 의미하는 관계를 시각화해 주며, 50개의 노드node와 1,225개의 에지edge로 표현된다. 이런 복잡한 구조는 작은 예측 오차를 확대시켜 음성확한 해를 유도한다. 직관적으로 불필요한 에지는 제거하는 것이 바람직하다.

당분간 이런 위상적인 구조의 실용적 영향에 대해 고려해 보자. 투자가가 수백 개의 주식, 채권, 헤지 펀드, 부동산, 사모채private placements 등을 포함하는 분산된 포트폴리오를 구성하고자 한다고 가정해 보자. 어떤 투자 상품은 다른 것의 대체 상품으로 보이고, 어떤 투자 상품은 보완적 상품으로 보이기도 한다. 예를 들어, 주식은 유동성, 크기, 산업, 영역 등에 따라 그룹화할 수 있는데 그룹 내에서 주식들은 배분을 할당받고자 서로 경쟁한다. JP 모건 같은 미국 상장 대형 금융 주식의 배분을 결정할 때에는 스위스의 작은 지방 은행이나 카리브해의 부동산 지주 회사가 아니라 골드만

삭스와 같은 또 다른 대형 상장 미국 은행을 추가할 것인지, 축소할 것인지를 고려해야 한다. 그러나 여전히 상관관계 행렬에 있어서는 모든 투자 상품이 다른 상품의 잠재적 대체 상품이다. 다시 말해 상관관계 행렬은 계층이라는 개념이 결여돼 있다. 이런 계층 구조의 결여는 비중이 의도하지 않은 방향으로 자유롭게 변화되도록 하는데 이것이 CLA 불안정성의 근본 원인이다. 그림 16-2(b)는 트리로 알려진 계층적 구조를 시각화한다. 트리 구조는 두 가지 바람직한 특징이 있다. (1) 트리는 N 노드를 연결하고자 오직 $N-1$개의 에지만 가지므로 비중은 다양한 계층 수준에서 동료 집단들끼리에서만 재배분된다. (2) 비중은 하향식으로 분배돼 있어 많은 자산 운용 매니저가 포트폴리오를 구축하는 방식과 일치한다(예: 자산 클래스에서 섹터에서 개별 증권으로). 이런 연유로 계층적 구조는 더 안정적일 뿐만 아니라 더 직관적인 결과를 줄 수 있도록 설계될 수 있다.

16장에서는 CLA의 위험을 현대 수학(그래프 이론과 머신러닝)을 이용해 다루는 새로운 포트폴리오 구축 기법을 연구한다. 계층적 리스크 패리티 기법은 역행렬이나 양정부호와 같은 조건을 요구하지 않으면서 공분산 행렬에 담긴 정보를 이용한다. HRP는 심지어 특이 공분산 행렬을 기반으로 포트폴리오를 계산할 수 있다. 이 알고리즘은 세 가지 단계, 즉 트리 군집화 tree clustering, 준대각화 quasi-diagonalization, 재귀적 이분법 recursive bisection 으로 작동한다.

(a)

(b)

그림 16-2 완전 그래프(위)와 트리 그래프(아래) 구조. 상관계수 행렬은 완전 그래프로 나타 낼 수 있는데 계층의 개념이 없다. 각 투자 상품은 다른 것으로 대체할 수 있다. 반면, 트리 구 조는 계층 관계를 포함한다.

16.4.1 트리 군집화

관측값 X의 TxN 행렬을 고려해 보자. 행렬은 T기간에 대한 N개 변수 계열이다. 이 N 열벡터를 군집^{cluster}의 계층 구조로 병합해 배분을 트리 그래프를 따라 하향식으로 흘러내리고자 한다.

첫째, 원소가 $\rho = \{\rho_{i,j}\}_{i,j=1, \dots, N}$인 NxN 상관관계 행렬을 계산한다. 여기서 $\rho_{i,j} = \rho[X_i, X_j]$다. 거리 척도는 $d:(X_i, X_j) \subset B \to \mathbb{R} \in [0, 1]$, $d_{i,j} = d[X_i, X_j] = \sqrt{\frac{1}{2}(1 - \rho_{i,j})}$로 정의되며, 여기서 B는 $[1,\dots,i,\dots,N]$ 내의 원소의 카티시안 곱이다. 이는 NxN 거리 행렬 $D = \{d_{i,j}\}_{i,j=1, \dots, N}$을 계산할 수 있게 해준다. 행렬 D는 $d[x, y] \geq 0$(비음수), $d[x, y] = 0 \Leftrightarrow X = Y$(일치성), $d[x, y] = d[Y, X]$ (대칭성), $d[X, Z] \leq d[x, y] + d[Y, Z]$(준가산성$^{sub-additivity}$)의 관점에서 적절한 거리 공간이다(증명은 부록 16.A.1 참고). 예제 16.1을 살펴보자.

$$\{\rho_{i,j}\} = \begin{bmatrix} 1 & .7 & .2 \\ .7 & 1 & -.2 \\ .2 & -.2 & 1 \end{bmatrix} \to \{d_{i,j}\} = \begin{bmatrix} 0 & .3873 & .6325 \\ .3873 & 0 & .7746 \\ .6325 & .7746 & 0 \end{bmatrix}$$

예제 16.1 상관계수 행렬 ρ를 거리 행렬 D로 인코딩한다.

둘째, D의 모든 두 열벡터 간의 유클리드 거리를 구한다. $\tilde{d}:(D_i, D_j) \subset B \to \mathbb{R} \in [0, \sqrt{N}]$, $\tilde{d}_{i,j} = \tilde{d}[D_i, D_j] = \sqrt{\sum_{n=1}^{N}(d_{n,i} - d_{n,j})^2}$. 거리 척도 $d_{i,j}$와 $\tilde{d}_{i,j}$ 사이의 차이에 주목하자. $d_{i,j}$는 X의 열벡터에 대해 정의된 반면, $\tilde{d}_{i,j}$는 D의 열벡터(거리들의 거리)에 대해 정의됐다. 따라서 각 $\tilde{d}_{i,j}$가 전체 공분산 행렬(특정 교차 상관관계 쌍이 아님)의 함수이므로 $\tilde{d}$는 전체 척도 공간 D에 대해 정의된다. 예제 16.2를 보자.

$$\{d_{i,j}\} = \begin{bmatrix} 0 & .3873 & .6325 \\ .3873 & 0 & .7746 \\ .6325 & .7746 & 0 \end{bmatrix} \to \{\tilde{d}_{i,j}\}_{i,j=\{1,2,3\}} = \begin{bmatrix} 0 & .5659 & .9747 \\ .5659 & 0 & 1.1225 \\ .9747 & 1.1225 & 0 \end{bmatrix}$$

예제 16.2 상관계수 거리들의 유클리드 거리

셋째, 열 $(i*, j*)$의 쌍을 $(i*, j*) = \text{argmin}(i, j)i \neq j\{\tilde{d}_{i,j}\}$가 되게 군집화하고 이 군집을 $u[1]$이라 표기한다. 예제 16.3을 보자.

$$\{\tilde{d}_{i,j}\}_{i,j=\{1,2,3\}} = \begin{bmatrix} 0 & .5659 & .9747 \\ .5659 & 0 & 1.1225 \\ .9747 & 1.1225 & 0 \end{bmatrix} \rightarrow u[1] = (1, 2)$$

예제 16.3 군집화 원소

넷째, 새로 형성된 클러스터 $u[1]$과 단일(군집화되지 않은) 원소 사이의 거리를 정의해야 한다. 이를 통해 $\{\tilde{d}_{i,j}\}$가 갱신될 수 있다. 이는 계층적 군집화 분석에서 '연결 기준linkage criterion'으로 알려져 있다. 예를 들어, $\tilde{d}$의 원소 i와 새로운 군집 $u[1]$ 사이의 거리를 $\tilde{d}_{i,u[1]} = \min[\{\tilde{d}_{i,j}\}_{j \in u[1]}]$(최근접 포인트 알고리즘)으로 정의할 수 있다. 예제 16.4를 보자.

$$u[1] = (1, 2) \rightarrow \{\dot{d}_{i,u[1]}\} = \begin{bmatrix} \min[0, .5659] \\ \min[.5659, 0] \\ \min[.9747, 1.1225] \end{bmatrix} = \begin{bmatrix} 0 \\ 0 \\ .9747 \end{bmatrix}$$

예제 16.4 행렬 $\{\tilde{d}_{i,j}\}$를 새로운 군집 u로 업데이트

다섯째, 행렬 $\{\tilde{d}_{i,j}\}$는 $\dot{d}_{i,u[1]}$을 추가하고 군집화된 열과 행 $j \in u[1]$을 제거함으로써 업데이트한다. 예제 16.5를 보자.

$$\{\tilde{d}_{i,j}\}_{i,j=\{1,2,3,4\}} = \begin{bmatrix} 0 & .5659 & .9747 & 0 \\ .5659 & 0 & 1.1225 & 0 \\ .9747 & 1.1225 & 0 & .9747 \\ 0 & 0 & .9747 & 0 \end{bmatrix}$$

$$\{\tilde{d}_{i,j}\}_{i,j=\{3,4\}} = \begin{bmatrix} 0 & .9747 \\ .9747 & 0 \end{bmatrix}$$

예제 16.5 새로운 군집 u로 행렬 $\{\tilde{d}_{i,j}\}$를 업데이트

여섯째, 반복적으로 적용하면 단계 3, 4, 5는 $N-1$개의 이런 군집을 행렬 D에 추가하고 마지막 클러스터가 모든 원시 원소를 포함하게 되는 시점에서 알고리즘을 멈춘다. 예제 16.6을 보자.

$$\{\tilde{d}_{i,j}\}_{i,j=\{3,4\}} = \begin{bmatrix} 0 & .9747 \\ .9747 & 0 \end{bmatrix} \rightarrow u[2] = (3,4) \rightarrow \text{Stop}$$

예제 16.6 나머지 군집을 찾기 위한 재귀

그림 16-3은 이 예제에서 각 반복 시행 시 형성된 군집과 모든 군집을 형성하게 한 거리 $\tilde{d}_{i^*,j^*}$(3단계)를 보여 준다. 이 절차는 16장에서 설명된 것을 넘어 광범위한 거리 배열 $d_{i,j}$, $\tilde{d}_{i,j}$, $d_{i,u}$에 대해 적용할 수 있다. 다른 척도는 로카치와 마이몬(Rokach and Maimon, 2005)을 참조하고, 피들러^{Fiedler}의 벡터와 스튜어트^{Stewart}의 스펙트럼 군집화$^{\text{spectral clustering}}$ 기법에 대해서는 브루알디(Brualdi, 2010)의 논문과 scipy 라이브러리[2]의 알고리즘을 참고하자. 코드 16.1은 scipy 기능을 사용한 트리 군집화의 예를 보여 준다.

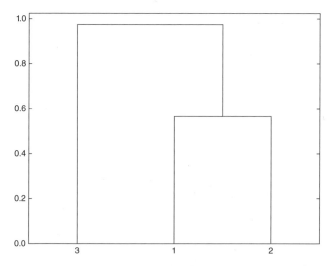

그림 16-3 군집화 형성 순서. 수치적 예제에서 파생된 트리 구조는 덴도그램(dendogram)으로 표시된다. y축은 병합된 두 잎 사이의 거리를 측정한다.

---

2 추가적 척도는 다음을 참고하자.
http://docs.scipy.org/doc/scipy/reference/generated/scipy.spatial.distance.pdist.html,
http:// docs.scipy.org/doc/scipy-0.16.0/reference/generated/scipy.cluster.hierarchy.linkage.html

```
import scipy.cluster.hierarchy as sch
import numpy as np
import pandas as pd
cov,corr=x.cov(),x.corr()
dist=((1-corr)/2.)**.5 # 거리 행렬
link=sch.linkage(dist,'single') # 연결 행렬
```

이 단계는 연결 행렬을 $Y = \{(y_{m,1}, y_{m,2}, y_{m,3}, y_{m,4})\}_{m=1,\ \dots,\ N-1}$(군집당 하나의 4-튜플) 구조를 가진 $(N-1)x4$ 행렬로 정의할 수 있도록 해준다. 원소 $(y_{m,1}, y_{m,2})$는 구성 원소를 알려 준다. 아이템 $y_{m,3}$은 $y_{m,1}$과 $y_{m,2}$ 사이의 거리를 알려 준다. 즉 $y_{m,3} = \tilde{d}_{y_{m,1},y_{m,2}}$이다. 아이템 $y_{m,4} \leq N$은 군집 m에 포함된 원시 원소의 개수를 알려 준다.

16.4.2 준대각화

이 단계는 공분산 행렬의 행과 열을 재구성해 가장 큰 값이 대각선에 위치하게 한다. 공분산의 준대각화(기저^{basis}를 변경할 필요 없이)는 유용한 속성이다. 유사한 금융 상품은 함께 배치하고 다른 상품은 서로 떨어뜨리도록 배치한다(그림 16-5와 그림 16-6의 예제 참고). 알고리즘은 다음과 같이 작동한다. 연결 행렬의 각 행이 두 가지^{branch}를 하나로 합친다는 것을 알고 있다. $(y_{N-1,1}, y_{N-1,2})$ 내의 군집들을 그 구성 성분으로 재귀적으로 교체해 클러스터가 남지 않을 때까지 반복한다. 이런 교체는 군집화의 순서를 유지한다. 출력은 원시(군집화되지 않은) 원소의 정렬된 리스트다. 이 로직은 코드 16.2에 구현돼 있다.

코드 16.2 준대각화

```
def getQuasiDiag(link):
    # 군집화된 원소를 거리에 따라 정렬
```

```
link=link.astype(int)
sortIx=pd.Series([link[-1,0],link[-1,1]])
numItems=link[-1,3] # 원시 원소 개수
while sortIx.max()>=numItems:
    sortIx.index=range(0,sortIx.shape[0]*2,2) # 공간 확보
    df0=sortIx[sortIx>=numItems] #  클러스터 탐색
    i=df0.index
    j=df0.values-numItems
    sortIx[i]=link[j,0] # 원소 1
    df0=pd.Series(link[j,1],index=i+1)
    sortIx=sortIx.append(df0) # 원소 2
    sortIx=sortIx.sort_index() # 재정렬
    sortIx.index=range(sortIx.shape[0]) # 재인덱스
return sortIx.tolist()
```

16.4.3 재귀적 이분법

2단계를 통해 준대각 행렬을 얻었다. 역분산 배분은 대각 공분산 행렬에 대해 최적이다(증명은 부록 16.A.2 참고). 이 사실들로부터 두 가지 활용이 가능하다. (1) 상향식bottom-up, 연속된 부분 집합의 분산을 역분산 배분의 분산으로 정의한다. (2) 하향식top-down, 인접한 부분 집합 간의 배분을 그들의 총 분산에 역비례하도록 분할한다. 다음 알고리즘은 하향식 아이디어를 공식화한다.

1. 알고리즘은 다음과 같이 초기화된다.

   (a) 원소 리스트를 설정한다. 즉 $L = \{L_0\}$, $L_0 = \{n\}_{n=1,\ldots,N}$

   (b) 모든 원소에 단위 비중을 배분한다. 즉 $w_n = 1$, $\forall n = 1, \ldots, N$

2. $\forall L_i \in L$에 대해서 $|L_i| = 1$이면 중단

3. $|L_i| > 1$인 각 $|L_i| \in L$에 대해

   (a) L_i를 두 부분 집합으로 이분한다. 즉 $L_i^{(1)} \cup L_i^{(2)} = L_i$, 여기서 $|L_i^{(1)}| = \text{int}[\frac{1}{2}|L_i|]$이고, 순서는 유지된다.

   (b) $L_i^{(j)}$, $j = 1$, 2의 분산을 이차 형식 $\tilde{V}_i^{(j)} \equiv \tilde{w}_i^{(j)'} V_i^{(j)} \tilde{w}_i^{(j)}$로 정의한다. 여기서 $V_i^{(j)}$은 $L_i^{(j)}$ 이분 구성 요소 간의 공분산 행렬이고, $\tilde{w}_i^{(j)} =$

```
```

$\operatorname{diag}[V_i^{(j)}]^{-1}\dfrac{1}{\operatorname{tr}[\operatorname{diag}[V_i^{(j)}]^{-1}]}$ 이고 여기서 $\operatorname{diag}[\cdot]$와 $\operatorname{tr}[\cdot]$은 각각 대각과 대각합 연산자다.

(c) 분할 인수^{split factor} 계산: $\alpha_i = 1 - \dfrac{\tilde{V}_i^{(1)}}{\tilde{V}_i^{(1)}+V_i^{(2)}}$이므로 $0 \le \alpha_i \le 1$이다.

(d) $\forall n \in L_i^{(1)}$, α_i 인수로 배분 w_n의 크기 재조정

(e) $\forall n \in L_i^{(2)}$, $(1-\alpha_i)$인수로 배분 w_n의 크기 재조정

4. 단계 2로 돌아가서 앞의 단계를 반복

단계 3b는 분할 $L_i^{(j)}$의 분산을 역분산 비중 $\tilde{w}_i^{(j)}$를 사용해 정의하므로 준대각화를 상향식으로 활용한다. 단계 3c는 군집의 분산에 역비례해 비중을 분할하므로 준대각화를 하향식으로 활용한다. 이 알고리즘은 각 반복 시행마다 상단의 계층 수준로부터 받은 비중을 분할하므로 $0 \le w_i \le 1$, $\forall i = 1$, ..., N과 $\sum_{i=1}^{N} w_i = 1$을 보장한다. 이 단계에서는 단계 3c, 3d, 3e의 식을 사용자 기호에 맞게 바꿈으로써 제약 조건을 쉽게 도입할 수 있다. 3단계는 코드 16.3에 구현돼 있다.

코드 16.3 재귀적 이분

```
def getRecBipart(cov,sortIx):
    # HRP 배분 계산
    w=pd.Series(1,index=sortIx)
    cItems=[sortIx] # 모든 아이템을 하나의 군집으로 초기화
    while len(cItems)>0:
        cItems=[i[j:k] for i in cItems for j,k in ((0,len(i)/2),\
            (len(i)/2,len(i))) if len(i)>1] # 이분
        for i in xrange(0,len(cItems),2): # 쌍으로 분석
            cItems0=cItems[i] # 군집 1
            cItems1=cItems[i+1] # 군집 2
            cVar0=getClusterVar(cov,cItems0)
            cVar1=getClusterVar(cov,cItems1)
            alpha=1-cVar0/(cVar0+cVar1)
            w[cItems0]*=alpha # 비중 1
            w[cItems1]*=1-alpha # 비중 2
    return w
```

이는 HRP 알고리즘의 첫 번째 설명을 완성하는데, 배분 문제를 최상의 경우 확정적 로그 시간, 즉 $T(n) = \mathcal{O}(\log_2[n])$으로 해결하고, 최악의 경우 확정적 선형 시간 $T(n) = \mathcal{O}(n)$에 해결한다. 여기서 배운 것을 실행에 옮긴 후 이 기법의 샘플 외 정확도를 측정해 보자.

16.5 수치 예제

우선 $10000x10$ 크기의 관측값 행렬 X를 시뮬레이션하는 것부터 시작하자. 상관계수 행렬은 그림 16-4에 히트맵으로 시각화돼 있다. 그림 16-5는 결과 군집의 덴도그램dendogram이고(1단계), 그림 16-6은 동일한 상관계수 행렬을 식별된 군집에(2단계) 따라 블록으로 재구성해 보여 준다. 부록 16.A.3은 이 수치 예제를 생성하고자 사용한 코드를 보여 준다.

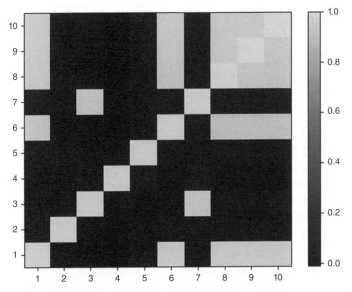

그림 16-4 원시 공분산 행렬의 히트맵. 이 상관계수 행렬은 코드 16.4의 generateData 함수 (16.A.3절 참조)를 사용해 계산됐다. 마지막 5개 열은 부분적으로 처음 5개 계열과 상관돼 있다.

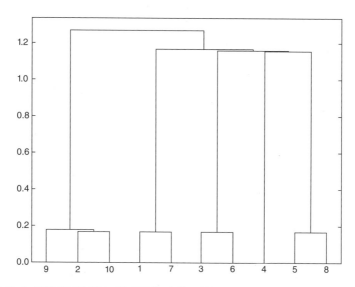

그림 16-5 군집 형성의 덴도그램. 군집화 절차는 계열 9와 10이 계열 2의 작게 변화된 것이라는 것을 정확히 인식했다. 그러므로 (9, 2, 10)이 함께 군집화됐다. 이와 유사하게 7은 1, 6은 3, 8은 5의 작은 변화가 반영된 것이다. 원시 아이템에서 변화를 주지 않은 것은 4가 유일하고 이 아이템이 알고리즘의 유사성을 찾지 못한 유일한 것이다.

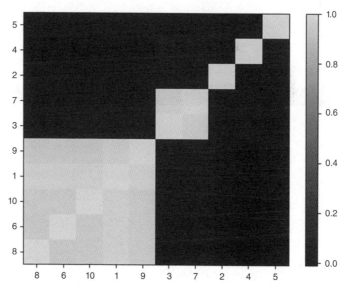

그림 16-6 군집화된 공분산 행렬. 2단계는 가장 큰 값이 대각선을 따라 위치한다는 점에서 상관계수 행렬을 준대각화한다. 그러나 HRP는 PCA나 그와 유사한 절차와 달리 기저의 변화를 요구하지 않는다. HRP는 원 투자를 수행하면서 배분 문제를 해결한다.

이 랜덤 데이터에 대해서 HRP의 배분(3단계)을 계산하고, 이를 2개의 경쟁하는 기법, 즉 (1) CLA의 최소 분산 포트폴리오(수익률의 평균에 종속되지 않은 효율적 경계선의 유일한 포트폴리오)에 의한 이차 최적화 (2) 역분산 포트폴리오IVP, Inverse-Variance Portfolio에 의해 전형적인 예가 된 전통적 리스트 패리티 방법의 배분과 비교해 본다. CLA에 대한 종합적 구현은 베일리와 로페즈 데 프라도(2013)의 논문을 참조하고, IVP의 도출은 부록 16.A.2를 참고하자. 여기서는 $0 \le w_i \le 1$(음수 아님), $\forall i = 1, \ldots, N$과 $\sum_{i=1}^{N} w_i = 1$(모든 투자)의 표준 제약 조건을 적용한다. 부수적으로 이 예제의 공분산 행렬의 조건수는 150.9324로, 특별히 높지 않으므로 CLA에 나쁘지 않다.

표 16-1의 배분으로부터 몇 가지 정형화된 특징을 이해할 수 있다. 첫째, CLA는 배분의 92.66%를 상위 5위 자산에 집중한 반면, HRP는 62.57%만 집중했다. 둘째, CLA는 3개의 상품에 가중값 0을 배분했다($0 \le w_i$의 제약 조건이 없었다면 음수를 배분했을 것이다). 셋째, HRP는 CLA의 집중화 해법과 전통적 리스트 균형 방법에서 IVP 배분 사이의 절충을 찾은 것으로 보인다. 독자들은 부록 16.A.3의 코드를 사용해 이런 발견이 다른 대체 랜덤 분산 행렬에도 유효하다는 것을 증명할 수 있다.

표 16-1 세 가지 배분의 비교

가중값 #	CLA	HRP	IVP
1	14.44%	7.00%	10.36%
2	19.93%	7.59%	10.28%
3	19.73%	10.84%	10.36%
4	19.87%	19.03%	10.25%
5	18.68%	9.72%	10.31%
6	0.00%	10.19%	9.74%
7	5.86%	6.62%	9.80%
8	1.49%	9.10%	9.65%
9	0.00%	7.12%	9.64%
10	0.00%	12.79%	9.61%

세 가지 기법의 특징적 결과가 연구됐다. CLA는 비중을 소수 금융 상품에 집중해 상품 개별적인 충격에 노출돼 있다. IVP는 상관관계 구조를 무시하고 비중을 모든 투자 상품에 고르게 분산했다. 이는 체계적 충격에 취약하게 만든다. HRP는 모든 상품에 분산하는 전략과 군집별로 분산하는 전략의 절충점을 찾는다. 이는 두 가지 형태의 충격을 모두 잘 극복할 수 있도록 해준다.

CLA가 극도로 집중돼 있는 것은 포트폴리오의 리스크를 최소화하려는 목적 때문이다. 그런데 여전히 양쪽 포트폴리오는 매우 유사한 표준 편차($\sigma_{HRP}=0.4640$, $\sigma_{CLA}=0.4486$)를 가진다. 그러므로 CLA는 사소한 리스크 감소를 위해 절반의 투자 유니버스를 버렸다. 사실 CLA 포트폴리오는 분산됐다. 왜냐하면 상위 5개 배분에 영향을 미치는 모든 부실 상황에서 CLA 포트폴리오는 HRP 포트폴리오에 비해 훨씬 큰 음성적 영향을 받을 것이기 때문이다.

16.6 샘플 외 몬테카를로 시뮬레이션

앞의 수치 예제에서는 CLA 포트폴리오가 HRP에 비해 샘플 내에서 덜 위험했다. 샘플 내에서의 최소분산이 샘플 외에서도 최소라는 보장은 없다. HRP가 CLA와 IVP보다 더 성능이 우수한 특정 과거 데이터셋를 선택하는 것은 매우 쉽다(Bailey and López de Prado, 2014를 참고하고, 11장의 선택 편향 논의를 기억하자). 그 대신 16.6절에서는 13장에서 설명한 백테스트의 패러다임을 따라 HRP의 샘플 외 성과를 몬테카를로 기법을 통해 CLA의 최소분산 및 전통적 리스크 패리티 기법의 IVP 배분과 비교해 본다. 이것은 또한 즉흥적인 반례와 상관없이 어떤 특성들이 하나의 기법을 다른 것들보다 더 선호하게 만드는지 이해를 도와줄 것이다.

첫째, 10개의 랜덤 가우시안 분포 수익률의 계열을 생성한다(520개 관측값, 일별 2년 간의 과거 데이터). 이때 평균은 0이고, 임의의 표준 편차는 10%로 설정한다. 실제 가격은 빈번한 급등을 나타내고(Merton, 1976), 수익률은 횡단면cross-sectionally으로 독립적이지 않으므로 생성된 데이터에 랜덤 충격과 상관관계 구조를 추가한다. 둘째, 260개 관측값(일별 연간 과거 데이터)을 돌아보며, HRP, CLA, IVP 포트폴리오를 계산한다. 이런 포트폴리오들은 22개의 관측(월별 빈도에 해당)마다 재평가하고 재배분한다. 셋째, 이 세 가지 포트폴리오에 연계된 샘플 외 수익률을 계산한다. 이 절차는 1만 번 반복된다.

샘플 외 포트폴리오 수익률의 모든 평균은 근본적으로 0이다. 결정적 차이는 샘플 외 포트폴리오 수익률의 분산에서 발생한다($\sigma^2_{CLA} = 0.1157$, $\sigma^2_{IVP} = 0.0928$ and $\sigma^2_{HRP} = 0.0671$). 비록 CLA의 목표는 최소 분산(이것이 최적화 프로그램의 목표다)을 찾는 것이지만, 결과는 아이러니하게 샘플 외에서 최대 분산을 보였다. 그리고 HRP에 비해 72.47%나 높은 분산을 보였다. 이 실험적 발견은 데 미겔 등(De Miguel et al., 2009)이 논문에서 밝힌 과거 데이터 증거와 일치한다. 다시 말해 HRP는 CLA의 샘플 외 샤프 비율을 놀라울 만한 수치인 31.3%나 개선했다. 공분산 행렬이 대각이라고 가정하면 IVP에 어느 정도의 안정성을 부여한다. 그러나 그 분산은 여전히 38.24% 정도 HRP보다 크다. 샘플 외 분산 감소는 리스크 패리티 투자가들이 레버리지를 방대하게 사용하는 점을 감안하면 극히 중요하다. 샘플 내 대 샘플 외 성능에 대한 논의는 베일리 등(2014)의 논문을 참고하자.

HRP가 마코위츠의 CLA와 전통적 리스크 균형 IVP보다 뛰어난 성능을 갖고 있다는 수학적 증명은 16장의 범위를 벗어난다. 직관적인 관점에서 앞의 실험적 결과를 다음과 같이 이해할 수 있다. 특정 투자 상품에만 영향을 미치는 충격은 CLA의 집중화에 페널티를 부여한다. 여러 상관된 투자 상품에 영향을 미치는 충격은 IVP가 상관관계 구조를 무시한 것에 대해 페널티를 부여한다. HRP는 모든 상품에 관한 분산과 다수 계층 수준의 군집 분산 사이의 절충을 통해 공통적이거나 개별적인 충격 모두에 대해 더 나은 보호를 제공한다. 그림 16-7은 처음 1만 번 시행에 대한 배분의 시계열을 그린 것이다.

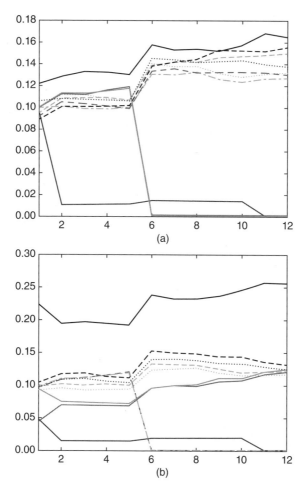

그림 16-7 (a) IVP 배분의 시계열: 첫 번째와 두 번째의 재균형 사이에 있는 하나의 상품은 특이 충격을 받는데 이는 분산을 증가시킨다. IVP의 반응은 그 상품에 대한 배분을 감소시키고, 다른 모든 상품에 분산시킨다. 다섯 번째와 여섯 번째 재균형 사이에 있는 두 가지 상품이 통상적 충격에 영향을 받았다. IVP의 반응은 동일하다. 그 결과 영향을 받지 않은 나머지 7개 배분은 시간이 지남에 따라 상관관계와 무관하게 증가한다.

(b) HRP 배분의 시계열: 특이 충격에 대한 HRP의 반응은 영향을 받은 상품에 대한 배분을 축소하고, 축소된 양만큼 영향을 받지 않은 상관된 상품의 배분을 증가시킨다. HRP는 일반적 충격의 반응으로 영향을 받은 상품의 배분을 줄이고 상관되지 않은 상품의 배분을 증가시킨다(더 낮은 분산으로).

(c) CLA 배분의 시계열: CLA는 특이 충격과 일반 충격에 대해 엉뚱하게 반응한다. 재균형 비용을 고려했다면 CLA 성능은 상당한 음수가 됐을 것이다.

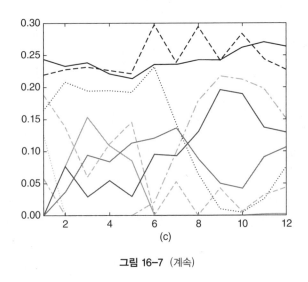

그림 16–7 (계속)

부록 16.A.4는 앞의 연구를 구현하는 파이썬 코드를 제공한다. 독자들은 파라미터 설정을 다양하게 변경함으로써 이와 비슷한 결론을 얻을 수 있다. 특히 큰 투자 유니버스가 더 커지거나, 더 많은 충격이 더해지거나, 더 강한 상관관계가 고려되거나, 재균형^{rebalancing} 비용을 반영하면, HRP의 샘플 외에서의 뛰어난 성과는 더욱 커지게 된다. 각각의 CLA 재균형은 거래 비용을 야기시켜 시간이 갈수록 감당할 수 없을 만큼의 비용이 누적될 수 있다.

16.7 향후 연구 과제

16장에서 소개한 기법들은 유연하고, 확장 가능하며, 동일한 아이디어에 대한 여러 변형을 허용한다. 독자들은 제공된 코드를 사용해 어떤 HRP 설정이 특별한 문제에 최적으로 작동하는지에 대한 연구와 평가를 수행할 수 있다. 예를 들어, 1단계에서 상이한 정의의 $d_{i,j}$, $\tilde{d}_{i,j}$, $\dot{d}_{i,j}$ 또는 이중 군집화 biclustering와 같은 상이한 군집화 알고리즘을 적용할 수도 있다. 3단계에서는 $\tilde{w}_m$과 α에 다른 함수를 사용하거나 다른 배분 제약 조건을 사용할 수도 있다. 3단계는 재귀적 이분법을 수행하는 대신 1단계에서의 군집을 사용해 하향식으로 배분을 분할할 수도 있다.

예측된 수익률을 포함하거나, 르드와-울프^{Ledoit-Wolf} 축소, 블랙-리터만-스타일 견해^{Black-Litterman-style view}를 계층 기법에 포함하는 것은 상대적으로 간단하다. 사실 탐구심이 많은 독자의 경우 HRP는 근본적으로 강건한 절차로서 역행렬 문제를 피할 수 있고, HRP에 깔려 있는 것과 동일한 아이디어를 출력이 불안정한 것으로 악명 높은 계량 경제 회귀 기법들(VAR이나 VECM)을 대체할 수 있다는 사실을 깨달았을지도 모른다. 그림 16-8은 210만의 항목을 가진 채권의 대규모 상관계수 행렬의 (a) 군집화 이전과 (b) 군집화 이후를 보여 준다. 전통적 최적화 또는 계량 경제 기법은 금융 빅데이터의 계층 구조를 인식하지 못함으로써 이로 인한 수치적 불안정이 분석의 이점을 해치고, 신뢰할 수 없고 해로운 결과를 생산했다.

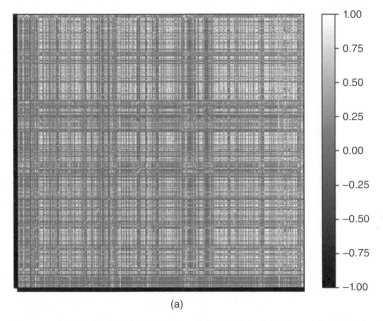

(a)

그림 16-8 군집화 전후의 상관계수 행렬. 16장에서 설명된 기법들은 최적화를 넘어서 다른 문제에도 적용할 수 있다. 예를 들어, 대규모 채권 유니버스의 PCA 분석은 CLA에 대해 설명한 것과 동일한 단점이 있다. 스몰 데이터 기법(요인 모델, 회귀 분석, 계량 경제)은 수십 년, 수백 년 전에 개발된 것으로서 금융 빅데이터의 계층 속성을 인식하지 못한다.

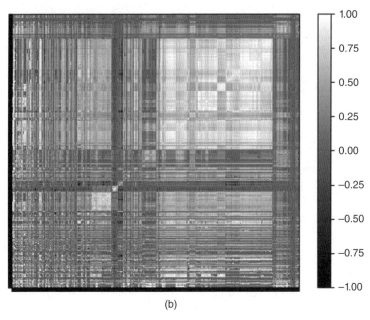

(b)

그림 16-8 (계속)

콜라노비치 등(Kolanovic et al., 2017)의 논문에서는 HRP에 대한 장기간 연구를 수행한 후 다음과 같은 결론을 내렸다. "HRP는 뛰어난 리스크 조정 수익률을 구할 수 있다. HRP와 MV 포트폴리오는 둘 다 최상의 수익률을 구하지만, HRP 포트폴리오는 변동성 목표를 MV 포트폴리오보다 훨씬 더 잘 달성한다. 우리는 이 발견에 대한 강건성을 확인하고자 시뮬레이션 연구도 수행했는데 그 결과 HRP는 일관성 있게 MV나 다른 리스크 기반의 전략들보다 뛰어난 성능을 보여 줬다. [...] HRP 포트폴리오는 진정으로 상관되지 않은 더 많은 상품 구성으로 덜 극단적 비중과 리스크 배분을 가진다."

라피노(Raffinot, 2017)의 논문에서는 다음과 같은 결론을 내렸다. "실험적 결과에 따르면 계층적 군집화에 기반을 둔 포트폴리오는 강건하고 진정으로 분산됐으며, 보편적으로 사용되는 포트폴리오 최적화 기법보다 통계적으로 더 나은 리스크 조정 성과를 달성한다."

16.8 결론

정확한 분석적 해법은 근사적 머신러닝 해법보다 성능이 훨씬 떨어진다. 비록 수학적으로는 정확하지만 일반적인 이차 최적화 알고리즘이나 특히 마코위츠의 CLA는 대개 불안정, 집중화, 저성과로 인해 신뢰할 수 없는 해법을 제공하는 것으로 알려져 있다. 이차 최적화 알고리즘은 공분산 역행렬이 필요하기 때문이다. 마코위츠의 저주는 투자 상품들이 더 많이 상관될수록 포트폴리오의 분산 필요성이 더 커지고, 동시에 포트폴리오의 추정 오차도 커진다는 것이다.

16장에서는 이차 최적화 알고리즘이 불안정한 근본 원인을 알아봤다. 크기 N의 행렬은 $\frac{1}{2}N(N-1)$개의 에지^{edge}를 가진 완전 그래프와 연관돼 있다. 그래프의 노드를 연결하는 에지가 그렇게 많기 때문에 에지의 가중값은 완전한 자유도로 재균형되는 것이 허용된다. 이는 계층 구조가 결여돼 있다는 것을 의미하며, 작은 예측 오차도 완전히 다른 해법을 유도할 수 있다는 의미가 된다. HRP는 공분산 구조를 트리 구조로 대체하고 다음과 같은 세 가지 목표를 성취한다. (1) 전통적 리스크 패리티 기법과 달리 공분산 행렬에 있는 정보를 완전히 활용한다. (2) 배분 비중의 안정성이 회복된다. (3) 해법은 구성상 직관적이다. 알고리즘은 확정적으로 로그 시간(최상의 경우) 또는 선형 (최악의 경우) 시간이 소요된다.

HRP는 안정적이고, 시각적이며 유연하기 때문에 사용자들이 제약 조건을 도입하거나 알고리즘의 검색을 손상시키지 않고도 트리 구조를 관리할 수 있다. 이런 성질은 HRP가 공분산 역행렬이 필요로 하지 않는다는 사실로부터 유도된다. 사실 HRP는 조건 수가 큰 행렬 또는 심지어 특이 공분산 행렬에 대해서도 포트폴리오를 계산할 수 있다.

16장은 포트폴리오 구축 응용에 초점을 맞췄다. 그러나 독자들은 불확실성 하에서의, 특히 거의 특이 행렬에 근접하는 공분산 행렬을 가진 상황에서의 의사결정과 같은 다른 실제적 용도를 찾을 수 있을 것이다. 예컨대 이는 포트폴리오 매니저의 자본 배분, 알고리즘 전략들 간의 배분, 머신러닝 신호의 배깅과 부스팅, 랜덤 포레스트로부터의 예측, 불안정한 계량 경제 모델(VAR, VECM)의 대체 등을 포함한다.

물론 CLA와 같은 이차 최적화 알고리즘은 샘플 내 최소 분산 포트폴리오를 생성한다(이것이 함수의 목적이다). 몬테카를로 실험은 HRP가 CLA나 전통적 리스크 패리티 기법보다 낮은 샘플 외 분산을 얻는다는 것을 보여 준다. 브리지워터^{Bridgewater}가 1990년대에 리스크 패리티를 개척한 이래 몇몇 대규모 자산 운용사들은 이 기법을 추종하는 펀드를 런칭했고, 결합 자산 기준으로 5,000억 달러를 넘는다. 이들이 대규모로 레버리지를 사용하는 것을 고려하면 이런 펀드들은 보다 안정적인 리스크 패리티 배분 기법을 도입해 뛰어난 리스크 조정 수익률과 더 낮은 재균형 비용을 성취해야만 한다.

부록

16.A.1 상관계수 기반 척도

크기가 T인 두 실수 벡터 X, Y를 고려해 보자. 상관계수 변수는 $\rho[x, y]$, 유일한 필요 조건은 $\sigma[x, y] = \rho[x, y]\sigma[X]\sigma[Y]$이다. 여기서 $\sigma[x, y]$는 두 벡터 사이의 공분산이고 $\sigma[.]$는 표준 편차다. 피어슨^{Pearson}이 이 조건을 만족하는 유일한 상관계수는 아니라는 것에 주목하자.

$d[x, y] = \sqrt{\frac{1}{2}(1 - \rho[x, y])}$가 참 척도임을 증명해 보자. 첫째, 두 벡터 사이의 유클리드 거리는 $d[x, y] = \sqrt{\sum_{t=1}^{T}(X_t - Y_t)^2}$이다. 둘째, 이 벡터들을 z-표준화해 $x = \frac{X - \bar{X}}{\sigma[X]}$, $y = \frac{Y - \bar{Y}}{\sigma[Y]}$로 만든다. 결과적으로 $0 \leq \rho[x, y] = \rho[x, y]$가 된다. 셋째, 유클리드 거리 $d[x, y]$를 다음과 같이 도출한다.

$$d[x, y] = \sqrt{\sum_{t=1}^{T}(x_t - y_t)^2} = \sqrt{\sum_{t=1}^{T}x_t^2 + \sum_{t=1}^{T}y_t^2 - 2\sum_{t=1}^{T}x_t y_t}$$

$$= \sqrt{T + T - 2T\sigma[x,y]} = \sqrt{2T\left(1 - \underbrace{\rho[x,y]}_{=\rho[x,y]}\right)} = \sqrt{4Td[x,y]}$$

다시 말해, 거리 $d[x, y]$는 벡터 $\{X, Y\}$를 z-표준화한 후의 유클리드 거리의 선형 배수이므로 유클리드 거리의 참 척도 성질을 상속받게 된다.

이와 유사하게 $\mathbb{Z}/2\mathbb{Z}$ 비율에 대해 $d[x, y] = \sqrt{1 - |\rho[x,y]|}$이 참 척도가 된다는 것을 증명할 수 있다. 그렇게 하고자 $y = \frac{Y - \bar{Y}}{\sigma[Y]} \mathrm{sgn}\,[\rho[x, y]]$를 재정의하는데 여기서 $\mathrm{sgn}[\cdot]$은 부호 연산자로서 $0 \le p[x, y] = |p[x, y]|$이다. 그러면 다음과 같이 된다.

$$d[x, y] = \sqrt{2T\left(1 - \underbrace{\rho[x,y]}_{=|\rho[x,y]|}\right)} = \sqrt{2T}d[x, y]$$

16.A.2 역분산 배분

3단계(16.4.3절 참조)는 비중을 부분 집합의 분산에 역비례하게 분할한다. 이제 이런 분할이 공분산 행렬이 대각일 때 최적이라는 것을 증명해 보자. 크기 N인 표준 이차 최적화 문제를 고려해 보자.

$$\min_{\omega} \omega' V \omega$$
$$\mathrm{s.t.} : \omega' a = 1_I$$

해답은 $\omega = \frac{V^{-1}a}{a'V^{-1}a}$이다. 특성 벡터 $\alpha = 1_N$에 대해서 해는 최소 분산 포트폴리오다. 만약 V가 대각 행렬이면 $\omega_n = \frac{V_{n,n}^{-1}}{\sum_{i=1}^{N} V_{i,i}^{-1}}$이다. $N = 2$인 특수한 경우 $\omega_1 = \frac{\frac{1}{V_{1,1}}}{\frac{1}{V_{1,1}} + \frac{1}{V_{2,2}}} = 1 - \frac{V_{1,1}}{V_{1,1} + V_{2,2}}$이며, 3단계는 부분 집합의 이분된 집합 간의 비중을 어떻게 분할하는지 보여 준다.

16.A.3 수치 예제 재현

코드 16.4는 결과를 재현할 때 사용될 수 있는데 추가 수치 예제를 시뮬레이션한다. 함수 generateData는 size0개의 벡터가 상관관계를 갖지 않고, size1개의 벡터가 상관관계를 갖는 시계열 행렬을 생성한다. 독자들은 generateData의 np.random.seed를 변경해 다른 예제를 수행하고, HRP가 어떻게 작동하는지 직관을 얻을 수 있다. Scipy의 함수 linkage는 1단계 (16.4.1절), 함수 getQuasiDiag는 2단계(16.4.2절), 함수 getRecBipart는 3단계(16.4.3절)를 수행한다.

코드 16.4 HRP 알고리즘의 완전 구현

```
import matplotlib.pyplot as mpl
import scipy.cluster.hierarchy as sch,random,numpy as np,pandas as pd
#————————————————————————————
def getIVP(cov,**kargs):
    # 역분산 포트폴리오 계산
    ivp=1./np.diag(cov)
    ivp/=ivp.sum()
    return ivp
#————————————————————————————
def getClusterVar(cov,cItems):
    # 군집별 분산 계산
    cov_=cov.loc[cItems,cItems] # 행렬 분할
    w_=getIVP(cov_).reshape(-1,1)
    cVar=np.dot(np.dot(w_.T,cov_),w_)[0,0]
    return cVar
#————————————————————————————
def getQuasiDiag(link):
    # 군집화된 원소를 거리별로 정렬
    link=link.astype(int)
    sortIx=pd.Series([link[-1,0],link[-1,1]])
    numItems=link[-1,3] # 원시 원소 개수
    while sortIx.max()>=numItems:
        sortIx.index=range(0,sortIx.shape[0]*2,2) # 공간 확보
```

```
            df0=sortIx[sortIx>=numItems] # 군집 찾기
            i=df0.index;j=df0.values-numItems
            sortIx[i]=link[j,0] # 원소 1
            df0=pd.Series(link[j,1],index=i+1)
            sortIx=sortIx.append(df0) # 원소 2
            sortIx=sortIx.sort_index() # 재정렬
            sortIx.index=range(sortIx.shape[0]) # 재인덱스
    return sortIx.tolist()
#————————————————————————————
def getRecBipart(cov,sortIx):
    # HRP 배분 계산
    w=pd.Series(1,index=sortIx)
    cItems=[sortIx] # 모든 원소를 하나의 군집으로 초기화
    while len(cItems)>0:
        cItems=[i[j:k] for i in cItems for j,k in ((0,len(i)/2), \
            (len(i)/2,len(i))) if len(i)>1] # 이분
        for i in xrange(0,len(cItems),2): # 쌍으로 분석
            cItems0=cItems[i] # 군집 1
            cItems1=cItems[i+1] # 군집 2
            cVar0=getClusterVar(cov,cItems0)
            cVar1=getClusterVar(cov,cItems1)
            alpha=1-cVar0/(cVar0+cVar1)
            w[cItems0]*=alpha # 비중 1
            w[cItems1]*=1-alpha # 비중 2
    return w
#————————————————————————————
def correlDist(corr):
    # 상관계수에 기초한 거리 행렬, 0<=d[i,j]<=1
    # 이는 올바른 거리 척도다.
    dist=((1-corr)/2.)**.5 # 거리 행렬
    return dist
#————————————————————————————
def plotCorrMatrix(path,corr,labels=None):
    # 상관계수 행렬의 히트맵
    if labels is None:labels=[]
    mpl.pcolor(corr)
    mpl.colorbar()
    mpl.yticks(np.arange(.5,corr.shape[0]+.5),labels)
    mpl.xticks(np.arange(.5,corr.shape[0]+.5),labels)
```

```
        mpl.savefig(path)
        mpl.clf();mpl.close() # pylab 리셋
        return
#————————————————————————
def generateData(nObs,size0,size1,sigma1):
        # 상관된 변수의 시계열
        #1) 일부 상관되지 않은 데이터 생성
        np.random.seed(seed=12345);random.seed(12345)
        x=np.random.normal(0,1,size=(nObs,size0)) # 각 행이 변수
        #2) 변수 간 상관관계 생성
        cols=[random.randint(0,size0-1) for i in xrange(size1)]
        y=x[:,cols]+np.random.normal(0,sigma1,size=(nObs,len(cols)))
        x=np.append(x,y,axis=1)
        x=pd.DataFrame(x,columns=range(1,x.shape[1]+1))
        return x,cols
#————————————————————————
def main():
        #1) 상관계수 데이터 생성
        nObs,size0,size1,sigma1=10000,5,5,.25
        x,cols=generateData(nObs,size0,size1,sigma1)
        print [(j+1,size0+i) for i,j in enumerate(cols,1)]
        cov,corr=x.cov(),x.corr()
        #2) 상관계수 행렬 계산 및 그림
        plotCorrMatrix('HRP3_corr0.png',corr,labels=corr.columns)
        #3) 군집
        dist=correlDist(corr)
        link=sch.linkage(dist,'single')
        sortIx=getQuasiDiag(link)
        sortIx=corr.index[sortIx].tolist() # 레이블 회복
        df0=corr.loc[sortIx,sortIx] # 재정렬
        plotCorrMatrix('HRP3_corr1.png',df0,labels=df0.columns) #4) 자산 배분
        hrp=getRecBipart(cov,sortIx) print hrp
        return
#————————————————————————
if name =='  main ':main()
```

16.A.4 몬테카를로 실험 재현

코드16.5은 HRP, CLA, IVP의 세 가지 배분 기법에 대한 몬테카를로 실험을 구현한다. 모든 라이브러리는 HRP를 제외하고는 표준이다. HRP는 부록 16.A.3에 있고, CLA는 베일리와 로페즈 데 프라도(2013)에서 찾을 수 있다. 서브 루틴 generateData는 상관된 데이터를 두 형태의 랜덤 충격으로 시뮬레이션하는데 하나의 충격은 다양한 상품에 공통적으로 영향을 미치지만, 다른 하나는 단일 상품에만 특정적으로 영향을 미친다. 각 형태별로 두 종류의 충격이 있는데 하나는 음, 하나는 양이다. 실험의 변수는 hrpMC의 인수로 설정된다. 이들은 임의로 선택되고, 사용자들은 다른 조합으로 실험해 볼 수 있다.

코드 16.5 HRP 샘플 외 성과에 관한 몬테카를로 실험

```
import scipy.cluster.hierarchy as sch,random,numpy as np,pandas as pd,CLA
from HRP import correlDist,getIVP,getQuasiDiag,getRecBipart
#————————————————————————————————
def generateData(nObs,sLength,size0,size1,mu0,sigma0,sigma1F):
    # 상관된 변수의 시계열
    #1) 상관되지 않은 데이터의 랜덤 생성
    x=np.random.normal(mu0,sigma0,size=(nObs,size0))
    #2) 변수 간의 상관관계 생성
    cols=[random.randint(0,size0-1) for i in xrange(size1)]
    y=x[:,cols]+np.random.normal(0,sigma0*sigma1F,size=(nObs,len(cols)))
    x=np.append(x,y,axis=1)
    #3) 공통 랜덤 충격
    point=np.random.randint(sLength,nObs-1,size=2)
    x[np.ix_(point,[cols[0],size0])]=np.array([[-.5,-.5],[2,2]])
    #4) 특정 랜덤 충격
    point=np.random.randint(sLength,nObs-1,size=2)
    x[point,cols[-1]]=np.array([[-.5,2]])
    return x,cols
    #————————————————————————————————
def getHRP(cov,corr):
```

```
        # 계층적 포트폴리오 구성
        corr,cov=pd.DataFrame(corr),pd.DataFrame(cov)
        dist=correlDist(corr)
        link=sch.linkage(dist,'single')
        sortIx=getQuasiDiag(link)
        sortIx=corr.index[sortIx].tolist() # 레이블 회복
        hrp=getRecBipart(cov,sortIx)
        return hrp.sort_index()
        #————————————————————————
def getCLA(cov,**kargs):
        # CLA의 최소 분산 포트폴리오 계산
        mean=np.arange(cov.shape[0]).reshape(-1,1) # C portf에 의해 사용되지 않음.
        lB=np.zeros(mean.shape)
        uB=np.ones(mean.shape)
        cla=CLA.CLA(mean,cov,lB,uB)
        cla.solve()
        return cla.w[-1].flatten()
#————————————————————————————
def hrpMC(numIters=1e4,nObs=520,size0=5,size1=5,mu0=0,sigma0=1e-2, \
        sigma1F=.25,sLength=260,rebal=22):
        # HRP에 대한 몬테카를로 실험
        methods=[getIVP,getHRP,getCLA]
        stats,numIter={i. name :pd.Series() for i in methods},0
        pointers=range(sLength,nObs,rebal)
        while numIter<numIters:
            print numIter
            #1) 하나의 실험에 대한 데이터 준비
            x,cols=generateData(nObs,sLength,size0,size1,mu0,sigma0,sigma1F)
            r={i. name :pd.Series() for i in methods}
            #2) 샘플 내 포트폴리오 계산
            for pointer in pointers:
                x_=x[pointer-sLength:pointer]
                cov_,corr_=np.cov(x_,rowvar=0),np.corrcoef(x_,rowvar=0)
                #3) 샘플 외 성과 계산
                x_=x[pointer:pointer+rebal]
            for func in methods:
                w_=func(cov=cov_,corr=corr_) # 콜백
                r_=pd.Series(np.dot(x_,w_))
                r[func. name ]=r[func. name ].append(r_)
```

362

```
    #4) 결과 평가 및 저장
    for func in methods:
        r_=r[func. name ].reset_index(drop=True)
        p_=(1+r_).cumprod()
        stats[func. name ].loc[numIter]=p_.iloc[-1]-1
    numIter+=1
    #5) 결과 보고
    stats=pd.DataFrame.from_dict(stats,orient='columns')
    stats.to_csv('stats.csv')
    df0,df1=stats.std(),stats.var()
    print pd.concat([df0,df1,df1/df1['getHRP']-1],axis=1)
    return
#————————————————————————————————————
if name =='  main  ':hrpMC()
```

연습 문제

16.1 N 투자 전략에 주어진 손익 계열이 주어졌을 때,

(a) 베팅의 평균 빈도에 손익 계열을 일치시켜라(예: 주 단위로 거래하는 전략은 주별 관측값). 힌트: 빈도에 데이터를 일치시키는 것을 종종 '다운 샘플링'이라 한다.

(b) 이들 수익률의 공분산 V를 계산하라.

(c) N 전략 간의 계층적 군집을 찾아라.

(d) N 전략의 군집화된 상관계수 행렬을 그려라.

16.2 연습 문제 1로부터의 군집화 공분산 행렬 V를 사용하라.

(a) HRP 배분을 계산하라.

(b) CLA 배분을 계산하라.

(c) IVP 배분을 계산하라.

16.3 연습 문제 1로부터의 공분산 행렬 V를 사용하라.

(a) 스펙트럼 분해를 수행하라. $VW = W\Lambda$

(b) $U[0, 1]$ 분포로부터 N 랜덤 수를 추출해 배열 ε를 구성하라.

(c) NxN 행렬 $\tilde{\Lambda}$를 구성하라.

여기서 $\tilde{\Lambda}_{n,n} = N\varepsilon_n\Lambda_{n,n}(\sum_{n=1}^{N} \varepsilon_n)^{-1}$, $n=1,\cdots,N$이다.

(d) $\tilde{V} = W\tilde{\Lambda}W^{-1}$을 계산하라.

(e) 연습 문제 2를 반복하라. 이번에는 $\tilde{V}$를 공분산 행렬로 사용하라. 어떤 배분 기법이 스펙트럼 분산의 크기 재조정에 의해 가장 많은 영향을 받았는가?

16.4 합이 0이 되는 배분을 산출하고자 HRP 알고리즘을 어떻게 수정하면 되는가? 여기서 $|w_n| \leq 1$, $\forall n = 1, \dots, N$이다.

16.5 HRP 배분에 기대 수익률을 포함하는 간단한 방법을 생각할 수 있겠는가?

참고 자료

Bailey, D. and M. López de Prado(2012): "Balanced baskets: A new approach to trading and hedging risks." *Journal of Investment Strategies*, Vol. 1, No. 4, pp. 21~62. Available at http://ssrn.com/abstract=2066170.

Bailey, D. and M. López de Prado(2013): "An open-source implementation of the critical-line algorithm for portfolio optimization." *Algorithms*, Vol. 6, No. 1, pp. 169~196. Available at http://ssrn.com/abstract=2197616.

Bailey, D., J. Borwein, M. López de Prado and J. Zhu(2014) "Pseudomathematics and financial charlatanism: The effects of backtest overfitting on out-of-sample performance." *Notices of the American Mathematical Society*, Vol. 61, No. 5, pp. 458~471. Available at http://ssrn.com/ abstract=2308659.

Bailey, D. and M. López de Prado(2014): "The deflated Sharpe ratio: Correcting for selection bias, backtest overfitting and non-normality." *Journal of Portfolio Management*, Vol. 40, No. 5, pp. 94~107.

Black, F. and R. Litterman(1992): "Global portfolio optimization." *Financial Analysts Journal*, Vol. 48, pp. 28~43.

Brualdi, R.(2010): "The mutually beneficial relationship of graphs and matrices." Conference Board of the Mathematical Sciences, Regional Conference Series in Mathematics, Nr. 115.

Calkin, N. and M. López de Prado(2014): "Stochastic flow diagrams." *Algorithmic Finance*, Vol. 3, No. 1, pp. 21~42. Availble at http://ssrn.com/abstract=2379314.

Calkin, N. and M. López de Prado(2014): "The topology of macro financial flows: An application of stochastic flow diagrams." *Algorithmic Finance*, Vol. 3, No. 1, pp. 43~85. Available at http://ssrn.com/abstract=2379319.

Clarke, R., H. De Silva and S. Thorley(2002): "Portfolio constraints and the fundamental law of active management." *Financial Analysts Journal*, Vol. 58, pp. 48~66.

De Miguel, V., L. Garlappi and R. Uppal(2009): "Optimal versus naive diversification: How inefficient is the 1/N portfolio strategy?" *Review of Financial Studies*, Vol. 22, pp. 1915~1953.

Jurczenko, E.(2015): *Risk-Based and Factor Investing*, 1st ed. Elsevier Science.

Kolanovic, M.,A. Lau, T. Lee and R. Krishnamachari(2017): "Cross asset portfolios of tradable risk premia indices. Hierarchical risk parity: Enhancing returns at target volatility." White paper, Global Quantitative & Derivatives Strategy. J.P. Morgan, April 26.

Kolm, P., R. Tutuncu and F. Fabozzi(2014): "60 years of portfolio optimization." *European Journal of Operational Research*, Vol. 234, No. 2, pp. 356~371.

Kuhn, H. W. and A. W. Tucker(1951): "Nonlinear programming." Proceedings of 2nd Berkeley Symposium. Berkeley, University of California Press, pp. 481~492.

Markowitz, H.(1952): "Portfolio selection." *Journal of Finance*, Vol. 7, pp.77~91.

Merton, R. (1976): "Option pricing when underlying stock returns are discontinuous." *Journal of Financial Economics*, Vol. 3, pp. 125~144.

Michaud, R.(1998): *Efficient Asset Allocation: A Practical Guide to Stock Portfolio Optimization and Asset Allocation*, 1st ed. Harvard Business School Press.

Ledoit, O. and M. Wolf (2003): "Improved estimation of the covariance matrix of stock returns with an application to portfolio selection." *Journal of Empirical Finance*, Vol. 10, No. 5, pp. 603~621.

Raffinot, T. (2017): "Hierarchical clustering based asset allocation." *Journal of Portfolio Management*, forthcoming.

Rokach, L. and O. Maimon (2005): "Clustering methods," in Rokach, L. and O. Maimon, eds., *Data Mining and Knowledge Discovery Handbook*. Springer, pp. 321~352.

4부
유용한 금융의 특징

17

구조적 변화

17.1 동기

머신러닝 기반의 투자 전략을 개발할 때는 대개 예측 결과가 호의적 리스크-조정 수익률을 보이는 요인들이 합류되는 시점에서 베팅하려고 한다. 하나의 시장 국면^{regime}이 다른 국면으로 전환되는 구조적 변화는 특히 흥미로운 바로 이와 같은 합류 시점의 한 예다. 예를 들어, 평균 회귀 패턴은 모멘텀 패턴으로 대체될 수도 있다. 전환이 일어나면 대부분의 시장 참여자들은 경계를 풀고 값비싼 실수를 저지르곤 한다. 이런 종류의 오류는 수익을 내고 있는 많은 전략의 기반이다. 왜냐하면 돈을 잃은 주체들은 대개 이런 사실을 아주 뒤늦게 발견하기 때문이다. 이들은 손실을 인정하기 전에 비이성적으로 반응하고, 포지션을 유지하며, 만회되길 기대한다. 가끔은 절망적인 상태에서 오히려 손실 포지션을 증가시키기도 한다. 궁극적으로 이들은 손절할 수밖에 없다. 구조적 변화는 종종 이처럼 최고의 리스크/보상을 제공한다. 17장에서는 구조적 변화의 가능성을 측정할 수 있는 몇 가지 기법을 살펴보고, 이를 통해 그 기반 위에 정보적 특성을 구축할 수 있도록 한다.

17.2 구조적 변화 테스트 유형

구조적 변화 테스트는 두 가지의 일반적 범주로 분류할 수 있다.

- **CUSUM 테스트:** 누적 예측 오차가 백색 잡음으로부터 현저히 벗어 나는지를 테스트한다.
- **폭발성 테스트**explosiveness test**:** 백색 잡음의 편차를 넘어서서 랜덤 워 크나 정상성 프로세스와 일치하지 않으면서 프로세스가 기하급수 적 성장이나 붕괴를 보이는지 테스트한다. 이런 상황은 장기적으 로 봤을 때 지속 불가능하다.
- **오른쪽-꼬리 단위근 테스트**right-tail unit-root test**:** 자기 회귀 가정하에 기 하급수적 성장이나 붕괴가 있는지 평가한다.
- **서브/슈퍼-마팅게일**martingale **테스트:** 다양한 함수 형태하에 기하급수 적 성장이나 붕괴가 있는지 평가한다.

17.3 CUSUM 테스트

2장에서 CUSUM 필터를 소개했다. 그때는 바^{bar}의 이벤트 기반 추출의 맥 락에서 적용했다. 아이디어는 어떤 변수, 예컨대 누적 예측 오차가 사전에 정한 임계값을 초과할 경우 바를 추출하는 것이었다. 이런 개념은 구조적 변화를 테스트하는 것으로 확장할 수 있다.

17.3.1 재귀적 잔차에 브라운-더빈-에반스 CUSUM 테스트

이 테스트는 브라운, 더빈, 에반스(Brown, Durbin and Evans, 1975)가 제안했 다. 모든 관측값 $t = 1, ..., T$에서 값 y_t를 예측하는 특성 x_t의 배열을 사용한 다. 행렬 X_t는 특성의 $t \leq T$, $\{x_i\}_{i=1, ..., t}$에서의 시계열로 구성된다. 브라 운, 더빈, 에반스는 β의 재귀적 최소 자승법$^{RLS, Recursive Least Square}$ 추정치를 다음과 같은 설정에서 계산했다.

$$y_t = \beta_t' x_t + \varepsilon_t$$

이는 하위 샘플 ([1, $k+1$], [1, $k+2$], ..., [1, T])에 대한 적합화를 통해 $T-k$개의 최소 자승 추정치 ($\hat{\beta}_{k+1}$, ..., $\hat{\beta}_T$)를 생성한다. 여기서 표준화된 1단계 미래^{one-step ahead}의 재귀적 잔차는 다음과 같이 계산할 수 있다.

$$\hat{\omega}_t = \frac{y_t - \hat{\beta}_{t-1}' x_t}{\sqrt{f_t}}$$

$$f_t = \hat{\sigma}_\varepsilon^2 \left[1 + x_t' \left(X_t' X_t \right)^{-1} x_t \right]$$

CUSUM 통계량은 다음과 같이 정의할 수 있다.

$$S_t = \sum_{j=k+1}^{t} \frac{\hat{\omega}_j}{\hat{\sigma}_\omega}$$

$$\hat{\sigma}_\omega^2 = \frac{1}{T-k} \sum_{t=k}^{T} (\hat{\omega}_t - \mathrm{E}[\hat{\omega}_t])^2$$

β가 특정 상수값이라는 귀무가설, 즉 $H_0 : \beta_t = \beta$하에 $S_t \sim N[0, \, t-k-1]$이다. 이 절차의 한 가지 단점은 시작점이 임의로 선정되므로 결과가 일치하지 않을 수 있다는 것이다.

17.3.2 수준에 대한 추-스틴치콤-화이트 CUSUM 테스트

이 테스트는 홈과 브라이퉁(Homm and Breitung, 2012)의 논문에 따른다. 이전 기법에서 $\{x_t\}_{t=1, \ldots, T}$를 제거하고, $H_0 : \beta_t = 0$을 가정해, 즉 변화가 없다는 것($\mathrm{E}_{t-1}[\Delta y_t] = 0$)을 예측하는 것으로 단순화한다. 이 방법은 y_t 수준으로 직접적으로 작업할 수 있어 계산 부담을 덜 수 있다. 여기서는 로그 가격 $y_n(t > n)$와 비교하여 로그 가격 y_t의 표준화된 이격을 다음과 같이 계산한다.

$$S_{n,t} = (y_t - y_n)\left(\hat{\sigma}_t\sqrt{t-n}\right)^{-1}$$

$$\hat{\sigma}_t^2 = (t-1)^{-1}\sum_{i=2}^{t}(\Delta y_i)^2$$

귀무가설 $H_0 : \beta_t = 0$하에 $S_{n,t} \sim N[0, 1]$이다. 단측 검정의 시간 의존 임계값은 다음과 같다.

$$c_\alpha[n, t] = \sqrt{b_\alpha + \log[t-n]}$$

홈과 브라이퉁은 몬테카를로를 통해 $b_{0.05} = 4.6$라는 것을 도출했다. 이 기법의 한 가지 단점은 참고 수준 y_n이 다소 임의로 설정된다는 것이다. 이 문제를 해결하고자 $S_{n,t}$를 역방향-이동backward-shifting하는 윈도우 $n \in [1,\ t]$의 계열에 대해 추정하고 $S_t = \sup_{n \in [1,t]} \{S_{n,t}\}$를 선택할 수도 있다.

17.4 폭발성 테스트

폭발성 테스트explosiveness test는 일반적으로 하나의 거품bubble을 테스트하는 것과 다수의 거품을 테스트하는 것으로 나뉜다. 이 맥락에서 거품들은 가격 폭등만을 의미하는 것이 아니라 가격 폭락 또한 포함한다. 다수의 거품을 테스트하는 것은 거품-터짐-거품bubble-burst-bubble의 사이클이 단일-거품 테스트보다 더 정상성 시계열처럼 보이게 한다는 관점에서 보다 더 강건하다. 마달라와 킴(Maddala and Kim, 1998)과 브라이퉁(Breitung, 2014)의 논문에서 이에 대한 개관을 볼 수 있다.

17.4.1 초-유형의 딕키-풀러 테스트

폭발성 테스트 클래스는 초(Chow, 1960)에 의해 시작됐는데 이는 그레고리 초Gregory Chow의 업적에서 영감을 받은 것이다. 다음과 같은 1차 자기 회귀 프로세스를 고려해 보자.

$$y_t = \rho y_{t-1} + \varepsilon_t$$

여기서 ε_t는 백색 잡음이다. 귀무가설은 y_t가 랜덤 워크를 따른다는 것이다. 즉 $H_0 : \rho = 1$, 대립가설은 y_t가 랜덤 워크로 시작하지만, 시간 τ^*T에서 다음의 폭발성 프로세스로 변한다는 것이다. 여기서 $\tau^* \in (0, 1)$이다.

$$H_1 : y_t = \begin{cases} y_{t-1} + \varepsilon_t \text{ for } t = 1, \ldots, \tau^*T \\ \rho y_{t-1} + \varepsilon_t \text{ for } t = \tau^*T + 1, \ldots, T, \ \text{여기서 } \rho > 1 \end{cases}$$

시점 T에서 스위치(랜덤 워크에서 폭발 프로세스로)가 τ^*T(발생일$^{break date}$)에서 발생했는지 테스트할 수 있다. 이 가정을 테스트하려면 다음을 적합화해야 한다.

$$\Delta y_t = \delta y_{t-1} D_t[\tau^*] + \varepsilon_t$$

여기서 $D_t[\tau^*]$는 더미 변수로, $t < \tau^*T$이면 0이고, $t \geq \tau^*T$면 1이다. 그러면 귀무가설 $H_0 : \delta = 0$은 (단측) 대립가설 $H_1 : \delta > 1$에 대해 테스트한다.

$$DFC_{\tau^*} = \frac{\hat{\delta}}{\hat{\sigma}_\delta}$$

이 기법의 주요 단점은 τ^*을 알 수 없다는 것이다. 앤드류즈(Andrews, 1993)는 이 문제를 해결하고자 $\tau^* \in [\tau_0, 1 - \tau_0]$ 구간 내의 모든 가능한 τ^*에 대해 테스트해 보는 새로운 검정 방법을 제시했다. 브라이퉁(Breitung, 2014)의 논문에서 설명한 것처럼 샘플의 최초와 마지막의 가능한 τ^*를 일부 남겨서 각 국면이 충분한 관측값으로 적합화되도록 보장해야 한다($D_t[\tau^*]$에는 충분한 0과 1이 있어야 한다). 미지의 τ^*에 대한 검정 통계량은 DFC_{τ^*}의 모든 $T(1 - 2\tau_0)$값 중 최대값이다.

$$SDFC = \sup_{\tau^* \in [\tau_0, 1-\tau_0]} \{DFC_{\tau^*}\}$$

초의 방법에서 또 다른 문제점은 오직 하나의 발생일 τ^*T가 있어서 거품이 샘플 마지막까지 지속된다는 것이다(랜덤 워크로 전화돼 돌아가는 것이 없다). 3개 이상의 국면(랜덤 워크 → 거품 → 랜덤 워크 ...)이 존재하는 상황에서 상한 증강 딕키-풀러 검정[SADF, Supremum Augmented Dickey-Fuller]을 논의해야 한다.

17.4.2 상한 증강 딕키-풀러

필립, 우, 유(Phillips, Wu and Yu, 2011)는 다음과 같이 말했다. "표준 단위 근과 공적분 테스트는 정상성 프로세스와 주기적 붕괴 거품 모델을 효과적으로 구분하지 못하기 때문에 거품 행동을 탐지하는 도구로서 적절하지 못하다. 데이터에서 주기적으로 붕괴하는 패턴들은 잠재적으로 폭발하는 프로세스보다는 단위근이나 정상성 자기 회귀로부터 생성된 데이터처럼 보인다." 이 결함을 해결하고자 필립, 우, 유는 다음 설정의 회귀식을 적합화하는 것을 제안한다.

$$\Delta y_t = \alpha + \beta y_{t-1} + \sum_{l=1}^{L} \gamma_l \Delta y_{t-l} + \varepsilon_t$$

여기서 $H_0 : \beta \leq 0$, $H_1 : \beta > 0$을 테스트한다. 필립과 유(Phillips and Yu, 2011) 그리고 필립, 우, 유(Phillips, Wu and Yu, 2011)는 앤드류즈(Andrews, 1993)의 논문에서 영감을 받아 상한 증강 딕키-풀러[SADF, Supremum Augmented Dickey-Fuller] 테스트를 제안했다. SADF는 앞의 회귀식을 각 마지막 시점 T에서 역방향 확장 시작 시점들로 적합화한 후 다음을 계산했다.

$$SADF_t = \sup_{t_0 \in [1, t-\tau]} \{ADF_{t_0, t}\} = \sup_{t_0 \in [1, t-\tau]} \left\{ \frac{\hat{\beta}_{t_0, t}}{\hat{\sigma}_{\beta_{t_0, t}}} \right\}$$

여기서 $\hat{\beta}_{t_0, t}$는 t_0에서 시작해 t에서 끝나는 샘플에서 계산하고, τ는 분석에 사용되는 최소 표본 길이, t_0은 역방향 확장 윈도우의 왼쪽 경계이고 $t = \tau$, ..., T이다. $SADF_t$를 계산하기 위해서는 윈도우의 오른쪽 부분이 t에서 고정된다. 표준 ADF 테스트는 $SADF_t$의 특수한 경우다. 여기서 $\tau = t - 1$이다.

$SADF_t$와 SDFC는 두 가지 중요한 차이가 있다. 첫째, $SADF_t$는 각 $t \in [\tau, T]$에서 계산되지만, SDFC는 T에서만 계산된다. 둘째, 더미 변수를 쓰는 대신 SADF를 재귀적으로 표본의 시작을 확장한다($t_0 \in [1, t - \tau]$). SADF는 중첩된 이중 루프를 (t_0, t)의 모든 조합에 대해 시행함으로써 국면 전환의 개수나 발생일이 알려져 있다고 가정하지 않는다. 그림 17-1은 ETF 트릭 (2.4.1절)을 적용하고 난 후 E-mini S&P 500 선물 가격 계열과 그 가격 계열로부터 도출된 SADF를 보여 준다. SADF 선은 가격이 거품과 같은 양상을 보일 때 치솟아 오르고 거품이 터질 때 낮은 레벨로 돌아온다. 후속 절들에서는 필립의 원래 SADF 기법 몇 가지의 개선을 논해 본다.

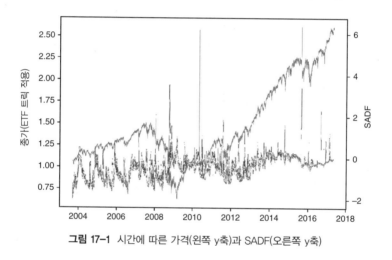

그림 17-1 시간에 따른 가격(왼쪽 y축)과 SADF(오른쪽 y축)

17.4.2.1 원시 가격 대 로그 가격

연구 논문에서는 구조적 변화 테스트를 원시 가격에 수행한 것을 흔히 볼 수 있다. 17.4.2.1절에서는 왜 원시 가격$^{raw\ price}$보다 로그 가격$^{log\ price}$이 더 선호돼야 하는지를 알아보고, 특히 거품과 거품 터짐을 포함한 장기간의 시계열에 대해서는 더욱 그렇다는 것을 알아본다.

원시 가격 $\{y_t\}$에 대해 ADF의 귀무가설이 기각됐다면 가격은 유한한 분산을 가진 정상성이라는 것을 의미한다. 이것은 수익률 $\frac{y_t}{y_{t-1}} - 1$이 시간 불변하지 않다는 것을 의미한다. 왜냐하면 수익률의 변동성은 가격 분산을 일정하게 유지하고자 가격이 오르면 내려가고, 가격이 내리면 올라가기 때문이다. ADF를 원시 가격에 수행할 때는 수익률의 분산이 가격 수준에 대해 불변이 아니라고 가정한다. 수익률 분산이 가격 수준에 불변적이라면 모델은 구조적으로 이분산성을 가지게 된다.

반면 로그 가격으로 작업하면 ADF 설정은 다음과 같이 된다.

$$\Delta \log[y_t] \propto \log[y_{t-1}]$$

변수 변화를 적용해 보자. $x_t = ky_t$로 놓으며, 이제 $\log[x_t] = \log[k] + \log[y_t]$이 되고, ADF는 다음처럼 된다.

$$\Delta \log[x_t] \propto \log[x_{t-1}] \propto \log[y_{t-1}]$$

로그 가격에 기초한 이 대체 식에서 가격 수준은 수익률의 평균에는 영향을 미치지만, 수익률의 변동성에는 영향을 미치지 못한다. 이 차이는 $k \approx 1$인 작은 샘플에서는 실무적으로 중요하지 않지만, 수십 년에 걸쳐 회귀가 수행되고 거품은 국면 간에 상당히 다른 레벨을 생성하는(즉 $k \neq 1$) SADF에는 중요하다.

17.4.2.2 계산 복잡도

알고리즘은 $O(n^2)$ 시간에 수행된다. 그 이유는 전체 샘플 길이 T에 대해 SADF가 요구하는 ADF 검정 개수가 다음과 같기 때문이다.

$$\sum_{t=\tau}^{T} t - \tau + 1 = \frac{1}{2}(T - \tau + 2)(T - \tau + 1) = \binom{T - \tau + 2}{2}$$

ADF 식의 행렬 표현을 고려해 보자. $X \in \mathbb{R}^{T \times N}$이고, $yX \in \mathbb{R}^{T \times 1}$이다. 단일 ADF 회귀를 푸는 것은 표 17-1에 나열한 실수 연산$^{\text{FLOP, Floating Point Operation}}$ 횟수만큼의 계산이 필요하다.

표 17-1 ADF 추정당 FLOP

행렬 연산	FLOP 수
$o_1 = X'y$	$(2T - 1)N$
$o_2 = X'X$	$(2T - 1)N^2$
$o_3 = o_2^{-1}$	$N^3 + N^2 + N$
$o_4 = o_3 o_1$	$2N^2 - N$
$o_5 = y - Xo_4$	$T + (2N - 1)T$
$o_6 = o_5' o_5$	$2T - 1$
$o_7 = o_3 o_6 \dfrac{1}{T - N}$	$2 + N^2$
$o_8 = \dfrac{o_4[0, 0]}{\sqrt{o_7[0, 0]}}$	1

이는 매번 ADF를 추정할 때마다 총 $f(N, T) = N^3 + N^2(2T + 3) + N(4T + 1)$ $+ 2T + 2$ FLOP이 필요하다는 것을 알 수 있다. 단일 SADF 업데이트는 $g(N, T, \tau) = \sum_{t=\tau}^{T} f(N, t) + T - \tau$ FLOP(최대 ADF 통계를 찾는 데 필요한 $T - \tau$ 연산)가 필요하고, 전체 SADF 계열 추정을 위해서는 $\sum_{t=\tau}^{T} g(N, t, \tau)$ 가 필요하다.

E-mini S&P 500 선물에 대한 달러 바 계열을 고려해 보자. $(T, N) =$ (356631,3)에 대해 ADF 계산은 11,412,245 FLOP이 필요하고, SADF 업데이트는 2,034,979,648,799연산(약 2.035 TFLOPs)이 필요하다. 전체 SADF 계열은 241,910,974,617,448,672연산(약 242 PFLOPs)이 필요하다. 이 수치는 T가 계속 커질수록 빠르게 증가한다. 그리고 이 계산은 데이터 의 정렬이나 전처리, I/O 등의 비용이 크기로 악명 높은 작업은 포함되지 않은 것이다. 두말할 필요 없이 이 알고리즘의 이중 루프는 대규모 연산이 필요하다. 적정한 시간 내에 SADF 계열의 계산을 수행하려면 이 알고리즘 을 효율적으로 병렬 처리 구현한 후 HPC 클러스터에서 수행해야 한다. 20 장에서는 이런 상황에 유용한 몇 가지 병렬 전략을 설명한다.

17.4.2.3 지수적 행동의 조건

로그 가격의 제로 래그$^{\text{zero-lag}}$ 식 $\Delta\log[y_t] = \alpha + \beta\log[y_{t-1}] + \varepsilon_t$를 고려해 보자. 이는 $\log[\tilde{y}_t] = (1+\beta)\log[\tilde{y}_{t-1}] + \varepsilon_t$로 다시 쓸 수 있고, 여기서 $\log[\tilde{y}_t] = \log[y_t] + \frac{\alpha}{\beta}$이다. t기의 이산 스텝만큼 과거로 돌리면 $E[\log[\tilde{y}_t]] = (1+\beta)^t$ $\log[\tilde{y}_0]$ 또는 $E[\log[y_t]] = -\frac{\alpha}{\beta} + (1+\beta)^t(\log[y_0] + \frac{\alpha}{\beta})$를 얻는다. 인덱스 t는 다음 t 단계 후 $y_0 \rightarrow y_t$의 미래 궤적을 투영하고자 주어진 시점에서 재설정할 수 있다. 이는 동적 시스템의 세 가지 상태를 특징짓는 조건을 보여 준다.

- 정상성: $\beta < 0 \Rightarrow \lim_{t\rightarrow\infty} E[\log[y_t]] = -\frac{\alpha}{\beta}$
  - 불균형(균형으로부터의 편차)은 $\log[y_t] - (-\frac{\alpha}{\beta}) = \log[\tilde{y}_t]$
  - 이때 시점 $\frac{E[\log[\tilde{y}_t]]}{\log[\tilde{y}_0]} = (1+\beta)^t = \frac{1}{2}$에서 $t = -\frac{\log[2]}{\log[1+\beta]}$이다(반감기).
- 단위근: $\beta = 0$, 시스템은 비정상성이고, 마팅게일^{martingale}로 행동한다.
- 폭발적: $\beta > 0$, 여기서 $\lim_{t\rightarrow\infty} E[\log[y_t]] = \begin{cases} -\infty, & \text{if } \log[y_0] < \frac{\alpha}{\beta} \\ +\infty, & \text{if } \log[y_0] > \frac{\alpha}{\beta} \end{cases}$.

17.4.2.4 분위수 ADF

SADF는 t값에서의 계열 상한을 취한다. 즉 $SADF_t = \sup_{t_0 \in [1, t-\tau]} \{ADF_{t_0,t}\}$이다. 극단값을 선택하면 약간의 강건성 문제가 야기돼 SADF 계산이 샘플링 빈도와 샘플의 특정 타임스탬프에 따라 크게 변할 수 있다. ADF 극단값의 보다 강건한 계산은 다음과 같다. 첫째, $s_t = \{ADF_{t_0,t}\}_{t_0 \in [0, t_1 - \tau]}$라 가정해 보자. 둘째, s_t의 q 분위수^{quantile}인 $Q_{t,q} = Q[s_t, q]$를 높은 ADF값의 중심성^{centrality} 척도로 정의한다. 여기서 $q \in [0, 1]$이다. 셋째, $\dot{Q}_{t,q,v} = Q_{t,q+v} - Q_{t,q-v}$, $0 < v \leq \min\{q, 1-q\}$를 높은 ADF 값의 분산성^{dispersion} 척도로 정의한다. 예를 들어, $q = 0.95$, $v = 0.025$로 설정할 수 있다. SADF는 단지 QADF의 특별한 경우, 즉 $SADF_t = Q_{t,1}$이고, $\dot{Q}_{t,q,v}$는 $q = 1$이기 때문에 정의되지 않는 경우임을 주목하자.

17.4.2.5 조건부 ADF

다른 방법으로는 SADF의 강건성에 대한 문제를 조건부 모멘트를 계산함으로써 해결할 수 있다. $f[x]$가 $s_t = \{ADF_{t_0,t}\}_{t_0 \in [1, t_1 - \tau]}$, $x \in s_t$의 확률 분포 함수라고 가정해 보자. 그리고 나서 $C_{t,q} = K^{-1} \int_{Q_{t,q}}^{\infty} xf[x]dx$를 높은 ADF 값의 중심성 척도로 정의할 수 있다. 그리고 $\dot{C}_{t,q} = \sqrt{K^{-1} \int_{Q_{t,q}}^{\infty} (x - C_{t,q})^2 f[x]dx}$를 높은 ADF의 분산성의 척도로 정의할 수 있다. 여기서 정규화 상수 $K = \int_{Q_{t,q}}^{\infty} f[x]dx$이다. 예를 들어, $q = 0.95$로 사용할 수 있다.

구성상 $C_{t,q} \leq SADF_t$이다. $C_{t,q}$에 대한 SADFt의 산포도는 대략 단위 기울기로 위를 향한 직선으로 더 낮은 경계를 보여 준다(그림 17-2 참고). SADF가 −1.5를 넘어 증가하면 일부 수평 궤적을 인지할 수 있는데 s_t에서의 오른쪽 두터운 꼬리가 갑자기 넓어지는 것과 일치한다. 다시 말해 $(SADF_t - C_{t,q})/\dot{C}_{t,q}$는 $SADF_t$가 이상값에 민감하기 때문에 $C_{t,q}$가 상대적으로 작은 값이더라도 상당히 큰 값에 도달할 수 있다.

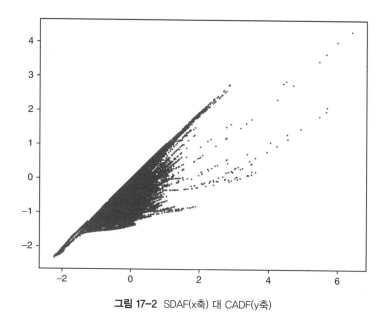

그림 17-2 SDAF(x축) 대 CADF(y축)

그림 17-3(a)는 시간에 따른 E-mini S&P 500 선물 가격의 $(SADF_t - C_{t,q})$ $/\dot{C}_{t,q}$를 나타낸 것이다. 그림 17-3(b)는 E-mini S&P 500 선물 가격에 대해 계산된 $SADF_t$의 $(SADF_t - C_{t,q})/\dot{C}_{t,q}$ 산포도다. 그림은 s_t의 이상값이 $SADF_t$를 상향으로 편향시키는 증거를 보여 준다.

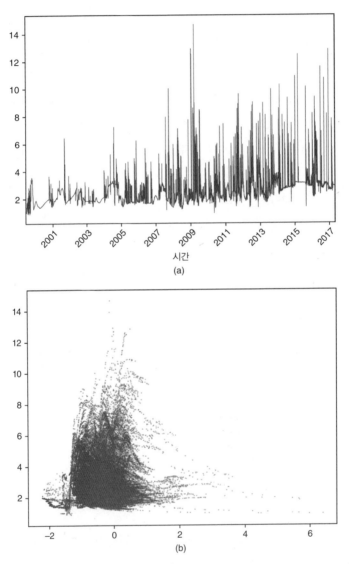

그림 17-3 (a) 시간에 따른 $(SADF_t - C_{t,q})/\dot{C}_{t,q}$ (b) $SADF_t$의 비율로서의 $(SADF_t - C_{t,q})/\dot{C}_{t,q}$ (y축)

17.4.2.6 SADF의 구현

17.4.2.6절은 SADF 알고리즘의 구현을 제시한다. 이 코드의 목적은 SADF 계산을 신속히 하기 위한 것이 아니라 그 계산에 관여된 단계들을 명확히 하는 것이다. 코드 17.1은 SADF의 내부 루프를 보여 준다. 이 부분은 알고리즘의 역방향 이동 요소backshifting component인 $SADF_t = \sup\limits_{t_0 \in [1,t-\tau]} \{\frac{\hat{\beta}_{t_0,t}}{\hat{\sigma}_{\beta_{t_0,t}}}\}$ 를 추정한다. 외부 루프(여기서는 보여 주지 않았다)는 증가하는 t에 대한 $\{SADF_t\}_{t=1, \dots, T}$ 계산을 반복한다. 인수는 다음과 같다.

- logP: 로그 가격 판다스 시리즈
- minSL: 최소 샘플 길이(τ)로 최종 회귀에서 사용
- constant: 회귀의 시간 추세 부분
  - 'nc': 시간 추세 없음. 오직 상수
  - 'ct': 상수 + 선형 시간 추세
  - 'ctt': 상수 + 이차 다항 시간 추세
- lags: ADF 식에 사용되는 래그 개수

코드 17.1 SADF의 내부 루프

```
def get_bsadf(logP,minSL,constant,lags):
    y,x=getYX(logP,constant=constant,lags=lags)
    startPoints,bsadf,allADF=range(0,y.shape[0]+lags-minSL+1),None,[]
    for start in startPoints:
        y_,x_=y[start:],x[start:]
        bMean_,bStd_=getBetas(y_,x_)
        bMean_,bStd_=bMean_[0,0],bStd_[0,0]**.5
        allADF.append(bMean_/bStd_)
        if allADF[-1]>bsadf:bsadf=allADF[-1]
    out={'Time':logP.index[-1],'gsadf':bsadf}
    return out
```

코드 17.2는 필요한 numpy 객체를 준비하는 getXY 함수를 보여 준다.

코드 17.2 데이터셋 준비

```
def getYX(series,constant,lags):
    series_=series.diff().dropna()
    x=lagDF(series_,lags).dropna() x.iloc[:,0]=series.values[-x.shape[0]-1:-1,0]
    # 지연된 계열 수준(lagged level)
    y=series_.iloc[-x.shape[0]:].values
    if constant!='nc':
        x=np.append(x,np.ones((x.shape[0],1)),axis=1)
        if constant[:2]=='ct':
            trend=np.arange(x.shape[0]).reshape(-1,1)
            x=np.append(x,trend,axis=1)
        if constant=='ctt':
            x=np.append(x,trend**2,axis=1)
    return y,x
```

코드 17.3은 인수 lags에 설정된 래그를 데이터프레임에 적용하는 lagDF 함수를 보여 준다.

코드 17.3 래그를 데이터프레임에 적용

```
def lagDF(df0,lags):
    df1=pd.DataFrame()
    if isinstance(lags,int):lags=range(lags+1)
    else:lag=[int(lag) for lag in lags]
    for lag in lags:
        df_=df0.shift(lag).copy(deep=True)
        df_.columns[str(i)+'_'+str(lag) for i in df_columns]
        df1=df1.join(df_, how='outer')
    return df1
```

마지막으로 코드 17.4는 실제 회귀를 수행하는 getBetas 함수를 보여 준다

코드 17.4 ADF 설정 적합화

```
def getBetas(y,x):
    xy=np.dot(x.T,y)
    xx=np.dot(x.T,x)
    xxinv=np.linalg.inv(xx)
    bMean=np.dot(xxinv,xy)
    err=y-np.dot(x,bMean)
    bVar=np.dot(err.T,err)/(x.shape[0]-x.shape[1])*xxinv
    return bMean,bVar
```

17.4.3 서브 또는 슈퍼-마팅게일 테스트

17.4.3절에서는 표준 ADF 식에 의존하지 않는 폭발성 테스트를 소개한다. 서브 또는 슈퍼 마팅게일 프로세스를 고려해 보자. 어떤 관측값 $\{y_t\}$에 대해 폭발성 시간 추세의 존재, 즉 $H_0 : \beta = 0$, $H_1 : \beta \neq 0$를 다음과 같이 여러 대체식으로 테스트하고자 한다.

- 다항 추세(SM-Poly1):

$$y_t = \alpha + \gamma t + \beta t^2 + \varepsilon_t$$

- 다항 추세(SM-Poly2):

$$\log[y_t] = \alpha + \gamma t + \beta t^2 + \varepsilon_t$$

- 지수 추세(SM-Exp):

$$y_t = \alpha e^{\beta t} + \varepsilon_t \Rightarrow \log[y_t] = \log[\alpha] + \beta t + \xi_t$$

- 거듭제곱 추세(SM-Power):

$$y_t = \alpha t^\beta + \varepsilon_t \Rightarrow \log[y_t] = \log[\alpha] + \beta \log[t] + \xi_t$$

SADF와 유사하게 이 중 어떤 식이라도 각 마지막 시점 $t = \tau, \ldots, T$에서 시작 시점 방향으로 확장하면서 다음을 계산한다.

$$SMT_t = \sup_{t_0 \in [1, t-\tau]} \left\{ \frac{|\hat{\beta}_{t_0, t}|}{\hat{\sigma}_{\beta_{t_0, t}}} \right\}$$

절대값을 사용하는 이유는 폭발적 성장과 붕괴 모두에 동일한 관심이 있기 때문이다. 단순 회귀의 경우(Greene, 2008, p. 48) β의 분산은 $\hat{\sigma}_\beta^2 = \frac{\hat{\sigma}_\epsilon^2}{\hat{\sigma}_{xx}^2 (t-t_0)}$ 이므로 $\lim_{t \to \infty} \hat{\sigma}_{\beta_{t_0, t}} = 0$이다. 동일한 결과가 다변량 선형 회귀의 경우(Greene, 2008, pp. 51~52)에도 일반화될 수 있다. 약한 장기 거품의 $\hat{\sigma}_\beta^2$는 강한 단기 거품의 σ_β^2보다 작을 수 있으므로 이 기법이 장기 거품 쪽으로 편향되게 만든다. 이 편향을 바로 잡으려면 최적 폭발성 신호를 생산하는 계수 $\varphi \in [0, 1]$을 결정함으로써 큰 샘플 길이에 대해서 페널티를 가해야 한다.

$$SMT_t = \sup_{t_0 \in [1, t-\tau]} \left\{ \frac{|\hat{\beta}_{t_0, t}|}{\hat{\sigma}_{\beta_{t_0, t}} (t - t_0)^\varphi} \right\}$$

예를 들어, 단순 회귀의 경우 $\varphi = 0.5$이면 더 긴 샘플 길이와 연계돼 있는 더 낮은 $\hat{\sigma}_{\beta_{t_0, t}}$에 보상을 준다. $\varphi \to 0$에 따라 보상이 줄어들고, 장기 거품은 단기 거품을 가리기 때문에 SMT_t는 더 장기 추세를 보이게 된다. $\varphi \to 1$에 따라 더 많은 단기 거품이 장기 거품 대신 선택되므로 SMT_t는 더 많은 잡음을 갖게 된다. 결과적으로 이는 폭발성 신호를 자연스럽게 조정하는 방법이며, 특정 보유 기간을 목표로 하는 투자 기회들을 걸러 낸다. 머신러닝 알고리즘에 사용되는 특성들은 폭넓은 범위의 φ값에 대해 추정된 SMT_t를 포함할 것이다.

연습 문제

17.1 E-mini S&P 500 선물의 달러 바 계열에 대해

 (a) 브라운-더빈-에반스Brown-Durbin-Evans 방법을 적용하라. 이 방법이 닷컴 버블을 인식하는가?

 (b) 추-스틴치콤-화이트Chu-Stinchcombe-White 방법을 적용하라. 이 방법

이 2007~2008년의 버블을 찾아내는가?

17.2 E-mini S&P 500 선물의 달러 바 계열에 대해

(a) SDFC(초-타입) 폭발성 테스트를 계산하라. 이 방법은 어떤 발생 일break date을 선택했는가? 예상과 같은가?

(b) 이 계열에 대한 SADF 값을 계산하고 도식화하라. 닷컴 버블 근처와 대침체Great Recession[1] 전에 극단적 급등spike이 관찰되는가? 거품 붕괴가 급등을 유발하는가?

17.3 연습 문제 2를 이어

(a) 계열이 다음의 상태를 보인 기간을 찾아보라.

(i) 정상성 상태

(ii) 단위근 상태

(iii) 폭발적 상태

(b) QADF를 계산하라.

(c) CADF를 계산하라.

17.4 E-mini S&P 500 선물의 달러 바 계열에 대해

(a) SM-Poly1과 SM-Poly2에 대해 SMT를 계산하라. 여기서 $\varphi = 1$ 이다. 이들의 상관계수는?

(b) SM-Exp에 대해 SMT를 계산하라. 여기서 $\varphi = 1$ 그리고 $\varphi = 0.5$ 다. 이들의 상관계수는?

(c) SM-Power에 대해 SMT를 계산하라. 여기서 $\varphi = 1$ 그리고 $\varphi = 0.5$ 다. 이들의 상관계수는?

17.5 각 가격의 역을 계산하면 계열 $\{y_t^{-1}\}$은 거품을 터짐으로, 터짐은 거품으로 바꾼다.

(a) 터짐을 찾아내기 위해 이 변환이 필요한 것인가?

(b) 17장에서 설명된 방법 중 이런 변환 없이도 터짐을 식별할 수 있는 것은 무엇인가?

---

1 서브프라임 모기지 등과 같은 사태가 일어나 경제 침체를 경험한 2007~2008년 상황을 1930년의 대공황 (Great Depression)에 빗대 일컫는 말 - 옮긴이

참고 자료

Andrews, D.(1993): "Tests for parameter instability and structural change with unknown change point." *Econometrics*, Vol. 61, No. 4 (July), pp. 821~856.

Breitung, J. and R. Kruse(2013): "When Bubbles Burst: Econometric Tests Based on Structural Breaks." *Statistical Papers*, Vol. 54, pp. 911~930.

Breitung, J.(2014): "Econometric tests for speculative bubbles." *Bonn Journal of Economics*, Vol. 3, No. 1, pp. 113~127.

Brown, R.L., J. Durbin and J.M. Evans(1975): "Techniques for Testing the Constancy of Regression Relationships over Time." *Journal of the Royal Statistical Society, Series B*, Vol. 35, pp. 149~192.

Chow, G.(1960). "Tests of equality between sets of coefficients in two linear regressions." *Econometrica*, Vol. 28, No. 3, pp. 591~605.

Greene, W.(2008): *Econometric Analysis*, 6th ed. Pearson Prentice Hall.

Homm, U. and J. Breitung(2012): "Testing for speculative bubbles in stock markets: A comparison of alternative methods." *Journal of Financial Econometrics*, Vol. 10, No. 1, pp. 198~231.

Maddala, G. and I. Kim(1998): *Unit Roots, Cointegration and Structural Change*, 1st ed. Cambridge University Press.

Phillips, P., Y. Wu and J. Yu(2011): "Explosive behavior in the 1990s Nasdaq: When did exuberance escalate asset values?" *International Economic Review*, Vol. 52, pp. 201~226.

Phillips, P. and J. Yu(2011): "Dating the timeline of financial bubbles during the subprime crisis." *Quantitative Economics*, Vol. 2, pp. 455~491.

Phillips, P., S. Shi and J. Yu(2013): "Testing for multiple bubbles 1: Historical episodes of exuberance and collapse in the S&P 500." Working paper 8-2013, SingaporeManagement University.

18

엔트로피 특성들

18.1 동기

가격은 수요와 공급의 힘에 대한 정보를 전달한다. 완전 시장이라면 가격을 예측할 수 없다. 각 관측값이 가격 또는 서비스에 대해 알려진 모든 것을 전달하기 때문이다. 시장이 완전하지 못하면 가격은 부분적 정보로 형성되고, 특정 에이전트가 남들보다 더 많은 정보를 가지므로 그 정보 비대칭을 이용할 수 있다. 가격 계열의 정보 내용을 추정하고, 발생 가능한 결과를 머신러닝 알고리즘이 학습하는 데 기초가 되는 특성들을 형성하는 것은 도움이 될 것이다. 예를 들어, 머신러닝 알고리즘은 가격에 담긴 정보가 거의 없을 경우 모멘텀 베팅이 더 수익을 내리라는 것을 발견하고, 가격에 충분한 정보가 담긴 경우에는 평균 회귀 베팅이 더욱 수익을 내리라는 것을 알 수 있다. 18장에서는 가격 계열에 담겨 있는 정보의 양을 찾아내는 방법을 알아본다.

18.2 샤논의 엔트로피

18.2절에서는 18장의 나머지 부분에 유용하게 사용할 정보 이론의 몇 가지

개념을 살펴본다. 맥케이(MacKay, 2003)의 논문에서 이와 관련된 내용을 찾아볼 수 있다. 정보 이론의 아버지로 불리는 클로드 샤논$^{\text{Claude Shannon}}$은 엔트로피를 정상성 데이터 소스로부터 생성된 (긴 메시지에 대한) 정보의 평균 량으로 정의했다. 이는 고유하게 디코딩하는 방식으로 메시지를 기술하는 데 필요한 글자당 최소 비트 수다. 샤논(Shannon, 1948)은 가능한 값 $x \in A$를 갖는 이산 랜덤 변수 X의 엔트로피를 다음과 같이 정의했다.

$$H[X] \equiv - \sum_{x \in A} p[x] \log_2 p[x]$$

여기서 $0 \le H[X] \le \log_2[\|A\|]$이고, $p[x]$는 x의 확률이다. $H[X] = 0 \Leftrightarrow \exists x | p[X] = 1$ 즉 $p[x] = 1$이 되는 x가 존재하고, $H[X] = \log_2[\|A\|] \Leftrightarrow$ 모든 x에 대해 $p[x] = \frac{1}{\|A\|}$이다. 단 $\|A\|$는 집합 A의 크기다. 이는 X의 정보 내용의 확률 가중 평균으로 이해할 수 있다. 여기서 정보의 비트들은 $\log_2 \frac{1}{p[x]}$로 측정된다. 정보를 $\log_2 \frac{1}{p[x]}$로 측정하는 논리는 낮은 확률로 발생하는 결과는 높은 확률로 발생하는 결과보다 더 많은 정보를 갖고 있다는 관측에서 비롯된다. 다시 말해, 우리는 예상치 않은 일이 발생했을 때 무엇인가를 더 배우기 마련이다. 이와 유사하게 중복성은 다음과 같이 정의된다.

$$R[X] \equiv 1 - \frac{H[X]}{\log_2[\|A\|]}$$

여기서 $0 \le R[X] \le 1$이다. 콜모고로프^{Kolmogorov}는 마르코프^{Markov} 정보 소스의 중복성과 복잡도 사이의 연결 관계를 형식화했다(Kolmogorov, 1965). 두 변수 간의 상호 정보는 결합 확률 밀도와 한계 확률 밀도 곱의 쿨백-라이블러$^{\text{Kullback-Leibler}}$ 발산으로 정의된다.

$$MI[X, Y] = E_{f[x,y]} \left[\log \frac{f[x, y]}{f[x] f[y]} \right] = H[X] + H[Y] - H[X, Y]$$

상호 정보$^{\text{MI, Mutual Information}}$는 항상 비음$^{\text{non-negative}}$이고, 대칭이며, X와 Y가 서로 독립적일 경우에만 0이다. 정규 분포 변수의 경우 상호 정보는 익숙한 피어선 상관계수 ρ와 관련된다.

$$MI[X, Y] = -\frac{1}{2} \log[1 - \rho^2]$$

따라서 상호 정보는 변수들이 선형이든 비선형이든 연관성을 측정하는 자연스러운 척도다(Hausser and Strimmer, 2009). 정보의 정규화된 분산은 상호 정보로부터 도출된 척도다. 몇 가지 엔트로피 추정량은 다음을 참고하자.

- R: http://cran.r-project.org/web/packages/entropy/entropy.pdf
- 파이썬: https://code.google.com/archive/p/pyentropy/

18.3 플러그인(또는 최대 우도) 추정량

18.3절에서는 가오 등(Gao et al., 2008)의 논문에 있는 '엔트로피의 최대 우도 추정량'의 설명을 따르기로 한다. 이 이름은 처음 듣기에는 다소 이상해 보일 수 있지만, 한 번 익숙해지고 나면 매우 요긴하다는 것을 알 것이다. 위치 1에서 시작해 n에서 끝나는 문자열로 이뤄진 데이터의 시퀀스 x_1^n이 주어질 때 이 문자열에서 길이가 $w < n$인 모든 단어의 사전 A^w를 구성할 수 있다. 길이가 w인 임의의 단어 $y_1^w \in A^w$를 고려해 보자. $\hat{p}_w[y_1^w]$을 x_1^n에서 단어 y_1^w의 경험적 확률이라 표기하자. 즉 $\hat{p}_w[y_1^w]$는 x_1^n에서 y_1^w가 등장하는 빈도를 의미한다. 데이터가 정상성이고 에르고딕^{ergodic1} 프로세스에서 생성됐다고 가정하면 대수의 법칙에 의해 고정된 w와 큰 수 n에 대해 경험적 분포 $\hat{p}_w$는 참 분포 p_w에 근접한다. 이런 환경하에서 엔트로피 비율(비트당 평균 엔트로피)에 대한 자연스러운 추정량은 다음과 같다.

$$\hat{H}_{n,w} = -\frac{1}{w} \sum_{y_1^w \in A^w} \hat{p}_w \left[y_1^w \right] \log_2 \hat{p}_w \left[y_1^w \right]$$

---

1 통계적 방법의 기초가 되는 조건으로, 장시간 동안의 평균 관점에서는 집합에 허용되는 미시적 상태는 모두 같은 확률을 가진다는 가정이다. – 옮긴이

경험적 분포도 참 분포의 최대 우도 추정이므로 종종 최대 우도 엔트로피 추정량이라 불리기도 한다. $\hat{H}_{n,w}$가 참 H에 만족할 만큼 근접하도록 값 w는 충분히 커야 한다. w차원의 경험적 분포가 참 분포에 근접하도록 n값은 w보다 훨씬 더 커야 한다. 코드 18.1은 플러그-인 엔트로피 추정량을 구현한다.

코드 18.1 플러그-인 엔트로피 추정량

```
import time,numpy as np
#————————————————————————————————
def plugIn(msg,w):
    # 플러그-인(머신러닝) 엔트로피 비율 계산
    pmf=pmf1(msg,w)
    out=-sum([pmf[i]*np.log2(pmf[i]) for i in pmf])/w
    return out,pmf
#————————————————————————————————
def pmf1(msg,w):
    # 1차원 이산 rv의 확률 질량 함수 계산
    # len(msg)-w 출현
    lib={}
    if not isinstance(msg,str):msg=''.join(map(str,msg))
    for i in xrange(w,len(msg)):
        msg_=msg[i-w:i]
        if msg_ not in lib:lib[msg_]=[i-w]
        else:lib[msg_]=lib[msg_]+[i-w]
    pmf=float(len(msg)-w)
    pmf={i:len(lib[i])/pmf for i in lib}
    return pmf
```

18.4 렘펠-지브 추정기

엔트로피는 복잡도의 척도로 해석할 수 있다. 복잡한 시퀀스는 규칙적(예측 가능한) 시퀀스보다 훨씬 많은 정보를 담고 있다. 렘펠-지브[LZ, Lempel-Ziv]의

LZ 알고리즘은 메시지를 효율적으로 중복이 없는 서브-문자열로 분해한다(Ziv and Lempel, 1978). 메시지의 압축률은 메시지 길이에 대한 상대적인 LZ 사전 아이템 수의 함수로 계산할 수 있다. 여기서의 직관은 복잡한 메시지는 높은 엔트로피를 가진다는 것을 의미하는데 이는 전송할 문자열 길이에 비해 큰 사전이 필요하다. 코드 18.2는 LZ 압축 알고리즘의 구현을 보여 준다.

코드 18.2 LZ 알고리즘을 이용한 라이브러리 구축

```
def lempelZiv_lib(msg):
    i,lib=1,[msg[0]]
    while i<len(msg):
        for j in xrange(i,len(msg)):
            msg_=msg[i:j+1]
            if msg_ not in lib:
                lib.append(msg_)
                break
        i=j+1
    return lib
```

콘토이야니스(Kontoyiannis, 1998)는 메시지에 담긴 정보를 보다 효율적으로 이용하려고 시도했다. 다음은 가오 등(Gao et al., 2008)의 설명을 충실히 요약한 것이다. 여기서는 이 논문의 단계를 그들의 아이디어를 구현하는 코드로 보완하면서 재현할 것이다. L_i^n을 i 앞 n비트에서 찾아낸 가장 긴 매치의 길이에 1을 더한 것으로 정의하자.

$$L_i^n = 1 + \max\{l | x_i^{i+l} = x_j^{j+l} \text{ for some } i - n \leq j \leq i - 1, l \in [0, n]\}$$

코드 18.3은 가장 긴 매치의 길이를 결정하는 알고리즘을 구현한다. 몇 가지 알아둘 점은 다음과 같다.

- 값 n은 같은 너비로 이동하는 윈도우에 대해서는 상수이며, 확장하는 윈도우에 대해서는 $n = i$다.

- L_i^n을 계산하려면 데이터 x_{i-n}^{i+n-1}이 필요하다. 다시 말해 인덱스 i는 윈도우의 중앙에 있어야 한다. 이는 매치되는 양쪽 문자열의 길이가 같다는 것을 보장하는 데 매우 중요하다. 이 둘의 길이가 다르면 l은 범위가 제한되고, 최대값은 과소 측정될 것이다.
- 비록 명백히 둘 다 i에서 시작할 수는 없지만, 두 서브-문자열의 중복은 허용된다.

코드 18.3 가장 긴 매치의 길이를 계산하는 함수

```python
def matchLength(msg,i,n):
    # 최대 매치의 길이 +1, 중첩 가능
    # i>=n & len(msg)>=i+n
    subS=''
    for l in xrange(n):
        msg1=msg[i:i+l+1]
        for j in xrange(i-n,i):
            msg0=msg[j:j+l+1]
            if msg1==msg0:
                subS=msg1
                break # 더 높은 l 탐색
    return len(subS)+1,subS # 매치된 길이 + 1
```

오른스타인과 바이스(Ornstein and Weiss, 1993)는 다음과 같이 공식화했다.

$$\lim_{n \to \infty} \frac{L_i^n}{\log_2[n]} = \frac{1}{H}$$

콘토이야니스는 이 결과를 샤논의 엔트로피^{Shannon's entropy} 비율을 추정하는 데 이용했다. 평균 $\frac{L_i^n}{\log_2[n]}$을 계산했고, H를 추정하고자 역을 사용했다. 일반적인 직관에 따르면 가용한 과거를 증가시킬수록 높은 엔트로피를 가진 메시지는 상대적으로 더 짧은, 중복되지 않는 서브-문자열을 생성할 것으로 기대된다. 이와 반대로 낮은 엔트로피를 가진 메시지는 메시지를 분석할수록 상대적으로 더 긴 중복되지 않는 서브-문자열을 생성할 것이다. 데이터 실현값 $x^{\infty}_{-\infty}$, 윈도우 길이 $n \geq 1$, 매치 개수 $k \leq 1$가 주어질 때 이동 윈도우 LZ 추정량 $\hat{H}_{n,k} = \hat{H}_{n,k}[x^{n+k-1}_{-n+1}]$은 다음과 같이 정의된다.

$$\hat{H}_{n,k} = \left[\frac{1}{k} \sum_{i=1}^{k} \frac{L_i^n}{\log_2[n]} \right]^{-1}$$

마찬가지로 확장 윈도우 LZ 추정량 $\hat{H}_n = \hat{H}_n[x_0^{2n-1}]$는 다음과 같이 정의된다.

$$\hat{H}_n = \left[\frac{1}{n} \sum_{i=2}^{n} \frac{L_i^i}{\log_2[i]} \right]^{-1}$$

윈도우 크기 n은 $\hat{H}_{n,k}$를 계산할 때는 일정하므로 L_i^n이다. 그러나 $\hat{H}_n$을 계산할 때는 윈도우 크기가 i를 따라 증가하므로 L_i^i이고, $n = \frac{N}{2}$이다. 이렇게 확장 윈도우의 경우 메시지 N의 길이는 모든 비트가 분석되는 것을 보장하고자 짝수여야 한다(x_i가 중심에 있다는 것을 기억하자. 따라서 홀수 길이의 메시지인 경우 마지막 비트를 읽지 않을 것이다).

앞의 식은 다음 가정하에 유도됐다. 정상성, 에르고딕 성질, 즉 프로세스는 유한한 많은 값을 취하고, 프로세스는 더블린^{Doeblin} 조건을 만족한다. 이 조건은 유한한 횟수의 단계 r 다음에, 그 이전에 어떤 일이 있었든 모든 일이 양의 확률로 발생할 수 있다. 만약 앞의 추정량의 수정된 버전을 고려하면 더블린 조건은 완전히 없앨 수 있다.

$$\tilde{H}_{n,k} = \frac{1}{k} \sum_{i=1}^{k} \frac{\log_2[n]}{L_i^n}$$

$$\tilde{H}_n = \frac{1}{n} \sum_{i=2}^{n} \frac{\log_2[i]}{L_i^i}$$

$\tilde{H}_{n,k}$를 계산할 때 실질적인 의문 중 하나는 윈도우 n의 크기를 어떻게 결정할 것 인가다. 가오 등(Gao et al., 2008)의 논문에서는 $k + n = N$이 메시지

길이와 근사적으로 일치해야 한다고 주장한다. L_i^n의 편향이 $O[\frac{1}{\log_2[n]}]$, 분산이 $O[\frac{1}{k}]$의 차수를 갖는 것을 고려하면 편향/분산의 트레이드 오프는 $k \approx O[(\log_2[n])^2]$ 근처에서 균형이 된다. 즉 n은 $N \approx n + (\log_2[n])^2$이 되게 하는 값으로 찾을 수 있다. 예를 들어, $N = 2^8$이면 균형 편향/분산 윈도우 크기는 $n \approx 198$, 이 경우 $k \approx 58$이다.

콘토이야니스(1998)는 n이 무한대로 갈 때 $\hat{H}[X]$가 샤논의 엔트로피 비율에 확률 1로 수렴한다는 것을 증명했다. 코드 18.4는 가오 등(2008)이 논의했던 아이디어를 구현하고 있는데, 동일한 크기의 두 서브-문자열 사이의 최대 중복성을 찾음으로써 콘토이야니스(1997)를 개선했다.

코드 18.4 가오 등(2008)에서 논의된 알고리즘의 구현

```
def konto(msg,window=None):
    '''
    * 콘토이야니스의 LZ 엔트로피 계산, 2013 버전(중앙에 위치한 윈도우)
    * 최단 비중복 서브-문자열의 평균 길이의 역수
    * 비중복 문자열이 짧으면, 텍스트의 엔트로피는 매우 높다.
    * 확장하는 윈도우의 경우 window==None, 이 경우 len(msg)%2==0
    * msg 마지막이 더 연관돼 있으면, konto(msg[::-1])을 시도
    '''
    out={'num':0,'sum':0,'subS':[]}
    if not isinstance(msg,str):msg=''.join(map(str,msg))
    if window is None:
        points=xrange(1,len(msg)/2+1)
    else:
        window=min(window,len(msg)/2)
        points=xrange(window,len(msg)-window+1)
    for i in points:
        if window is None:
            l,msg_=matchLength(msg,i,i)
            out['sum']+=np.log2(i+1)/l # 더블린 조건을 피하고자
        else:
            l,msg_=matchLength(msg,i,window)
```

```
            out['sum']+=np.log2(window+1)/l # 더블린 조건을 피하고자
        out['subS'].append(msg_)
        out['num']+=1
    out['h']=out['sum']/out['num']
    out['r']=1-out['h']/np.log2(len(msg)) # 중복, 0<=r<=1
    return out
#———————————————————————————————
if name =='main':
    msg='101010'
    print konto(msg*2)
    print konto(msg+msg[::-1])
```

이 기법에서 첫 번째로 주의해야 할 점은 엔트로피 비율이 극한에서 정의
돼 있다는 점이다. 콘토이야니스는 "우리는 큰 정수 N을 데이터베이스의
크기로 고정시킨다"라고 말했다. 콘토이야니스의 논문에서 사용된 정리는
점근적으로 수렴한다는 것을 증명했지만, 어디에도 단조성^{monotonicity} 속성
에 대한 주장은 보이지 않는다. 메시지가 짧으면 해법은 동일한 메시지를
여러 차례 반복하는 것일 수도 있다.

두 번째로 주의해야 할 점은 매칭을 위한 윈도우는 대칭이어야 한다는 것
이다(서브-문자열이 매치되려면 사전에서의 길이가 동일해야 한다). 메시지의 길
이가 짝수일 때는 매치를 위해 마지막 비트가 고려된다. 해법 중 하나는 홀
수 길이의 경우 메시지의 첫 비트를 제거하는 것이다.

세 번째로 주의해야 할 점은 불규칙한 시퀀스가 앞에 있을 경우 일부 마지
막 비트들이 버려진다는 것이다. 이 또한 대칭 매칭 윈도우의 결과기도 하
다. 예를 들어, '10000111'의 엔트로피 비율은 '10000110'의 엔트로피 비율
과 같다. 즉 여섯 번째와 일곱 번째 비트의 '11'은 매치되지 않으므로 마지
막 비트는 무의미하다. 메시지의 마지막이 특별히 관련이 있을 때의 좋은
해법은 메시지를 역으로 만들어 분석하는 것이다. 이렇게 하면 마지막 비
트(즉 뒤집은 후의 처음 비트)가 사용되는 것을 보장할 뿐만 아니라 잠재적으
로 모든 비트를 매치하도록 사용될 것이다. 앞에서의 예제를 따르면

'11100001'의 엔트로피 비율은 0.96, '01100001'의 엔트로피 비율은 0.84다.

18.5 인코딩 체계

엔트로피를 계산하려면 메시지를 인코딩해야 한다. 18.5절에서는 수익률에 기초하고 있는 문헌에 사용된 몇 가지 인코딩 체계를 알아본다. 비록 다음에 논의되지는 않지만, 분수(정수가 아닌)로 미분된 계열(4장)은 여전히 일부 기억을 갖고 있으므로 정보의 인코딩을 권장한다.

18.5.1 이진 인코딩

엔트로피 비율을 계산할 때는 연속 변수를 이산화해 각 값에 유한한 알파벳 코드를 부여해야 한다. 예를 들어, 수익률 흐름 r_t는 부호에 따라 인코딩할 수 있다. 즉 $r_t > 0$에 대해서는 1을 부여하고, $r_t < 0$에 대해서는 0를 부여하고, $r_t = 0$인 경우는 제거한다. 이진 인코딩은 가격 바^{bar}로부터 수익률 계열이 추출될 때 $|r_t|$가 대략 상수이므로 자연스럽게 일어난다(즉 바가 두 대칭 수평 배리어 사이에서 시작가를 중심으로 요동치는 가격을 갖고 있을 때).

$|r_t|$가 광범위한 결과를 수용하면 이진 인코딩은 잠재적으로 유용한 정보를 버린다. 이는 특히 일중 시간 바^{bar}로 작업할 경우 더욱 그렇다. 이는 틱 데이터의 이질적 속성으로부터 초래된 이분산성^{heteroscedasticity}에 영향을 받기 때문이다. 이 문제를 일부 해결하는 방법은 가격을 종속된 확률 프로세스로부터 추출하는 것이다. 이런 예로는 고정된 개수의 거래나 고정된 거래액에 대한 거래를 포함하는 거래 바나 거래량 바가 있다(2장 참고). 시간에 따르지 않고 시장 주도로 작업하면 거래가 활발한 주기에서는 보다 빈번한 샘플링을 하게 되고, 거래가 약할 경우에는 샘플링 빈도가 낮아지므로 $|r_t|$를 규제화하게 돼 대규모 알파벳의 필요성을 줄인다.

18.5.2 분위수 인코딩

가격 바가 사용되지 않으면 2개 이상의 코드가 필요할 수 있다. 한 가지 방법은 r_t가 속한 분위수에 따라 각 r_t에 코드를 배분하는 것이다. 분위수 경계는 표본 내 주기(훈련 세트)를 사용해 결정한다. 훈련 샘플 전반에 대해 각 문자별로 동일한 개수의 관측값이 배분되고, 샘플 외의 문자별로도 거의 동일한 개수의 관측값을 배분한다. 이 기법을 사용하면 어떤 코드는 다른 것에 비해 r_t 범위의 더 큰 부분에 걸치게 된다. 이 균등(샘플 내) 또는 균등에 가까운(샘플 외) 분포의 코드는 평균적으로 엔트로피 수치를 증가시키는 경향이 있다.

18.5.3 시그마 인코딩

다른 방법으로는 코드 개수를 고정시키는 대신 가격 흐름이 결정하도록 할 수 있다. 이산화 단계 σ를 고정시킨다고 가정해 보자. 그러면 $r_t \in [\min\{r\}, \min\{r\} + \sigma)$에 0을 배분하고, $r_t \in [\min\{r\} + \sigma, \min\{r\} + 2\sigma)$에 1을 배분하는 식으로 모든 관측값이 총 $\text{ceil}\left[\frac{\max\{r\} - \min\{r\}}{\sigma}\right]$의 개수로 인코딩될 때까지 계속한다. 여기서 ceil[·]은 올림 함수다. 각 코드는 분위수 인코딩과 달리 r_t 범위의 동일한 부분을 차지한다. 코드는 균등 분포가 아니므로 엔트로피 수치는 분위수 인코딩에 비해 평균적으로 더 작은 경향이 있다. 그러나 희귀 코드의 출현은 엔트로피 수치에 스파이크spike를 초래할 것이다.

18.6 가우시안 프로세스의 엔트로피

IID 정규 랜덤 프로세스(Norwich, 2003 참고)의 엔트로피는 다음과 같이 유도할 수 있다.

$$H = \frac{1}{2}\log[2\pi e\sigma^2]$$

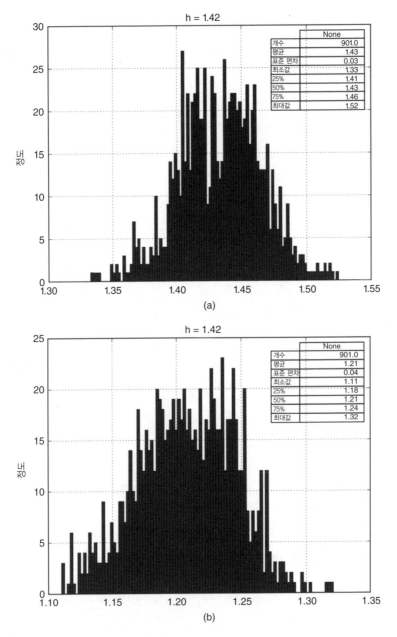

그림 18-1 길이 100인 메시지에 대한 10(a), 7(b), 5(c), 2(d) 글자 인코딩에서의 엔트로피 추정 분포

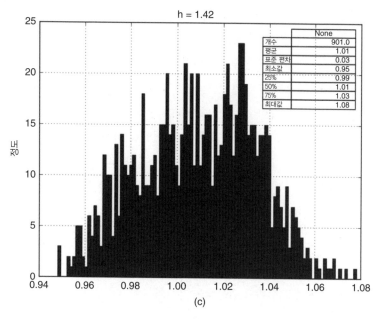

(c)

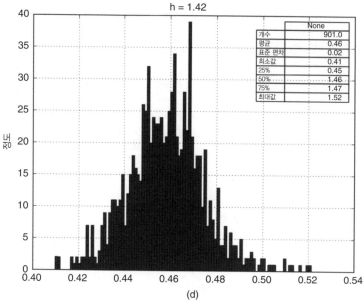

(d)

그림 18-1 (계속)

표준 정규 분포의 경우 $H \approx 1.42$다. 이 결과를 최소한 두 가지 용도로 사용할 수 있다. 첫째, 엔트로피 추정량의 성과를 벤치마크할 수 있게 해준다. 표준 정규 분포로부터 샘플을 추출해서 어떤 조합의 추정량, 메시지 길이, 인코딩이 이론적으로 도출된 값인 H에 충분히 근접하는 엔트로피 추정 $\hat{H}$를 만들어 내는지 찾아낼 수 있다. 예를 들어, 그림 18-1은 엔트로피의 부트스트랩된 분포를 10, 7, 5, 2개 문자 인코딩 아래 길이가 100인 메시지에 대해 콘토이야니스 방법을 사용해 보여 준다. 적어도 10개 문자의 알파벳에 대해 코드 18.4의 알고리즘은 정확한 답을 얻는다. 알파벳이 너무 작으면 정보가 버려지고, 엔트로피는 과소 측정된다.

둘째, 앞의 식을 이용해 $\sigma_H = \frac{e^{H - 1/2}}{\sqrt{2\pi}}$라는 점에 주목하면 엔트로피와 변동성을 연결할 수 있다. 이를 통해 수익률이 정말로 정규 분포로부터 추출됐다는 가정하에 엔트로피 내재 변동성을 계산할 수 있다.

18.7 엔트로피와 일반화된 평균

이번에는 엔트로피를 생각하는 실용적인 방법을 소개한다. 실수의 집합 $x = \{x_i\}$, $i = 1, \ldots, n$과 가중값 $p = \{p_i\}$, $i = 1, \ldots, n$을 고려해 보자. 여기서 모든 i에 대해서 $0 \leq p_i \leq 1$, $\forall i$, $\sum_{i=1}^{n} p_i = 1$이다. 가중값 p와 q제곱$(q \neq 0)$에 대한 x의 일반화된 가중 평균은 다음과 같이 정의된다.

$$M_q[x, p] = \left(\sum_{i=1}^{n} p_i x_i^q \right)^{1/q}$$

여기서 $q < 0$에 대해 모든 $\forall i$에 대해 $x_i > 0$여야만 한다. 이것이 일반화된 평균인 이유는 다른 평균들은 아래와 같이 특수한 경우로 얻을 수 있기 때문이다.

- 최저: $\lim_{q \to -\infty} M_q[x, p] = \min_i \{x_i\}$

- 조화 평균: $M_{-1}[x, p] = \left(\sum_{i=1}^{n} p_i x_i^{-1}\right)^{-1}$
- 기하 평균: $\lim_{q \to 0} M_q[x, p] = e^{\sum_{i=1}^{n} p_i \log[x_i]} = \prod_{i=1}^{n} x_i^{p_i}$
- 산술 평균: $M_1[x, \{n^{-1}\}_{i=1,\dots,n}] = n^{-1} \sum_{i=1}^{n} x_i$
- 가중 평균: $M_1[x, p] = \sum_{i=1}^{n} p_i x_i$
- 이차 평균: $M_2[x, p] = \left(\sum_{i=1}^{n} p_i x_i^2\right)^{1/2}$
- 최대: $\lim_{q \to +\infty} M_q[x, p] = \max_i \{x_i\}$

정보 이론의 관점에서 흥미로운 경우는 $x = \{p_i\}_{i=1,\dots,n}$이다. 따라서 다음과 같다.

$$M_q[p, p] = \left(\sum_{i=1}^{n} p_i p_i^q\right)^{1/q}$$

어떤 $q \neq 1$에 수량 $N_q[p] = \frac{1}{M_{q-1}[p,p]}$을 정의한다. 여기서도 $N_q[p]$의 $q < 1$에 대해 모든 i에 대해 $p_i > 0$이어야만 한다. 만약 서로 다른 $k \in [1, n]$ 인덱스에 대해 $p_i = \frac{1}{k}$이고, 나머지에 대해 $p_i = 0$이면 가중값은 k개의 다른 아이템에 균등하게 배분되고, $q > 1$이면 $N_q[p] = k$이다. 다시 말해 $N_q[p]$는 q에 의해 설정된 어떤 가중값 체계에 따라 유효수effective number, 즉 p 내에서 아이템의 다양성diversity을 계산해 준다.

젠센의 부등식Jensen's inequality을 이용하면 $\frac{\partial M_q[p,p]}{\partial q} \geq 0$을 증명할 수 있고, 따라서 $\frac{\partial N_q[p]}{\partial q} \leq 0$이다. 더 작은 q값은 상대적으로 더 균등한 가중값을 분할에 부여하고, 덜 보편적인 원소에 더 많은 가중값을 준다. 그리고 $\lim_{q \to 0} N_q[p]$는 단순히 0이 아닌 p_i의 총 개수다.

샤논의 엔트로피는 $H[p] = \sum_{i=1}^{n} -p_i \log[p_i] = -\log[\lim_{q \to 0} M_q[p]] = \log[\lim_{q \to 1} N_q[p]]$이다. 이는 엔트로피가 리스트 p(여기서 $q \to 1$)의 유효수 로그값으로 해석된다는 것을 보여 준다. 그림 18-2는 랜덤하게 생성된 p 배열군에 대한 로그 유효수는 q가 1에 접근할수록 어떻게 샤논의 엔트로피에 수렴하는지를 보여 준다. 이 행태가 q가 증가할수록 어떻게 안정화되는지도 주목하자.

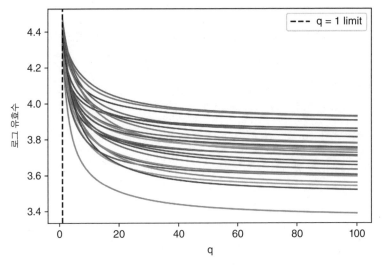

그림 18-2 랜덤하게 생성된 p 배열 패밀리의 로그 유효수

직관적으로 엔트로피는 정보를 랜덤 변수에 포함된 다양성 수준으로 측정한다. 이 직관은 일반화된 평균의 개념을 통해 공식화된다. 샤논의 엔트로피가 다양성 척도의 특수한 경우라는 것을 의미한다(그러므로 변동성과 연결된다). 이제 $q \neq 1$에서 엔트로피가 아닌 다른 다양성 척도를 계산할 수 있게 됐다.

18.8 엔트로피의 몇 가지 금융 응용

18.8절에서는 금융 시장 모델링에서의 엔트로피 응용을 소개한다.

18.8.1 시장 효율성

차익 거래 방법이 기회의 완전한 집합을 이용하면 가격은 즉시 가용한 모든 정보를 반영해 인식할 수 없는 패턴으로 예측 불가능(마팅게일)하게 된다. 이와 반대로 차익 거래가 완전하지 못하면 가격은 불완전한 정보를 포함하게 되고, 이는 예측 가능한 패턴을 생성한다. 패턴은 문자열이 중복된 정보를 가질 때 발생하고, 이는 압축을 가능하게 해준다. 문자열의 엔트로피 비율은 최적의 압축 비율을 결정한다. 엔트로피가 높을수록 중복성은 낮아지고 정보 내용은 더 많아진다. 결론적으로 가격의 엔트로피를 보면 주어진 시간에서 시장 효율성의 정도를 알아낼 수 있다. 압축이 풀린[decompressed] 시장은 효율적 시장이다. 가격 정보가 중복돼 있지 않기 때문이다. 압축된 [compressed] 시장은 가격 정보가 중복되기 때문에 비효율적 시장이다. 버블은 압축된 (낮은 엔트로피) 시장에서 형성된다.

18.8.2 최대 엔트로피 생성

일련의 논문에서 피도르(Fiedor, 2014a, 2014b, 2014c)는 콘토이야니스(1997)를 사용해 가격 계열에 있는 엔트로피의 총량을 계산할 것을 제안했다. 피도르는 가능한 미래의 결과 중 엔트로피를 최대화하는 것이 가장 수익률이 높을 수 있다고 주장했는데, 엔트로피가 높은 것은 빈도주의 통계학자들의 모델이 가장 예측하기 힘든 것이기 때문이다. 이는 대부분 손절을 부르는 예측하기 극히 힘든 블랙 스완 시나리오로, 행동을 강화하고 악화시키는 피드백을 생성해 수익률 시계열의 부호에 대한 런[run]을 초래한다.

18.8.3 포트폴리오 집중화

수익률에 대해 계산된 NxN 공분산 행렬 V를 생각해 보자. 첫째, 행렬의 고유값 분해를 계산한다. 즉 $VW = W\Lambda$. 둘째, 요인 적재값[factor loadings value] 벡터를 $f_\omega = W'\omega$로 구한다. 여기서 ω는 배분 벡터로서 $\sum_{n=1}^{N} \omega_n = 1$이다.[2] 셋째, 여기서는 각 주요 성분에 의해 기여된 리스크의 부분을 다음과 같이 유도한다(Bailey and López de Prado, 2012).

$$\theta_i = \frac{[f_\omega]_i^2 \Lambda_{i,i}}{\sum_{n=1}^{N} [f_\omega]_n^2 \Lambda_{n,n}}$$

---

2   또는 공분산 행렬이 가격 변화에 대해서 계산됐다면 자산 보유 벡터로 작업할 수도 있다.

여기서 $\sum_{i=1}^{N} \theta_i = 1$이고, $\theta_i \in [0, 1]$, $i = 1, \ldots, N$이다. 넷째, 메우치(Meucci, 2009)는 엔트로피에 영감을 받은 포트폴리오 집중화의 정의를 제안했다.

$$H = 1 - \frac{1}{N} e^{-\sum_{n=1}^{N} \theta_i \log[\theta_i]}$$

먼저 포트폴리오 집중화에 대한 이 정의는 θ_i가 확률이 아니므로 놀라울 수 있다. 집중화의 개념과 엔트로피의 연관은 일반화된 평균 때문인데 이는 18.7절에서 설명했다.

18.8.4 시장 미시 구조

이슬리 등(Easley et al., 1996, 1997)에서는 좋은 뉴스/나쁜 뉴스의 가능성이 동일하면 정보 기반 거래 확률^{PIN, Probability of Informed Trading}은 다음과 같이 유도할 수 있다는 것을 소개했다.

$$PIN = \frac{\alpha\mu}{\alpha\mu + 2\varepsilon}$$

여기서 μ는 정보를 가진 거래자의 등장 비율, ε는 정보를 갖지 못한 거래자의 등장 비율, α는 정보성 이벤트의 확률이다. PIN은 전체 주문 흐름에 상대적인 정보를 가진 거래자의 주문 비율로 해석할 수 있다.

크기 V의 거래량 바 내에서 틱은 예컨대 틱 규칙 또는 리-레디^{Lee-Ready} 알고리즘과 같은 특정 알고리즘에 따른 매수와 매도로 분류할 수 있다. V_τ^B를 거래량 바 τ에 포함된 매수 틱으로부터의 거래량 합이라 하고, V_τ^S를 거래량 바 τ내의 매도 틱으로부터의 거래량 합이라 하자. 이슬리 등(2012a, 2012b)은 $E[|V_\tau^B - V_\tau^S|] \approx \alpha\mu$라는 것과 기대 총 거래량은 $E[V_\tau^B + V_\tau^S] = \alpha\mu + 2\varepsilon$라는 것에 주목했다. 거래량 시계^{volume clock}(Easley et al., 2012c)를 사용하면 $E[V_\tau^B + V_\tau^S] = \alpha\mu + 2\varepsilon = V$ 값을 외생적으로 설정할 수 있다. 이는 거래량 시계하에서는 PIN이 다음과 같이 축소된다는 것을 의미한다.

$$VPIN = \frac{\alpha\mu}{\alpha\mu + 2\varepsilon} = \frac{\alpha\mu}{V} \approx \frac{1}{V}\text{E}\big[\big|2V_\tau^B - V\big|\big] = \text{E}\big[\big|2v_\tau^B - 1\big|\big]$$

여기서 $V_\tau^B = \frac{V^B}{V}$이다. $2V_\tau^B - 1$이 주문 흐름 불균형$^{\text{order flow imbalance}}$ OI_τ를 나타낸다는 것에 주목하자. 이는 값의 제한이 있는 실수 변수이고, $OI_\tau \in [-1, 1]$이다. 따라서 VPIN 이론은 정보 기반 거래 확률인 'PIN'과 '거래량 시계하의 주문 흐름 불균형 지속성' 사이의 공식적 연결고리를 제공한다. 19장을 보면 미시 구조적 이론에 대한 더 자세한 사항을 볼 수 있다.

지속적인 주문 흐름 불균형은 역선택의 필요, 불충분 조건이다. 시장 조성자$^{\text{market maker}}$들이 정보 기반 거래자에게 유동성을 공급하려면 거래 흐름 불균형 $|OI_\tau|$ 역시 상대적으로 예측 불가능했어야 한다. 다시 말하면 시장 조성자는 그들의 주문 흐름 불균형에 대한 예측이 정확할 경우 $|OI_\tau| \gg 0$인 경우라도 역선택당하지 않는다. 역선택 확률을 결정하려면 주문 흐름 불균형이 얼마나 예측 불가능한지를 결정해야 한다. 여기서 이를 정보 이론을 응용해 결정할 수 있다.

기호^{symbol}의 긴 시퀀스를 생각해 보자. 시퀀스에 중복된 패턴이 거의 없는 경우에는 설명하거나 예측하기 힘든 수준의 복잡도를 갖고 있다. 콜모고로프(1965)는 이런 중복성과 복잡도 사이의 연결을 공식화했다. 정보 이론에서 정보 유지^{lossless} 압축은 시퀀스를 최소한의 비트를 사용해 완전히 기술하는 작업이다. 시퀀스에 더 많은 중복이 있을수록 더 많은 압축률을 얻을 수 있다. 엔트로피는 소스의 중복성을 따라서 콜모고로프 복잡도와 예측 가능성도 특징화한다. 시퀀스의 중복성과 (시장 조성자에 의한) 예측 불가능 사이의 연결을 이용하면 역선택 확률을 구할 수 있다.

여기서는 역선택의 확률을 주문 흐름 불균형에 깊이 배어 있는 복잡도의 함수로 도출하는 특정 절차를 알아본다. 첫째, 주어진 거래량 바의 시퀀스에 대해(여기서 $\tau = 1, \ldots, N$로 인덱스되고, 각 바의 크기가 V다) 매수 $v_\tau^B \in [0, 1]$로 분류된 거래량의 비중을 알아낸다. 둘째, $\{v_\tau^B\}$에 대한 q-분위수를 계산하는데 이는 서로 겹치지 않는 q개 부분 집합의 집합 $K = \{K_1, \ldots, K_q\}$를 정의한다. 셋째, 각 v_τ^B로부터 서로 겹치지 않는 부분 집합 중 하나로의 매핑을 생성한다. $f : v_\tau^B \rightarrow \{1, ..., q\}$, 여기서 $f[v_\tau^B] = i \Leftrightarrow v_\tau^B \in K_i$, $\forall i \in [1, q]$이다. 넷째, v_τ^B가 속한 부분 집합 K의 인덱스를 각 값 v_τ^B에 할당함으로써 $\{v_\tau^B\}$를 양자화한다. 이는 주문 불균형의 집합 $\{v_\tau^B\}$가 양자화된 메시지 $X = [f[v_1^B], f[v_2^B], ..., f[v_N^B]]$으로 전환되는 결과를 갖는다. 다섯째, 콘토이야니스의 LZ 알고리즘을 사용해 엔트로피 $H[X]$를 계산한다. 여섯째, 누적 확률 분포 함수 $F[H[X]]$를 도출하고, $\{F[H[X_\tau]]\}$, $\tau = 1, ..., N$의 시계열을 역선택을 예측하는 특성으로 사용한다.

연습 문제

18.1 E-mini S&P 500 선물의 달러 바로부터

    (a) 이진 기법을 사용해 수익률 계열을 양자화하라.

    (b) 분위수 인코딩을 이용(10개 문자)해 수익률 계열을 양자화하라.

    (c) 시그마 인코딩을 이용해 수익률 계열을 양자화하라. 여기서 σ는 모든 바 수익률의 표준 편차다.

    (d) 플러그-인 방법을 사용해 세 가지 인코딩된 계열의 엔트로피를 계산하라.

    (e) 콘토이야니스 방법을 사용해 세 가지 인코딩된 계열의 엔트로피를 계산하라. 윈도우 크기는 100이다.

18.2 연습 문제 1의 바를 이용하라.

    (a) 수익률 계열을 계산하라. $\{r_t\}$.

    (b) 계열을 다음과 같이 인코딩하라. $r_t r_{t-1} < 0$이면 0, $r_t r_{t-1} \geq 0$이면 1이다.

    (c) 계열을 1,000개의 동일한 크기의 겹치지 않는 부분 집합으로 분할하라(처음에 몇몇 관측값을 제거해야 할 수도 있다).

(d) 각 1,000개의 인코딩된 부분 집합에 플러그-인 방법을 이용해 엔트로피를 계산하라.

(e) 각 1,000개의 인코딩된 부분 집합에 콘토이야니스 방법을 이용해 엔트로피를 계산하라. 윈도우 크기는 100이다.

(f) 결과 2.d와 2.e 사이의 상관계수를 계산하라.

18.3 표준 정규 분포로부터 1,000개의 관측값을 추출한다.

(a) 이 프로세스의 참 엔트로피는 무엇인가?

(b) 8분위수에 따라 관측값에 레이블을 붙여라.

(c) 플러그-인 방법을 이용해 엔트로피를 계산하라.

(d) 콘토이야니스 방법을 이용해 엔트로피를 계산하라.

    (i) 윈도우 크기 10을 이용하라.

    (ii) 윈도우 크기 100을 이용하라.

18.4 연습 문제 3의 추출을 이용하라. $\{x_t\}_{t=1,\,...,\,1000}$.

(a) $y_t = \rho y_{t-1} + x_t$를 계산하라. 여기서, $\rho = .5$, $y_0 = 0$이다.

(b) $\{y_t\}$를 8분위수에 해당하는 관측값으로 레이블링하라.

(c) 플러그-인 방법을 이용해 엔트로피를 계산하라.

(d) 콘토이야니스 방법을 이용해 엔트로피를 계산하라.

    (i) 윈도우 크기 10을 이용하라.

    (ii) 윈도우 크기 100을 이용하라.

18.5 동일한 달러 배분을 가진 10개 자산의 포트폴리오를 가정해 보자.

(a) i번째 주성분에 의한 총 리스크 기여도의 부분은 $\frac{1}{10}$, $i = 1,...,10$이다. 포트폴리오의 엔트로피는 어떻게 되는가?

(b) i번째 주성분에 의한 총 리스크 기여도의 부분은 $1 - \frac{i}{55}$, $i = 1, ..., 10$이다. 포트폴리오의 엔트로피는 어떻게 되는가?

(c) i번째 주성분에 의한 총 리스크 기여도의 부분은 $\alpha\frac{1}{10} + (1-\alpha)(1-\frac{i}{55})$, $i = 1, ..., 10$, $\alpha \in [0, 1]$이다. 포트폴리오의 엔트로피를 α의 함수로 그려라.

참고 자료

Bailey, D. and M. López de Prado(2012): "Balanced baskets: A new approach to trading and hedging risks." *Journal of Investment Strategies*, Vol. 1, No. 4, pp. 21~62. Available at https://ssrn.com/abstract=2066170.

Easley D., M. Kiefer, M. O'Hara and J. Paperman(1996): "Liquidity, information and infrequently traded stocks." *Journal of Finance*, Vol. 51, No. 4, pp. 1405~1436.

Easley D., M. Kiefer and, M. O'Hara(1997): "The information content of the trading process." *Journal of Empirical Finance*, Vol. 4, No. 2, pp. 159~185.

Easley, D., M. López de Prado and M. O'Hara(2012a): "Flow toxicity and liquidity in a high frequency world." *Review of Financial Studies*, Vol. 25, No. 5, pp. 1547~1493.

Easley, D., M. López de Prado and M. O'Hara(2012b): "The volume clock: Insights into the high frequency paradigm." *Journal of Portfolio Management*, Vol. 39, No. 1, pp. 19~29.

Gao, Y., I. Kontoyiannis and E. Bienestock(2008): "Estimating the entropy of binary time series: Methodology, some theory and a simulation study." Working paper, arXiv. Available at https://arxiv.org/abs/0802.4363v1.

Fiedor, Pawel(2014a): "Mutual information rate-based networks in financial markets." Working paper, arXiv. Available at https://arxiv.org/abs/1401.2548.

Fiedor, Pawel(2014b): "Information-theoretic approach to lead-lag effect on financial markets." Working paper, arXiv. Available at https://arxiv.org/ abs/1402.3820.

Fiedor, Pawel(2014c): "Causal non-linear financial networks." Working paper, arXiv. Available at https://arxiv.org/abs/1407.5020.

Hausser, J. and K. Strimmer(2009): "Entropy inference and the James-Stein estimator, with application to nonlinear gene association networks," *Journal of Machine Learning Research*, Vol. 10, pp. 1469~1484. http:// www.jmlr.org/papers/volume10/hausser09a/hausser09a.pdf.

Kolmogorov, A.(1965): "Three approaches to the quantitative definition of information." *Problems in Information Transmission*, Vol. 1, No. 1, pp. 1~7.

Kontoyiannis, I.(1997): "The complexity and entropy of literary styles", *NSF Technical Report #97*.

Kontoyiannis(1998): "Asymptotically optimal lossy Lempel-Ziv coding," *ISIT*, Cambridge, MA, August 16~August 21.

MacKay, D.(2003): *Information Theory, Inference and Learning Algorithms, 1st ed.* Cambridge University Press.

Meucci, A.(2009): "Managing diversification." *Risk Magazine*, Vol. 22, pp. 74~79.

Norwich, K.(2003): *Information, Sensation and Perception, 1st ed.* Academic Press.

Ornstein, D.S. and B. Weiss(1993): "Entropy and data compression schemes." *IEEE Transactions on Information Theory*, Vol. 39, pp. 78~83.

Shannon, C.(1948): "A mathematical theory of communication." *Bell System Technical Journal*, Vol. 27, No. 3, pp. 379~423.

Ziv, J. and A. Lempel(1978): "Compression of individual sequences via variable-rate coding." *IEEE Transactions on Information Theory*, Vol. 24, No. 5, pp. 530~536.

참고 문헌

Easley, D., R. Engle, M. O'Hara and L. Wu(2008): "Time-varying arrival rates of informed and uninformed traders." *Journal of Financial Econometrics*, Vol. 6, No. 2, pp. 171~207.

Easley, D., M. López de Prado and M. O'Hara(2011): "The microstructure of the flash crash." *Journal of Portfolio Management*, Vol. 37, No. 2, pp. 118~128.

Easley, D., M. López de Prado and M. O'Hara(2012c): "Optimal execution horizon." *Mathematical Finance*, Vol. 25, No. 3, pp. 640~672.

Gnedenko, B. and I. Yelnik(2016): "Minimum entropy as a measure of effective dimensionality." Working paper. Available at https://ssrn.com/ abstract=2767549.

19
미시 구조적 특성

19.1 동기

시장 미시 구조는 '명시적 거래 규칙 아래 자산 거래의 프로세스와 결과'를 연구한다(O'Hara, 1995). 미시 구조적 데이터셋은 주문 취소, 이중 경매 호가창, 대기 열, 부분 체결, 공격적 거래자의 매수/매도 방향, 조정, 주문 대체 등의 경매 프로세스에 관한 주요 정보를 포함하고 있다. 주요 소스는 FIX^Financial Informaton eXchange 메시지인데 이는 거래소에서 구매할 수 있다. FIX 메시지에 담긴 정보의 수준은 리서처들과 시장 참여자들이 자신들의 의도를 어떻게 숨기고 드러내는지 이해할 수 있도록 해준다. 이는 미시 구조 데이터로 예측 머신러닝 특성을 구축하는 데 가장 중요한 재료다.

19.2 문헌 리뷰

시장 미시 구조 이론의 깊이와 복잡도는 가용한 데이터 양과 종류의 함수로 시간이 갈수록 진화하고 있다. 1세대 모델은 오로지 가격 정보만을 사용했다. 이런 초창기의 두 가지 기본적인 결과는 거래 분류 모델(틱 규칙 같은 것)과 롤(Roll, 1984) 모델이다. 2세대 모델은 거래량 데이터셋이 가용해 짐에 따라 등장했고, 리서처들은 거래량이 가격에 미치는 영향을 연구하는 것으로 관심을 옮겼다. 2세대 모델의 두 가지 예는 카일(Kyle, 1985)과 아미후드(Amihud, 2002)다.

3세대 모델은 1996년에 나왔는데, 모린 오하라[Maureen O'Hara], 데이비드 이슬리[David Easley] 등이 '정보 기반 거래 확률[PIN]' 이론을 발표했다(Easley et al., 1996). 이는 PIN이 매수/매도 호가 스프레드[bid-ask spread]를 유동성 공급자(시장 조성자)와 전략적 투자가(정보 기반 거래자) 사이의 순차적 전략 결정의 결과로 설명함으로써 획기적인 발전으로 여겨진다. 근본적으로 시장 조성자들은 정보 기반 거래자들에 의해 역선택되는 옵션의 매도자이며, 매수/매도 호가 스프레드는 역선택의 보상으로 옵션에 부과되는 프리미엄이라고 설명한다. 이슬리 등(Easley et al., 2012a, 2012b)은 거래량 기반의 샘플링하에서 PIN의 고빈도 추정치인 VPIN을 추정하는 방법을 설명한다.

이들이 미시 구조 문헌에서 사용되는 주요 이론의 프레임워크다. 오하라(O'Hara, 1995)와 하스브룩(Hasbrouck, 2007)은 저빈도 미시 구조적 모델의 개요를 잘 설명하고 있다. 이슬리 등(2013)은 고빈도 미시 구조적 모델을 다루는 현대적 방법을 설명한다.

19.3 1세대: 가격 시퀀스

미시 구조 모델의 1세대는 저유동성의 대용 척도로서 매매 호가 스프레드와 변동성을 추정하는 것에 주안점을 뒀다. 이들은 제한된 데이터를 이용해 거래 프로세스에 전략적 또는 순차적 구조를 두지 않고 추정했다.

19.3.1 틱 규칙

이중 경매 호가창에서 호가는 증권을 팔기 위한 다양한 가격 수준에서 증권을 팔거나, 다양한 가격 수준에서 증권을 사기 위해 제시된다. 매도 호가는 항상 매수 호가를 초과한다. 그렇지 않다면 즉시 매치가 이뤄졌을 것이기 때문이다. 거래는 매수자가 매도 호가를 매치하거나 매도자가 매수 호가를 매치하는 경우에 일어난다. 모든 거래에는 매수자와 매도자가 있지만 오직 한쪽만이 거래를 일으킨다.

틱 규칙이란 거래에 있어서 공격적 거래자의 방향[aggressor side][1]을 결정하기 위한 알고리즘이다. 다음 논리에 따라 매수가 주도한 거래는 '1', 매도가 주도한 거래는 '−1'로 레이블링한다.

$$b_t = \begin{cases} 1 & \text{만약 } \Delta p_t > 0 \\ -1 & \text{만약 } \Delta p_t < 0 \\ b_{t-1} & \text{만약 } \Delta p_t = 0 \end{cases}$$

여기서 p_t는 $t = 1, \ldots, T$로 인덱스된 거래 가격이고, b_0은 임의로 1로 설정된다. 여러 연구를 통해 틱 규칙은 상대적으로 단순함에도 불구하고 높은 분류 정확도를 가진다(Aitken and Frino, 1996). 이와 경쟁하는 분류 기법들로는 리와 레디(Lee and Ready, 1991) 그리고 이슬리 등(Easley et al., 2016)이 있다.

$\{b_t\}$ 계열의 변환은 정보성 특성을 만들어 낼 수 있다. 이런 변환에는 다음과 같은 것들이 있다. (1) 미래 기대값 $E_t[b_{t+1}]$에 대한 칼만 필터[Kalman Filter] (2) 이런 예측(17장)에 대한 구조적 변화 (3) $\{b_t\}$ 시퀀스의 엔트로피(18장) (4) $\{b_t\}$의 런에 대한 왈드-울포비츠[Wald-Wolfowitz] 테스트로부터의 t 값 (5) 누적 $\{b_t\}$ 계열 $\sum_{t=1}^{t} b_i$의 분수 미분(5장) 등이 있다.

---

1 정상적인 호가를 통한 거래가 아니라 현 매도 호가에 매수를 즉시 실행하거나 현 매수 호가에 즉시 매수를 실행해 경매를 통한 거래가 아닌 즉시 체결로 시장의 유동성을 없애는 거래를 의미한다. − 옮긴이

19.3.2 롤 모델

롤(Roll, 1984)은 증권이 거래되는 유효 매매 호가 스프레드$^{\text{effective bid-ask spread}}$를 설명한 첫 번째 모델 중 하나다. 이 모델은 매매 호가 스프레드가 유동성의 함수일 때 유용하다. 그러므로 롤 모델은 증권의 유동성을 측정하려 한 초창기 시도로 볼 수 있다. 추세가 없는 랜덤 워크를 따르는 중간 가격 계열 $\{m_t\}$를 고려해 보자.

$$m_t = m_{t-1} + u_t$$

따라서 가격 변화 $\Delta m_t = m_t - m_{t-1}$는 다음의 정규 분포로부터 독립적이고 동일하게 추출된다.

$$\Delta m_t \sim N\left[0, \sigma_u^2\right]$$

이러한 가정은 금융 시계열이 추세를 가지고, 이분산적이고, 계열상관을 보이고, 수익률 분포가 비정규 분포라는 모든 경험적 관찰에 상반된다. 그러나 적절한 샘플 추출 절차를 통해 2장에서 살펴본 것처럼 이런 가정이 너무 비현실적인 것이 아닐 수도 있다. 관측된 가격 $\{p_t\}$는 매매 호가 스프레드에 대한 순차적 거래의 결과다.

$$p_t = m_t + b_t c$$

여기서 c는 매매 호가 스프레드의 절반이고 $b_t \in \{-1, 1\}$은 공격적 거래자의 방향이다. 롤 모델은 매수와 매도가 발생할 확률이 동일하고, 즉 $P[b_t = 1] = P[b_t = -1] = \frac{1}{2}$이고, 계열 독립, 즉 $E[b_t b_{t-1}] = 0$이며, 잡음으로부터 독립, 즉 $E[b_t u_t] = 0$이라고 가정한다. 이런 가정들하에서 롤은 c와 σ_u^2 값을 다음과 같이 도출한다.

$$\sigma^2\left[\Delta p_t\right] = E\left[\left(\Delta p_t\right)^2\right] - \left(E\left[\left(\Delta p_t\right)\right]\right)^2 = 2c^2 + \sigma_u^2$$

$$\sigma\left[\Delta p_t, \Delta p_{t-1}\right] = -c^2$$

이는 $c = \sqrt{\max\{0, -\sigma[\Delta p_t, \Delta p_{t-1}]\}}$와 $\sigma_u^2 = \sigma^2[\Delta p_t] + 2\sigma[\Delta p_t, \Delta p_{t-1}]$의 결과를 갖게 한다. 결론적으로 매매 호가 스프레드는 가격 변화의 계열 공분산 함수이고, 미시 구조적 잡음을 제거한 참 (관측되지 않는) 가격의 잡음은 관측된 잡음과 가격 변화의 계열 공분산의 함수다.

독자들은 데이터셋이 여러 호가창 수준에서의 매매 호가를 매매 호가를 포함하는 현 시점에서 롤 모델의 필요성에 대한 의구심을 가질 수 있다. 그 한계에도 롤 모델을 여전히 사용하는 이유 중 하나는 드물게 거래되거나 공표된 호가가 시장 조성자들이 기꺼이 유동성을 공급하려는 수준을 반영하지 못하는 경우(예: 회사채, 지방채, 정부기관채) 유효 매매 호가 스프레드를 결정하는 방법을 비교적 직접 제공하기 때문이다. 롤의 계산을 사용하면 시장의 유동성 조건에 관한 정보성 특성을 도출할 수 있다.

19.3.3 고가-저가 변동성 추정량

벡커스(Beckers, 1983)는 고가-저가에 근거한 변동성 추정량은 종가에 기초한 표준 변동성 추정량보다 더 정확하다는 것을 보였다. 파킨슨(Parkinson, 1980)은 기하 브라운 운동을 따르는 연속적으로 관측되는 가격에 대해 다음을 유도했다.

$$\mathrm{E}\left[\frac{1}{T}\sum_{t=1}^{T}\left(\log\left[\frac{H_t}{L_t}\right]\right)^2\right] = k_1\sigma_{HL}^2$$

$$\mathrm{E}\left[\frac{1}{T}\sum_{t=1}^{T}\left(\log\left[\frac{H_t}{L_t}\right]\right)\right] = k_2\sigma_{HL}$$

여기서 $k_1 = 4\log[2]$, $k_1 = \sqrt{\frac{8}{\pi}}$, H_t는 바 t에 대한 고가이고, L_t는 바 t에 대한 저가다. 그러면 변동성 특성 σ_{HL}은 관측된 고가-저가에 기초해 안정적으로 계산할 수 있다.

19.3.4 코윈과 슐츠

코윈과 슐츠(Corwin and Schultz, 2012)는 벡커스(1983)의 연구를 기반으로 고가와 저가로부터 매매 호가 스프레드 추정량을 소개했다. 그 추정량은 두 가지 원칙에 기반을 두고 있다. 첫째, 고가는 거의 항상 매도 호가에 매치되고, 저가는 매수 호가에 매치된다는 것이다. 고가-대비-저가의 비율은 근본적인 변동성과 매매 호가 스프레드를 반영한다. 둘째, 변동성에 기인한 고가-대비-저가 비율의 구성 요소는 두 관측 값 사이에 경과한 시간에 비례해 증가한다.

코윈과 슐츠는 매매 호가 스프레드를 가격의 피센디지로 다음과 같이 계산할 수 있다는 것을 보였다.

$$S_t = \frac{2(e^{\alpha_t} - 1)}{1 + e^{\alpha_t}}$$

여기서

$$\alpha_t = \frac{\sqrt{2\beta_t} - \sqrt{\beta_t}}{3 - 2\sqrt{2}} - \sqrt{\frac{\gamma_t}{3 - 2\sqrt{2}}}$$

$$\beta_t = E\left[\sum_{j=0}^{1} \left[\log\left(\frac{H_{t-j}}{L_{t-j}}\right)\right]^2\right]$$

$$\gamma_t = \left[\log\left(\frac{H_{t-1,t}}{L_{t-1,t}}\right)\right]^2$$

그리고 $H_{t-1,t}$는 두 바($t-1$과 t)에 걸친 고가이고, $L_{t-1,t}$는 두 바($t-1$과 t)에 걸친 저가다. $\alpha_t < 0 \Rightarrow S_t < 0$이므로 코윈과 슐츠는 음의 알파를 0으로 설정할 것을 권했다(Corwin and Schultz, 2012, p. 727 참고). 코드 19.1은 이 알고리즘을 구현하고 있다. corwinSchultz 함수는 2개의 인수를 받는데 이는 High, Low 열을 가진 series dataframe과 β_t를 추정하는 데 사용된 표본 길이를 정의하는 정숫값 s1이다.

코드 19.1 코원-슐츠 알고리즘의 구현

```
def getBeta(series,sl):
    hl=series[['High','Low']].values
    hl=np.log(hl[:,0]/hl[:,1])**2
    hl=pd.Series(hl,index=series.index)
    beta=pd.stats.moments.rolling_sum(hl,window=2)
    beta=pd.stats.moments.rolling_mean(beta,window=sl)
    return beta.dropna()
#————————————————————————
def getGamma(series):
    h2=pd.stats.moments.rolling_max(series['High'],window=2)
    l2=pd.stats.moments.rolling_min(series['Low'],window=2)
    gamma=np.log(h2.values/l2.values)**2
    gamma=pd.Series(gamma,index=h2.index)
    return gamma.dropna()
#————————————————————————-
def getAlpha(beta,gamma):
    den=3-2*2**.5 alpha=(2**.5-1)*(beta**.5)/den
    alpha-=(gamma/den)**.5
    alpha[alpha<0]=0 # 음의 알파를 0으로 설정(논문의 p.727 참고)
    return alpha.dropna()
#————————————————————————-
def corwinSchultz(series,sl=1):
    # 주의: S<0 iif alpha<0
    beta=getBeta(series,sl)
    gamma=getGamma(series)
    alpha=getAlpha(beta,gamma)
    spread=2*(np.exp(alpha)-1)/(1+np.exp(alpha))
    startTime=pd.Series(series.index[0:spread.shape[0]],index=spread.index)
    spread=pd.concat([spread,startTime],axis=1)
    spread.columns=['Spread','Start_Time'] # 베타 계산에 사용된 첫 번째 위치
    return spread
```

마지막 코원-슐츠 식에서는 변동성이 보이지 않는다는 것에 주목하자. 그
이유는 변동성이 고가/저가 추정량으로 대체됐기 때문이다. 이 모델의 부산
물로서 코드 19.2에서 보는 것처럼 벡커-파킨슨 변동성을 유도할 수 있다.

```
def getSigma(beta,gamma):
    k2=(8/np.pi)**.5
    den=3-2*2**.5
    sigma=(2**-.5-1)*beta**.5/(k2*den)
    sigma+=(gamma/(k2**2*den))**.5
    sigma[sigma<0]=0
    return sigma
```

이 절차는 중앙 집중된 주문 호가창이 없고, 거래가 경쟁 희망 매수 호가^{BWIC,} Bids Wanted In Competition에 의해 일어나는 회사채 시장에서 특히 유용하다. 그 결과 특성인 매매 호가 스프레드(S)는 이동 윈도우에 걸쳐 반복적으로 계산한 후 칼만 필터를 이용해 평활화할 수 있다.

19.4 2세대: 전략적 거래 모델

2세대 미시 구조적 모델은 비유동성illiquidity의 이해와 측정에 집중한다. 비유동성은 프리미엄과 연관된 리스크이므로 금융 머신러닝 모델에 있어 중요한 정보성 특성이다. 이 모델은 거래를 정보 기반 거래자Informed trader와 정보가 없는 거래자uninformed trader 사이의 전략적 상호작용으로 설명한다는 점에서 1세대 모델에 비해 강력한 이론적 기반을 갖고 있다. 이를 통해 거래량의 부호와 주문 흐름의 불균형에 주목했다.

이런 대부분의 특성은 회귀를 통해 추정된다. 실제로 이런 미시 구조적 추정치에 연관된 t값이 그 자체 (평균) 추정치보다 훨씬 더 정보성을 가진다는 것을 관찰했다. 비록 문헌에서는 이런 관찰에 대해 언급하지 않았지만, 평균에 기반을 둔 특성보다 t값에 기반을 둔 특성을 선호하는 주장은 합당하다. t값의 크기는 예측 오차의 표준 편차에 의해 조정되므로 평균값 추정에서는 결여된 또 다른 차원의 정보를 포함한다.

19.4.1 카일의 람다

카일(Kyle, 1985)은 다음과 같은 전략적 거래 모델을 도입했다. 최종 가치 terminal value가 $v \sim N[p_0, \Sigma_0]$인 위험성 자산과 다음 두 거래자를 고려해 보자.

- v와 독립적으로 $u = N[0, \sigma_u^2]$ 만큼의 수량을 거래하는 잡음 거래자
- v를 알고 시장가 주문을 통해 수량 x를 원하는 정보 기반 거래자

시장 조성자market maker들은 전체 주문 흐름 $y = x + u$를 관찰하고, 그에 해당하는 가격 p를 설정한다. 이 모델에서 시장 조성자들은 잡음 트레이더의 주문과 정보 기반 거래자의 주문을 구분하지 못한다. 이들은 가격을 정보 기반 거래자의 존재를 나타낼 수 있는 주문 흐름 불균형의 함수로 조정한다. 그러므로 가격 변화와 주문 흐름의 불균형 사이에는 양의 관계가 있고, 이를 시장 충격 market impact이라 부른다.

정보 기반 거래자들은 시장 조성자들이 선형 가격 조정 함수 $p = \lambda y + \mu$를 사용한다고 추정한다. 여기서 λ는 유동성 척도의 역수다. 정보 기반 거래자들의 이익은 $\pi = (v - p)x$가 되고, 이는 이계second order 조건 $\lambda > 0$로 $x = \frac{v-\mu}{2\lambda}$에서 최대화된다.

이와 반대로 시장 조성자들은 정보 기반 거래자들의 수요는 v의 선형 함수, 즉 $x = \alpha + \beta v$라고 추측하는데, 이는 $\alpha = -\frac{\mu}{2\lambda}$와 $\beta = \frac{1}{2\lambda}$를 의미한다. 더 낮은 유동성은 더 높은 λ를 의미한다는 점에 주목하자. 이는 정보 기반 거래자로부터의 더 낮은 수요를 의미한다.

카일은 시장 조성자가 수익 극대화와 시장 효율 사이의 균형을 반드시 찾아야 한다고 주장한다. 따라서 앞의 선형 함수하에서 유일한 해는 다음과 같을 때 발생한다.

$$\mu = p_0$$

$$\alpha = p_0 \sqrt{\frac{\sigma_u^2}{\Sigma_0}}$$

$$\lambda = \frac{1}{2}\sqrt{\frac{\Sigma_0}{\sigma_u^2}}$$

$$\beta = \sqrt{\frac{\sigma_u^2}{\Sigma_0}}$$

마지막으로 정보 기반 거래자의 기대 수익은 다음과 같이 다시 쓸 수 있다.

$$E[\pi] = \frac{(v - p_0)^2}{2}\sqrt{\frac{\sigma_u^2}{\Sigma_0}} = \frac{1}{4\lambda}(v - p_0)^2$$

이는 정보 기반 거래자는 세 가지 종류의 수익 원천이 있다는 것을 암시한다.

- 증권의 가격 오류
- 잡음 투자가의 순주문 흐름 분산. 잡음 투자가들이 많을수록 정보 기반 거래자들이 자신의 의도를 감추기가 쉬워진다.
- 최종 증권 분산의 역수. 변동성이 낮을수록 가격 오류로부터 수익을 얻기 쉬워진다.

카일의 모델에서 변수 λ는 가격 충격을 포착한다. 비유동성은 v의 불확실성과 함께 증가하고, 잡음의 양에 따라 감소한다. λ는 하나의 특성으로 다음과 같은 회귀를 적합화해 구할 수 있다.

$$\Delta p_t = \lambda\left(b_t V_t\right) + \varepsilon_t$$

여기서 $\{p_t\}$는 가격 시계열, $\{b_t\}$는 공격적 거래자 플래그$^{aggressor\ flag}$의 시계열, $\{V_t\}$는 거래량 시계열이므로 $\{b_t V_t\}$는 거래량의 부호 또는 순주문 흐름의 시계열이 된다. 그림 19-1은 E-mini S&P 500 선물 계열에 대해 계산한 카일의 람다$^{Kyle's\ lambda}$ 히스토그램을 보여 준다.

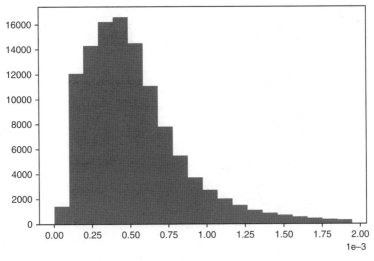

그림 19-1 E-mini S&P 500 선물에 대해 계산한 카일의 람다

19.4.2 아미후드의 람다

아미후드(Amihud, 2002)는 절대 수익률과 비유동성 사이의 양의 관계를 연구했다. 특히 거래량의 1달러에 연관된 일별 가격 반응을 계산하고, 그 값이 가격 충격의 대리 척도라고 주장했다. 이 아이디어를 구현하는 방법 중하나는 다음과 같다.

$$\left|\Delta\log\left[\tilde{p}_\tau\right]\right| = \lambda \sum_{t \in B_\tau} \left(p_t V_t\right) + \varepsilon_\tau$$

여기서 B_τ는 바 τ에 포함된 거래 집합이고, $\tilde{p}_\tau$는 바 τ의 종가다. 또 $p_t V_t$는 거래 $t \in B_\tau$에 관여된 달러 거래량이다. 보기엔 간단해 보여도 하스브룩 (2009)은 아미후드의 람다가 일중 유효 스프레드 추정과 높은 순위 상관관계를 보인다는 것을 발견했다. 그림 19-2는 아미후드의 람다를 E-mini S&P 500 선물 계열에 대해 계산한 히스토그램을 나타낸 것이다.

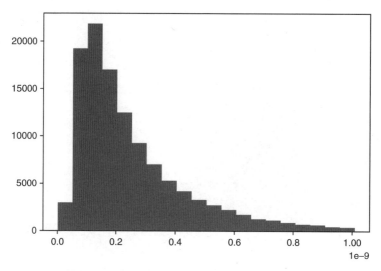

그림 19-2 E-mini S&P 500 선물에 대해 계산한 아미후드의 람다

19.4.3 하스브룩의 람다

하스브룩(2009)은 카일과 아미후드의 아이디어를 따랐고, 이들을 일중 거래와 호가 데이터[TAQ, Trade-And-Quote]에 기반을 둔 가격 충격 계수를 계산하는 데 적용했다. 하스브룩은 깁스 샘플러[Gibbs sampler]를 사용해 다음 회귀식의 베이즈[Bayes] 추정을 수행했다.

$$\log\left[\tilde{p}_{i,\tau}\right] - \log\left[\tilde{p}_{i,\tau-1}\right] = \lambda_i \sum_{t \in B_{i,\tau}} \left(b_{i,t}\sqrt{p_{i,t}V_{i,t}}\right) + \varepsilon_{i,\tau}$$

여기서 $B_{i,\tau}$는 증권 i에 대한 바 τ에 속한 거래 집합이다. 여기서 $i = 1, \dots, I$이고, $\tilde{p}_{i,\tau}$는 증권 i의 바 τ의 종가이며, $b_{i,t} \in \{-1,1\}$은 거래 $t \in B_{i,\tau}$ 매수자 개시인지 매도자 개시인지 알려 준다. $p_{i,t}V_{i,t}$는 거래 $t \in B_{i,\tau}$에 관련된 달러 거래량이다. 다음 모든 증권 i에 대해 λ_i를 계산하고 이를 거래의 유효 비용(시장 충격)을 근사하는 특성으로 사용한다.

다른 문헌들과 마찬가지로 하스브룩은 틱을 추출할 때 5분 시간 바를 추천한다. 그러나 2장에서 설명한 이유로 시장 활동에 따라 동기화하는 확률적 샘플링 방법이 더 좋은 결과를 얻을 수 있다. 그림 19-3은 E-mini S&P 500 선물 계열에 대해 계산된 하스브룩의 람다 히스토그램을 나타낸 것이다.

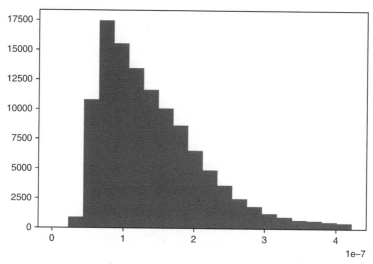

그림 19-3 E-mini S&P 500 선물에 대해 계산한 하스브룩의 람다

19.5 제3세대: 순차적 거래 모델

앞에서 살펴본 것처럼 전략적 거래 모델의 특징은 단일 정보 기반 거래자가 여러 번 거래한다는 것이다. 19.5절에서는 랜덤하게 선택된 투자가가 순차적이며 독립적으로 시장에 등장하는 다른 모델을 살펴본다.

순차적 거래 모델sequential tade model은 그 등장 이래 시장 조성자들 사이에 매우 유명해졌다. 그 이유 중 하나는 유동성 공급자들이 직면하는 불확실성의 원천, 예컨대 정보성 이벤트가 발생한 확률, 이런 이벤트가 음성적일 확률, 잡음 투자가들이 등장할 확률, 정보 기반 거래자들이 등장할 확률을 포함하고 있다. 시장 조성자들은 이런 변수들과 함께 호가를 동적으로 변동시키고 자신들의 재고를 관리한다.

19.5.1 정보 기반 거래의 확률

이슬리 등(1996)은 거래 데이터를 사용해 개별 증권의 정보 기반 거래 확률 PIN을 계산한다. 해당 미시 구조 모델은 거래를 시장 조성자와 포지션을 취하는 거래자 간에 여러 번의 거래 주기에 걸쳐 반복되는 게임으로 봤다.

증권의 가격을 S, 현재 가격을 S_0로 표기하자. 특정 양(+)의 새로운 정보가 가격 S에 포함되면 S는 S_B(나쁜 뉴스) 또는 S_G(좋은 뉴스)가 된다. 분석 중인 시간 프레임 내에 새로운 정보가 도달할 확률은 α이고, 그 뉴스가 나쁜 뉴스일 확률은 δ, 뉴스가 좋은 뉴스일 확률은 $(1-\delta)$이다. 이 저자들은 시점 t에서의 증권 가격 기대값은 다음과 같이 계산할 수 있다는 것을 증명했다.

$$E\left[S_t\right] = \left(1 - \alpha_t\right) S_0 + \alpha_t \left[\delta_t S_B + \left(1 - \delta_t\right) S_G\right]$$

정보 기반 거래자들은 푸아송^{Poisson} 분포를 따라 μ율로 등장하고, 잡음 거래자들은 ε율로 등장한다면 시장 조성자들은 정보 기반 거래자로부터의 손실을 피하고자 손익 분기 매수 호가 수준을 B_t로 설정한다.

$$E\left[B_t\right] = E\left[S_t\right] - \frac{\mu \alpha_t \delta_t}{\varepsilon + \mu \alpha_t \delta_t} \left(E\left[S_t\right] - S_B\right)$$

그리고 시각 t에서의 손익 분기 매도 호가 수준 A_t는 다음과 같다.

$$E\left[A_t\right] = E\left[S_t\right] + \frac{\mu \alpha_t \left(1 - \delta_t\right)}{\varepsilon + \mu \alpha_t \left(1 - \delta_t\right)} \left(S_G - E\left[S_t\right]\right)$$

이에 따라 손익 분기 매매 호가 스프레드는 다음과 같이 결정된다.

$$E\left[A_t - B_t\right] = \frac{\mu \alpha_t \left(1 - \delta_t\right)}{\varepsilon + \mu \alpha_t \left(1 - \delta_t\right)} \left(S_G - E\left[S_t\right]\right) + \frac{\mu \alpha_t \delta_t}{\varepsilon + \mu \alpha_t \delta_t} \left(E\left[S_t\right] - S_B\right)$$

$\delta_t = \frac{1}{2}$인 경우에 다음을 얻게 된다.

$$\delta_t = \frac{1}{2} \Rightarrow E\left[A_t - B_t\right] = \frac{\alpha_t \mu}{\alpha_t \mu + 2\varepsilon} \left(S_G - S_B\right)$$

이 식은 시장 조성자들이 유동성을 공급하는 가격의 범위를 결정하는 주요한 요인이 다음과 같다는 것을 말해 준다.

$$PIN_t = \frac{\alpha_t \mu}{\alpha_t \mu + 2\varepsilon}$$

아래첨자 t는 확률 α와 δ가 그 시점에서 추정됐음을 표시한다. 이슬리 등 (1996)은 베이즈 업데이트 프로세스를 적용해 시장에 각 거래가 등장한 후의 정보를 포함한다.

PIN_t 값을 결정하려면 네 가지 관측 불가능한 파라미터, 즉 $\{\alpha, \delta, \mu, \varepsilon\}$를 추정해야 한다. 최대 우도 접근법은 세 가지 푸아송 분포의 혼합을 적합화한다.

$$\begin{aligned}
P[V^B, V^S] = {}& (1 - \alpha)P[V^B, \varepsilon]P[V^S, \varepsilon] \\
& + \alpha(\delta P[V^B, \varepsilon]P[V^S, \mu + \varepsilon] + (1 - \delta)P[V^B, \mu + \varepsilon]P[V^S, \varepsilon])
\end{aligned}$$

여기서 V^B는 매도 호가(매수자-개시 거래)에 대한 거래량, V^S는 매수 호가 (매도자-개시 거래) 거래에 대한 거래량이다.

19.5.2 정보 기반 거래의 거래량 동기화 확률

이슬리 등(2008)은 다음을 증명했다.

$$\begin{aligned}
E\left[V^B - V^S\right] &= (1 - \alpha)(\varepsilon - \varepsilon) + \alpha(1 - \delta)(\varepsilon - (\mu + \varepsilon)) + \alpha\delta(\mu + \varepsilon - \varepsilon) \\
&= \alpha\mu(1 - 2\delta)
\end{aligned}$$

그리고 특히, 충분히 큰 μ에 대해 다음이 성립한다는 것을 보였다.

$$E[|V^B - V^S|] \approx \alpha\mu$$

이슬리 등(2011)은 PIN의 고빈도 추정을 제시했는데 이를 정보 기반 거래의 거래량 동기화 확률VPIN, Volume-synchronized Probability of Informed Trading이라고 불렀다. 이 절차는 거래량 시계volume clock(2장)를 채택하는데 데이터 샘플링을 거래량에 의해 포착된 시장 활동과 동기화한다. 이를 통해 다음을 추정할 수 있다.

$$\frac{1}{n} \sum_{\tau=1}^{n} \left| V_\tau^B - V_\tau^S \right| \approx \alpha\mu$$

여기서 V_τ^B는 거래량 바 τ 내의 매수-개시로부터 거래된 거래량 합, V_τ^S는 거래량 바 τ 내의 매도-개시로부터 거래된 거래량 합이다. N은 계산을 위해 사용된 바의 개수다. 모든 거래량 바는 동일한 크기 V이므로 설정상 우리는 다음과 같다는 것을 알고 있다.

$$\frac{1}{n} \sum_{\tau=1}^{n} \left(V_\tau^B + V_\tau^S \right) = V = \alpha\mu + 2\varepsilon$$

따라서 PIN은 고빈도에서 다음과 같이 추정될 수 있다.

$$VPIN_\tau = \frac{\sum_{\tau=1}^{n} \left| V_\tau^B - V_\tau^S \right|}{\sum_{\tau=1}^{n} \left(V_\tau^B + V_\tau^S \right)} = \frac{\sum_{\tau=1}^{n} \left| V_\tau^B - V_\tau^S \right|}{nV}$$

VPIN의 추가 세부 사항과 실용 사례는 이슬리 등(2013)을 참고하자. 앤더슨과 본다렌코(Andersen and Bondarenko, 2013)는 선형 회귀를 사용해 VPIN이 변동성을 예측하는 좋은 지표가 아니라는 결론을 내렸다. 그러나 많은 연구에서 VPIN이 실제로 예측력을 갖고 있다는 것이 발견됐다. 그중 몇몇을 거론하면 아바드와 야그(Aba and Yague, 2012), 베델 등(Bethel et al., 2012), 청 등(Cheung et al., 2015), 킴 등(Kim et al., 2014), 송 등(Song et al., 2014), 반 네스 등(Van Ness et al., 2017), 웨이 등(Wei et al., 2013)을 들 수 있다. 어쨌든 선형 회귀는 이미 18세기 수학자들에 의해 알려진 기법으로(Stigler, 1981), 선형 회귀가 21세기 금융 시장의 복잡한 비선형 패턴을 인식하는 데 실패하는 것이 계량 경제학자에게는 그리 놀라운 일이 아니다

19.6 미시 구조적 데이터셋으로부터의 추가 특성

19.3절부터 19.5절까지 살펴본 특성들은 시장 미시 구조 이론에 의해 제시된 것들이다. 이번에는 이론에 의해 제시되지는 않았지만, 시장 참여자가 운용하고 또 그들의 향후 의도에 대한 중요한 정보를 갖고 있다고 추정되는 다른 특성을 알아보자. 이렇게 함으로써 이론의 도움 없이 이런 특성들을 사용하는 법을 학습하는 머신러닝의 힘을 극대화할 수 있을 것이다.

19.6.1 주문 크기의 분포

이슬리 등(2016)은 주문 크기당 주문 빈도수를 연구해 유독 반올림된 크기의 거래가 비정상적으로 빈번하다는 사실을 발견했다. 예를 들어, 거래 빈도는 거래 크기의 함수로 빠르게 감소하는데 반올림된 거래 크기인 {5, 10, 20, 25, 50, 100, 200, …}은 예외였다. 이슬리 등은 이 현상을 이른바 '마우스mouse' 또는 'GUIGraphical User Interface' 거래자, 즉 GUI의 버튼을 이용해 주문을 내는 인간 거래자에 기인한다고 했다. 이 경우 E-mini S&P 500을 예로 들면 크기 10은 크기 9보다 2.9배, 크기 50은 크기 49에 비해 10.9배, 크기 100은 크기 99에 비해 16.8배, 크기 200은 크기 199보다 27.2배, 크기 250은 크기 249보다 32.5배, 크기 500은 크기 499에 비해 무려 57.1배 더 빈번했다. 이런 패턴은 주로 시장에서의 족적을 감추고자 주로 랜덤화된 거래를 프로그램화하는 실리콘 거래자silicon trader들의 패턴과는 거리가 멀다.

이 유용한 특성을 사용해 반올림된 크기의 거래 정규 빈도를 확인하고, 기대값으로부터의 편차를 모니터할 수 있다. 머신러닝 알고리즘으로 예를 들어 평소보다 많은 반올림 크기의 거래가 추세와 관련이 있다는 것을 알 수 있다. 왜냐하면 인간 트레이더들은 투자할 때는 근본적 견해, 믿음, 확신을 갖고 베팅하는 경향이 있기 때문이다. 이와 반대로 평소보다 반올림 크기의 거래가 줄어들었다면 가격이 횡보할 가능성이 높아진다. 왜냐하면 실리콘 트레이더들은 대개 장기적인 관점을 갖고 있지 않기 때문이다.

19.6.2 취소율, 지정가 주문, 시장가 주문

아이슬러 등(Eisler et al., 2012)은 시장가 주문, 지정가 주문, 호가 취소의 영향을 연구했다. 저자들은 이런 이벤트에 대한 반응에 있어 소형주와 대형주가 다르다는 것을 발견했다. 이런 크기를 모델링하는 것이 매매 호가 스프레드의 동적 모델링과 연관돼 있다는 결론을 내렸다.

이슬리 등(2012) 또한 대규모 호가 취소율은 낮은 유동성의 신호일 수 있다고 주장했는데 이는 참여자들이 실행되길 원하지 않은 호가를 제시하고 있기 때문이다. 약탈적[predatory] 알고리즘의 네 가지 범주를 논했다.

- **호가 스터퍼[stuffers]**: 이들은 '지연 시간 차익 거래[latency arbitrage]'를 한다. 이들의 전략은 오로지 경쟁 알고리즘의 속도를 저하시키려는 의도로 메시지를 통해 거래소를 장악하는 것과 관련된다. 단지 메시지를 발행한 자만이 알기 때문에 무시해도 되는 메시지를 분석해야만 한다.

- **호가 댕글러[danglers]**: 이 전략은 스퀴즈[squeez]된 거래자들로 하여금 자신의 이익에 반하는 가격을 추종하도록 하는 호가를 보낸다. 오하라(2011)는 이런 파괴적 행동에 대한 증거를 제시하고 있다.

- **유동성 스퀴저:** 큰 손해를 본 대형 투자가들이 현재 포지션을 해제하려 할 때 약탈적 알고리즘은 동일한 방향으로 거래해 유동성을 최대한 없애 버린다. 그 결과 가격은 치솟고 이들은 이익을 보게 된다(Carlin et al., 2007).

- **팩 헌터[pack hunter]**: 독립적인 약탈자들이 서로의 행동을 알아차리고 연쇄적 효과를 발발시키는 기회를 극대화하고자 무리를 형성한다 (Donefer, 2010, Fabozzi et al., 2011, Jarrow and Protter, 2011). NANEX(2011)는 팩 헌터로 추정되는 무리들이 손절을 강요하는 것을 보여 준다. 비록 이들의 개별적 행동은 너무 소규모여서 감

독 당국의 의심을 받지 않지만, 이들의 집합적 행동은 시장을 조종할 수 있다. 이것이 사실이어도 이들은 탈중앙 상태에서 즉흥적으로 협력하기 때문에 담합을 증명하기는 무척 힘들다.

이런 약탈적 알고리즘은 호가 취소를 비롯한 다양한 주문 형태를 동원해 시장 조성자를 역선택하려 한다. 이들은 거래 기록에 여러 자취를 남기므로 호가 취소, 지정가 주문, 시장가 주문을 측정하면 의도에 관한 정보가 담긴 유용한 특성의 기초를 얻을 수 있다.

19.6.3 시간 가중 평균 가격 실행 알고리즘

이슬리 등(2012)은 특정 시간 가중 평균 가격TWAP, Time-Weighted Average Price을 목표로 하는 실행 알고리즘의 존재를 인식하는 방법을 설명했다. TWAP 알고리즘은 대규모 주문을 작은 것으로 분할한 후 일정한 시간 간격으로 제출해 미리 정의된 TWAP를 달성하려는 시도다. 이 저자들은 2010년 11월 7일과 2011년 11월 7일 사이의 E-mini S&P 500 선물 거래를 표본으로 선택했다. 이들은 하루를 24시간으로 나누고 각 시간별로 분과 관계 없이 초당 거래량을 덧붙였다. 그런 다음 이 합계된 거래량을 x축은 초당 거래량, y축은 일중 시점, z축은 종합된 거래량으로 정의된 공간의 곡면으로 도식화했다. 이 분석은 날짜가 지남에 따른 각 분당 거래량의 분포를 보여 줘 저빈도 투자가들의 대량 주문 실행을 시간 순서로 시간-공간상에서 찾을 수 있게 해준다. 1분 이내의 최대 밀집 거래량은 대부분 하루 중 매시간의 처음 몇 초 사이에 일어나는 경향이 있다. 이는 특히 00:00~01:00 GMT(아시아 증권 시장의 장 시작 시간), 05:00~09:00 GMT(영국과 유럽 증권 시장의 장 시작 시간), 13:00~15:00 GMT(미국 증권 시장의 장 시작 시간), 20:00~21:00 GMT(미국 증권 시장의 장 종료 시간)에 그러하다.

유용한 머신러닝 특성은 각 분의 시작 시점에서 주문의 불균형을 평가하고, 일관된 구성 요소가 있는지 결정하는 것이다. 대형 기관 투자가가 낸 TWAP 주문의 대규모 부분이 대기 중일 때 이들 대형 기관 투자가를 앞서서 거래하는 데 이용할 수 있다.

19.6.4 옵션 시장

무라브예프 등(Muravyev et al, 2013)은 미국 주식과 옵션으로부터의 미시
구조적 정보를 사용해 두 시장이 불일치되는 이벤트를 연구했다. 이들은
이런 불일치를 풋-콜 패리티put-call parity 호가에 내재된 기저 매매 호가 스프
레드 범위를 도출한 후 실제 주식의 매매 호가 스프레드 범위와 비교함으
로써 밝혀 냈다. 이들은 불일치가 주식 호가에 유리하게 해소되는 경향이
있고, 이는 옵션 호가가 경제적으로 주요한 정보를 갖지 않는다는 것을 의
미한다는 결론을 내렸다. 이들은 동시에 옵션 거래는 주식 가격에 포함되
지 않은 정보를 포함하고 있다는 것을 발견했다. 이런 발견은 주식 옵션을
비롯해 상대적으로 비유동적인 상품을 거래하는 포트폴리오 매니저들에게
는 그리 놀라운 일이 아니다. 희소한 가격이 정보적이더라도 호가가 장기
간 비합리적으로 남아 있을 수 있다.

크레머와 와인바움(Cremers and Weinbaum, 2010)은 상대적으로 비싼 콜을
가진 주식(높은 변동성 스프레드를 가짐과 동시에 변동성 스프레드의 변화가 심한
주식)이 상대적으로 비싼 풋을 가진 주식(낮은 변동성 스프레드를 가지면서 동
시에 변동성 변화가 낮은 주식)보다 주당 50 베이시스 포인트basis point만큼 더
높은 성과를 낸다는 것을 알아냈다. 이 예측 가능성의 정도는 옵션 유동성
이 높고, 주식 유동성이 낮으면 더 커진다.

이 관찰과 일맥상통하는 유용한 특성을 옵션 거래의 풋-콜이 내재된 주가
를 계산해 추출할 수 있다. 선물 가격은 미래 가치의 평균이나 기대값만을
나타낸다. 그러나 옵션 가격은 가격이 산정되고 있는 결과의 전체 분포를
도출할 수 있도록 해준다. 머신러닝 알고리즘은 다양한 행사가와 만기에
대해 계산된 여러 가지 지표의 패턴을 찾을 수 있다.

19.6.5 부호가 있는 주문 흐름의 계열 상관관계

토스 등(Toth et al. 2011)은 런던 주식 시장 주식의 부호가 있는 주문 흐름을 연구해 주문 부호가 여러 날 동안 양의 자기 상관관계를 가진다는 것을 발견했다. 이들은 이런 관찰을 설명해 줄 수 있는 두 가지 후보를 제시했는데 그것은 바로 '무리 짓기herding'와 '주문 분할order splitting'이다. 이들은 몇 시간 이하의 시간 스케일에서 주문 흐름이 지속적인 것은 분할 때문이며, 무리 짓기 때문이 아니라는 결론을 내렸다.

시장 미시 구조 이론이 주문 흐름 불균형의 지속성을 정보 기반 거래자의 존재 때문으로 설명한다면 부호가 있는 거래량의 계열 상관관계를 통해 이런 지속성의 강도를 측정해 보는 것이 의미가 있다. 이런 특성은 19.5절에서 알아본 특성들과 보완적인 역할을 할 것이다.

19.7 미시 구조적 정보란 무엇인가?

시장 미시 구조 문헌에서 주요 결함으로 간주되는 것을 설명하는 것으로 19장의 결론을 내리도록 하겠다. 이 주제에 대한 대부분의 논문과 책들은 비대칭 정보를 연구하고 전략적 에이전트가 어떻게 이것을 활용해 시장 조성자로부터 수익을 창출하는지 연구한다. 그러나 거래라는 맥락에서 정확히 정보가 어떻게 정의되는가? 불행하게도 미시 구조적 관점에서 정보에 대해 널리 수용되고 있는 정의는 없고, 문헌은 이 개념을 놀라우리만큼 느슨하게 비공식적으로 사용한다(López de Prado, 2017). 19.7절은 신호 처리에 기반을 두고 미시 구조적 연구에 적용할 수 있는 정보의 정의를 제시한다.

시장 조성자들이 특정 수준에서 유동성을 공급할 것인지, 수동적 호가를 취소할 것인지를 결정하는 데 흔히 사용하는 정보를 포함하는 특성 행렬 $X = \{X_t\}_{t=1, \ldots, T}$를 생각해 보자. 예를 들어, 열은 19장에서 지금까지 논의한 모든 특성, 즉 VPIN, 카일의 람다, 취소율 등이 될 수 있다. 행렬 X는

각 결정 지점마다 하나의 행을 가진다. 예를 들어, 시장 조성자는 매번 1만 건의 계약이 거래될 때마다 또는 가격에 심각한 변동이 있을 때마다(2장의 샘플링 기법을 상기해 보자) 유동성을 공급할 것인지, 시장에서 빠져나올 것인지를 재고할 수 있다. 첫째, 시장 조성 수익을 내는 관측에는 레이블 1을 부여하고, 시장 조성 손실을 내는 관측의 경우에는 레이블 0을 부여하는 배열 $y = \{y_t\}_{t=1,...,T}$을 도출한다(레이블링 기법은 3장 참고). 둘째, 훈련셋 (X, y)에 분류기를 적합화한다. 셋째, 새로운 샘플 외 관측값이 시점 $\tau > T$에 도착하면 레이블 $\hat{y}_\tau = E_\tau[y_\tau|X]$ 예측을 위해 적합화된 분류기를 사용한다. 넷째, 이 예측에 대한 교차 엔트로피 손실 L_t를 9.4절에서 설명한 대로 도출한다. 다섯째, 커널 밀도 추정기$^{KDE, Kernel Density Estimator}$를 음의 교차 엔트로피 손실의 배열, $\{-L_t\}_{t=T+1,...,\tau}$에 적합화해 CDF인 F를 도출한다. 여섯째, 시점 t에서의 미시 구조적 정보를 $\phi_\tau = F[-L_\tau]$로 추정한다. 여기서 $\phi_\tau \in (0, 1)$이다.

이 미시 구조적 정보는 시장 조성자의 결정 모델이 직면하는 복잡도로 이해할 수 있다. 정상적인 시장 조건하에서 시장 조성자는 낮은 교차 엔트로피 손실을 가진 정보 기반의 예측을 생성하고, 포지션을 취하는 거래자들에게 유동성을 공급함으로써 수익을 얻을 수 있다. 그러나 (비대칭적인) 정보 기반 거래자가 있다면 시장 조성자는 높은 교차 엔트로피 손실로 측정된 비합리적 예측을 생성하게 되고, 역선택을 당한다. 다시 말해 미시 구조적 정보는 오직 시장 조성자의 예측력에 대해서 상대적으로 정의되거나 측정될 수 있다. 이는 $\{\phi_\tau\}$가 금융 머신러닝 도구 상자^{toolkit}에서 중요한 특성이 돼야 한다는 것을 의미한다.

2010년 5월 6일의 플래시 크래시$^{flash crash}$ 사태를 고려해 보자. 시장 조성자들은 매수에 걸려 있는 수동적 호가 주문이 실행될 것으로 잘못 예측하고, 더 높은 가격에서 되팔았다. 폭락은 음성확한 하나의 예측 때문에 발생한 것이 아니라 수천 개의 추정 오류가 누적돼 발생한 것이다(Easley et al., 2011). 만약 시장 조성자들이 자신들 예측에서의 교차 엔트로피 손실이 증가하는 것을 지켜봤더라면 정보 기반 거래자의 존재와 위험하게 치솟는 역선택 확률에 대해 인식했을 것이다. 그랬다면 주문 흐름의 불균형을 멈출 수 있는 수준으로 매매 호가 스프레드를 넓힐 수 있었을 것이다. 매도자들이 더 이상 그런 할인가에 매도하길 꺼렸을 것이기 때문이다. 대신 시장 조성자들은 극도로 관대한 수준으로까지 계속 유동성을 공급했고, 궁극적으로 손절할 수밖에 없게 돼 시장과 감독 당국, 학계에 수개월 그리고 수년 동안 충격을 주는 유동성 위기를 초래했다.

연습 문제

19.1 E-mini S&P 500 선물 틱 데이터 시계열로부터

(a) 거래 부호의 계열을 도출하는 틱 규칙을 적용하라.

(b) CME(FIX tag 5797)에서 제공한 공격적 거래자의 방향과 비교하라. 틱 규칙의 정확도는 어떠한가?

(c) FIX tag 5797과 틱 규칙이 불일치하는 경우를 선택하라.

   (i) 이 불일치를 설명하는 뚜렷한 것이 보이는가?

   (ii) 이 불일치가 대규모 가격 점프와 연계돼 있는가? 또는 높은 취소율과의 연계성은? 또는 엷은 호가 크기는?

   (iii) 이런 불일치는 시장 활동이 높을 때와 낮을 때 중 어느 때 더 발생할 가능성이 높은가?

19.2 E-mini S&P 500 선물 틱 데이터의 시계열에 롤 모델을 계산하라.

(a) 계산된 σ_u^2와 c 값은 얼마인가?

(b) 이 계약이 세상에서 가장 유동성이 높은 상품이라는 것을 알고 있고, 가장 좁은 매매 호가 스프레드에서 거래된다면 이 값은 기대값과 일치하는가?

19.3 E-mini S&P 500 선물에 대해 고가-저가 변동성 추정량을 계산하라 (19.3.3절).

(a) 주별 값을 사용하면 종가-대-종가 수익률의 표준 편차로부터 얼마나 차이 나는가?

(b) 일별 값을 사용하면 종가-대-종가 수익률의 표준 편차로부터 얼마나 차이 나는가?

(c) 일별 평균 50 바에 대한 달러 바를 사용하면 종가-대-종가 수익률의 표준 편차로부터 얼마나 차이 나는가?

19.4 E-mini S&P 500 선물의 일별 계열에 코윈-슐츠 추정기를 적용하라.

(a) 기대 매매 호가 스프레드는 무엇인가?

(b) 내재 변동성은 무엇인가?

(c) 이 계산은 연습 문제 2와 3에서 계산한 이전 결과에 일치하는가?

19.5 다음에서 카일의 람다를 계산하라.

(a) 틱 데이터

(b) E-mini S&P 500 선물에 대한 달러 바의 시계열, 여기서

 (i) b_t는 거래 부호의 거래량-가중 평균

 (ii) V_t는 바에서의 거래량의 합

 (iii) Δp_t는 두 연속 바 사이의 가격 변화

19.6 연습 문제 5를 반복하라. 이번에는 하스브룩의 람다를 적용하라. 결과가 일치하는가?

19.7 연습 문제 5를 반복하라. 이번에는 아미후드의 람다를 적용하라. 결과가 일치하는가?

19.8 E-mini S&P 500 선물에 대한 거래량 바의 시계열을 형성하라.

(a) 2010년 5월 6일(플래시 크래시)의 VPIN의 계열을 계산하라.

(b) VPIN과 가격의 계열을 그려라. 무엇이 보이는가?

19.9 E-mini S&P 500 선물의 거래 크기 분포를 계산하라.

(a) 전 기간에 대해

(b) 2010년 5월 6일에 대해

(c) 두 분포 모두에 대해 콜모고로프-스미르노프 검정을 수행하라. 95% 신뢰 수준에서 서로 유의한 수준으로 다른가?

19.10 E-mini S&P 500 선물 데이터셋에 대해 일별 호가 취소율과 시장가 주문 비율의 시계열을 계산하라.

    (a) 두 계열 간의 상관관계는 무엇인가? 통계적으로 유의한가?

    (b) 두 계열과 일별 변동성의 상관관계는 무엇인가? 기대와 같은가?

19.11 E-mini S&P 500 선물 틱 데이터에 대해

    (a) 매분 처음 5초 내에 실행된 거래량의 분포를 계산하라.

    (b) 매분 실행된 거래량의 분포를 계산하라.

    (c) 양쪽 분포에 대해 콜모고로프-스미르노프 검정을 계산하라. 95% 신뢰 수준에서 서로 유의하게 다른가?

19.12 E-mini S&P 500 선물 틱 데이터에 대해

    (a) 부호가 있는 거래량의 1차 계열 상관관계를 계산하라.

    (b) 95% 신뢰 수준에서 통계적으로 유의한가?

참고 자료

Abad, D. and J. Yague(2012): "From PIN to VPIN." *The Spanish Review of Financial Economics*, Vol. 10, No. 2, pp. 74~83.

Aitken, M. and A. Frino(1996): "The accuracy of the tick test: Evidence from the Australian Stock Exchange." *Journal of Banking and Finance*, Vol. 20, pp. 1715~1729.

Amihud, Y. and H. Mendelson(1987): "Trading mechanisms and stock returns: An empirical investigation." *Journal of Finance*, Vol. 42, pp. 533~553.

Amihud, Y.(2002): "Illiquidity and stock returns: Cross-section and time-series effects." *Journal of Financial Markets*, Vol. 5, pp. 31~56.

Andersen, T. and O. Bondarenko(2013): "VPIN and the Flash Crash." *Journal of Financial Markets*, Vol. 17, pp. 1~46.

Beckers, S.(1983): "Variances of security price returns based on high, low and closing prices." *Journal of Business*, Vol. 56, pp. 97~112.

Bethel, E. W., Leinweber. D., Rubel, O. and K. Wu(2012): "Federalmarket information technology in the post-flash crash era: Roles for supercomputing." *Journal of Trading*, Vol. 7, No. 2, pp. 9~25.

Carlin, B., M. Sousa Lobo and S. Viswanathan(2005): "Episodic liquidity crises. Cooperative and predatory trading." *Journal of Finance*, Vol. 42, No. 5 (October), pp. 2235~2274.

Cheung, W., R. Chou, A. Lei(2015): "Exchange-traded barrier option and VPIN." *Journal of Futures Markets*, Vol. 35, No. 6, pp. 561~581.

Corwin, S. and P. Schultz(2012): "A simple way to estimate bid-ask spreads from daily high and low prices." *Journal of Finance*, Vol. 67, No. 2, pp. 719~760.

Cremers, M. and D. Weinbaum(2010): "Deviations from put-call parity and stock return predictability." *Journal of Financial and Quantitative Analysis*, Vol. 45, No. 2 (April), pp. 335~367.

Donefer, B.(2010): "Algos gone wild. Risk in the world of automated trading strategies." *Journal of Trading*, Vol. 5, pp. 31~34.

Easley, D., N. Kiefer, M. O'Hara and J. Paperman(1996): "Liquidity, information and infrequently traded stocks." *Journal of Finance*, Vol. 51, No. 4, pp. 1405~1436.

Easley, D., R. Engle, M. O'Hara and L. Wu(2008): "Time-varying arrival rates of informed and uninformed traders." *Journal of Financial Econometrics*, Vol. 6, No. 2, pp. 171~207.

Easley, D., M. López de Prado and M. O'Hara(2011): "The microstructure of the flash crash." *Journal of Portfolio Management*, Vol. 37, No. 2(Winter), pp. 118~128.

Easley, D., M. López de Prado and M. O'Hara(2012a): "Flow toxicity and liquidity in a high frequency world." *Review of Financial Studies*, Vol. 25, No. 5, pp. 1457~1493.

Easley, D., M. López de Prado and M. O'Hara(2012b): "The volume clock: Insights into the high frequency paradigm." *Journal of Portfolio Management*, Vol. 39, No. 1, pp. 19~29.

Easley, D., M. López de Prado and M. O'Hara(2013): *High-Frequency Trading: New Realities for Traders, Markets and Regulators*, 1st ed. Risk Books.

Easley, D., M. López de Prado and M. O'Hara(2016): "Discerning information from trade data." *Journal of Financial Economics*, Vol. 120, No. 2, pp. 269~286.

Eisler, Z., J. Bouchaud and J. Kockelkoren(2012): "The impact of order book events: Market orders, limit orders and cancellations." *Quantitative Finance*, Vol. 12, No. 9, pp. 1395~1419.

Fabozzi, F., S. Focardi and C. Jonas(2011): "High-frequency trading. Methodologies and market impact." *Review of Futures Markets*, Vol. 19, pp. 7~38.

Hasbrouck, J.(2007): *Empirical Market Microstructure*, 1st ed. Oxford University Press.

Hasbrouck, J.(2009): "Trading costs and returns for US equities: Estimating effective costs from daily data." *Journal of Finance*, Vol. 64, No. 3, pp. 1445~1477.

Jarrow, R. and P. Protter(2011): "A dysfunctional role of high frequency trading n electronic markets." *International Journal of Theoretical and Applied Finance*, Vol. 15, No. 3.

Kim, C., T. Perry and M. Dhatt (2014): "Informed trading and price discovery around the clock." *Journal of Alternative Investments*, Vol 17, No. 2, pp. 68~81.

Kyle, A.(1985): "Continuous auctions and insider trading." *Econometrica*, Vol. 53, pp. 1315~1336.

Lee, C. and M. Ready(1991): "Inferring trade direction from intraday data." *Journal of Finance*, Vol. 46, pp. 733~746.

López de Prado, M.(2017): "Mathematics and economics: A reality check." *Journal of Portfolio Management*, Vol. 43, No. 1, pp. 5~8.

Muravyev, D., N. Pearson and J. Broussard(2013): "Is there price discovery in equity options?" *Journal of Financial Economics*, Vol. 107, No. 2, pp. 259~283.

NANEX(2011): "Strange days: June 8, 2011—NatGas Algo." NANEX blog. Available at www.nanex.net/StrangeDays/06082011.html.

O'Hara, M.(1995): *Market Microstructure*, 1st ed. Blackwell, Oxford.

O'Hara, M.(2011): "What is a quote?" *Journal of Trading*, Vol. 5, No. 2 (Spring), pp. 10~15.

Parkinson, M.(1980): "The extreme value method for estimating the variance of the rate of return." *Journal of Business*, Vol. 53, pp. 61~65.

Patzelt, F. and J. Bouchaud(2017): "Universal scaling and nonlinearity of aggregate price impact in financial markets." Working paper. Available at https://arxiv.org/abs/1706.04163.

Roll, R.(1984): "A simple implicit measure of the effective bid-ask spread in an efficient market." *Journal of Finance*, Vol. 39, pp. 1127~1139.

Stigler, Stephen M.(1981): "Gauss and the invention of least squares." *Annals of Statistics*, Vol. 9, No. 3, pp. 465~474.

Song, J, K.Wu and H. Simon(2014): "Parameter analysis of the VPIN (volume synchronized probability of informed trading) metric." In Zopounidis, C., ed., *Quantitative Financial Risk Management: Theory and Practice*, 1st ed. Wiley.

Toth, B., I. Palit, F. Lillo and J. Farmer(2011): "Why is order flow so persistent?" Working paper. Available at https://arxiv.org/abs/1108.1632.

Van Ness, B., R. Van Ness and S. Yildiz(2017): "The role of HFTs in order flow toxicity and stock price variance and predicting changes in HFTs' liquidity provisions." *Journal of Economics and Finance*, Vol. 41, No. 4, pp. 739~762.

Wei, W., D. Gerace and A. Frino(2013): "Informed trading, flow toxicity and the impact on intraday trading factors." *Australasian Accounting Business and Finance Journal*, Vol. 7, No. 2, pp. 3~24.

5부
고성능 컴퓨팅 비법

20

다중 처리와 벡터화

20.1 동기

머신러닝에서 다중 처리multiprocessing는 필수적이다. 머신러닝 알고리즘은 계산량이 많아서 CPU, 서버, 클러스터 등 모든 것의 효율적 사용이 요구된다. 이런 이유로 책 전반에 걸쳐 설명한 대부분의 함수는 비동기 다중 처리로 설계됐다. 예를 들어, mpPandasObj라고 불리는 비밀스러운 함수를 한 번도 정의하지 않은 채 빈번하게 사용했다. 20장에서는 이 함수들이 하는 일을 설명할 것이다. 이 밖에 다중 처리 엔진을 개발하는 방법도 자세히 알아볼 것이다. 20장에서 설명하는 프로그램의 구조는 프로그램의 실행을 위해 사용되는 하드웨어 구조와는 무관하므로 단일 서버의 코어를 사용하든, 다중으로 연결된 서버(예를 들어, 고성능 컴퓨팅 클러스터 또는 클라우드)에 분산된 코어를 사용하든 상관없다.

20.2 벡터화 예제

벡터화vectorization는 배열 프로그래밍으로 알려져 있는데 병렬화의 가장 간단한 예제로서 이를 통해 연산이 전체 값의 집합에 한 번에 적용된다. 최소

한의 예로서 차원마다 2개의 노드를 가진 3차원 공간에서 무차별 대입으로 검색해야 한다고 가정해 보자. 벡터화를 하지 않고 카티션 곱$^{Cartesian\ product}$을 구현하면 코드 20.1에서 보는 것처럼 된다. 만약 100차원을 검색하거나 차원의 수가 실행 시간에 사용자에 의해 정의된다면 이 코드가 어떻게 보이겠는가?

코드 20.1 벡터화하지 않은 카티션 곱

```
# 리스트의 딕셔너리  카티션 곱
dict0={'a':['1','2'],'b':['+','*'],'c':['!','@']}
for a in dict0['a']:
    for b in dict0['b']:
        for c in dict0['c']:
            print {'a':a,'b':b,'c':c}
```

벡터화된 해법에서는 모든 명시적 반복 연산자(예: For. . .loops)를 행렬 대수 연산이나 컴파일된 반복 연산자나 생성자로 대체한다. 코드 20.2는 코드 20.1의 벡터화된 버전을 구현한다. 벡터화된 버전은 네 가지 이유로 선호된다. (1) 느린 중첩 For. . .loops가 빠른 반복 연산자로 대체된다. (2) 코드는 dict0의 차원 수로부터 격자 형태의 차원을 도출한다. (3) 코드를 수정하지 않고도 100차원을 실행할 수 있고, 100번의 For. . .loops가 필요하지 않다. (4) 파이썬은 C 또는 C++ 연산을 수행할 수 있다.

코드 20.2 벡터화된 카티션 곱

```
# 리스트들의 딕셔너리  카티션 곱
from itertoolsimport izip,product
dict0={'a':['1','2'],'b':['+','*'],'c':['!','@']}
jobs=(dict(izip(dict0,i)) for i in product(*dict0.values()))
for i in jobs:print i
```

20.3 단일 스레드 대 다중 스레딩 대 다중 처리

현대의 컴퓨터는 복수개의 CPU 소켓을 갖고 있다. 각 CPU는 여러 코어(프로세서)를 갖고 있고, 각 코어는 다수의 스레드를 갖고 있다. 다중-스레딩 multitheading은 여러 응용이 같은 코어 아래에 있는 둘 이상의 스레드에서 병렬로 실행되는 기술이다. 다중-스레딩의 이점 중 하나는 응용이 동일한 코어를 사용하므로 동일한 메모리 공간을 사용한다는 점이다. 이는 다수의 응용이 동일한 메모리 공간에 쓰기 시도를 할 수 있는 위험을 초래할 수 있다. 이를 막고자 GIL Global Interpreter Lock은 코어당 한 번에 하나의 스레드에만 쓰기 권한을 부여한다. GIL 아래에서 파이썬의 다중-스레딩은 프로세스당 하나의 스레드로 제한된다. 이런 이유로 파이썬은 실질적인 다중-스레딩이 아니라 다중 처리 multiprocessing를 통해 병렬 처리를 수행한다. 프로세서들은 메모리 공간을 공유하지 않으므로 다중 처리는 동일한 메모리 공간에 쓰게 되는 리스크가 없다. 그러나 이 경우 프로세스 간에 객체를 공유하는 것이 힘들어진다.

단일 스레드 single-thread로만 실행되도록 구현돼 있는 파이썬 함수는 컴퓨터나 서버 또는 클러스터의 능력의 일부만 사용하고 있는 셈이다. 단일 스레드로 구현됐을 때 비효율적으로 수행되는 간단한 작업의 예를 살펴보자. 코드 20.3은 길이가 1,000인 1만 개의 가우시안 분포 프로세스가, 너비가 표준 편차의 50배가 되는 대칭형 이중 배리어에 도달하는 가장 빠른 시간을 찾는다.

코드 20.3 이중 배리어에 한 번 도달하는 단일 스레드의 구현

```
import numpy as np
#───────────────────────────────
def main0():
    # 경로-의존성: 순차적 구현
    r=np.random.normal(0,.01,size=(1000,10000))
```

```
        t=barrierTouch(r)
    return
#————————————————————————————
def barrierTouch(r,width=.5):
    # 처음 배리어에 도달하는 인덱스 탐색
    t,p={},np.log((1+r).cumprod(axis=0))
    for j in xrange(r.shape[1]): # 열을 따라 진행
        for i in xrange(r.shape[0]): # 행을 따라 진행
            if p[i,j]>=width or p[i,j]<=-width:
                t[j]=i
                continue
    return t
#————————————————————————————
if name ==' main ': import timeit
    print min(timeit.Timer('main0()',setup='from main import main0').
            repeat(5,10))
```

이 구현을 코드 20.4와 비교하자. 이제 코드는 앞의 문제를 24개의 과제로 분할하고, 프로세서당 하나로 만든다. 과제는 그다음 24개 프로세서를 이용해 비동기적으로 병렬 수행된다. 만약 동일한 코드를 5,000개 CPU의 클러스터에서 수행하면 경과 시간은 단일 스레드 구현에 비해 대략 1/5000로 줄어들 것이다.

코드 20.4 이중 배리어에 한 번 도달하는 다중 스레드 구현

```
import numpy as np
import multiprocessing as mp
#————————————————————————————
def main1():
    # 경로-의존성: 다중 스레드 구현
    r,numThreads=np.random.normal(0,.01,size=(1000,10000)),24
    parts=np.linspace(0,r.shape[0],min(numThreads,r.shape[0])+1)
    parts,jobs=np.ceil(parts).astype(int),[]
    for i in xrange(1,len(parts)):
        jobs.append(r[:,parts[i-1]:parts[i]]) # 병렬 처리
```

```
    pool,out=mp.Pool(processes=numThreads),[]
    outputs=pool.imap_unordered(barrierTouch,jobs)
    for out_ in outputs:out.append(out_) # 비동기 반응
    pool.close();pool.join()
    return
#————————————————————————————————————
if name =='main ':
    import timeit
    print min(timeit.Timer('main1()',setup='from main import main1').
repeat(5,10))
```

더 나아가 병렬 프로세스가 벡터화된 판다스 객체를 포함하는 서브 루틴을 실행하는 3장의 applyPtSlOnT1 함수에서 그랬던 것처럼 동일한 코드로 다중 처리 벡터화 함수를 구현할 수도 있다. 여기서 이런 방법을 사용하면 두 수준의 병렬화를 동시에 성취할 수 있다. 그러나 여기서 멈출 필요가 있을까? HPC 클러스터에서 벡터화된 코드의 다중 처리 인스턴스를 실행함으로써 세 수준의 병렬화를 한 번에 달성할 수 있다. 여기서 클러스터의 각 노드는 세 번째 병렬화를 제공한다. 다음 절에서는 다중 처리가 어떻게 작동하는지 설명한다.

20.4 원자와 분자

작업의 병렬화를 준비할 때는 원자와 분자를 구분하는 것이 유용하다. 원자는 더 이상 나눌 수 없는 작업이다. 이런 작업을 단일 스레드에 순차적으로 수행하는 대신 이를 분자로 그룹화하고, 다중 프로세서를 사용해 병렬로 처리할 수 있다. 각 분자는 순차적으로 처리될 원자들의 집합으로, 콜백 callback 함수를 통해 단일 스레드로 처리된다. 병렬화는 분자 레벨에서 일어난다.

20.4.1 선형 분할

분자를 형성하는 가장 간단한 방법은 원자의 리스트를 동일한 크기의 부분 집합으로 분할하는 것이다. 여기서 부분 집합의 개수는 프로세서의 개수와 원자의 개수 중 작은 수로 정한다. N개의 부분 집합을 위해서는 이 분할을 둘러싸는 $N+1$개의 인덱스가 필요하다. 이 로직은 코드 20.5에 있다.

코드 20.5 linParts 함수

```python
import numpy as np #
def linParts(numAtoms,numThreads):
    # 단일 루프로 원자들을 분할
    parts=np.linspace(0,numAtoms,min(numThreads,numAtoms)+1)
    parts=np.ceil(parts).astype(int)
    return parts
```

이중으로 중첩된 루프를 포함하는 연산은 흔히 볼 수 있다. 예를 들어, SADF 계열(17장)을 계산하는 것, 다중 배리어 도달을 계산하는 것(3장), 오정렬된 계열에서의 공분산 행렬을 계산하는 것 등이 있다. 이런 상황에서 원자 단위의 작업들을 선형 분리하는 것은 비효율적이다. 몇몇 프로세서에서 다른 것보다 훨씬 대규모 연산을 풀어야 하기 때문인데 이때 계산 시간은 가장 무거운 분자에 종속된다. 부분적인 해결 방법은 원자 단위 작업들을 프로세서 개수의 배수가 되는 작업 수로 분할하는 것이다. 그리고 무거운 분자를 작업 큐queue에 먼저 배치한다. 이렇게 하면 가벼운 분자molecules가 무거운 분자를 먼저 완성한 프로세서에 배분돼 작업 큐가 모두 빌 때까지 모든 CPU가 바쁘게 돌아가도록 할 것이다. 20.4.2절에서는 보다 완전한 해법을 알아본다. 그림 20-1은 동일한 복잡도를 가진 20개의 원자 단위 작업을 6개 분자로 선형 분할하는 것을 나타냈다.

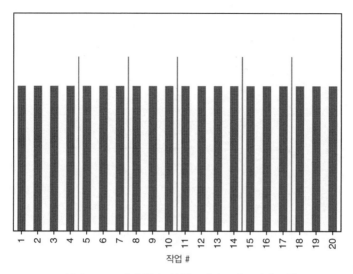

그림 20-1 20개의 원자 작업을 6개의 분자로 선형 분할

20.4.2 이중 루프 분할

외부 루프는 $i = 1, ..., N$을 반복하고, 내부 루프는 $j = 1, ..., i$를 반복하는 이중 루프를 고려해 보자. 이런 원자 단위 작업들 $\{(i, j)|1 \leq j \leq i,\ i = 1, ...,\ N\}$은 하위 삼각 행렬(주대각 원소 포함)로 정렬할 수 있다. 이는 $\frac{1}{2}N(N-1)$ $+ N = \frac{1}{2}N(N+1)$ 연산을 수반하는데 $\frac{1}{2}N(N-1)$은 비대각, N은 대각이다. 이런 원자 단위 작업을 행들의 M개 부분 집합 $\{S_m\}_{m=1,...,M}$으로 분할해 각각이 대략 $\frac{1}{2M}N(N+1)$개의 작업을 갖도록 한다. 다음 알고리즘은 각 부분 집합(분자)을 구성하는 행들을 결정한다.

첫 번째 부분 집합 S_1은 처음 r_1개의 행으로 이루어져 있는데, 즉 $S = \{1, ..., r\}$이고, 전체 아이템의 개수는 $\frac{1}{2}r(r+1)$이다. 이때 r_1은 $\frac{1}{2}r_1(r_1+1) = \frac{1}{2M}N(N+1)$ 조건을 만족해야만 한다. r_1에 대해 풀면 다음과 같은 양의 근을 얻는다.

$$r_1 = \frac{-1 + \sqrt{1 + 4N(N+1)M^{-1}}}{2}$$

두 번째 부분 집합은 행 $S_2 = \{r_1 + 1, \ldots, r_2\}$로 구성되고, 전체 아이템 개수는 $\frac{1}{2}(r_2 + r_1 + 1)(r_2 - r_1)$이다. 그러면 r_2는 반드시 조건 $\frac{1}{2}(r_2 + r_1 + 1)(r_2 - r_1) = \frac{1}{2M}N(N + 1)$을 만족해야 한다. r_2에 대해 풀면 다음과 같은 양의 근을 얻는다.

$$r_2 = \frac{-1 + \sqrt{1 + 4\left(r_1^2 + r_1 + N(N + 1)M^{-1}\right)}}{2}$$

동일한 논리를 이후의 부분 집합 $S_m = \{r_{m-1} + 1, \ldots, r_m\}$에 대해 반복하면 개수는 $\frac{1}{2}(r_m + r_{m-1} + 1)(r_m - r_{m-1})$이다. 그러면 r_m은 $\frac{1}{2}(r_m + r_{m-1} + 1)(r_m - r_{m-1}) = \frac{1}{2M}N(N + 1)$ 조건을 만족해야만 한다. r_m에 대해 풀면 다음과 같은 양의 근을 얻는다.

$$r_m = \frac{-1 + \sqrt{1 + 4\left(r_{m-1}^2 + r_{m-1} + N(N + 1)M^{-1}\right)}}{2}$$

r_m은 r_1로 축소된다는 것은 쉽게 알 수 있다. 여기서 $r_{m-1} = r_0 = 0$이다. 행의 숫자는 양의 정수이므로 앞의 결과는 가장 가까운 자연수로 반올림된다. 이는 어떤 분할의 크기가 $\frac{1}{2M}N(N + 1)$로부터 살짝 벗어날 수 있다는 것을 의미할 수도 있다. 코드 20.6은 이런 로직을 구현한 것이다.

코드 20.6 nestedParts 함수

```
def nestedParts(numAtoms,numThreads,upperTriang=False):
    # 내부 루프 원소들의 분할
    parts,numThreads_=[0],min(numThreads,numAtoms)
    for num in xrange(numThreads_):
        part=1 + 4*(parts[-1]**2+parts[-1]+numAtoms*(numAtoms+1.)/ numThreads_)
        part=(-1+part**.5)/2.
        parts.append(part)
    parts=np.round(parts).astype(int)
    if upperTriang: # 첫 번째 행이 가장 무겁다.
```

```
        parts=np.cumsum(np.diff(parts)[::-1])
        parts=np.append(np.array([0]),parts)
    return parts
```

외부 루프가 $i = 1, ..., N$을 반복하고 내부 루프가 $j = i, ..., N$을 반복하면
이런 원자 작업들 $\{(i, j)|1 \leq i \leq j, j = 1, ..., N\}$을 상위 삼각 행렬(주대각 원소
포함)로 정렬할 수 있다. 이 경우 인수 upperTriang=True는 함수 nestedParts
에 전달돼야만 한다. 이는 상자 채우기 문제의 특별한 경우다. 그림 20-2
는 증가하는 복잡도를 가진 원자들의 이중 루프를 분자로 분할하는 것을
보여 준다. 그 결과 6개의 분자는 다른 것보다 20배 더 힘든 과제를 갖지
만, 비슷한 양의 작업을 가진다.

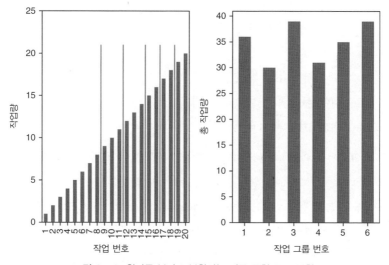

그림 20-2 원자를 분자로 분할하는 이중 중첩 루프 분할

20.5 다중 처리 엔진

다중 처리된 함수를 위해 병렬화 래퍼^{wrapper}를 만드는 것은 잘못이다. 그
대신 알려지지 않은 함수를 인수나 출력 구조와 무관하게 병렬화하는 라이
브러리를 개발해야 한다. 이것이 다중 처리 엔진의 목표다. 20.5절에서는

그러한 엔진 중 하나를 알아보는데, 로직을 한 번 이해해 두면 모든 종류의 맞춤형 속성과 함께 자신만의 것을 개발할 수 있는 준비가 된다.

20.5.1 작업 준비

19장에서는 mpPandasObj를 빈번하게 사용했다. 그 함수는 6개의 인수를 받는데 그중 4개는 선택적이다.

- func: 병렬로 처리되는 콜백 함수
- pdObj: 다음을 갖는 튜플
  - 분자를 콜백 함수에 전달하는 데 사용되는 인수의 이름
  - 나눌 수 없는 작업(원소)의 분자로 그룹화된다.
- numThreads: 병렬로 사용될 스레드 개수(하나의 프로세서당 하나의 스레드)
- mpBatches: 병렬 배치 개수(코어당 작업 수)
- linMols: 분할이 선형인지, 이중 루프인지
- kargs: func에 필요한 키워드 인수

코드 20.7은 mpPandasObj가 어떻게 작동하는지 보여 준다. 첫째, 원자들은 linParts(분자별로 동일한 원자 수) 또는 nestedParts(원자들은 하위 삼각 구조에 분포)를 사용해 분자로 그룹화한다. mpBatches가 1보다 크면 코어보다 분자 수가 많은 것이다. 작업을 10개의 분자로 나누는데 분자 1의 작업이 다른 분자들보다 2배 더 많다고 가정하자. 이 프로세스를 10개의 코어에 실행하면 9개 코어는 실행 시간의 반 이상이 가동되지 않은 상태로 첫 번째 코어가 분자 1을 처리 완료하기만을 기다리게 된다. mpBatches=10으로 설정해 과제를 100개의 분자로 분할할 수도 있다. 이렇게 하면 처음 10개 분자는 그다음 20개 분자의 시간만큼을 소요하겠지만, 모든 코어는 동일한 부하를 받게 된다. 이 예에서 mpBatches=10으로 설정하면 mpBatches=1로 설정했을 때의 반밖에 시간이 걸리지 않을 것이다.

둘째, 작업 리스트를 형성한다. 작업은 분자를 처리하는 데 필요한 모든 정보를 갖고 있는 딕셔너리다. 즉 콜백 함수, 키워드 인수, 분자를 구성하는 원자들의 부분 집합 등이다. 셋째, numThreads=1이면(코드 20.8 참고) 일을 순차적으로 처리하고, 그렇지 않으면 병렬로 처리한다(20.5.2절 참고). 순차적 일 처리 옵션이 필요한 이유는 디버깅을 위해서다. 프로그램이 다중 처리를 하고 있으면 버그를 찾는 것이 어렵다.[1] 코드가 디버깅되고 나면 numThreads>1로 설정한다. 넷째, 각 분자로부터의 결과를 하나의 리스트나 시리즈 또는 데이터프레임으로 묶는다.

코드 20.7 이 책의 곳곳에 사용된 mpPandasObj

```
def mpPandasObj(func,pdObj,numThreads=24,mpBatches=1,linMols=True,**kargs):
    '''
    작업을 병렬화 데이터프레임이나 시리즈를 반환
    + func: 병렬화하려는 함수. DataFrame 반환
    + pdObj[0]: 분자를 전달하기 위한 인수의 이름
    + pdObj[1]: 분자로 그룹화될 원자들의 리스트
    + kargs: 함수에 필요한 다른 인수들
    Example: df1=mpPandasObj(func,('molecule',df0.index),24,**kargs)
    '''
    import pandas as pd
    if linMols:parts=linParts(len(pdObj[1]),numThreads*mpBatches)
    else:parts=nestedParts(len(pdObj[1]),numThreads*mpBatches)
    jobs=[]
    for i in xrange(1,len(parts)):
        job={pdObj[0]:pdObj[1][parts[i-1]:parts[i]],'func':func}
        job.update(kargs)
        jobs.append(job)
    if numThreads==1:out=processJobs_(jobs)
    else:out=processJobs(jobs,numThreads=numThreads)
    if isinstance(out[0],pd.DataFrame):df0=pd.DataFrame()
```

---

[1] 하이젠버그(Heisenbugs)는 하이젠베르크(Heisenberg)의 불확실성 원리에서 이름을 차용한 것으로, 조사하는 도중 행동을 바꾸는 버그를 의미한다. 다중 처리의 버그가 좋은 예다.

```
elif isinstance(out[0],pd.Series):df0=pd.Series()
else:return out
for i in out:
df0=df0.append(i)
return df0.sort_index()
```

20.5.2절에서 코드 20.8의 processJobs 함수에 대한 병렬 처리 버전을 볼
수 있다.

코드 20.8 디버깅 목적을 위한 단일 스레드 실행

```
def processJobs_(jobs):
    # 디버깅을 위해 작업을 순차적으로 실행
    out=[]
    for job in jobs:
        out_=expandCall(job)
        out.append(out_)
    return out
```

20.5.2 비동기 호출

파이썬에는 multiprocessing이라 불리는 병렬화 라이브러리가 있다. 이 라
이브러리는 joblib[2]과 같은 병렬 처리 엔진 기반이며, sklearn의 많은 알고
리즘이 사용하는 엔진이다.[3] 코드 20.9는 파이썬 다중 프로세싱 라이브러
리를 비동기 방식으로 호출하는 방법을 보여 주고, reportProgress 함수는
진행 중인 프로세스의 진척도를 알려 준다.

---

2 https://pypi.python.org/pypi/joblib
3 http://scikit-learn.org/stable/developers/performance.html#multi-core-parallelism-using-joblib-
   paralle

```
import multiprocessing as mp
#————————————————————————
def reportProgress(jobNum,numJobs,time0,task):
    # 비동기 작업이 끝남에 따른 진도 보고
    msg=[float(jobNum)/numJobs,(time.time()-time0)/60.]
    msg.append(msg[1]*(1/msg[0]-1))
    timeStamp=str(dt.datetime.fromtimestamp(time.time()))
    msg=timeStamp+' '+str(round(msg[0]*100,2))+'% '+task+' done after '+ \
        str(round(msg[1],2))+' minutes. Remaining '+str(round(msg[2],2))+' \
        minutes.'
    if jobNum<numJobs:sys.stderr.write(msg+'\r') else:sys.stderr.write(msg+'\n')
    return
#————————————————————————
def processJobs(jobs,task=None,numThreads=24):
    # 병렬 수행
    # 작업은 'func' 콜백을 가져야 한다, 예를 들면 expandCall
    if task is None:task=jobs[0]['func'].__name__
    pool=mp.Pool(processes=numThreads)
    outputs,out,time0=pool.imap_unordered(expandCall,jobs),[],time.time()
    # 비동기 출력 처리, 진도 보고
    for i,out_ in enumerate(outputs,1):
        out.append(out_)
        reportProgress(i,len(jobs),time0,task)
    pool.close();pool.join() # 메모리 누수를 막는 데 필요
    return out
```

20.5.3 콜백 언래핑

코드 20.9에서 명령어 pool.imap_unordered()는 jobs(분자)에 있는 모든 아이템을 단일 스레드로 실행함으로써 expandCall을 병렬화했다. 코드 20.10은 작업(분자)에 있는 아이템(원자들)을 언랩[unwrap]하고 콜백 함수를 실행하는 expandCall을 리스트한다. 이 작은 함수가 병렬 처리 엔진의 핵심 트릭이다. 이는 딕셔너리를 작업으로 변환한다. 이 역할을 이해하면 스스로 엔

진을 개발할 수 있을 것이다.

코드 20.10 작업(분자)을 콜백 함수에 전달

```
def expandCall(kargs):
    # 콜백 함수의 인수 확장, kargs['func']
    func=kargs['func']
    del kargs['func']
    out=func(**kargs)
    return out
```

20.5.4 피클/언피클 객체

다중 처리는 서로 다른 프로세서에 메서드를 할당하고자 메서드를 피클 pickle해야 한다. 문제는 bound 메서드는 피클화되지 않는다는 것이다.[4] 한 가지 해결책은 이런 종류의 객체를 어떻게 다뤄야 하는지 라이브러리에게 알려줄 수 있는 기능을 엔진에 추가하는 것이다. 이런 코드가 필요한 정확하고 자세한 이유는 아서 등(Ascher et al., 2005)의 7.5절을 참고하자.

코드 20.11 엔진 도입부에 이 코드를 두자

```
def _pickle_method(method):
    func_name=method.im_func. name
    obj=method.im_self
    cls=method.im_class
    return _unpickle_method,(func_name,obj,cls)
#
def _unpickle_method(func_name,obj,cls):
    for cls in cls.mro():
```

---

4 http://stackoverflow.com/questions/1816958/cant-pickle-type-instancemethod-when-using-pythonsmultiprocessing-pool-ma.

```
        try:func=cls. dict [func_name]
        except KeyError:pass
    return func. get (obj,cls)
#————————————————————————
import copy_reg,types,multiprocessing as mp
copy_reg.pickle(types.MethodType,_pickle_method,_unpickle_method)
```

20.5.5 출력 축소

과제를 24개 분자로 나눠 엔진이 각 분자에게 가용한 코어 하나를 할당하는 경우를 가정해 보자. 코드 20.9의 processJobs 함수는 24개의 출력을 포착해 하나의 리스트에 저장할 것이다. 이 방법은 대규모 출력이 동반되지 않는 경우에 효과적이다. 출력들을 단일 출력으로 병합하려면 마지막 분자가 완료될 때까지 기다린 후 리스트의 아이템을 처리해야 한다. 출력들의 크기나 개수가 작다면 이후 처리 지연 시간은 그다지 크지 않다.

그러나 출력이 대규모 RAM을 차지하거나 이런 출력을 하나의 출력으로 병합하고자 모든 출력을 리스트로 저장해야 한다면 메모리 오류를 초래할 수도 있다. 따라서 출력 결과는 func에 의해 비동기화 방식으로 반환될 것이므로 마지막 분자가 완료되길 기다리는 대신 그때그때 출력 축소 연산을 수행하는 것이 좋다. 이 문제는 processJobs를 개선함으로써 해결할 수 있다. 특히 여기서는 세 가지 추가 인수를 사용해 분자 출력이 어떻게 단일 출력으로 축소돼야 하는지 결정할 수 있도록 해야 한다. 코드 20.12는 세 가지 새로운 인수를 포함하는 processJobs의 보강된 버전을 보여 준다.

- redux: 이 인수는 축소를 수행하는 함수의 콜백이다. 예를 들어, 출력 데이터프레임이 서로 합산돼야 한다면 redux=pd.DataFrame. add처럼 설정할 수 있다.

- reduxArgs: 이 인수는 redux에 전달해야 할(만약 있다면) 키워드 인수를 담고 있는 딕셔너리다. 예를 들어, redux=pd.DataFrame.join라면, reduxArgs={'how':'outer'}와 같은 값을 설정했을 것이다.

- reduxInPlace: 이 인수는 redux 연산을 in-place[5]로 할 것인지, 아니면 하지 않을 것인지를 결정한다. 예를 들어, redux=dict.update와 redux=list.append의 경우 리스트를 추가하고 딕셔너리를 갱신하는 작업 모두 in-place 연산이므로 reduxInPlace=True로 설정해야 한다.

코드 20.12 그때그때 출력을 축소시키고자 processJobs를 보강한 코드

```
def processJobsRedux(jobs,task=None,numThreads=24,redux=None,reduxArgs={},
                     reduxInPlace=False):
    '''
    병렬로 수행
    작업은 expandCall에 대해 반드시 'func' 콜백을 가져야 한다. redux는 바로바로 출력을
    감소시켜 메모리 낭비를 막아 준다.
    '''
    if task is None:task=jobs[0]['func'].__name__
    pool=mp.Pool(processes=numThreads)
    imap,out,time0=pool.imap_unordered(expandCall,jobs),None,time.time()
    # 비동기 처리, 진척도 보고
    for i,out_ in enumerate(imap,1):
        if out is None:
            if redux is None:out,redux,reduxInPlace=[out_],list.append,True
            else:out=copy.deepcopy(out_)
        else:
            if reduxInPlace:redux(out,out_,**reduxArgs)
            else:out=redux(out,out_,**reduxArgs)
        reportProgress(i,len(jobs),time0,task)
    pool.close();pool.join() # 이는 메모리 유출을 방지하는 데 필요하다.
    if isinstance(out,(pd.Series,pd.DataFrame)):out=out.sort_index()
    return out
```

---

5 데이터 값의 변경이 필요할 때 추가 메모리에 별도의 데이터 구조를 사용하지 않고 원래 데이터를 바로 변경해 버리는 방식을 의미한다. 반대의 경우는 보통 out-of-place 또는 not-in-place라고 한다. – 옮긴이

이제 processJobsRedux가 출력을 어떻게 처리하는지 알기 때문에 코드 20.7의 mpPandasObj의 성능 또한 향상할 수 있게 됐다. 코드 20.13에서 새로운 함수 mpJobList는 processJobsRedux에게 세 가지 출력 축소 인수를 전달한다. 이는 mpPandasObj가 처리했던 것처럼 출력된 리스트를 처리해야 할 필요성을 없애 주므로 메모리와 시간을 절약할 수 있다.

코드 20.13 바로바로 출력 축소를 실행하도록 mpPandasObj의 성능 향상

```
def mpJobList(func,argList,numThreads=24,mpBatches=1,linMols=True,
             redux=None, reduxArgs={}, reduxInPlace=False,**kargs):
    if linMols:parts=linParts(len(argList[1]),numThreads*mpBatches)
    else:parts=nestedParts(len(argList[1]),numThreads*mpBatches)
    jobs=[]
    for i in xrange(1,len(parts)):
        job={argList[0]:argList[1][parts[i-1]:parts[i]],'func':func}
        job.update(kargs)
        jobs.append(job)
    out=processJobsRedux(jobs, redux=redux, reduxArgs=reduxArgs,
                    reduxInPlace=reduxInPlace, numThreads=numThreads)
    return out
```

20.6 다중 처리 예제

20장에서 지금까지 설명한 것들은 대규모 수학 연산을 가진 것들을 몇 차수만큼이나 속도를 증가시킬 수 있다. 20.6절에서는 메모리 관리라는 다중 처리의 추가 동기를 설명한다.

8.4.2절에서 했던 것처럼 $Z'Z$ 형태의 공분산 행렬의 스펙트럼 분해를 수행한다고 가정해 보자. 여기서 Z의 크기는 TxN이다. 이 결과는 고유 벡터 행렬 W와 고유값 행렬 Λ이고 $Z'ZW = W\Lambda$이다. 이제 전체 분산 중 사용자-정의 부분$(0 \le \tau \le 1)$을 설명하는 직교 주성분을 유도하고자 한다고 가정해

보자. 이렇게 하려면 $P = Z\tilde{W}$를 계산해야 하는데 여기서 $\tilde{W}$는 $(\sum_{m=1}^{M} \Lambda_{m,m})$ $(\sum_{n=1}^{N} \Lambda_{n,n})^{-1} \geq \tau$이 되도록 W의 처음 $M \leq N$열을 포함한다. $P = Z\tilde{W}$의 계산은 다음 사실을 주목하면 병렬화할 수 있다.

$$P = Z\tilde{W} = \sum_{b=1}^{B} Z_b \tilde{W}_b$$

여기서 Z_b는 TxN 희소 행렬이고, 단지 TxN_b 원소만 가진다(나머지는 모두 비어 있음). $\tilde{W}_b$는 단지 N_bxM 원소(나머지는 모두 비어 있음)만 갖는 NxM 행렬이고, $\sum_{b=1}^{B} N_b = N$이다. 이 희소성은 열들의 집합을 B개의 열 부분 집합으로 분할하고, Z_b에 열 중 b번째 부분 집합만 채워 넣어서 생성한다. 이 희소성 개념은 처음에는 복잡하게 들릴 수 있지만, 코드 20.14는 어떻게 이를 판다스를 통해 완벽하게 구현할 수 있는지를 보여 준다. 함수 getPCs는 eVec 인수를 통해 $\tilde{W}$를 받는다. 인수 molecules는 fileNames에 있는 파일 이름의 부분 집합을 포함하는데 여기서 각 파일은 Z_b를 나타낸다. 여기서 알아야 할 핵심적인 개념은 Z_b의 내적을 계산할 때 Z_b의 열에 의해 정의된 $\tilde{W}_b$의 행의 일부로 수행한다는 것이고, 분자 결과는 바로바로 합산된다는 것이다(redux=pd.DataFrame.add).

코드 20.14 열의 부분 집합의 주성분

```
pcs=mpJobList(getPCs,('molecules',fileNames),numThreads=24,mpBatches=1,
    path=path,eVec=eVec,redux=pd.DataFrame.add)
#————————————————————————————————
def getPCs(path,molecules,eVec):
    # 한 번에 한 파일씩 로딩해 주성분을 구한다.
    pcs=None
    for i in molecules:
        df0=pd.read_csv(path+i,index_col=0,parse_dates=True)
        if pcs is None:pcs=np.dot(df0.values,eVec.loc[df0.columns].values)
        else:pcs+=np.dot(df0.values,eVec.loc[df0.columns].values)
```

```
pcs=pd.DataFrame(pcs,index=df0.index,columns=eVec.columns)
return pcs
```

이 방법에는 두 가지 장점이 있다. 첫째, getPCs가 데이터프레임 Z_b를 순차적으로 로드하기 때문에 충분히 큰 B에 대해 RAM이 고갈되지 않는다. 둘째, mpJobList는 분자를 병렬로 실행하므로 계산 속도를 향상시킨다.

실제 머신러닝 응용에서는 종종 수십억 개의 데이터를 갖는 데이터셋 Z를 다루곤 한다. 이 예제에서 보인 것처럼 병렬화의 이점은 수행 시간의 단축 하나에만 있는 것은 아니다. 많은 문제가 병렬화하지 않으면 아무리 오래 기다리더라도 메모리 문제로 해를 구하지 못한다.

연습 문제

20.1 timeit를 사용해 코드 20.1과 20.2를 실행하라. 100번 실행하는 10개의 배치를 반복하라. 각 코드의 최소 경과 시간은 무엇인가?

20.2 코드 20.2의 명령어는 단위 테스트, 무차별 대입법, 시나리오 분석에 매우 유용하다. 책에서 다른 어떤 부분이 기억나는가? 다른 어느 부분에 사용될 수 있을 것이라 보는가?

20.3 선형이 아니라 이중 루프를 사용해 코드 20.4를 수정하라.

20.4 다음을 timeit로 비교해 보라.

    (a) 코드 20.4를 100회 실행하는 배치 10번을 반복하라. 각 코드의 최소 경과 시간은?

    (b) 코드 20.4를 수정하고(연습문제 3), 100회 실행하는 배치 10번을 반복 수행하라. 각 코드의 최소 경과 시간은 어떻게 되는가?

20.5 mpPandasObj를 사용해 코드 20.4를 단순화하라.

20.6 mpPandasObj를 수정해 상위 삼각 구조에서 이중 루프를 사용해 분자가 형성되는 가능성에 대해 다뤄라.

참고 자료

Ascher, D., A. Ravenscroft and A. Martelli (2005): *Python Cookbook*, 2nd ed. O'Reilly Media.

참고 문헌

Gorelick, M. and I. Ozsvald(2008): *High Performance Python*, 1st ed. O'Reilly Media.

López de Prado, M.(2017): "Supercomputing for finance: A gentle introduction." Lecture materials, Cornell University. Available at https://ssrn.com/ abstract=2907803.

McKinney, W.(2012): *Python for Data Analysis*, 1st ed. O'Reilly Media.

Palach, J.(2008): *Parallel Programming with Python*, 1st ed. Packt Publishing.

Summerfield, M.(2013): *Python in Practice: Create Better ProgramsUsing Concurrency, Libraries and Patterns*, 1st ed. Addison-Wesley.

Zaccone, G.(2015): *Python Parallel Programming Cookbook*, 1st ed. Packt Publishing.

21

무차별 대입과 양자 컴퓨터

21.1 동기

이산 수학은 계층적 군집화, 그리드 검색, 임계값에 기반을 둔 결정, 정수 최적화 등의 여러 머신러닝 문제에서 자연스럽게 등장한다. 가끔 이런 문제는 분석적 (닫힌 해) 해법을 갖고 있지 않거나 심지어 닫힌 해를 근사할 휴리스틱도 존재하지 않아서 오로지 무차별 대입법을 통해서만 찾을 수 있다. 21장에서는 현재의 슈퍼컴퓨터로도 다루기 힘든 금융 문제를 정수 최적화 문제integer optimization problem로 어떻게 재구성하는지 알아본다. 이런 표현은 양자 컴퓨터에 잘 맞아 들어간다. 독자들은 예제로부터 다루기 힘든 본인의 특정 머신러닝 문제를 양자역학적 무차별 대입식 탐색으로 어떻게 변환하는지 추론할 수 있을 것이다.

21.2 조합적 최적화

조합적 최적화 문제는 유한한 실현 가능 해를 가진 문제로 설명할 수 있는데 이는 유한한 개수의 변수 이산값을 조합한 결과다. 실현 가능한 조합의 개수가 커질수록 완전 검색은 불가능해진다. 외판원 문제는 NP-하드 복잡도로 알려진 조합적 최적화 문제 중 하나다(Woeginger, 2003). 즉 이 문제는 비확정적 다항 시간에 풀 수 있는 문제 중 가장 어려운 것과 동일한 범주다.

완전 탐색이 실무적으로 불가능한 원인은 일반 컴퓨터가 실현 가능한 해를 순차적으로 계산하고 저장하기 때문이다. 그러나 모든 실현 가능 해를 동시에 계산한다면 어떻게 될까? 이것이 바로 양자 컴퓨터의 목표다. 일반 컴퓨터의 비트는 한 번에 두 가지 가능한 상태 중 하나($\{0, 1\}$)만을 선택할 수 있지만, 양자 컴퓨터는 큐빗qubit에 의존하며, 양쪽 상태의 **선형 중첩**linerar superimposition을 저장할 수 있는 메모리 원소다. 이론상 양자 컴퓨터는 양자 역학적 현상 덕분에 이를 성취할 수 있다. 일부 구현에서 큐빗은 양방향으로 흐르는 전류를 동시에 지원할 수 있으므로 원하는 중첩을 제공한다. 이런 선형 중첩 성질은 양자 컴퓨터가 NP-하드 조합적 최적화 문제를 해결하는 데 이상적이다. 양자 컴퓨터의 능력에 대한 일반적인 논문은 윌리엄스(Williams, 2010)를 참고하자.

이 기법을 이해할 수 있는 최고의 방법은 특정한 예제를 통하는 것이다. 이제 일반적인 거래 비용 함수에 종속된 동적 포트폴리오 최적화 문제가 어떻게 양자 컴퓨터에서 다룰 수 있는 조합적 최적화 문제로 표현되는지 살펴보자. 여기서는 갈레누와 페더슨(Garleanu and Pedersen, 2012)과 달리 수익률이 IID 가우시안 분포에서 추출됐다는 가정을 하지 않는다. 이 문제는 특히 대형 자산 운용사와 연관돼 있다. 과도한 매매 회전율 때문에 발생하는 비용과 거래 구축 비용implementation shortfall이 투자 전략의 수익성을 엄청나게 갉아먹을 수 있기 때문이다.

21.3 목적 함수

수익률이 각 기간 $h = 1, ..., H$에서 다변수 정규 분포를 따르고 평균과 분산이 변동하는 자산의 집합 $X = \{x_i\}$, $i = 1, ..., N$을 고려해 보자. 수익률은 다변수 정규 분포를 따르고 시간 독립적이라고 가정하지만, 시간에 대해 동일하게 분포된 것은 아니다. 거래 궤적은 각 H 기간에 대한 각 N자산에 배분된 자본의 비율을 결정하는 NxH 행렬 ω로 정의한다. 특정 기간 $h = 1$, ..., H에서의 예측 평균은 μ_h, 예측 분산은 V_h, 예측 거래 비용 함수는 $\tau_h[\omega]$이다. 이는 주어진 거래 궤적 ω에 대해 기대 투자 수익률 r을 다음과 같이 계산할 수 있다는 의미가 된다.

$$r = \text{diag}[\mu'\omega] - \tau[\omega]$$

여기서 $\tau[\omega]$는 모든 함수 형태가 가능하다. 일반성을 잃지 않으면서 다음을 고려해 보자.

- $\tau_1[\omega] = \sum_{n=1}^{N} c_{n,1} \sqrt{|\omega_{n,1} - \omega_n^*|}$
- $\tau_h[\omega] = \sum_{n=1}^{N} c_{n,h} \sqrt{|\omega_{n,h} - \omega_{n,h-1}|}$, $h = 2,...H$에 대해서
- ω_n^*는 투자 수단 n, $n = 1, ..., H$에 대한 초기 배분이다.

$\tau[\omega]$은 거래 비용의 $Hx1$ 벡터다. 다시 말해 각 자산에 연계된 거래 비용은 자본 배분 변화의 제곱근의 합을 h에 따라 변하는 자산 고유의 계수 $C_h = \{c_{n,h}\}_{n=1, ..., N}$로 크기를 조정한 것이다. 따라서 C_h는 자산에 걸쳐 상대적으로 거래 비용을 결정하는 $Nx1$ 벡터다.

r과 연계된 샤프 비율(14장)은 다음과 같이 계산할 수 있다(μ_h는 무위험 금리를 차감한 것이다).

$$SR[r] = \frac{\sum_{h=1}^{H} \mu_h'\omega_h - \tau_h[\omega]}{\sqrt{\sum_{h=1}^{H} \omega_h' V_h \omega_h}}$$

21.4 문제

다음 문제를 푸는 최적 거래 궤적을 계산하고자 한다.

$$\max_{\omega} \; SR\,[r]$$

$$\text{s.t.} : \sum_{i=1}^{N} |\omega_{i,h}| = 1, \; \forall h = 1, \ldots, H$$

이 문제는 평균 분산 최적화(6장)에서 도출된 정적 최적점과 대조적으로 글로벌 동적 최적점global dynamic optimum을 계산한다. 비연속 거래 비용이 r에 내재돼 있다는 점에 주목하자. 표준 포트폴리오 최적화 응용과 비교했을 때 이는 적어도 세 가지 이유로 인해 볼록(2차) 프로그램 문제가 아니다. (1) μ_h와 V_h가 h에 따라 변하므로 수익률은 동일한 분포가 아니다. (2) 거래 비용 $\tau_h[\omega]$은 불연속이고 h에 따라 변한다. (3) 목적 함수 $SR[r]$은 볼록이 아니다. 다음에는 목적 함수의 어떠한 해석적 성질도 활용하지 않고 해를 계산하는 방법(따라서 이 방법의 일반화된 속성)을 보여 준다.

21.5 정수 최적화 방법

이 문제의 일반화는 표준 볼록 최적화 기법으로는 다루기 힘들다. 여기서의 해결 전략은 이산화를 통해 정수 최적화가 가능하도록 하는 것이다. 이는 또한 최적해optimal solution를 찾기 위한 양자 컴퓨팅 기술을 사용할 수 있게 해준다.

21.5.1 비둘기집 분할

K 단위의 자본금을 N 자산에 배분하는 방법의 수를 생각해 보자. 여기서 $K > N$라 가정한다. 이 경우에는 $x_1 + \cdots + x_N = K$ 식에 대한 음이 아닌 정수 해의 개수를 찾는 것과 동일하고, 이에는 멋진 조합적 해 $\binom{K+N-1}{N-1}$가 있다. 이는 하디와 라마누잔[1](그리고 그 이후에는 라데마허Rademacher)가 이에 대

---

1 2016년 영화 「무한대를 본 사나이」에 등장한 인도의 천재 수학자 라마누잔(Ramanujan)이 근사 방법으로 해결한 분할 수. 자연수 n을 순서를 고려하지 않고 1개 이상의 다른 자연수의 합으로 표시할 수 있는 방법의 수를 의미한다. – 옮긴이

한 점근식을 증명한(Johansson, 2012 참고) 정수론에서의 전통적 분할 문제와 유사하다. 분할 문제에서는 순서가 상관없지만, 이 문제에서는 순서가 매우 중요하다.

예를 들어, $K = 6$이고 $N = 3$이면 분할 (1, 2, 3)과 (3, 2, 1)은 다르게 취급해야만 한다(당연히 (2, 2, 2)는 순열이 필요 없다). 그림 21-1은 6단위의 자본을 세 가지 다른 자산에 배분할 때 순서가 얼마나 중요한지를 보여 준다. 이는 각 분할의 모든 가능한 서로 다른 순열을 고려해야만 한다는 의미다. 이런 배분 개수를 찾을 수 있는 멋진 조합적 해법이 있지만, K와 N이 커질수록 여전히 계산량이 상당히 증가한다. 그러나 스털링Stirling의 근사를 사용하면 쉽게 추정할 수 있다.

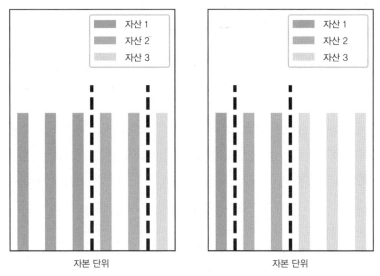

그림 21-1 분할 (1,2,3)과 (3,2,1)은 다르게 취급돼야 한다.

코드 21.1은 모든 분할의 집합 $p^{K,N} = \{\{p_i\}_{i=1,...,N} | p_i \in \mathbb{W}, \sum_{i=1}^{N} p_i = K\}$을 생성하는 효율적 알고리즘을 제공한다. 여기서 $\mathbb{W}$는 0를 포함하는 자연수, 즉 정수다.

```
from itertools import combinations_with_replacement
#————————————————————————————————
def pigeonHole(k,n):
    # 비둘기 집 칸 문제(k 물체를 n 칸에 정리)
    for j in combinations_with_replacement(xrange(n),k):
        r=[0]*n
        for i in j:
            r[i]+=1
        yield r
```

21.5.2 가능한 정적 해

주어진 기간 h에 대해 가능한 모든 해법의 집합을 계산하고자 한다. 여기서는 Ω로 표기한다. K단위의 집합을 분할해 N자산 $p^{K,N}$으로 분할하는 것을 고려해 보자. 각 분할 $\{p_i\}_{i=1,...,N} \in p^{K,N}$에 대해 $|\omega_i| = \frac{1}{K}p_i$가 되도록 하는 절대 비중 벡터를 정의할 수 있고, 여기서 $\sum_{i=1}^{N} |\omega_i| = 1$이다(완전 투자 제약). 레버리지 없는 완전 투자 조건은 모든 비중이 양수나 음수일 수 있으므로 절대 비중의 모든 벡터 $\{|\omega_i|\}_{i=1, ..., N}$에 대해 2^N개의 (부호가 있는) 비중 벡터를 생성할 수 있다. 이는 $\{|\omega_i|\}_{i=1, ..., N}$에 있는 아이템을 카티션 곱의 아이템 $\{-1, 1\}$에 N번 반복 곱해서 구할 수 있다. 코드 21.2는 모든 분할과 연계된 모든 비중 벡터의 집합 Ω를 어떻게 생성하는지 보여 준다. 여기서 $\Omega = \left\{ \left\{ \frac{s_j}{K}p_i \right\} \middle| \{s_j\}_{j=1,...,N} \in \underbrace{\{-1,1\}x...x\{-1,1\}}_{N}, \{p_i\}_{i=1,...,N} \in p^{K,N} \right\}$ 이다.

```
import numpy as np
from itertools import product
#————————————————————————————————
```

```
def getAllWeights(k,n):
    #1) 분할 생성
    parts,w=pigeonHole(k,n),None
    #2) 분할 수행
    for part_ in parts:
        w_=np.array(part_)/float(k) # abs(가중값) 벡터
        for prod_ in product([-1,1],repeat=n): # 부호 추가
            w_signed_=(w_*prod_).reshape(-1,1)
            if w is None:w=w_signed_.copy()
            else:w=np.append(w,w_signed_,axis=1)
    return w
```

21.5.3 궤적 평가

모든 벡터의 집합 Ω가 주어졌을 때 가능한 모든 궤적의 집합 Φ를 Ω가 H번 반복된 카티션 곱으로 정의할 수 있다. 그렇게 하면 모든 궤적에 대해 거래 비용과 SR을 계산할 수 있고, Φ에 대한 최적 성능을 가진 궤적을 선택할 수 있다. 코드 21.3은 이런 기능을 구현한다. params 객체는 C, μ, V 의 값을 포함하는 딕셔너리의 리스트다.

코드 21.3 모든 궤적 계산

```
import numpy as np
from itertools import product
#————————————————————————————————————
def evalTCosts(w,params):
    # 특정 궤적의 거래 비용 계산
    tcost=np.zeros(w.shape[1])
    w_=np.zeros(shape=w.shape[0])
    for i in range(tcost.shape[0]):
        c_=params[i]['c']
        tcost[i]=(c_*abs(w[:,i]-w_)**.5).sum()
        w_=w[:,i].copy()
    return tcost
```

```
#─────────────────────────────────
def evalSR(params,w,tcost):
    # 다수 기간에 대한 SR 계산
    mean,cov=0,0
    for h in range(w.shape[1]):
        params_=params[h]
        mean+=np.dot(w[:,h].T,params_['mean'])[0]-tcost[h]
        cov+=np.dot(w[:,h].T,np.dot(params_['cov'],w[:,h]))
    sr=mean/cov**.5
    return sr
#─────────────────────────────────
def dynOptPort(params,k=None):
    # 동적 최적 포트폴리오
    #1) 분할 생성
    if k is None:k=params[0]['mean'].shape[0]
    n=params[0]['mean'].shape[0]
    w_all,sr=getAllWeights(k,n),None
    #2) 궤적을 카티션 곱으로 생성
    for prod_ in product(w_all.T,repeat=len(params)):
        w_=np.array(prod_).T # 상품을 궤적으로 연결
        tcost_=evalTCosts(w_,params)
        sr_=evalSR(params,w_,tcost_) # 궤적 평가
        if sr is None or sr<sr_: # 더 나은 궤적은 저장
            sr,w=sr_,w_.copy()
    return w
```

이 절차는 볼록 최적화에 의존하지 않고, 전역적인 최적 궤적을 선택한다. 해는 공분산 행렬이 불량 조건(조건 수가 높은)이나 거래 비용 함수가 불연속인 경우에도 찾을 수 있다. 이런 일반화를 위해 희생되는 것은 해의 계산이 극도로 많은 계산량을 요한다는 것이다. 사실 모든 궤적을 평가하는 것은 외판원 문제와 비슷하다. 디지털 컴퓨터는 이런 종류의 NP-완결형 또는 NP-하드 종류의 문제에 부적합하다. 그러나 양자 컴퓨터는 선형 중첩 덕분에 다중해multiple solution를 한 번에 평가할 수 있는 이점이 있다.

21장에서 제시된 기법은 양자 담금기annealer를 이용해 최적 거래 궤적 문제를 해결한 로젠버그 등(Rosenberg et al., 2016)의 토대가 되는 기법이다. 동

일한 논리가 거래 궤적과 같은 경로 의존성을 포함하는 금융 문제의 넓은 범위에 적용할 수 있다. 취급 불가능한 머신러닝 알고리즘은 양자 컴퓨터를 활용하고자 이산화하고, 무차별 대입 탐색으로 변환할 수 있다.

21.6 수치 예제

다음은 디지털 컴퓨터를 사용해 실제로 전역 최적점을 어떻게 찾는지 보여준다. 양자 컴퓨터는 모든 궤적을 동시에 평가하는 반면, 디지털 컴퓨터는 순차적으로 평가한다.

21.6.1 랜덤 행렬

코드 21.4는 랭크가 알려진 가우스 값의 랜덤 행렬을 반환하는데 이는 많은 응용(연습 문제 참고)에서 유용하다. 다음번에 다변량 몬테카를로 실험을 수행하거나 시나리오를 분석할 때 이 코드를 고려해 볼 만하다.

코드 21.4 주어진 랭크의 랜덤 행렬 생성

```
import numpy as np
#————————————————————————————————————————
def rndMatWithRank(nSamples,nCols,rank,sigma=0,homNoise=True):
    # 주어진 랭크의 랜덤 행렬 X 생성
    rng=np.random.RandomState()
    U,_,_=np.linalg.svd(rng.randn(nCols,nCols))
    x=np.dot(rng.randn(nSamples,rank),U[:,:rank].T)
    if homNoise:
        x+=sigma*rng.randn(nSamples,nCols) # 등분산 잡음 추가
    else:
        sigmas=sigma*(rng.rand(nCols)+.5) # 이분산 잡음 추가
        x+=rng.randn(nSamples,nCols)*sigmas
    return x
```

코드 21.5는 H 벡터의 평균, 공분산 행렬, 거래 비용 요인 C, μ, V를 생성한다. 이런 변수들은 params 리스트에 저장된다.

코드 21.5 문제의 파라미터 생성

```python
import numpy as np
#————————————————————————————————
def genMean(size):
    # 평균의 랜덤 벡터 생성
    rMean=np.random.normal(size=(size,1))
    return rMean
#————————————————————————————————
    #1) 파라미터
    size,horizon=3,2 params=[]
    for h in range(horizon):
        x=rndMatWithRank(1000,3,3,0.)
        mean_,cov_=genMean(size),np.cov(x,rowvar=False)
        c_=np.random.uniform(size=cov_.shape[0])*np.diag(cov_)**.5
        params.append({'mean':mean_,'cov':cov_,'c':c_})
```

21.6.2 정태적 해

코드 21.6은 국지적 (정태적) 최적점에서 생성된 궤적의 성과를 계산한다.

코드 21.6 정태적 해(static solution)의 계산과 평가

```python
import numpy as np
#————————————————————————————————
def statOptPortf(cov,a):
    # 정태적 최적 포트폴리오
    # "비제약" 포트폴리오 최적화 문제의 해법
    cov_inv=np.linalg.inv(cov)
    w=np.dot(cov_inv,a)
    w/=np.dot(np.dot(a.T,cov_inv),a) # np.dot(w.T,a)==1
```

```
    w/=abs(w).sum() # 완전 투자를 위해 크기 재조정
    return w
#————————————————————————————
#2) 정태적 최적 포트폴리오
w_stat=None
for params_ in params:
    w_=statOptPortf(cov=params_['cov'],a=params_['mean'])
    if w_stat is None:w_stat=w_.copy()
    else:w_stat=np.append(w_stat,w_,axis=1)
tcost_stat=evalTCosts(w_stat,params)
sr_stat=evalSR(params,w_stat,tcost_stat)
print 'static SR:',sr_stat
```

21.6.3 동태적 해

코드 21.7은 21장을 통해 설명한 함수를 적용해 전역적^{Global}으로 동태적 최적 궤적과 연관된 성과를 계산한다.

코드 21.7 동태적 해(dynamic solution)의 계산과 평가

```
import numpy as np
#————————————————————————————
#3) 동태적 최적 포트폴리오
w_dyn=dynOptPort(params)
tcost_dyn=evalTCosts(w_dyn,params) sr_dyn=evalSR(params,w_dyn,tcost_dyn)
print 'dynamic SR:',sr_dyn
```

연습 문제

21.1 비둘기집 논의를 이용해 $\sum_{n=1}^{N}\binom{N}{n}=2^{N}-1$을 증명하라.

21.2 코드 21.4를 사용해 sigma=1이고, 크기 (1000, 10)인 랜덤 행렬을 생성하라.

(a) rank=1. 공분산의 고유값을 그려라.

(b) rank=5. 공분산의 고유값을 그려라.

(c) rank=10. 공분산의 고유값을 그려라.

(d) 어떤 패턴이 보이는가? 마코위츠의 저주(16장)와는 어떻게 연관되는가?

21.3 21.6절의 수치 예제를 실행하라.

(a) size=3을 사용해 timeit 실행 시간을 측정하라. 100회 실행의 10개 배치를 반복하라. 얼마나 걸리는가?

(b) size=4을 사용해 timeit 실행 시간을 측정하라. 100회 실행의 10개 배치를 반복하라. 얼마나 걸리는가?

21.4 21장의 모든 코드를 리뷰하라.

(a) 얼마나 많이 벡터화될 수 있는가?

(b) 20장에서의 기술을 이용하면 얼마나 많이 병렬화될 수 있는가?

(c) 코드를 최적화하면 얼마나 속도를 향상시킬 수 있는가?

(d) 최적화된 코드를 사용하면 1년 내에 해결할 수 있는 문제의 차원은 무엇인가?

21.5 어떤 환경에서 전역적 동태적 최적 궤도가 순차적 국지적 최적점과 매치되는가?

(a) 이 가정들은 현실적인가?

(b) 그렇지 않다면,

(i) 이것이 왜 초보적 해조차 마코위츠 기법(16장)을 이기는지를 설명할 수 있는가?

(ii) 왜 그토록 많은 회사가 국지적 최적점의 시퀀스를 계산하는 데 그렇게 많은 노력을 쏟는다고 생각하는가?

참고 자료

Garleanu, N. and L. Pedersen(2012): "Dynamic trading with predictable returns and transaction costs." *Journal of Finance*, Vol. 68, No. 6, pp. 2309~2340.

Johansson, F.(2012): "Efficient implementation of the Hardy-Ramanujan-Rademacher formula," *LMS Journal of Computation and Mathematics*, Vol. 15, pp. 341~359.

Rosenberg, G., P. Haghnegahdar, P. Goddard, P. Carr, K. Wu and M. López de Prado (2016): "Solving the optimal trading trajectory problem using a quantum annealer." *IEEE Journal of Selected Topics in Signal Processing*, Vol. 10, No. 6 (September), pp. 1053~1060.

Williams, C.(2010): *Explorations in Quantum Computing*, 2nd ed. Springer.

Woeginger, G.(2003): "Exact algorithms for NP-hard problems: A survey." In Junger, M., G. Reinelt and G. Rinaldi: *Combinatorial Optimization—Eureka, You Shrink!* Lecture notes in computer science, Vol. 2570, Springer, pp. 185~207.

22

고성능 계산 지능과 예측 기술

케셍 우와 호스트 D. 사이몬Kensheng Wu and Horst D. Simon

22.1 동기

22장은 로렌스 버클리 국립 연구소LBNL, Lawrence Berkeley National Laboratory의 프로젝트인 계산 지능과 예측 기술CIFT, Computational Intelligence and Forecasting Technologies을 소개한다. CIFT의 주 목표는 고성능 컴퓨팅HPC, High-Performance Computing의 사용과 스트리밍 데이터의 분석 기법을 촉진시키기 위함이다. LBNL은 2010년 플래시 크래시Flash Crash에 대해 5개월이나 늦게 SEC와 CFTC의 보고서에서 그 원인을 거래량이라고 기술한 것에 주목해 HPC 기술을 금융 데이터를 관리하고 분석하는 데 적용하고자 CIFT 프로젝트를 시작했다. 전력 그리드의 임박한 고장이나 금융 시장의 유동성 위기처럼 많은 비즈니스 응용에서 스트리밍 데이터에 대한 시의적절한 결정을 내리는 것이 필요하다. 이 모든 경우 HPC는 복잡한 데이터 종속성을 처리하고 해답을 제공하기에 적합한 도구다. 여러 해 동안 CIFT는 많은 다른 형태의 스트리밍 데이터(예컨대 교통량, 전력 그리드, 전력 사용 등)에 대해서 작업했다. 22.2절은 HPC 시스템의 핵심 특징을 설명하고, 이런 시스템들에서 사용되는 특별한 도구를 소개하며, 이런 HPC 도구를 사용한 스트리밍 데이터 분석의 예제를 제공한다.

22.2 2010년 플래시 크래시에 대한 감독 당국의 반응

2010년 5월 6일 오후 2시 45분(미국 동부(서머타임 적용) 시각 기준), 미 주식 시장에서 다우존스 산업 평균 지수가 10% 가까이 폭락한 지 몇 분 후 대부분의 손실을 회복할 정도로 반등했다. 감독 당국이 이에 대한 조사 보고서를 작성하는 데 무려 5개월이나 소요됐다. 폭락의 원인을 조사한 의회 패널에게는 보고가 이렇게 지연된 주 원인으로 데이터 양이 너무 방대(~20테라바이트)하다는 것을 지목했다. 전미 에너지 연구소 과학 컴퓨팅NERSC, National Energy Research Scientific Computing 센터[1]에 있는 것과 같은 HPC 시스템은 일상적으로 분당 수백 테라바이트의 데이터로 작업하므로 금융 시장 데이터를 처리하는 데 아무런 문제가 없다. 이것이 HPC 기술을 금융 데이터 분석 기술과 도구에 적용하려는 사명으로 CIFT 프로젝트를 발족하게 된 원인이다.

금융 빅데이터의 핵심적인 측면은 대부분 시계열로 구성된다는 것이다. 수년 동안 CIFT 팀은 수많은 협력자와 함께 서로 다른 형태의 많은 데이터 스트림과 시계열을 분석하는 기술을 개발했다. 22장에서는 HPC 시스템에 대해 하드웨어(22.4절), 소프트웨어(22.5절)와 함께 간단한 소개를 하고, 몇 가지 성공적인 사례(22.6절)를 얘기해 본다. 결론에서는 우리의 비전과 지금까지의 업적들과 함께, 관심 있는 독자들을 위한 연락처 정보를 제공한다.

22.3 배경

컴퓨팅 기술의 발달은 복잡한 패턴을 살펴보는 작업을 상대적으로 간단하게 만들어 줬다. 이 패턴 찾기 능력은 힉스 입자의 발견(Aad et al., 2016)이나 중력파(Abbot et al., 2016)와 같은 최근의 몇 가지 과학적 혁신에 뒤처진

---

[1] LBNL에 위치하고 있는 미국 에너지국에서 자금을 지원하는 전미 사용자 시설이다. 좀 더 자세한 정보는 http://nersc.gov/를 참고하자.

다. 이 능력은 많은 인터넷 회사의 핵심인데, 예를 들면 사용자를 광고주에 매칭하는 것(Zeff and Aronson, 1999, Yen et al., 2009)이 있다. 그러나 과학 용도와 상업 용도에 사용되는 하드웨어, 소프트웨어는 매우 다르다. HPC 도구는 다양한 비즈니스 응용에 유용한 여러 중요한 장점을 갖고 있다.

과학자를 위한 도구는 대개 HPC 플랫폼 위주로 구성되지만, 상업적 응용 의 경우에는 클라우드 컴퓨팅 플랫폼 위주로 구성된다. 대규모의 데이터를 다뤄 어떤 유용한 패턴을 발견하려는 목적의 관점에서는 두 가지 기법이 모두 잘 작동한다는 것을 보여 줬다. 그러나 HPC 시스템의 가장 중요한 응 용은 대규모 시뮬레이션으로서 향후 며칠 동안의 지역 폭풍을 예측하는 데 사용하는 기상 모델 등이 그 예다(Asanovic et al., 2006). 이와 반대로 상업 적 클라우드는 초기에 대규모의 독립적인 데이터 객체를 동시에 처리해야 하는 필요성(데이터 병렬 작업)에 의해 발전돼 왔다.

우리의 주 관심사는 스트리밍 데이터의 분석에 있다. 특히 전력 그리드와 고속도로 시스템을 모니터링하는 센서 네트워크 등과 같은 고속의 복잡한 데이터 스트림에 관심이 많다. 이 스트리밍 작업 부하는 앞에서 설명한 HPC 시스템이나 클라우드 시스템에 이상적인 것은 아니지만, HPC 생태 계가 클라우드 생태계보다는 스트리밍 데이터를 다루는 데 더 많은 것을 제공해 줄 수 있다고 믿는다.

클라우드 시스템은 원래 병렬 데이터 과제를 위해 설계됐으며, 대규모 독 립 데이터 객체가 동시에 처리될 수 있다. 따라서 시스템은 높은 처리량 throughput을 위해 설계됐으며, 실시간 반응을 위한 것이 아니다. 그러나 많 은 비즈니스 응용은 실시간이나 준실시간 반응을 요한다. 예를 들어, 전력 그리드의 불안정한 이벤트는 수분 내에 대재난으로 발전할 수 있다. 징후 를 재빨리 발견하면 재난을 피할 수도 있을 것이다. 이와 유사하게 비유동 성의 등장 징후 이벤트는 금융 연구 문헌에서 등장하기 시작했다. 이런 징 후를 재빨리 시장 거래 시간 내에 찾는다면 시장 충격을 방지하는 옵션을 제공하고, 플래시 크래시를 피할 수 있다. 이 경우에는 빠른 처리 시간

turnaround time이 필수적이다.

데이터 스트림은 정의상 데이터가 점진적으로 가용해진다. 그러므로 병렬적으로 처리해야 할 대규모 데이터 객체가 아닐 수 있다. 대개 분석에는 일정한 용량의 가장 최신 데이터 기록만 이용할 수 있다. 이런 경우 많은 중앙 처리 장치CPU 코어의 계산력을 활용하는 효율적 방법은 단일 데이터 객체(또는 단일 시간 단계)의 분석적 작업을 분할해 많은 CPU 코어로 할당하는 것이다. HPC 생태계는 클라우드 생태계에 비해 이런 작업에 대해 더 발전된 도구를 갖고 있다.

이런 것들이 우리 작업에 동기 부여한 주요 요인이다. HPC와 클라우드 시스템을 보다 철저하게 비교하려면 아사노빅 등(Asanovic et al., 2006)의 논문을 살펴보자. 폭스 등(Fox et al., 2015)에서는 모든 응용 시나리오의 유사점과 차이점을 설명하는 방대한 분류 체계를 만들었다.

간단히 말해 우리는 HPC 커뮤니티가 스트리밍 분석의 최신 기술을 발전시키는 데 많은 기여를 할 수 있다고 믿는다. CIFT 프로젝트는 LBNL의 HPC 전문가를 스트리밍 비즈니스 영역으로 전환할 수 있다는 사명을 갖고 구축됐다. 우리는 협업, 시범, 툴 개발 등을 통해 이 사명을 추구하려고 한다.

HPC 기술의 잠재적 용도를 평가하고자 다양한 응용 분야에서 작업하며 시간을 보냈다. 이 프로세스를 통해 HPC 전문가들은 다양한 분야를 접할 기회를 얻었을 뿐만 아니라 시범 시설을 구축할 수 있는 재정적 지원도 얻을 수 있었다.

이렇게 노력해 준 여러 초기 지지자의 고마운 선물 덕분에 작업에 전용으로 사용할 방대한 컴퓨팅 클러스터를 구축할 수 있었다. 이 전용 컴퓨터(dirac1이라 명명)는 사용자들이 HPC 시스템을 활용하고 스스로 그 응용을 평가할 수 있도록 해준다.

또 HPC 시스템이 스트리밍 데이터 분석에 보다 유용하도록 도구 개발 노력에 참여하고 있다. 22.4절에서는 전용 CIFT 기계의 하드웨어와 소프트웨어를 설명한다. 데이터 처리 속도를 21배 향상시키고 조기 경고 지표 계산 속도를 720배 향상시킨 부분도 설명한다.

22.4 HPC 하드웨어

들리는 말에 따르면 1세대 빅데이터 시스템은 대학 캠퍼스에서 얻은 여분의 컴퓨터 부품을 사용해 구축했다고 한다. 이는 근거 없는 전설urban legend 같지만, HPC 시스템과 클라우드 시스템의 중요한 차이점을 부각시켜 준다. 이론적으로 HPC 시스템은 맞춤형 고가의 부품으로, 클라우드 시스템은 표준 저비용 일반 부품으로 구축된다. 실제로는 HPC에 대한 전 세계 투자가 개인용 컴퓨터에 비해 턱없이 작기 때문에 제조사들이 HPC 시장만을 위한 맞춤형 부품을 생산할 수 있는 방법이 없다. HPC 시스템은 대개 클라우드 시스템과 마찬가지로 일반 부품을 갖고 조립한다. 그러나 서로 다른 응용 목표로 인해 둘 사이의 부품 선택에서는 차이가 있다.

이제 계산 요소, 저장 시스템, 네트워킹 시스템을 차례대로 살펴보자. 그림 22-1은 2010년경의 마젤란 클러스터Magellan cluster의 핵심 구성 요소를 보여 주는 상위 레벨 개념도다(Jackson et al., 2010, Yelick et al., 2011). 컴퓨터 요소에는 CPU와 그래픽 처리 프로세서GPU가 있다. 이런 CPU와 GPU는 대부분의 경우 상용 제품들이다. 예를 들어, dirac1에서의 노드들은 24코어 2.2GHz 인텔 프로세서를 사용했는데, 이는 클라우드 컴퓨팅 시스템에 보편적인 사양이었다. 현재 dirac1에는 GPU가 포함돼 있지 않다.

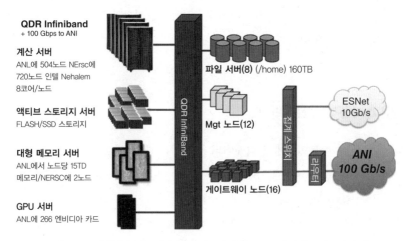

QDR Infiniband
+ 100 Gbps to ANI

계산 서버
ANL에 504노드 NErsc에
720노드 인텔 Nehalem
8코어/노드

액티브 스토리지 서버
FLASH/SSD 스토리지

대형 메모리 서버
ANL에서 노드당 15TD
메모리/NERSC에 2노드

GPU 서버
ANL에 266 엔비디아 카드

파일 서버(8) (/home) 160TB

Mgt 노드(12)

게이트웨이 노드(16)

QDR Infiniband

전기 스위치

라우터

ESNet
10Gb/s

ANI
100 Gb/s

그림 22-1 마젤란 클러스터의 개념도(2010년경): HPC 컴퓨터 클러스터의 예

네트워킹 시스템은 두 부분으로 이뤄진다. InfiniBand 네트워크는 클러스터 내의 구성 요소를 연결하고, 스위치 네트워크는 외부 세계와 연결한다. 이 특정 예제에서 외부 연결은 'ESNet'과 'ANI'라는 레이블이 붙어 있다. InfiniBand 네트 워크 스위치는 클라우드 컴퓨팅 시스템에서는 보편적이다.

그림 22.1의 저장 시스템은 회전 디스크와 플래시 스토리지를 모두 포함한다. 이 조합 또한 보편적이다. 다른 점이라면 HPC 시스템은 대개 저장 시스템이 컴퓨터 노드 외부에 집중돼 있지만, 일반적 클라우드 컴퓨팅의 경우에는 저장 시스템이 노드에 분산돼 있다는 것이다. 이런 두 가지 접근 방식은 나름의 장단점을 갖고 있다. 예를 들어, 집중화된 저장소는 대개 모든 노드에게 전역 파일 시스템으로 익스포트^{export}되므로 파일에 저장된 데이터를 다루기가 더 간편해진다. 그러나 이를 위해서는 CPU와 디스크를 연결하는 고성능의 네트워크가 필요하다. 반면, 분산된 접근 방식은 저용량 네트워크를 사용한다. 각 CPU 근처에 일부 저장소가 있기 때문이다. 대개 구글 파일 시스템(Ghemawat, Gobioff, Leung, 2003)과 같은 분산 파일 시스템의 계층이 모든 CPU가 저장소에 접근할 수 있도록 클라우드 컴퓨팅 시스템 위에 존재한다.

간단히 말해 현 세대의 HPC 시스템과 클라우드 시스템은 거의 유사한 상용 하드웨어 구성 요소를 사용한다. 그 차이는 주로 저장 시스템과 네트워킹 시스템의 구성에 있다. 분명히 저장 시스템의 설계 차이는 응용의 성능에 영향을 미친다. 그러나 클라우드 시스템의 가상화virtualization 계층이 응용 성능 차이의 더 큰 원인일 수 있다. 22.5절에서는 더 큰 영향을 미칠 수 있는 또 다른 요인, 즉 소프트웨어 툴과 라이브러리를 알아본다.

가상화는 일반적으로 클라우드 컴퓨팅 환경에서 동일한 하드웨어를 복수의 사용자가 사용할 수 있도록 하고, 하나의 소프트웨어 환경을 다른 것과 격리시킨다. 이는 클라우드 컴퓨팅 환경을 HPC 환경과 구분 짓는 보다 뚜렷한 특징이다. 대부분의 경우 컴퓨터 시스템의 모든 세 가지 기본 요소인 CPU, 저장 장치, 네트워킹이 모두 가상화된다. 이 가상화는 많은 이점을 가진다. 예를 들어, 기존 응용을 다시 컴파일할 필요 없이 CPU 칩에서 바로 실행할 수 있다. 많은 사용자는 동일한 하드웨어를 공유할 수 있다. 하드웨어 고장은 가상화 소프트웨어를 통해 교정된다. 고장된 컴퓨터 노드 상의 응용은 보다 손쉽게 다른 노드로 이전된다. 그러나 가상화 계층은 실행 시간의 부담을 초래해 응용 성능을 감소시킬 수 있다. 시간에 민감한 응용의 경우 이런 성능 감소는 치명적 요소가 될 수 있다.

테스트는 성능의 차이가 상당히 클 수 있다는 것을 보여 준다. 다음에서 간략히 잭슨 등(Jackson et al., 2010)에 의해 보고된 성과 연구를 기술한다. 그림 22-2는 다양한 컴퓨터 시스템을 사용한 속도 저하 성과를 보여 준다. 수평축 아래의 이름들은 NERSC에서 흔히 사용되는 서로 다른 소프트웨어 패키지다. 왼쪽 바는 상업용 클라우드이고, 중간 바는 마젤란Magellan 그리고 (가끔 누락됐지만) 오른쪽 바는 EC2-Beta-Opt 시스템에 해당한다.

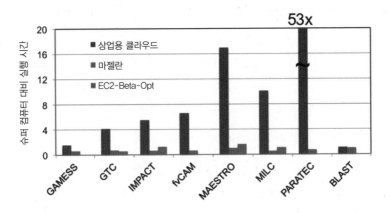

그림 22-2 클라우드는 과학 응용을 HPC에 비해 상당히 느리게 실행한다(2010년경).

최적화되지 않은 상업적 클라우드는 이런 소프트웨어 패키지를 NERSC 슈퍼 컴퓨터에 비해 2~10배 더 느리게 실행한다. 보다 비싼 고성능의 경우조차도 속도 저하가 눈에 띈다.

그림 22-3은 소프트웨어 패키지인 PARATEC의 주요 성능 저하 요인에 대한 연구를 보여 준다. 그림 22-2에서 PARATEC는 HPC 시스템보다 53배나 더 느리게 상업용 클라우드에서 실행된 것을 알 수 있고, 그림 22-3에서 코어의 개수(수평 축)가 증가할수록 측정된 성능(TFLOP/s로 측정) 차이가더 커진다는 것을 관찰할 수 있다. 특히 '10G-TCPoEth Vm'이라 레이블된선의 경우 코어의 개수가 늘어나도 증가가 거의 보이지 않는다. 이는 네트워크가 가상화 네트워킹(이더넷상의 TCP)을 사용하는 경우다. 명확히 네트워킹 가상화 비용이 상당해 클라우드가 쓸모 없다고 여길 수 있는 수준으로까지 여겨진다.

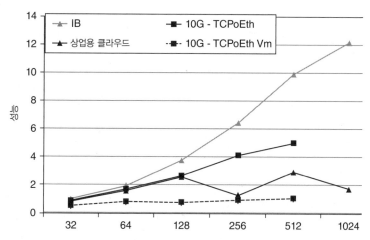

그림 22-3 코어의 수가 증가함에 따라(수평축) 가상화 비용은 훨씬 더 커진다(2010년경).

가상화 비용의 문제는 널리 알려져 있다(Chen et al., 2015). 그동안 I/O 가상화 비용(Gordon et al., 2012)과 네트워킹 가상화 부담(Dong et al., 2012)의 해결을 목표로 한 연구가 진행됐다. 이런 최신 기술은 점진적으로 상업용 상품으로 옮겨갔고, 이 비용이 미래에 감소할 것으로 기대하지만, 일부 비용은 여전히 남아 있을 것이다.

22.4절을 마치기 전에 HPC와 클라우드 간의 경제적 부분을 간략히 다룬다. 대체로 HPC 시스템은 비영리 연구 기관이나 대학에 의해 운영되고, 클라우드 시스템은 상업적 회사에 의해 운영된다. 이익, 고객 유지 그리고 다른 요인들이 클라우드 시스템의 비용에 영향을 미친다(Armburst et al., 2010). 2011년 마젤란 프로젝트에서는 다음과 같이 말했다. "비용 분석에 따르면 DOE 센터가 가격 경쟁력이 있으며, 대개 상업적 클라우드 제공자들에 비해 3~7배 저렴하다"(Yelick et al., 2010).

고에너지 물리학자 그룹은 클라우드 컴퓨팅이 자신들의 과제에 적합할 것이라 생각하고 비교 연구를 수행했다(Holzman et al., 2017). 이들의 비용 비교는 상업적 클라우드가 전용 HPC 시스템보다 50% 가까이 더 비싸다는 것을 보여 준다. 그러나 저자들은 데이터 이동에 대해 잠재적으로 과도한 비용을 피하고자 데이터 입출력에 심각한 제약을 두고 작업했다. 이 책에서 논의한 스트리밍 데이터 분석과 같은 복잡한 작업량의 경우 HPC의 비용 우위는 미래에도 여전할 것으로 기대된다. 2016년 전미 과학 아카데미 연구소는 NSF의 예상 과학 작업량을 처리하려면 아마존의 장기 리스를 사용하더라도 HPC 시스템에 비해 2~3배 더 비싸다는 결론을 내렸다(National Academies of Sciences, 2016의 박스 6.2).

22.5 HPC 소프트웨어

아이러니하게도 슈퍼컴퓨터의 진정한 위력은 특화된 소프트웨어에서 나온다. HPC 시스템과 클라우드 시스템 모두에 가용한 방대하고 다양한 소프트웨어가 있다. 대부분의 경우 동일한 소프트웨어가 양쪽 플랫폼에서 모두 제공된다. 그러므로 여기서는 HPC 시스템에 고유하고, 계산 지능과 예측 기술을 개선할 잠재력이 있다고 생각되는 소프트웨어 패키지에만 초점을 맞추기로 한다.

HPC 소프트웨어 생태계의 주목할 만한 특징 중 하나는 많은 응용 소프트웨어 플랫폼이 메시지 전달 인터페이스[MPI, Message Passing Interface]를 통해 자신의 프로세서 간 통신을 수행한다는 것이다. 사실 과학적인 계산 장부의 기초는 MPI다(Kumar et al., 1994, Gropp, Lusk, Skjellum, 1999). 따라서 우리의 HPC 소프트웨어에 대한 논의도 MPI로 시작한다. 이 책은 데이터 처리 알고리즘에 의존하고 있으므로 여기서는 데이터 관리 도구에 집중할 것이다(Shoshami, Rotem, 2010).

22.5.1 MPI

MPI는 병렬 연산을 위한 통신 프로토콜이다(Gropp, Lusk, Skjellum, 1999, Snir et al., 1988). MPI는 여러 포인트-대-포인트 데이터 교환 연산은 물론 일부 집합적 통신 연산도 정의한다. MPI 표준은 이동형 통신 라이브러리

를 구축하려던 여러 초기 시도를 바탕으로 만들어졌다. 이 점 덕분에 MPI
는 과학 분야 사용자들에게 폭넓게 수용됐다.

MPI 성공 비결 중 하나는 언어 바인딩[binding]에서 언어 독립 사양[LIS, Language Independent Specification]을 분리한 덕분이다. 이를 통해 동일한 코어 함수가 서로 다른 프로그래밍 언어에서 작동할 수 있었고, 이를 통해 더 폭넓게 수용할 수 있었다. 첫 MPI 표준은 ANSI C와 포트란-77 언어를 LIS와 함께 연결했다. 그 초안은 1994년 슈퍼컴퓨터 콘퍼런스에서 사용자 커뮤니티에 발표했다.

MPI 성공의 또 다른 핵심 요인은 MPICH에 의한 오픈소스 라이선스 정책이다. 이 라이선스는 업체들이 소스 코드를 사용해 그들만의 맞춤형 버전을 만드는 것을 가능케 해 HPC 시스템 업체들이 MPI 라이브러리를 구축할 수 있게 했다. 지금까지도 모든 HPC 시스템은 자신들의 컴퓨터에 익숙한 MPI를 제공한다. 이런 광범위한 수용은 MPI가 HPC 시스템 사용자에게도 선호되는 통신 프로토콜이 될 것임을 보장해 준다.

22.5.2 계층적 데이터 형식 5

HPC의 하드웨어 구성 요소를 설명할 때 HPC 플랫폼의 저장 시스템은 대개 클라우드 플랫폼의 저장 시스템과는 다르다는 것을 알았다. 그에 따라 저장 시스템을 쓰고 있는 대부분의 이용자들이 사용하는 소프트웨어 라이브러리도 다르다. 이 차이는 데이터의 개념적 차이에서 비롯된다. 대개 HPC 응용은 데이터를 다차원 배열로 다루기 때문에 HPC상의 보편적인 I/O 라이브러리는 다차원 배열과 작업하도록 설계돼 있다. 여기서는 가장 널리 사용되고 있는 배열 형식 라이브러리인 HDF5를 설명한다(Folk et al., 2011).

HDF5는 HDF 그룹[2]에 의해 만들어진 계층적 데이터 형식[HDF, Hierarchical Data Format]의 다섯 번째 버전이다. HDF5의 기본 데이터 단위는 배열과 함께 이

---

2 HDF 그룹의 웹사이트는 https://www.hdfgroup.org다.

와 연계된 속성, 차원, 데이터 형식과 같은 정보들이다. 이를 모두 합쳐 데이터 집합이라고 한다. 데이터 집합은 그룹이라 불리는 대형 단위로 그룹화할 수 있으며, 그룹은 고차원으로 구성할 수 있다. 이런 유연한 구조는 사용자들이 데이터 집합 간의 복잡한 관계를 표현할 수 있게 해준다.

HDF 그룹은 사용자 데이터를 파일로 구성하는 기본적 라이브러리를 넘어 다른 응용을 위한 도구 세트와 HDF5 전문화 등을 제공한다. 예를 들어, HDF5는 성능 프로파일링 도구를 제공한다. NASA는 지구 관측 시스템[EOS, Earth-Observing System]으로부터의 데이터를 처리하기 위한 HDF5-EOS라 불리는 특화된 HDF5를 갖고 있다. 차세대 DNA 커뮤니티는 자신들의 생물 정보 데이터를 위해 BioHDF라 불리는 특화된 형태를 만들었다.

HDF5는 HPC 플랫폼에서 저장 시스템을 사용하는 효율적 방법을 제공한다. 테스트에서 HDF5를 사용해 주식 시장 데이터를 저장하면 분석 연산의 속도를 엄청나게 향상시킬 수 있다는 것을 알 수 있었다. 대부분 네트워크 트래픽과 I/O 연산을 최소화하는 효율적 압축/압축 해제 알고리즘 덕분이다.

22.5.3 제자리 처리

지난 수십 년 동안 CPU 성능은 대략 18개월에 한 번씩 2배가 됐지만(무어의 법칙), 디스크의 성능은 겨우 연간 5% 미만으로 향상됐다. 이 차이는 CPU 메모리의 내용을 쓰는 데 더 많은 시간이 걸리는 결과를 초래했다. 이 문제를 해결하고자 여러 연구들이 제자리[in situ] 분석 능력에 초점을 맞췄다(Ayachit et al., 2016).

현재의 처리 시스템 중에서는 적응식 I/O 시스템[ADIOS, Adaptable I/O System]이 가장 보편적으로 사용되고 있다(Liu et al., 2014). 이 시스템은 사용자들이 I/O 시스템을 활용하고 분석적 연산을 수행할 수 있는 다수의 데이터 전송 엔진을 도입했다. 이는 전송 중 무관한 데이터를 폐기하기 때문에 느리고 방대한 저장을 피할 수 있다. 바로 이 동일한 제자리 기법이 쓰기 연산을 매우 빨리 완료할 수 있게 해준다. 사실 ADIOS는 쓰기 속도 때문에 주목을 받았다. 그 이후 ADIOS 개발자들은 다수의 대규모 팀과 함께 그들의 I/O 파이프라인과 해석적 능력을 향상시켰다.

ADIOS는 스트리밍 데이터 접근을 지원하므로 CIFT 작업과의 연관성이 매우 높다. 여러 시연에서 ADIOS와 ICEE 전송 엔진은 실시간으로 분산 스트리밍 데이터 분석을 완료할 수 있었다(Choi et al., 2013). 22.6절에서는 융합 플라스마의 작은 덩어리에 관련된 사례를 설명한다.

요약하면 제자리 데이터 처리 능력은 HPC 생태계를 위한 매우 유용한 도구다.

22.5.4 수렴

앞에서 HPC 하드웨어 시장은 전체 컴퓨터 하드웨어 시장에 비해 아주 작은 부분이라고 설명했다. HPC 소프트웨어 시장은 전체 소프트웨어 시장에 비하면 훨씬 더 적다. 여태까지 HPC 소프트웨어 생태계는 다수의 소규모 업체들이 약간의 오픈소스 기여자들과 함께 유지돼 왔다. 따라서 HPC 시스템 사용자들은 더 나은 환경이 제공되는 클라우드 소프트웨어 시스템으로 옮기라는 압력을 받고 있다. 이 점이 HPC 소프트웨어와 클라우드 소프트웨어가 서로 수렴하게 되는 강력한 동인이 되고 있다.

비록 수렴은 불가피해 보이지만, 앞에서 언급한 소프트웨어의 장점을 유지한 상태의 수렴 옵션을 지지한다. CIFT 프로젝트의 동기 중 하나는 앞의 도구를 미래의 컴퓨팅 환경의 도구로 전환하는 방법을 찾고자 하는 것이다.

22.6 실제 사례

데이터 처리는 현대 과학 연구에서 매우 중요한 부분으로 어떤 연구자는 이를 과학의 네 번째 패러다임이라고 부르기도 한다(Hey, Tansley, Tolle, 2009). 경제학에서는 데이터 기반의 연구 활동이 유명한 행동 경제학 behavioral economics을 이끌었다(Camerer and Loewenstein, 2011). 최근 데이터 기반 연구의 많은 부분은 머신러닝 응용에 기반을 두고 있다(Qiu et al., 2016, Rudin and Wagstaff, 2014). 행성 과학이나 생체 정보 등과 같은 다양한 분야에서의 성공은 여러 영역 연구자의 상당한 관심을 이끌어 냈다. 22.6절의 나머지 부분에서는 고급 데이터 분석 기술을 다양한 분야에 적용한 몇 가지 예제를 설명한다. 여기에서 설명하는 많은 실제 사례는 CIFT 프로젝트에 기인한 것이다.

22.6.1 초신성 사냥

천문학에서는 우주의 팽창 속도와 같은 많은 중요한 사실의 결정을 Ia형 초신성supernova 폭발로부터 발생한 빛을 측정함으로써 수행한다(Bloom et al., 2012). 폭발하는 초신성을 찾아 밤하늘을 헤매는 프로세스는 시놉틱 이미지 관측synoptic imaging survey이라고 불린다. PTFPalomar Transient Factory는 이런 시놉틱 관측의 한 예다(Nicholas et al., 2009). PTF 망원경은 밤 하늘을 살펴보고 45분마다 이미지들을 생성한다. 새로운 이미지는 직전에 찍어 둔 동일한 영역의 하늘 이미지와 비교해 변화가 있었는지 대조한 후 변화가 있다면 그것이 무엇인지 분류한다.

이런 식별과 분류의 과제는 천문학자에 의해 수동으로 이뤄지곤 했다. 그러나 현재 PTF 망원경으로부터 전송되는 이미지의 수는 수작업으로 조사를 하기에는 너무나 방대하다. 이런 이미지 처리에 대한 자동화는 수많은 서로 다른 컴퓨터 센터에서 개발되고 적용돼 왔다.

그림 22-4는 2011년 8월 23일 폭발 프로세스의 초기에 포착된 초신성을 보여 준다. 하늘에서 이 별이 있던 영역에서는 아무런 신호가 보이지 않지만, 8월 24일에는 희미한 빛이 보였다. 이런 빠른 변화는 전 세계 천문학자

들이 우주의 팽창과 관련된 파라미터를 결정하는 데 중요한 상세한 후속 관측을 가능하게 한다.

그림 22-4 천문 관측의 분류에 대한 광범위한 자동화의 결과로 초신성 SN 2011fe는 폭발 11시간 후 발견됐다.

이렇게 초신성을 재빨리 인식한 것은 머신러닝의 자동화된 작업 흐름 능력을 보여 주는 중요한 사례다. 이 작업 흐름은 입력 이미지를 처리해 직전 관측으로부터 달라진 물체를 추출한다. 그다음 이전 학습에 기반으로 변화된 물체를 분류해 예비 유형을 결정한다. 급변하는 과도기 상태로부터 새로운 과학을 추출하기 위한 후속 자원은 값이 비싸기 때문에 분류는 가정된 유형뿐 아니라 가능성과 신뢰도 역시 나타내야 한다. PTF 데이터에서 훈련된 분류 알고리즘을 사용할 때 과도기 상태와 변광성에 레이블을 잘못 붙이는 비율은 전체적으로 3.8%였다. 대형 시놉틱 관측 망원경 등을 사용하는 향후 조사에서 더 높은 정확도를 얻기 위한 추가 연구가 기대된다.

22.6.2 융합 플라스마의 덩어리

물리학, 기후학과 같은 대규모 과학 탐색 영역에서의 탐색은 수천 명의 과학자가 국제적으로 협업한다. 이런 협력은 점점 더 많은 데이터를 더 빠른 비율로 점진적으로 생성하므로 기존의 작업 흐름 관리 시스템으로는 보조를 맞추기에 역부족이다. 이때 필요한 해법은 상대적으로 느린 디스크 저장 시스템에 데이터가 도달하기 전에 처리, 분석, 종합, 축소하는 것이다. 우리는 ADIOS 개발자와 일하면서 ICEE 전송 엔진을 구현해 협업 작업 흐름 시스템의 데이터 처리 능력을 근본적으로 증가시켰다(Choi et al., 2013). 이런 새로운 특징은 분산 작업 흐름에 있어 데이터 흐름 관리를 개선했다. 테스트는 ICEE 엔진이 다수의 대규모 국제 협업이 거의 실시간 협업 결정이 가능하도록 해준다. 여기서는 KSTAR^{Korea Superconducting Tokamak Advanced Research}에 관련된 융합 협력을 간략히 설명한다.

KSTAR은 완전 초전도 자석을 가진 핵 융합 원자로다. 이 기계는 한국에 있지만 전 세계에 다수의 연합 연구팀이 있다. 핵 융합 실험을 하는 동안 일부 과학자들은 KSTAR에서 물리학 기기를 제어하지만, 다른 사람들은 실험 이전의 결과에 대해 협업 분석을 수행해 다음 수행에 어떻게 기기를 설정해야 하는지 조언해 주길 원하기도 한다. 과학자들은 실험 측정 데이터를 분석하는 동안 시뮬레이션을 돌리거나 이전 시뮬레이션을 조사해 파라미터 선택을 연구하기도 한다. 대체로 두 번의 연속된 실험 사이에는 10~30분의 시간이 소요되므로 다음 분석에 영향을 미치려면 이 시간 안에 협업 분석이 완료돼야 한다.

여기서는 2개의 서로 다른 데이터 형식을 사용해 ICEE 업무 흐름 시스템의 기능을 보였는데 하나는 KSTAR에서 측정된 ECEI^{Electron Cyclotron Emission Imaging} 데이터, 다른 하나는 XGC 모델링으로부터의 합성 진단 데이터다. 분산 작업 흐름 엔진은 이런 2개의 소스로부터 데이터를 수집해야 하며, 블롭^{blob}으로 알려진 특징을 추출하고, 이 블롭의 움직임을 추적해 실험 측정에서 블롭의 움직임을 예측해서 수행해야 할 대책을 조언한다. 그림 22-5는 ECEI 데이터가 어떻게 처리되는지 보여 준다. XGC 시뮬레이션 데이터의 작업 흐름은 XGC 데이터가 NERSC에 위치했다는 점을 제외하면 그림 22-5와 흡사하다.

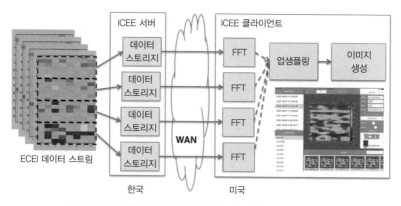

그림 22-5 융합 플라스마 동역학을 연구하는 분산 작업 흐름

앞에서의 분석 작업을 실시간으로 완료하고자 ADIOS의 ICEE 전송 엔진을 사용한 효율적 데이터 관리는 필요한 작업의 일부에 불과하다. 두 번째 부분은 블롭을 효율적으로 탐지하는 것이다(Wu et al., 2016). 이 작업에는 WAN을 통해 전송되는 데이터 양을 필요한 부분만 선택함으로써 축소해야 한다. 그다음에는 블롭 내의 모든 셀을 식별하고, 이런 셀을 그룹화해 공간 상에서 연결된 영역으로 만들어야 한다. 각 연결 영역은 블롭을 형성한다. 우리가 개발한 새로운 알고리즘은 작업을 서로 다른 CPU 코어에 분할해 노드 간의 통신과 동일한 노드 간에 공유된 메모리에 대한 MPI의 장점을 충분히 살린다. 추가로 연결 구성 요소 레이블 알고리즘을 갱신해 끝단에서 정확히 블롭을 인식하는데 이는 이전 탐지 알고리즘에서 빈번히 놓쳤던 것이다. 전체적으로 알고리즘은 HPC 시스템에서 가용한 병렬 처리를 완전히 활용해 각 시간 단계에 대해 수밀리초 이내에 블롭을 인식할 수 있었다.

22.6.3 일간 전기 사용 최대값

유틸리티 기업들은 고급 계량 기반 시설^{AMI, Advanced Metering Infrastructure}을 도입해 전례 없는 공간상이나 시간상 전력 소모를 포착한다. 이 방대하고 급격히 증가하는 데이터 스트림은 빅데이터 분석 플랫폼에 기반을 둔 예측 능력에 중요한 테스트 기반을 제공한다(Kim et al., 2015). 이런 최첨단 데이터 과학 기술은 행동 이론과 함께 행동 분석이 전력 소모의 패턴과 그 기저 요인에 대한 새로운 영감을 준다(Todd et al., 2014).

전기는 쉽게 저장하기 힘들므로 생산과 소비가 잘 들어맞아야 한다. 수요가 생산 능력을 앞서면 보통 소비자가 전력을 가장 필요로 하는 동안 정전이 발생한다. 전력 생산 용량을 증가시키는 것은 비용이 많이 들고 수년이 걸리기 때문에 감독 당국과 유틸리티 기업들은 수요가 절정에 달하는 기간 동안 불필요한 소비를 억제하기 위한 여러 가격 정책을 개발한다.

수요 절정에서의 가격 정책에 대한 효과를 측정하려면 AMI에 의해 생성된 전력 사용 데이터를 분석해야 한다. 우리 작업은 행동 분석 연구를 위한 가정 전력 사용의 기준 모델을 추출하는 데 집중했다. 기준 모델은 새로운 가격 체계를 제외한 모든 특징을 포함한 가정 전력 사용 패턴을 포착한다. 이런 모델을 구축하는 데는 해결해야 할 과제가 많다. 예를 들어, 전력 사용에 영향을 미치는 특징은 많지만, 에어컨에 설정된 온도나 새로운 기기의 구매와 같은 정보는 기록돼 있지 않다. 외부 온도와 같은 다른 특성은 알려져 있으나, 간단한 함수로 그 영향을 포착하기 어렵다.

연구를 통해 앞의 조건을 만족하는 여러 새로운 기준 모델을 개발했다. 현재 최적의 표준 기준 모델은 잘 설계된 랜덤화 대조군control group이다. 우리는 새로운 데이터 기반의 기준 모델이 대조군의 평균 전력 사용을 정교하게 예측한다는 것을 보였다. 평가를 위해 전력 사용량이 5월부터 8월까지 정오와 저녁에 최대가 된다는 미국의 잘 설계된 지역 연구를 사용한다. 비록 이 연구가 새로운 기준 모델이 그룹들에 대해 효과적이라는 것을 보이는 것에 집중돼 있지만, 이런 새로운 모델은 미래에 각 개별 가구를 연구하는 데도 유용할 것이라 믿는다.

우리는 다수의 블랙박스 기법을 탐색했다. 머신러닝 기법 중 그래디언트 트리 부스팅GTB, Gradient Tree Boosting이 다른 것보다 더 효과적이라는 것을 발견했다. 그러나 가장 정확한 GTB 모델은 래그 변수가 필요하다(예를 들어, 하루 전 전력 사용과 한 주 전 사용량). 우리 연구에서는 T−1년 전의 데이터를 사용해 T와 T+1년도의 기본 사용량을 구축해야 했다. 하루 전과 한 주 전의 래그 변수는 T−1년에는 없었던 최근 정보를 포함할 것이다. 우리는 예측 절차를 수정해 실제 측정된 하루 전 값과 일주일 전 값 대신 최근 예측을 사용하는 것을 시도해 봤다. 그러나 예측 오차가 시간이 흘러감에 따라 누적됐고, 여름 기간으로 한 달 이상 들어가면서 비현실적인 예측을 초래했다. 이런 종류의 예측 오차 누적은 시계열의 연속 예측 절차에서는 흔한 일이다.

우리는 이 문제를 해결하고자 다수의 화이트박스 기법을 개발했는데 그중 가장 효과적인 것은 LTAP라 알려진 것이다. LTAP는 일별 전기 사용량 종합 변수가 평균 일별 기온의 구간별 선형 함수piecewise linear function로 정확히 설명된다는 사실에 기반을 두고 있다. 이 사실로부터 전체 일별 전기 사용량을 예측할 수 있게 됐다. 각 가구의 전력 사용량이 연구 기간 동안 동일하다는 가정을 추가하면 일별 종합 사용량으로부터 시간별 사용량을 배분할 수 있다. 이 방법은 자기 일관적self-consistent이라는 사실을 보여 줬다. 즉 예측 절차는 정확히 T−1년도의 전력 사용량을 재생하고, 대조군에서의 T와 T+1년도의 예측은 실제 측정값과 매우 유사하다. 양쪽 실험 집단treatment group의 전력 사용량은 최고 수요량 시간 동안 감소했고, 능동 집단active group은 수동 집단passive group보다 사용량을 더 줄였다. 이 관측은 다른 연구와도 일치한다.

LTAP는 대조군의 평균 사용량을 정확히 예측하지만, 최고 수요 시간(그림 22−6 참조)의 사용량을 줄이는 것을 목적으로 한 새로운 사용 시간 가격의 영향에 대해서는 약간 차이가 있었다. 예를 들어, 대조군을 기준으로 했을 때 능동 집단은 새로운 가격으로 사용량을 최고 수요 시간에 대한 평균에서 첫째 해에는 0.277kWh(약 2kWh으로부터)를 줄였고, 둘째 해에는 0.198kWh 줄였다. LTAP를 기반으로 사용하면 평균 절감은 두 해 모두 단지 0.164kWh밖에 되지 않는다. 차이의 일부는 실험 집단 특히 가구가 실험에 참여할 것인지를 명시적으로 선택해야 하는 능동 집단에서 자기 선택 편향에 기인한다. 능동 그룹에 선택된 가구들은 제안된 새로운 가격 구조를 이용하고자 하는 경향이 있다. 우리는 **LTAP**의 기준 모델이 자기 선택 편향을 해결한다고 믿고, 추가로 이를 더욱 증명하기 위한 추가적인 연구를 수행할 계획이다.

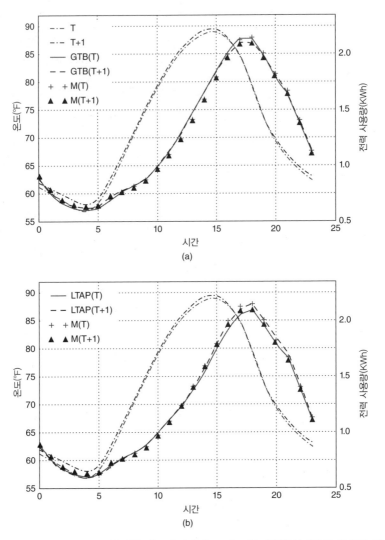

그림 22-6 GTB는 최근 사용량을 너무 근접해 따르므로 기본 사용량의 예측과 LTAP라 불리는 새로 개발된 기법을 예측하지 못한다. (a) 대조군에 대한 GTB (b) 대조군에 대한 LTAP (c) 수동 그룹에 대한 GTB (d) 수동 그룹에 대한 LTAP (e) 능동 그룹에 대한 GTB. (f) 능동 그룹에 대한 LTAP

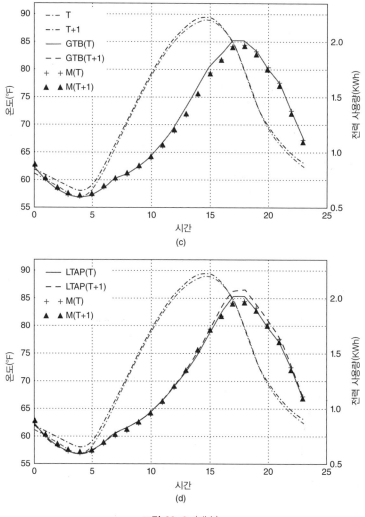

그림 22-6 (계속)

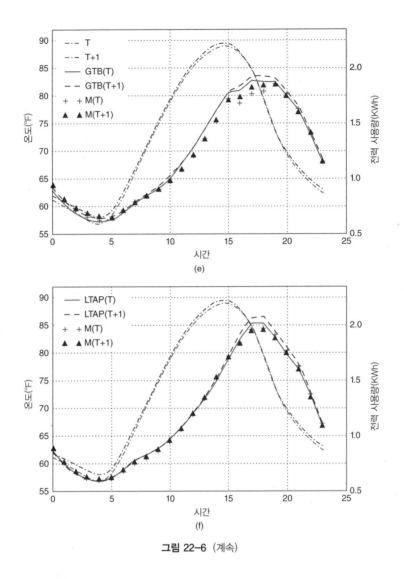

그림 22-6 (계속)

22.6.4 2010년의 플래시 크래시

SEC와 CFTC가 2010년의 플래시 크래시를 조사하는 데 많은 시간을 소요하게 된 것이 CIFT을 시작하게 된 원래 동기가 됐다. 연방 조사는 폭락의 원인을 찾고자 수십 테라바이트의 데이터를 걸러내야 했다. CFTC는 공개적으로 보고 시간 지연 원인을 방대한 데이터에 있다고 했으므로 수십 테라바이트의 데이터를 간단히 다룰 수 있는 HPC 도구를 찾는 작업을 시작했다. HDF5가 I/O 라이브러리이므로 가장 보편적으로 사용하는 HDF5를 대규모 주식 거래 데이터를 정리하는 데 적용해 작업을 시작했다(Bethel et al., 2011).

2010년 플래시 크래시에 무슨 일이 일어났는지 살펴보자. 5월 6일 오후 2시 45분(미 동부 시간, 서머타임 적용)에 다우존스 지수는 평균 거의 10% 폭락했고, 많은 주식은 주식 거래의 최소 단위인 주당 1센트에 거래됐다. 그림 22-7은 애플(종목 코드 AAPL)이 주식 거래에서 최대 가격인 주당 10만 달러에 거래된 또 다른 극단적인 경우를 보여 준다. 이는 드문 사건으로, 금융 시장에 대한 투자가의 신뢰를 악화시켰다. 투자가들은 이 사건의 원인을 밝혀야 한다고 요구했다.

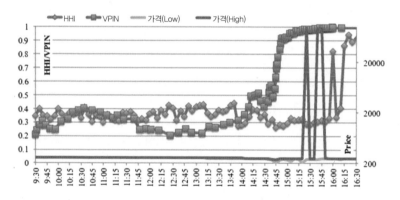

그림 22-7 2010년 5월 6일의 애플 주식 가격, HHI와 VPIN 가격을 따라 장 중에 5분 간격으로 계산됐다.

작업을 금융 산업과 관련시키고자 HDF5 소프트웨어로 실험하기로 했고, 이를 조기 경고 지표를 계산하는 구체적인 과제에 적용했다. 기관 투자자, 감독 당국, 학계의 추천에 기반을 두고 플래시 크래시 전에 '조기 경고' 성질을 가진 것으로 보이는 두 종류의 지표 집합을 구축했다. 이들은 정보 기반 거래의 거래량 동기화 확률VPIN, Volume-synchronized Probability of Informed Trading (Easley, Lopez de Prado and O'Hara, 2011)이고, 시장 파편화market fragmentation

의 허핀달-허시먼 인덱스[HHI, Herfindahl-Hirschman Index]의 변형이다(Hirschman, 1980). 우리는 이 두 알고리즘을 C++ 언어로 구현했고, HPC 시스템의 장점을 충분히 활용하고자 MPI를 프로세서 간 통신에 사용했다. 이런 조기 경고 지표가 성공적이라는 것이 입증되면 고성능 구현을 통해 가능한 한 조기에 경고 신호를 추출해 교정 행동을 수행할 시간을 얻을 수 있을지도 모르기 때문이다. 경고 신호를 가능한 한 빨리 계산할 수 있다는 것을 증명하는 첫 단계 중 하나다.

두 버전의 프로그램을 구현했다. 하나는 HDF5 파일로 구성된 데이터를 사용하고, 다른 하나는 흔히 사용되는 ASCII 텍스트로부터 데이터를 읽는다. 그림 22-8은 모든 S&P 500 주식에 대해 10년 동안의 거래 기록을 처리하는 데 소요된 시간을 보여 준다. 10년 거래 데이터의 크기는 상대적으로 작기 때문에 데이터를 10번 복제했다. 단일 CPU 코어(그림 22-8에서 'serial'로 레이블된 것)에서는 ASCII 데이터로 3.5시간이 걸렸지만, HDF5 파일로는 단지 603.98초가 소요됐다. 512 CPU 코어가 사용됐을 때 이 시간은 HDF5로 2.58초 단축됐고 234배의 속도 증가를 보였다.

더 큰 (복제된) 데이터셋에서는 이런 인덱스를 계산하는 HPC 코드의 장점이 더욱 두드러졌다. 10배 더 많은 데이터에서는 작업 완료에 2.3배의 시간이 소요됐고, 선형 시간 미만의 지연이 생겼다. 더 많은 CPU를 사용하면 HPC는 더욱 확장 가능해진다.

그림 22-8은 대규모 데이터셋에 대한 결과를 보여 준다. HDF5에서 사용할 수 있는 인덱싱 기능을 활용하면 데이터 접근 시간을 보다 더 줄일 수 있다(이는 또한 전체 계산 시간을 축소한다). 512개의 CPU 코어가 사용되면 전체 실행 시간은 16.95초에서 4.59초로 감소하고, 이 HPC의 인덱싱 기술 덕분에 속도는 3.7배가 된다.

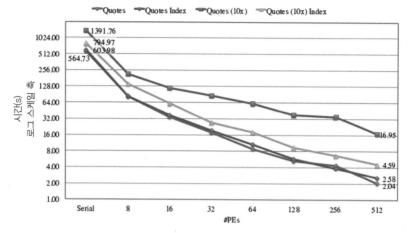

그림 22-8 HDF5 파일에 저장된 10년치 S&P500 호가를 처리하는 데 걸린 시간. 동일한 데이터가 ASCII로 저장돼 있으면 21배 더 소요된다(603.98초 대 약 3.5시간).

22.6.5 정보 기반 거래 거래량 동기화 확률의 추정

금융 시장의 변동성을 이해하려면 방대한 데이터를 처리해야 한다. 이 작업을 해결하려면 데이터 집중 과학 응용으로부터의 기술을 적용하고, 대량 선물 거래에 대해 정보 기반 거래의 거래량 동기화 확률[VPIN]이라 불리는 조기 경고 지표를 계산해 그 효용성을 보여 준다. 테스트 데이터는 가장 빈번하게 거래되는 100가지 선물 계약의 67개월치 데이터를 포함한다. 평균적으로 67개월 동안 하나의 계약을 처리하는 데 1.5초가 소요된다. HPC 구현을 하기 전에는 동일한 과제를 수행하는 데 18분이 소요됐다. HPC 구현은 720배 시간 속도를 향상시켰다.

앞에서의 속도 향상은 병렬 처리의 이점을 사용한 것이 아니라 오로지 알고리즘을 개선해 얻어졌다는 점에 주목하자. HPC 코드는 MPI를 사용해 병렬 기계에서 실행할 수 있으므로 계산 시간을 보다 더 줄일 수 있다.

연구에서 사용한 소프트웨어 기법은 앞에서 설명한 HDF5를 통한 더 빠른 I/O 처리와 VPIN의 계산에 사용될 바와 버킷을 저장하는 더 간소화된 데이터 구조를 포함한다. 더 자세한 정보는 우 등(Wu et al., 2013)에서 찾아볼 수 있다.

VPIN을 계산하는 더 빠른 프로그램으로 파라미터 선택에 대해서도 좀 더 자세히 탐구할 수 있었다. 예를 들어, 100개의 계약에 대해 VPIN의 거짓 양성률을 20%에서 7%로 감소하는 파라미터 값을 찾을 수 있었다(그림 22-9 참고). 이런 성과를 얻을 수 있는 파라미터 선택은 다음과 같다. (1) 거래량 바를 거래의 중앙값 가격으로 산정 (2) 하루에 200버킷 (3) 버킷당 30바 (4) VPIN=1일, 이벤트 지속=0.1일을 계산할 서포트 윈도우 (5) $\nu=0.1$를 가진 스튜던트 t-분포의 대규모 거래량 분류 (6) VPIN의 CDF 임계값=0.99. 이런 파라미터들은 전체 선물에 대한 거짓 양성률을 감소시키지만, 개별적 적합화의 결과는 아니다.

다른 클래스의 선물 계약의 경우 다른 파라미터를 선택해 보다 낮은 거짓 양성률을 달성할 수 있다. 어떤 경우에는 거짓 양성률이 1% 미만일 수도 있다. 그림 22-9를 살펴보면 금리와 인덱스 지수 계약은 대개 낮은 거짓 양성률을 가진다는 것을 알 수 있다. 에너지, 금속과 같은 상품에 대한 선물 계약은 일반적으로 더 높은 거짓 양성률을 가진다.

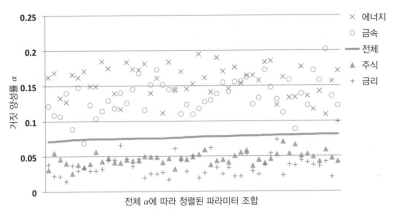

그림 22-9 여러 클래스의 선물 계약의 평균 거짓 양성률(α)을 평균에 따라 정렬

추가로 VPIN CDF의 임계값 등 파라미터를 조정해도 탐지된 이벤트 개수의 변화가 작다는 점에서, 더 빠른 프로그램을 통해서 VPIN에 의해 인식된 이벤트들이 '본질적'이라는 것으로 평가할 수 있도록 한다. 이벤트가 랜덤이라면 임계값을 0.9에서 0.99로 변경시킴으로써 이벤트 개수를 10배수 가까이 줄일 수 있다. 간단히 말해 더 빠른 VPIN 프로그램은 VPIN의 실시간 효용성을 확인할 수 있게 해준다.

22.6.6 비균등 고속 푸리에 변환으로 고빈도 이벤트 발견

고빈도 거래는 모든 전자 금융 시장에 만연해 있다. 이전에 사람들이 하던 일을 알고리즘이 대체하면서 2010의 플래시 크래시와 유사한 폭포 효과 cascading effect 가능성도 더 높아졌다. 우리 연구(Song et al., 2014)에서는 이런 거래 행태에 대한 이해를 높이고자 다수의 고성능 신호 처리 도구를 도입했다. 설명하고자 천연 가스 선물의 거래가에 대한 푸리에 분석을 요약한다.

보통, 푸리에 분석은 균등 분포 데이터에 적용한다. 시장 활동은 폭발적으로 발생하므로 금융 시계열의 표본 추출은 거래 활동의 인덱스에 따라 수행한다. 예를 들어, VPIN은 금융 계열을 거래량의 함수로 추출한다. 그러나 금융 계열을 시간상의 흐름에 따라 푸리에 분석하는 것도 여전히 유익하다. 이런 목적을 위해 비균등 고속 푸리에 변환FFT, Fast Fourier Transform을 이용한다.

천연 가스 시장의 푸리에 분석을 통해 시장에서의 고빈도 거래에 대한 강한 증거를 볼 수 있다. 고빈도 거래에 해당하는 푸리에 성분은 다음과 같다. (1) 최근 연도에 보다 현저해진다. (2) 시장 구조에서 기대하는 것보다 훨씬 더 강하다. 추가로 각 분의 처음 초에 엄청난 양의 거래가 이뤄지고, 이는 시간 가중 평균 가격TWAP을 노리는 알고리즘이 시작됐다는 명확한 징후다.

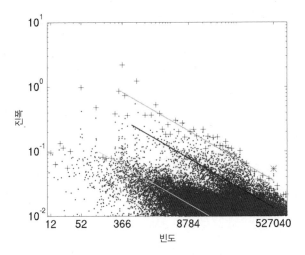

그림 22-10 2012년 천연 가스 선물 계약 거래 가격의 푸리에 스펙트럼. 비균등 FFT를 통해 매일 1회(주기 = 366), 매일 2회(주기 = 732), 매분 1회(주기 = 527040 = 366 × 24 × 60)의 강한 활동이 있다는 것을 알 수 있다.

거래 데이터에 대한 푸리에 분석은 분당 1회의 빈도에서 발생하는 활동이 인접한 빈도에서보다 현저히 높다는 것을 보여 준다(그림 22-10). 수직축은 로그 크기라는 점에 주목하자. 분당 1회 빈도의 활동 강도는 인근 빈도에 비해 10배 이상 강력하다. 활동은 매우 정교하고 분당 1회로 정의되며, 이는 거래가 의도적으로 구성된 자동화 이벤트라는 사실을 시사한다. 이를 통해 이 시장에는 TWAP가 있다는 강력한 증거로 사용할 수 있다.

빈도 분석을 통해 강한 일별 사이클을 볼 수 있다고 기대한다. 그림 22-10 에서는 빈도 365의 진폭이 매우 크다고 기대한다. 그러나 최대 진폭은 빈도 366에서였다. 이는 2012년이 윤년이었기 때문에 설명이 가능하다. 이는 비균등 FFT가 기대한 신호를 포착한다는 검증이 된다. 두 번째 그리고 세 번째 가장 높은 진폭은 732와 52인데 각각 매일 2회와 주별 1회다. 이 또한 놀라운 일이 아니다.

추가로 비균등 FFT를 거래량에 적용해 알고리즘 거래의 또 다른 증거를 찾았다. 게다가 신호는 최근 연도에서 더 강한 알고리즘 거래의 존재를 알려 줬다. 비균등 FFT 알고리즘은 고도의 비정기적 시계열의 분석에 유용하다.

22.7 요약 및 참여 요청

대규모 컴퓨팅 플랫폼을 구축하는 데에는 두 가지 주요한 방법이 있는데 하나는 HPC 기법이고, 다른 하나는 클라우드 기법이다. 대부분의 과학적 연산 노력은 HPC 기법을 사용하지만, 대부분의 비즈니스 연산은 클라우드 기법을 사용한다. HPC 기법은 중요하지 않은 것에 연관된 작은 틈새 시장을 맡고 있다는 것이 일반적 통념이다. 이는 사실이 아니다. HPC 시스템은 과학 연구 발전에 필수적이다. HPC는 힉스 입자와 중력파를 비롯한 놀랍고 새로운 과학적 발견에 중요한 역할을 수행했다. 이는 행동 경제학이나 인터넷을 통한 새로운 상업 활동 수행 등과 같은 새로운 주제에 대한 연구를 촉발했다. 극도의 대규모 HPC 시스템은 2015 국가 전략 컴퓨팅 구상 NSCI, National Strategic Computing Initiative을 이끌었다.[3]

HPC의 비즈니스 응용 도입을 가속화해 HPC 도구를 훨씬 더 유용하게 하려는 노력도 이뤄지고 있다. HPC4Manufacturing[4]은 이런 지식을 미국 제조업 분야에 이전하는 일을 개척하고 있고, 많은 주목을 받고 있다. HPC가 다른 중요한 비즈니스 필요를 해결할 수 있도록 하려면 단합된 노력이 필요하다.

최근 들어 HPC 툴과 기술로부터 이득을 볼 수 있는 광범위한 비즈니스 응용 클래스인 CIFT가 개발됐다. 전력 변환기에서 전압 변동에 어떻게 대처할 것인지의 결정이나 임박한 시장 변동성 이벤트의 조기 경고 신호에서

---

3 국가 전략 컴퓨팅 구상의 계획은 https://www.whitehouse.gov/sites/whitehouse.gov/files/images/NSCI%20Strategic%20Plan.pdf에서 찾아볼 수 있다. 이 주제에 대한 위키피디어 페이지는 https://en.wikipedia.org/wiki/ National_Strategic_Computing_Initiative고, 추가 정보에 대한 다른 유용한 링크도 있다.

4 HPC4Manufacturing의 정보는 https://hpc4mfg.llnl.gov/에 있다.

HPC 소프트웨어 툴은 결정권자가 신호를 판단할 수 있도록 충분히 이른 시간에 예측에 충분한 신뢰를 제공하고 재앙적 이벤트가 도착하기 전에 결과를 기대할 수 있도록 도와 줄 수 있다. 이런 응용은 복잡한 계산량이 필요한데 대개 긴박한 반응 시간을 요구한다. HPC 툴은 클라우드 기반의 툴에 비해 이런 요구 사항에 더 적합하다.

연구에서 HPC I/O 라이브러리 HDF5가 데이터 접근 속도를 21배나 올릴 수 있다는 것을 보여 줬고, HPC 기술은 플래시 크래시의 조기 경고 지표 VPIN을 720배나 빨리 계산했다. 추가 알고리즘 개발을 통해 미래의 일별 최대 전력 사용량의 예측이 가능하도록 했다. 우리는 HPC 툴과 기술을 다른 응용에 적용해 이와 유사한 결과를 얻을 수 있다고 기대한다.

앞에서 언급한 성능의 이점에 더해 공개된 많은 연구(Yelick et al., 2011, Holzman et al., 2017)에서 HPC 시스템이 가격에서도 중대한 장점이 있다는 것을 보여 줬다. 클라우드 시스템은 CPU의 부하, 네트워킹, 저장 장치 등에 따라 HPC에 비해 50%나 더 비쌀 수 있고, 어떤 경우에는 7배나 더 비쌀 수도 있다. 이 책에서 설명한 복잡한 분석 작업의 경우 데이터 분석에 대한 꾸준한 데이터 수집의 필요성에서 비용 우위점은 계속 커질 것으로 기대한다.

CIFT는 HPC 기술을 개별 기업에 전수하려 노력하고 있으며, 개별 기업들이 대규모 연구 기관에서 누리던 성능과 가격의 혜택을 볼 수 있다. 초기 협력자들은 우리 연구에 특화된 전문 HPC에 대한 지원금을 제공했다. 관심 있는 사람들이 HPC 시스템을 그들의 응용을 시도하는 데 상당히 편리하게 해줄 것이다. 우리는 여러 형태의 협력에 개방돼 있다.

22.8 감사의 글

CIFT 프로젝트는 데이비드 라인베버David Leinweber 박사의 아이디어다. 홀스트 사이먼^{Horst Simon} 박사는 이 아이디어를 2010년 LBNL에 가져왔다. 베델 E. W. Bethel 박사와 베일리^{D. Bailey}는 이 프로젝트를 4년간 이끌었다. CIFT 프로젝트는 수많은 자선가들로부터 넉넉한 도움을 받았다. 이 연구는 부분적으로 미국 에너지부의 고등 과학 컴퓨팅 연구국, 에너지국으로부터 계약 번호(No. DE-AC02-05CH11231)로 지원받았다. 이 연구는 또한 동일한 계약 아래 미국 에너지 연구 과학 컴퓨팅 센터의 자원을 사용했다.

참고 자료

Aad, G., et al.(2016): "Measurements of the Higgs boson production and decay rates and coupling strengths using pp collision data at $\sqrt{s}$ = 7 and 8 TeV in the ATLAS experiment." *The European Physical Journal C*, Vol. 76, No. 1, p. 6.

Abbott, B.P. et al.(2016): "Observation of gravitational waves from a binary black hole merger." *Physical Review Letters*, Vol. 116, No. 6, p. 061102.

Armbrust, M., et al.(2010): "A view of cloud computing." *Communications of the ACM*, Vol. 53, No. 4, pp. 50~58.

Asanovic, K. et al.(2006): "The landscape of parallel computing research: A view from Berkeley." *Technical Report UCB/EECS-2006-183*, EECS Department, University of California, Berkeley.

Ayachit, U. et al. "Performance analysis, design considerations and applications of extreme-scale in situ infrastructures." Proceedings of the International Conference for High Performance Computing, Networking, Storage and Analysis. IEEE Press.

Bethel, E. W. et al.(2011): "Federal market information technology in the post Flash Crash era: Roles for supercomputing." Proceedings of WHPCF'2011. ACM. pp. 23~30.

Bloom, J. S. et al.(2012): "Automating discovery and classification of transients and variable stars in the synoptic survey era." *Publications of the Astronomical Society of the Pacific*, Vol. 124, No. 921, p. 1175.

Camerer, C.F. and G. Loewenstein(2011): "Behavioral economics: Past, present, future." In *Advances in Behavioral Economics*, pp. 1~52.

Chen, L. et al.(2015): "Profiling and understanding virtualization overhead in cloud." *Parallel Processing(ICPP)*, 2015 44th International Conference. IEEE.

Choi, J. Y. et al.(2013): ICEE: "Wide-area in transit data processing framework for near real-time scientific applications." 4th SC Workshop on Petascale (Big) Data Analytics: Challenges and Opportunities in Conjunction with SC13.

Dong, Y. et al.(2012): "High performance network virtualization with SR-IOV." *Journal of Parallel and Distributed Computing*, Vol. 72, No. 11, pp. 1471~1480.

Easley, D., M. Lopez de Prado and M. O'Hara(2011): "The microstructure of the 'Flash Crash': Flow toxicity, liquidity crashes and the probability of informed trading." *Journal of Portfolio Management*, Vol. 37, No. 2, pp. 118~128.

Folk, M. et al.(2011): "An overview of the HDF5 technology suite and its applications." Proceedings of the EDBT/ICDT 2011 Workshop on Array Databases. ACM.

Fox, G. et al.(2015): "Big Data, simulations and HPC convergence, iBig Data benchmarking": 6th InternationalWorkshop, WBDB 2015, Toronto, ON, Canada, June 16~17, 2015; and 7th InternationalWorkshop, WBDB 2015, New Delhi, India, December 14~15, 2015, Revised Selected Papers, T. Rabl, et al., eds. 2016, Springer International Publishing: Cham. pp. 3~17. DOI: 10.1007/978-3-319-49748-8_1.

Ghemawat, S., H. Gobioff and S.-T. Leung(2003): "The Google file system." SOSP '03: *Proceedings of the nineteenth ACM symposium on operating systems principles*. ACM. pp. 29~43.

Gordon, A. et al.(2012): "ELI: Bare-metal performance for I/O virtualization." *SIGARCH Comput. Archit. News*, Vol. 40, No. 1, pp. 411~422.

Gropp, W., E. Lusk and A. Skjellum(1999): *Using MPI: Portable Parallel Programming with the Message-Passing Interface*. MIT Press.

Hey, T., S. Tansley and K.M. Tolle(2009): *The Fourth Paradigm: Data-Intensive Scientific Discovery*. Vol. 1. Microsoft research Redmond,

WA.

Hirschman, A. O.(1980): *National Power and the Structure of Foreign Trade*. Vol. 105. University of California Press.

Holzman, B. et al.(2017): "HEPCloud, a new paradigm for HEP facilities: CMS Amazon Web Services investigation. *Computing and Software for Big Science*, Vol. 1, No. 1, p. 1.

Jackson, K. R., et al.(2010): "Performance analysis of high performance computing applications on the Amazon Web Services Cloud. *Cloud Computing Technology and Science(CloudCom)*. 2010 Second International Conference. IEEE.

Kim, T. et al.(2015): "Extracting baseline electricity usage using gradient tree boosting." IEEE International Conference on Smart City/ SocialCom/ SustainCom(SmartCity). IEEE.

Kumar, V. et al.(1994): *Introduction to Parallel Computing: Design and Analysis of Algorithms*. Benjamin/Cummings Publishing Company.

Liu, Q. et al.,(2014): "Hello ADIOS: The challenges and lessons of developing leadership class I/O frameworks." *Concurrency and Computation: Practice and Experience*, Volume 26, No. 7, pp. 1453~1473.

National Academies of Sciences, Engineering and Medicine(2016): *Future Directions for NSF Advanced Computing Infrastructure to Support U.S. Science and Engineering in 2017-2020*. National Academies Press.

Nicholas, M. L. et al.(2009): "The Palomar transient factory: System overview, performance and first results." *Publications of the Astronomical Society of the Pacific*, Vol. 121, No. 886, p. 1395.

Qiu, J. et al.(2016): "A survey of machine learning for big data processing." *EURASIP Journal on Advances in Signal Processing*, Vol. 2016, No. 1, p. 67. DOI: 10.1186/s13634-016-0355-x

Rudin, C. and K. L.Wagstaff(2014) "Machine learning for science and society." *Machine Learning*, Vol. 95, No. 1, pp. 1~9.

Shoshani, A. and D. Rotem(2010): "Scientific data management: Challenges, technology and deployment." *Chapman & Hall/CRC Computational Science Series*. CRC Press.

Snir, M. et al.(1998): *MPI: The Complete Reference. Volume 1, The MPI-1*

Core. MIT Press.

Song, J. H. et al.(2014): "Exploring irregular time series through non-uniform fast Fourier transform." Proceedings of the 7th Workshop on High Performance Computational Finance, IEEE Press.

Todd, A. et al.(2014): "Insights from Smart Meters: The potential for peak hour savings from behavior-based programs." Lawrence Berkeley National Laboratory. Available at https://www4.eere.energy.gov/seeaction/system/files/documents/smart_meters.pdf.

Wu, K. et al.(2013): "A big data approach to analyzing market volatility." *Algorithmic Finance.* Vol. 2, No. 3, pp. 241~267.

Wu, L. et al.(2016): "Towards real-time detection and tracking of spatio-temporal features: Blobfilaments in fusion plasma. *IEEE Transactions on Big Data,* Vol. 2, No. 3, pp. 262~275.

Yan, J. et al.(2009): "How much can behavioral targeting help online advertising?" Proceedings of the 18th international conference on world wide web. ACM. pp. 261~270.

Yelick, K., et al.(2011): "The Magellan report on cloud computing for science." U.S. Department of Energy, Office of Science.

Zeff, R. L. and B. Aronson(1999): *Advertising on the Internet.* John Wiley & Sons.

| 찾아보기 |

실전 금융 머신러닝 완벽 분석

발 행 | 2019년 1월 2일

지은이 | 마르코스 로페즈 데 프라도
옮긴이 | 이 병 욱 · 이 기 홍 · 하 석 근

펴낸이 | 권 성 준
편집장 | 황 영 주
편 집 | 조 유 나
　　　　이 지 은
디자인 | 윤 서 빈

에이콘출판주식회사
서울특별시 양천구 국회대로 287 (목동)
전화 02-2653-7600, 팩스 02-2653-0433
www.acornpub.co.kr / editor@acornpub.co.kr

한국어판 ⓒ 에이콘출판주식회사, 2019, Printed in Korea.
ISBN 979-11-6175-233-4
http://www.acornpub.co.kr/book/advances-finanacial-ml

이 도서의 국립중앙도서관 출판시도서목록(CIP)은 서지정보유통지원시스템 홈페이지(http://seoji.nl.go.kr)와
국가자료공동목록시스템(http://www.nl.go.kr/kolisnet)에서 이용하실 수 있습니다.(CIP제어번호: CIP2018038121)

책값은 뒤표지에 있습니다.